"十二五"职业教育国家规划教材
经全国职业教育教材审定委员会审定

高等职业院校教学改革创新示范教材·计算机系列规划教材

现代办公设备使用与维护

第2版

主　编　童建中　童　华
副主编　宁思华　吴志强　何志林

电子工业出版社
Publishing House of Electronics Industry
北京·BEIJING

内 容 简 介

本书内容按办公信息处理过程分为5个模块（职业项目）：① 办公信息传输设备；② 办公信息处理设备；③ 办公信息复制设备；④ 办公信息储存设备；⑤ 其他辅助办公设备。重点选择目前办公活动中最常用的传真机、计算机、扫描仪、打印机、复印机、功放机等现代办公设备作为典型教学背景案例（用★标示），以其使用与维护技能培养为任务主线，全面阐述了常用现代办公设备的发展与现状、组成与结构、原理与特点、功能与使用、维护与管理的方法，书中内容反映了现代办公自动化设备的最新发展技术。

本书可作为高等职业技术院校IT类专业或相关专业教材，也可以作为各级各类培训班办公自动化设备职业资格技能培训教材，还可以作为机关和企事业单位办公室的有关人员、办公自动化设备销售和管理等各类工程技术人员的自学参考书和工具书。

未经许可，不得以任何方式复制或抄袭本书之部分或全部内容。
版权所有，侵权必究。

图书在版编目（CIP）数据

现代办公设备使用与维护 / 童建中，童华主编. —2版. —北京：电子工业出版社，2014.8
"十二五"职业教育国家规划教材
ISBN 978-7-121-23922-9

Ⅰ. ①现… Ⅱ. ①童… ②童… Ⅲ. ①办公设备—使用方法—高等职业教育—教材②办公设备—维修—高等职业教育—教材 Ⅳ. ①C931.4

中国版本图书馆CIP数据核字（2014）第172896号

策划编辑：程超群
责任编辑：郝黎明
印　　刷：北京京师印务有限公司
装　　订：北京京师印务有限公司
出版发行：电子工业出版社
　　　　　北京市海淀区万寿路173信箱　邮编　100036
开　　本：787×1 092　1/16　印张：20.25　字数：518千字
版　　次：2010年11月第1版
　　　　　2014年8月第2版
印　　次：2018年5月第5次印刷
定　　价：39.90元

凡所购买电子工业出版社图书有缺损问题，请向购买书店调换。若书店售缺，请与本社发行部联系，联系及邮购电话：（010）88254888，88258888。
质量投诉请发邮件至 zlts@phei.com.cn，盗版侵权举报请发邮件至 dbqq@phei.com.cn。
本书咨询联系方式：（010）88254577，ccq@phei.com.cn。

第 2 版前言

《现代办公设备使用与维护》自 2010 年 11 月出版以来，得到了许多院校师生的认可，在此我们表示诚挚的谢意。

随着互联网在各个领域的广泛运用及计算机、传真机、打印机等办公设备在家庭中的普及，现代办公活动的内涵与形式也在高速地发生着天翻地覆的变化。小型办公及家庭办公 SOHO（Small Office and Home Office）近年来已成为越来越多的人可以尝试的一种更为自由、开放、弹性的工作方式。

移动网络（Mobile Web）、个人云、物联网与智能手机、PAD、Tablet PC、笔记本电脑等移动设备的惊人发展迅速催生出一种正在流行的新潮——自带智能终端设备 BYOD（Bring Your Own Device）的移动办公方式。

在未来信息科技的主题中，随着 4G 移动的到来，将引导移动设备及应用、云计算和大数据的发展。个人云端可能取代 PC。个人应用商店即将兴起。

随着更多硬件设备连入网络，物联网将继续发展壮大并实现物联网产业标准化，它必将应用到多个领域。移动不再只是与使用手机或平板电脑有关，这将导致产生一个专门负责监督联网设备的新职位，这一科技发展趋势将能够开启各种新的应用和服务。

为了适应现代办公设备和科技市场日新月异的发展需要，第 2 版删减了部分可用先进软、硬件技术替代的内容，但体例结构和典型教学背景案例基本保持不变。新增加了智能手机、用 U 盘制作启动盘、Windows PE、便携式计算机拆装实例等内容；更新了部分软件界面版本。为了强化实践，除了项目 1~5 中的"技能训练"之外，还增加了到企业和办公场所中去学习提高的"综合训练"，目的在于培养和增强学生职业素质、职业文化、专业应用和岗位工作适应能力。

本书配有 PPT 课件、部分思考练习答案和教学相关资料，读者可登录华信教育资源网（www.hxedu.com.cn）免费下载。

本书是由多个有丰富教学经验和工作实践的教师和技术人员共同努力的结果。在第 2 版修订过程中，我们集思广益，修改稿最终主要由童华完成，童建中统稿和主审。感谢电子工业出版社的各位同志对本书给予的极大关心和支持。

由于编者水平所限，难免有不足和错误之处，敬请广大读者提出宝贵意见。

编 者

PREFACE 前言

在信息技术飞速发展的时代，具备现代办公设备的正确使用和日常维护的能力显得极其重要。办公过程中所采用的办公技术，决定了办公活动的质量、效率和自动化程度的高低。现代化的社会是信息化的社会，现代办公过程中的办公活动，多数是应用先进的软件技术和科技含量高的办公设备，同时基于计算机和网络自动处理电子文稿的形式，其目标是实现办公过程自动化、智能化，对信息流进行全方位、大容量、高质量、高速度、高效率处理，从而实现对信息的高度共享。

我们本着以"职业、实用、必须、够用"为原则，以满足社会IT行业需求和办公自动化的要求为课程开发的出发点，根据社会所需的人才类型和对应职业岗位所需的知识、能力、素质的要求，确定IT专业的职业核心能力、核心课程及应取得的技术等级或职业资格证书，以全面提高从事IT职业人才培养的针对性和适应性为依据，结合近年来办公设备和信息技术的最新发展，并按职业技术课程教、学、做一体化改革的标准，组织编写了该教材。

《现代办公设备使用与维护》课程是IT类及相近专业的一门专业必修课，也是一门理论性、实践性、实用性、技术性、综合性都很强的硬件技术课程，同时也是一门涉及多学科、技术广、应用广的信息处理技术课程。

《现代办公设备使用与维护》课程的主要目标是，使学生掌握各种现代办公设备的基本知识、基本原理和操作技能，为将来从事IT行业实际工作，进一步提高办公设备操作使用水平、IT行业维护水平打下必要的基础，同时具备"办公设备维修工"国家职业技能标准要求的就业条件。

本书的内容按办公信息处理过程分为5个模块（职业项目）。

① 办公信息传输设备，包括传真机、计算机网络等。

② 办公信息处理设备，包括多媒体计算机主机系统、扫描仪、打印机、显示器、投影仪、外存、计算机（包括便携式计算机）的选购等。

③ 办公信息复制设备，包括复印机、速印机等。

④ 办公信息储存设备，包括数码相机、光盘刻录机等。

⑤ 其他辅助办公设备，包括功放机、录音笔、环境调节设备、碎纸机等。

本书软、硬件技术相结合，以硬件技术为主，根据职业技术教育、市场就业需求和"办公设备维修工"国家职业资格技能鉴定标准中级（四级）的要求，基于工作过程，以5个职业项目模块为导向、优选了十余个实用办公设备作任务驱动、以常用办公设备作为典型教学背景案例、以教、学、做一体化模式组织课程教学。每个环节都有项目引入、任务目标、必备知识、技能训练、思考练习、重点小结等内容。

本书重点选择以目前办公活动中最常用的传真机、计算机、扫描仪、打印机、复印机、数码相机、功放机等现代办公自动化设备作为典型教学背景案例（用★标示），以其使用与维护技能培养作为任务主线，全面阐述了现代办公设备的发展与现状、组成与结构、原理与特点、功能与使用、维护与管理的方法，书中内容反映了现代办公自动化设备的最新发展技术。典型教学背景案例是现代办公设备使用与维护课程学习任务中的核心任务；必备知识是必须掌握的技术业务理论知识，要求熟悉常用现代办公设备的基本概念，掌握常用现代办公设备的使用与维护方法；技能训练是必须达到的实际操作技能实践，要求具备常用现代办公设备职业技能标准的条件。本书为典型教学背景案例准备了专门的训练任务，教学时可以根据情况进行组合和选用。单独开设计算机组装与维护、计算机网络课程的专业，该部分对应内容可略去不讲。

本书从培养高素质技能型人才的理念出发，以现代办公设备使用与维护课程应该掌握的业务理论知识（应知）和实际操作技能（应会）角度入手，突出学生职业素质、专业应用和岗位工作能力的培养。在教和学中注重结合实用办公设备进行典型案例分析，充分理解办公设备的基本概念和工作原理，逐步掌握有关办公设备的功能特点和使用方法，提高灵活分析，解决维护、维修等实际问题的职业能力。

本课程推行"双证书"制度，把职业资格证书恰当地纳入课程教学计划中。硬件技术的掌握必须通过反复实践。考虑到现代办公设备门类繁多、内容复杂和各校实践环境的差异性，在应会技能中，书中只给出实训教学的宏观指导要求，实训设备的型号和更具体的训练内容可由各校灵活地根据自己的实际情况作二次设计。规划实训时需要优选设备型号和内容才能达到目的。对实训过程中的操作、控制、参数、现象、结果等，一定要养成做记录的习惯，然后进行分析和总结。

本课程的重点是现代办公设备使用与维护的职业能力，可通过反复实践操作来提高；难点是现代办公设备的结构原理，可通过在实训环境中学习其工作过程来理解。为提高自学能力，部分内容可安排学生自学和实践来完成。

建议本课程教学时数为40~60学时，少学时者可只讲典型教学背景案例，多学时者可根据各专业的培养目标和就业市场要求来确定教学内容。本书配有PPT课件和相关附录，读者可登录华信教育资源网（www.hxedu.com.cn）免费下载。

全书内容新颖、结构合理、图文并茂、深入浅出、通俗易懂、实用性强、适应面广、便于教学。本书既是一本学习现代办公设备使用与维护知识的教材，也是一本学习现代办公设备使用与维护的指导书。本书可作为高等职业技术院校IT类专业或相关专业教材，也可以作为各级各类培训班现代办公自动化设备职业资格技能培训教材，还可以作为机关和企事业单位办公室的有关人员、现代办公自动化设备销售和管理等各类工程技术人员的自学参考书和工具书。

本书由童建中、童华担任主编。宁思华、吴志强、何志林担任副主编。童建中、童华、宁思华、吴志强、何志林、马仪超、郑洪凯、廖亮等共同完成编写工作。童建中、童华负责全书内容的组织、修改和最终审查定稿。任务1、2由童华编写；绪论、任务3、4由童建中编写；任务5由郑洪凯编写；任务6由廖亮编写；项目3技能训练由何志林编写；任务7、8由宁思华编写；任务9、10由马仪超编写；任务11、12由吴志强编写。

本书在编写过程中，还得到了四川化工职业技术学院、重庆电子工程职业学院、南昌工程学院、成都农业科技职业学院等院校领导和老师们的大力关心、支持和帮助，在此一并表示诚挚的谢意。同时也感谢在本书编写过程中提供帮助的李宏、罗在文、魏民、汪志祥、唐义刚、刘咏梅、程明、闫孝利、张国梁等老师。

本书在编写过程中，参考了大量的文献资料，在此一并向原作者表示衷心的感谢。

由于水平有限，加之现代办公设备的多学科、综合性和信息技术发展迅速，书中难免有不足和错误之处，我们恳请广大读者批评、指正。联系邮箱：lztjz@tom.com 或 tjz@sccvtc.cn。

编　者

CONTENTS 目录

绪论 ··· 1
 0.1 办公自动化概述 ··· 1
  0.1.1 办公自动化的基本概念 ·· 1
  0.1.2 办公自动化的发展趋势 ·· 4
  0.1.3 现代办公设备的主要技术 ··· 6
 0.2 办公自动化系统的功能和组成 ··· 9
  0.2.1 办公自动化系统的功能 ·· 9
  0.2.2 事务型办公系统的功能和组成 ·· 11
  0.2.3 管理型办公系统的功能和组成 ·· 12
  0.2.4 决策型办公系统的功能和组成 ·· 14
 0.3 办公自动化系统的建设与管理 ··· 15
  0.3.1 办公自动化系统的开发思路 ··· 15
  0.3.2 办公自动化系统的开发方法 ··· 18
  0.3.3 开发实例——网络环境下企业办公自动化系统方案设计 ············· 21
  0.3.4 办公自动化系统的安全管理 ··· 24
 0.4 办公自动化系统的运行环境 ··· 27
  0.4.1 办公自动化系统的供电要求 ··· 27
  0.4.2 办公自动化系统的安装要求 ··· 30
  0.4.3 办公自动化系统的环境要求 ··· 30
 0.5 本课程的主要内容及学习要求 ··· 32
  0.5.1 本课程的性质和任务 ·· 32
  0.5.2 本课程的内容和要求 ·· 32
  0.5.3 本课程的学习方法 ··· 33
  0.5.4 本课程职业能力的提高方法 ··· 33
 思考练习 ·· 34
 【布置实施第 1 学习训练阶段任务】 参观学习 ·· 34

项目1 办公信息传输设备 ·· 35

任务1 ★传真机的使用与维护 ·· 36
1.1 传真机概述 ·· 36
1.1.1 传真机的概念与分类 ·· 36
1.1.2 传真机的发展与现状 ·· 37
1.1.3 传真机的技术与质量指标 ···································· 40
1.2 传真机的组成结构与工作原理 ······································ 41
1.2.1 传真机的组成结构 ·· 41
1.2.2 传真机的工作原理 ·· 44
1.3 传真机的使用与维护 ·· 46
1.3.1 传真机的使用 ·· 46
1.3.2 传真机的维护 ·· 49
1.4 传真机的使用与维护实例 ·· 51
1.4.1 松下 KX-FT856CN 传真机的使用 ······························ 51
1.4.2 松下 KX-FT856CN 传真机的进、出纸系统维护 ·················· 54
1.4.3 松下 KX-FT856CN 传真机的复印图像系统维护 ·················· 55
1.4.4 松下 KX-FT856CN 传真机的通信系统、电路板系统维护 ·········· 57

任务2 计算机网络和智能手机的使用与维护 ·································· 60
2.1 计算机网络概述 ·· 60
2.1.1 计算机网络的概念与分类 ···································· 60
2.1.2 计算机网络的发展与现状 ···································· 63
2.1.3 计算机网络的技术与质量指标 ································ 65
2.2 计算机网络的组成结构与工作原理 ·································· 65
2.2.1 计算机网络的组成结构 ······································ 65
2.2.2 计算机网络的工作原理 ······································ 68
2.3 计算机网络的使用与维护 ·· 68
2.3.1 计算机网络的使用 ·· 68
2.3.2 计算机网络的维护 ·· 73
2.4 计算机网络系统常用通信软件 ······································ 75
2.4.1 浏览器 ·· 75
2.4.2 电子邮件 ·· 76
2.4.3 腾讯 QQ ·· 77
2.5 智能手机的使用与维护 ·· 78

技能训练 ·· 84
训练任务1.1 传真机的使用 ·· 84
训练任务1.2 传真机进、出纸系统的维护 ································ 85
训练任务1.3 传真机复印图像系统的维护 ································ 86
训练任务1.4 传真机通信系统、电路板的维护 ···························· 86

思考练习 ·· 87
重点小结 ·· 89

【布置实施第 2 学习训练阶段任务】 系统集成 ································ 90

项目 2　办公信息处理设备 ··· 91

任务 3　计算机的使用与维护 ··· 92
3.1　计算机系统概述 ··· 92
3.1.1　计算机的概念与分类 ··· 92
3.1.2　计算机的发展与现状 ··· 93
3.1.3　计算机的技术与质量指标 ··· 93
3.2　计算机系统组成结构与工作原理 ··· 94
3.2.1　计算机系统的组成结构 ··· 94
3.2.2　计算机系统的工作原理 ··· 97
3.3　★多媒体计算机主机系统的使用与维护 ··· 97
3.3.1　主机系统的使用 ··· 97
3.3.2　主机系统的维护 ··· 100
3.4　多媒体计算机输入设备的使用与维护 ··· 108
3.4.1　键盘的使用与维护 ··· 109
3.4.2　鼠标的使用与维护 ··· 110
3.4.3　★扫描仪的使用与维护 ··· 111
3.5　多媒体计算机显示设备的使用与维护 ··· 118
3.5.1　显示器的使用与维护 ··· 118
3.5.2　投影仪的使用与维护 ··· 123
3.6　多媒体计算机打印设备的使用与维护 ··· 125
3.6.1　打印机的基本概念 ··· 125
3.6.2　★针式打印机的使用与维护 ··· 128
3.6.3　★喷墨打印机的使用与维护 ··· 133
3.6.4　★激光打印机的使用与维护 ··· 137
3.7　多媒体计算机外存设备的使用与维护 ··· 142
3.7.1　硬盘的使用与维护 ··· 142
3.7.2　光盘驱动器的使用与维护 ··· 144
3.7.3　U 盘的使用与维护 ··· 146
3.8　其他多媒体计算机设备的使用与维护 ··· 148
3.8.1　多媒体设备的使用与维护 ··· 148
3.8.2　供电设备的使用与维护 ··· 153
3.9　多媒体计算机常用办公软件 ··· 155
3.9.1　Office 办公软件简介 ··· 155
3.9.2　Word 2007 文字处理 ··· 156
3.9.3　Excel 2007 电子表格 ··· 157
3.9.4　PowerPoint 2007 演示文稿 ··· 159
3.9.5　Access 2007 数据库系统 ··· 160
任务 4　计算机的选购 ··· 161
4.1　台式计算机的选购指南 ··· 161

- 4.1.1 企业用户的需求 ··161
- 4.1.2 品牌台式计算机的优势 ··161
- 4.1.3 稳定性和整机安全措施 ··162
- 4.2 便携式计算机的选购指南 ··162
  - 4.2.1 便携式计算机的选购准则 ······································163
  - 4.2.2 便携式计算机的分类 ··163
  - 4.2.3 便携式计算机的选购策略 ······································163
  - 4.2.4 便携式计算机的保养方法 ······································164
  - 4.2.5 便携式计算机的电池种类 ······································164
- 4.3 计算机的质量检测 ···164
  - 4.3.1 软件检测 ··165
  - 4.3.2 基本常识检测 ···165
  - 4.3.3 便携式计算机"拷机" ···165
- 4.4 便携式计算机拆装实例 ··166

技能训练 ···171
  训练任务2.1 多媒体计算机主机系统的使用与维护 ·······················171
  训练任务2.2 扫描仪的使用与维护 ···································173
  训练任务2.3 针式打印机的使用与维护 ·······························174
  训练任务2.4 喷墨打印机的使用与维护 ·······························175
  训练任务2.5 激光打印机的使用与维护 ·······························176

思考练习 ···178

重点小结 ···180

【布置实施第3学习训练阶段任务】 系统使用 ·······························180

项目3 办公信息复制设备 ···181

任务5 ★复印机的使用与维护 ··182

- 5.1 复印机概述 ··182
  - 5.1.1 复印机的概念与分类 ···182
  - 5.1.2 复印机的发展与现状 ···184
  - 5.1.3 复印机的技术与质量指标 ·····································186
- 5.2 数码复印机的组成结构与工作原理 ····································188
  - 5.2.1 数码复印机的组成结构 ·······································188
  - 5.2.2 数码复印机内部主要系统 ·····································190
  - 5.2.3 数码复印机的工作原理 ·······································192
- 5.3 数码复印机的使用与维护 ···196
  - 5.3.1 数码复印机的使用 ···196
  - 5.3.2 数码复印机的维护 ···200

任务6 速印机的使用与维护 ··211

- 6.1 速印机概述 ··211
  - 6.1.1 速印机的概念与分类 ···211
  - 6.1.2 速印机的发展与现状 ···211

6.1.3　速印机的技术与质量指标……………………………………………212
　6.2　速印机的组成结构与工作原理……………………………………………213
　　　6.2.1　速印机的组成结构……………………………………………………213
　　　6.2.2　速印机的工作原理……………………………………………………217
　6.3　速印机的使用与维护………………………………………………………218
　　　6.3.1　速印机的使用…………………………………………………………218
　　　6.3.2　速印机的维护…………………………………………………………220
技能训练……………………………………………………………………………………225
　训练任务3.1　数码复印机控制面板的使用…………………………………………225
　训练任务3.2　数码复印机的复制操作………………………………………………228
　训练任务3.3　数码复印机光学系统的维护…………………………………………230
　训练任务3.4　数码复印机显影系统的维护…………………………………………230
　训练任务3.5　数码复印机成像系统的维护…………………………………………231
　训练任务3.6　数码复印机供、输纸系统的维护……………………………………232
　训练任务3.7　数码复印机定影系统的维护…………………………………………233
　训练任务3.8　数码复印机驱动系统的维护…………………………………………233
　训练任务3.9　数码复印机电气控制系统的维护……………………………………234
思考练习……………………………………………………………………………………235
重点小结……………………………………………………………………………………236
【布置实施第4学习训练阶段任务】　系统维护……………………………………236

项目4　办公信息储存设备……………………………………………………………237

　任务7　★数码相机的使用与维护…………………………………………………238
　　7.1　照相机概述…………………………………………………………………238
　　　7.1.1　照相机的概念与分类…………………………………………………238
　　　7.1.2　照相机的发展与现状…………………………………………………240
　　　7.1.3　照相机的技术与质量指标……………………………………………243
　　7.2　常用数码相机的组成结构与工作原理……………………………………246
　　　7.2.1　常用数码相机的组成结构……………………………………………246
　　　7.2.2　常用数码相机的工作原理……………………………………………246
　　7.3　常用数码相机的使用与维护………………………………………………247
　　　7.3.1　常用数码相机的使用…………………………………………………247
　　　7.3.2　常用数码相机的维护…………………………………………………253
　　7.4　办公摄影常识………………………………………………………………255
　　7.5　常用图像处理软件…………………………………………………………259
　　　7.5.1　图片浏览工具ACDSee…………………………………………………259
　　　7.5.2　图片处理软件Photoshop………………………………………………260
　任务8　光盘刻录机的使用与维护…………………………………………………261
　　8.1　光盘刻录机概述……………………………………………………………261
　　　8.1.1　光盘刻录机的概念与分类……………………………………………261
　　　8.1.2　光盘刻录机的发展与现状……………………………………………261

         8.1.3 光盘刻录机的技术与质量指标 ··262
     8.2 常用光盘刻录机的组成结构与工作原理 ··263
         8.2.1 常用光盘刻录机的组成结构 ··263
         8.2.2 常用光盘刻录机的工作原理 ··264
     8.3 常用光盘刻录机的使用与维护 ··265
         8.3.1 常用光盘刻录机的使用 ···265
         8.3.2 常用光盘刻录机的维护 ···267
     8.4 常用刻录软件 Nero ···267
  技能训练 ··271
     训练任务 4.1 数码相机的使用操作 ··271
     训练任务 4.2 办公摄影的拍摄方法 ··272
     训练任务 4.3 数码相机的维护保养 ··273
  思考练习 ··274
  重点小结 ··275

项目 5 其他辅助办公设备 ··276
  任务 9 ★音响设备的使用与维护 ···276
     9.1 音响设备概述 ··276
         9.1.1 音响设备的概念与分类 ···276
         9.1.2 音响设备的发展与现状 ···279
         9.1.3 音响设备的技术与质量指标 ··279
     9.2 功放机的组成结构与工作原理 ··280
         9.2.1 功放机的组成结构 ··280
         9.2.2 功放机的工作原理 ··281
     9.3 功放机的使用与维护 ··282
         9.3.1 功放机的使用 ···282
         9.3.2 功放机的维护 ···283
  任务 10 录音笔的使用与维护 ···284
     10.1 录音笔概述 ··284
         10.1.1 录音笔的概念与分类 ···284
         10.1.2 录音笔的发展与现状 ···285
         10.1.3 录音笔的技术与质量指标 ··285
     10.2 录音笔的组成结构与工作原理 ··286
         10.2.1 录音笔的组成结构 ···286
         10.2.2 录音笔的工作原理 ···287
     10.3 录音笔的使用与维护 ··287
         10.3.1 录音笔的使用 ···287
         10.3.2 录音笔的选购 ···287
         10.3.3 录音笔的维护 ···288
  任务 11 环境控制设备的使用与维护 ···289
     11.1 环境控制设备概述 ··289

11.1.1　环境控制设备的概念与分类 ·· 289
　　　11.1.2　空调机的发展与现状 ·· 291
　　　11.1.3　空调机的技术与质量指标 ·· 291
　11.2　空调机的组成结构与工作原理 ·· 292
　　　11.2.1　空调机的组成结构 ·· 292
　　　11.2.2　压缩机的形式 ··· 293
　　　11.2.3　空调机的工作原理 ·· 293
　11.3　空调机的使用与维护 ·· 294
　　　11.3.1　空调机的使用 ··· 294
　　　11.3.2　空调机的维护 ··· 296

任务 12　碎纸机的使用与维护 ·· 297
　12.1　碎纸机概述 ·· 297
　　　12.1.1　碎纸机的概念与分类 ·· 297
　　　12.1.2　碎纸机的发展与现状 ·· 297
　　　12.1.3　碎纸机的技术与质量指标 ·· 298
　12.2　碎纸机的组成结构与工作原理 ·· 300
　12.3　碎纸机的使用与维护 ·· 300
　　　12.3.1　碎纸机的使用 ··· 300
　　　12.3.2　碎纸机的维护 ··· 301

技能训练 ··· 302
训练任务　会议设备的使用与维护 ·· 302
思考练习 ··· 305
重点小结 ··· 306

参考文献 ··· 307

绪 论

0.1 办公自动化概述

0.1.1 办公自动化的基本概念

1. 办公活动

办公（Office）是处理人群集体事务的一类活动。办公活动（Activity）是以"公"即"集体"办事为基础。狭义的办公活动是指人们进行的行政事务性工作，如收集资料、起草文稿、整理记录、文印、收发报刊等；而广义的办公活动，除包含狭义的办公活动范围外，还包括辅助判断和决策工作。社会中各个单位的活动均可用物质流和信息流来描述，办公活动的核心是实现管理，实现管理则通过处理信息来进行。所以，办公活动的主要业务特征就是处理信息流。办公活动已从低级形式向高级形式发展。办公活动由办公人员、组织机构、办公制度、技术工具、办公信息及办公环境等要素组成。办公活动是办公过程中最基本的环节，包括交谈、请示、汇报、登录、收文、发文等。

办公活动与办公工具（设备）之间始终存在着互为推动的关系。办公过程就是一个办公信息处理的过程，它经历了一个从手工到自动，从传统到现代的过程。办公自动化（Office Automation，OA）是将现代办公活动和计算机网络功能结合起来的一种新型的办公方式，是当前新技术革命中一个技术应用领域，属于信息化社会的产物。

传统办公过程中的办公活动，多数是依赖部分独立的办公设备，同时基于手工处理纸质文稿的形式，处理信息单一、处理过程复杂、速度慢、效率低、信息共享差。

办公过程中所采用的办公技术，决定了办公活动的质量、效率和自动化程度的高低。现代化的社会是信息化的社会，现代办公过程中的办公活动，多数是应用先进的软件技术和科技含量高的办公设备，同时基于计算机和网络自动处理电子文稿的形式，其目标是实现办公过程自动化、智能化，对信息流进行全方位、大容量、高质量、高速度、高效率处理，从而实现对信息的高度共享。

2. 办公自动化

办公自动化以达到提高工作质量、工作效率为目的，采用 Internet/Intranet 技术，基于工作流的概念，使企业内部人员方便快捷地共享信息，高效地群体协同工作；改变过去复杂、低效的手工办公方式，实现迅速、全方位的信息采集、信息处理，为企业的管理和决策提供科学的依据。一个企业实现办公自动化的程度也是衡量其实现现代化管理的标准。

办公自动化主要是依靠计算机科学技术，尽可能充分地利用信息资源，提高生产、工作效率和工作质量，辅助决策，求取更好的社会效益和经济效益。一般来说，一个较完整的办公自动化过程，应当包括信息采集、信息加工、信息转输、信息保存四个环节。办公自动化一般可分为三个层次：事务型、管理型、决策型。事务型为基础层，包括文字处理、个人日程管理、行文管理、邮件处理、人事管理、资源管理及其他有关机关行政事务处理等；管理型为中间层，包含事务型，管理型系统是支持各种办公事务处理活动的办公系统与支持管理控制活动的管理信息系统相结合的办公系统；决策型为最高层，其以事务型和管理型办公系统的大量数据为基础，同时又以其自有的决策模型为支持，决策层办公系统是上述系统的再结合，具有决策或辅助决策功能的最高级系统。

当前办公自动化的运行有两种模式：个人办公和群体办公。个人办公自动化主要指支持个人办公的计算机应用技术，这些技术包括文字处理、数据处理、电子报表处理及图像处理技术等内容。它一般通过使用通用的桌面办公软件，如 Microsoft Office、WPS Office 等实现，在单人单机使用时非常有效。群体办公自动化是支持群体间动态办公的综合自动化系统，为区别传统意义上的办公自动化系统，特指针对越来越频繁出现的跨单位、跨专业和超地理界限的信息交流和业务交汇的协同化自动办公的技术和系统。它有两个特征：网络化和智能化。

办公自动化实质上就是集计算机技术、信息技术、系统科学和行为科学等，应用于传统的数据处理技术难以处理的，数量庞大而结构又不明确的业务处理工作的一项综合技术。

3. 办公自动化系统

办公自动化系统（Office Automation System，OAS）就是利用先进的科学技术，不断使人们的一部分办公业务活动物化于人以外的各种现代化的办公设备中，并由这些设备与办公人员构成服务于某种目的的人机信息处理系统。由这一定义可知，办公自动化系统包括三大要素，即自动化的硬件设备、自动化的软件系统和自动化的操作人员。

电子计算机技术的运用发展称为人类科学技术发展史上的"第三次革命"，计算机技术在办公活动中的普及运用也使办公人员的工作由"笔杆子"向"键盘"转变，计算机的运用操作成为现代办公人员的必备技能，应运而生的办公自动化大大加快了办公工作流程，提高了工作效率，缩减了经费开支，也使得办公室纵向和横向管理变得更为直接和科学。

科学技术突飞猛进的发展，在各个领域内都改变着人们的工作和生活条件，社会向着物质文明和不断提高的劳动生产率大踏步前进，科学技术的飞速发展也使办公室这一传统的以人工（脑力和体力劳动的高度结合）为主的领域内古老的劳动方式发生了巨大的变化。办公室中使用的各类现代化的办公设备很大程度上代替了原来的文房四宝，办公桌上的打字机被计算机文字处理系统所取代；办公室墙边的文件柜被又小又薄的"光盘"所取代；包括记录、起草、编辑、修改、打印、存档、复制在内的办公室常规工作，无论在时间上还是在空间上都被大大地压缩了，这不仅减轻了人们的办公劳动，而且大大提高了办公效率，改善了办公环境，使人们从原先繁重的重复性、例行性的办公事务中解放出来，从而有更多的时间和精力投放在更需要人的思维来考虑和解决的问题上。用于办公室工作的这些技术越来越先进，设备越来越多，功能越来越强，性能也越来越高，这为实现办公自动化和无纸办公创造了必要的条件。例如，用于处理办公信息和进行协同工作的各种计算机（包括微型机、超级小型机、中型机和大型机）；起草文稿用的文字（词）处理机；制作报表用的电子表格和打印机；编排各种文件、资料格式的电子台式出版系统；存放、管理文件和档案用的文档资料管理系统；自动控制各种工作流程的办公自动化系统；支持远距离协同工作的视频会议系统；计算机通信用的局部网络系统；用于办公通信的电话机、传真机；复制资料用的复印机等。又如，实现数字化办公离不开工作流技术，目前比较流行的是以邮件系统为基础的工作流技术，或称群件技术。这些技术和设备对办公室工作提供了有力的支持，在不同程度上为办公室工作自动化提供了现代化的推动手段。

各种办公设备的集合构成了办公自动化系统中的办公硬件系统。办公设备一般泛指与办公室或办公活动相关的设备。办公设备包括传统的办公用品和现代化的办公设备。传统的办公用品历来以笔、墨、纸、砚文房四宝，记事本、记录本、电话、钢笔、蜡板等为主；现代化的办公设备包括计算机、打印机、复印机、扫描仪、传真机、点钞机、投影仪、碎纸机、身份证阅读器、一体机、复合机、考勤机、电子白板、电教设备及耗材等；还有程控交换机等办公相关的设备。

办公设备是实现办公自动化的必备工具。现代办公效率的提高，主要依赖于办公设备功能的不断完善和使用方法的逐步简便。办公自动化的环境要求办公设备主要以现代化设备为主。所以，现代办公设备即是办公自动化的物质基础。现代办公设备的水平与成熟程度，直接影响 OAS 的应用与普及。

从广义上说，办公设备可以指代一切用来为办公活动服务的设备、用品或用具，其外延甚至扩展到一部分办公设施。这里将办公设备界定为办公活动中使用的所有技术手段及为办公活动服务的全部技术环境。

办公设备依据其基本功能，分为办公通信设备、办公文印设备、办公信息处理设备、办公用具、办公建筑、办公环境等方面。

多数办公设备是集光学、机械、电子等技术为一体的精密设备，组成结构和工作原理复杂，我们必须掌握好它们的使用与维护方法，才能更好地发挥其作用。对办公设备要定期维护保养，如清除机器内部的污垢，在必要的部件上加注润滑油，清洁光学部件，改善办公产品质量，将可能发生的故障消灭在萌芽状态，减少停机时间。对办公设备提倡主动维修，使机器的停机时间处于最小，从而获得最佳的使用效率和价值。

各种办公软件的集合构成了办公自动化系统中的办公软件系统。办公软件是指可以进行文字处理、表格制作、幻灯片制作、简单数据库处理、办公信息传输与存储，办公过程控制与管理等方面工作的软件。包括常用的微软 Office 系列、金山 WPS 系列、永中 Office 系列、红旗 2000 Red Office、致力协同 OA 系列、电子邮件系统、管理信息系统（MIS）等。

目前办公软件的应用范围很广，大到社会统计，小到会议记录，数字化的办公，离不开办公软件的鼎立协助。目前办公软件朝着操作简单化、功能细致化等方向发展。讲究大而全的 Office 系列和专注与某些功能深化的小软件并驾齐驱。另外，政府用的电子政务，税务用的税务系统，企业用的协同办公软件，这些都称为广义的办公软件。

从应用的角度，办公自动化系统也分为通用系统和专用系统。通用办公自动化系统主要面向物业管理信息、电子账务、电子邮件、文档等的管理。专用办公自动化系统是某用户所专用的系统，该系统不属于基本建设范围内，应加做专项工程实施。但是在通信网络系统环境设计时，要为其创造良好的基础条件，并做充分的预留。

0.1.2 办公自动化的发展趋势

1. 办公活动的发展

从办公技术与使用办公设备的角度出发，人类办公活动的发展经历了四个阶段。

（1）萌芽阶段。这是古代原始的办公方式。

（2）农业时代阶段。这一时期，造纸术和印刷术的发明，纸、笔和算盘等办公工具的普遍应用，使人类办公活动发生了第一次重大变革。

（3）工业时代阶段。新的办公设备被创造发明出来，导致办公方式的巨变，文字处理与信息交流变得更为简单、快捷，由此带来了办公活动的第二次变革。

（4）信息时代阶段。信息技术的发展，创造出了计算机、数字通信设备，以及以小型化、多功能、电子化和智能化为特点的大量现代办公设备，办公模式发生了根本性变化，人类社会的办公活动发生了以办公自动化为特征的第三次变革。

办公活动第三次变革基于三类办公设备及其四大技术。前者指计算机类、通信类和办公用机电类设备；后者指计算机技术、现代通信技术、信息处理技术和自动化技术。

2. 办公自动化的发展

办公自动化从手工操作、最初的以大规模采用复印机等办公设备为标志的初级阶段，发展到今天的以运用网络和计算机为标志的现代化阶段，对企业办公方式的改变和效率的提高起到了积极的促进作用。下面先简单了解一下近代办公自动化的历史演变过程。

（1）起步阶段（1985—1993 年）：是以结构化数据处理为中心，基于文件系统或关系型数据库系统，使日常办公也开始运用 IT 技术，提高了文件等资料的管理水平。这一阶段实现了基本的办公数据管理（如文件管理、档案管理等），但普遍缺乏办公过程中最需要的沟通协作支持、文档资料的综合处理等，导致应用效果不佳。

（2）应用阶段（1993—2002 年）：随着组织规模的不断扩大，组织越来越希望能够打破时间、地域的限制，提高整个组织的运营效率，同时网络技术的迅速发展也促进了软件技术发生巨大变化，为 OA 的应用提供了基础保证，这个阶段 OA 的主要特点是以网络为基础、以工作流为中心，提供了文档管理、电子邮件、目录服务、群组协同等基础支持，实现了公文流转、流程审批、会议管理、制度管理等众多实用的功能，极大地方便了员工工作，规范了组织管理、提高了运营效率。在办公自动化的应用中，文件共享、打印共享、电子邮件、远程访问、IP 语音通信、公共信息发布与查询等方面都得到了迅速的发展。

（3）发展阶段。OA 应用软件经过多年的发展到现在，已经趋向成熟，功能也由原先的行政办公信息服务，逐步扩大延伸到组织内部的各项管理活动环节，成为组织运营信息化的一个重要组织部分。同时市场和竞争环境的快速变化，使得办公应用软件应具有更高更多的内涵，客户将更关注如何方便、快捷地实现内部各级组织、各部门，以及人员之间的协同、内外部各种资源的有效组合、为员工提供高效的协作工作平台。

办公自动化的发展方向应该是数字化办公。数字化办公即几乎所有的办公业务都在网络环境下实现。从技术发展角度来看，特别是互联网技术的发展、安全技术的发展和软件理论的发展，为实现数字化办公提供了可能性。从管理体制和工作习惯的角度来看，全面的数字化办公还有一段距离，首先数字化办公必然冲击现有的管理体制，使现有管理体制发生变革，而管理体制的变革意味着权利和利益的重新分配；另外管理人员原有的工作习惯、工作方式和法律体系有很强的惯性，短时间内改变尚需时日。尽管如此，全面实现数字化办公是办公自动化发展的必然趋势。

随着互联网在各个领域的广泛运用及计算机、传真机、打印机等办公设备在家庭中的普及，现代办公活动的内涵与形式也在高速地发生着天翻地覆的变化。小型办公及家庭办公 SOHO（Small Office and Home Office）近年来已成为越来越多的人可以尝试的一种更为自由、开放、弹性的工作方式。这是由于网络为 SOHO 提供了一个赖以工作和生活的大平台。SOHO 是专指基于国际互联网上的、能够按照自己的兴趣和爱好自由选择工作的、不受时间和地点制约的、不受发展空间限制的白领一族。SOHO 大多指那些专门的自由职业者，SOHO 代表的是最先进的生产力和最活跃的新经济。

如果说互联网是 SOHO 发展的根本，那么移动网络（Mobile Web）则是自带设备办公 BYOD（Bring Your Own Device）发展的基石。智能手机、平板电脑和笔记本电脑等个人智能设备的广泛使用，正在改变着我们的世界，它不仅丰富了人们的娱乐生活，也成为学习和工作的好帮手。BYOD 已经逐渐成为当下的一种流行趋势，它最初于 2009 年出现，源于 Intel 公司。当时公司发现越来越多的员工携带自己的设备上班并将其连接到公司内部网。就具体产品来说，81%的自带设备员工称他们使用的是智能化搜集，56%的人表示会携带平板电脑，37%的人则携带笔记本电脑。移动网络、个人云、物联网与智能手机、PAD、Tablet PC、笔记本电脑等移动设备的惊人发展迅速催生出一种正在流行的新潮——自带智能终端设备的移动办公方式。

自带设备办公 BYOD 指一些企业允许员工携带自己的智能手机、平板电脑、笔记本电脑等移动终端设备到办公场所，并可以利用这些设备获取公司内部信息、使用企业特许应用的一种政策。这个术语还可以用来形容学生在教育场所使用个人自带智能设备的行为。

BYOD 带来的好处是显而易见的。员工不再必须使用单位指定的计算机，通过智能手机、平板电脑、家里的计算机等终端设备接入网络，就可以完成办公室里的一切工作。这种方式不仅方便了员工的选择，同时也让企业节省了一大笔办公计算机的固定投资，提高了员工的工作效率。最重要的是，这种自带设备办公的移动办公方式让工作变得时尚和个性化，从而让公司显得既灵活又有魅力。在这种模式下，办公人员可以在任何时间（Anytime）、任何地点（Anywhere）处理与业务相关的任何事情（Anything），彻底摆脱时间和空间的束缚，整体运作变得更加协调，进而实现企业的高效运作，加速产品生产，提升服务质量。

为了从任何设备上高效地办公，用户需要安全接入他们所需要的数据。BYOD 的解决方案有 5 个基本要素：任何设备，不管是个人的还是企业的；桌面和应用虚拟化访问；自服务应用商店；Follow-Me Data（数据跟随人走）；设计安全。这样一来，员工使用的智能移动终端设备数量在迅速增加，"工作时间"和"工作场所"的界限正在消失，员工希望而且需要能在他们选择的时间和地点办公。人们可以通过任何设备轻松接入任何授权的应用；而且他们可以通过一个安全一致的应用商店完成这一切；并且还可获得方便的单点登录体验。不过，BYOD 的兴起，也会给企业带来一些挑战，例如对未知终端设备的识别和管控、网络基础设施的增强、应对安全隐患、满足移动办公所带来的系统开放性需求等。

根据国际数据公司 IDC（International Data Corporation）的预测，在 2013 年全球将有约 12 亿人在公司外进行移动办公，其中 69%的用户表示将会用自己的智能终端访问公司的网络。同时，据美国信息技术咨询与研究公司 Gartner 预测，在 2013 年，全球将有 65%的企业支持员工使用智能终端移动办公。报告显示，自带设备上班的人数到 2016 年有望增加至 4.06 亿。届时，中国的这类员工数量将达到 1.66 亿，美国为 1.06 亿，印度为 7600 万。目前，美国是自带设备上班人数最多的国家。

随着移动设备的普及，个人云端（Personal Cloud）也将逐渐兴起。Gartner 分析师 Cearley 称："个人云端将取代 PC"。个人云将成为各种服务、Web 网站和连接性的唯一集散地，成为用户计算与沟通活动的中心。用户会将其视为一个可携带、永远可用的场所，可以满足他们的所有数字需求。个人云正在从客户端设备向跨设备、基于云交付的服务转变。

在未来信息科技的主题中，随着 4G 移动的到来，将引导移动设备及应用、云计算和大数据的发展。到 2014 年年底，Android 平板的出货量将超过 iOS。Windows 8 的企业用户将超过个人用户；Windows 平板将成为应用开发者的下一个目标；HTML5 应用将成为主流；企业应用需处理多种开发技术，至少需规划三种不同的移动架构；个人应用商店将兴起。

随着更多硬件设备连入网络，物联网将继续发展壮大并实现物联网产业标准化，它必将应用到多个领域。这一趋势的关键要点在于嵌入各种移动设备，包括传感器、图像识别和 NFC（Near Field Communication）支付中的技术的数量。结果是，移动不再只是与使用手机或平板电脑有关。Gartner 分析师 Cearley 称，到 2015 年，70%的公司都会设立一个职位专门负责监督联网设备。这一科技发展趋势将能够开启各种新的应用和服务，但同时也会产生很多新的挑战。

综上所述，现代办公技术主要包括自动化技术、信息处理技术、通信技术及人工智能技术等。未来办公设备及办公技术的发展将呈现出以下基本趋势：无纸化、数字化、智能化、集成化、多媒体化、人性化。

0.1.3 现代办公设备的主要技术

1. 自动化技术

自动化技术是一门综合性技术，它和控制论、信息论、系统工程、计算机技术、电子学、液压气压技术、自动控制等都有着十分密切的关系，而其中又以控制理论和计算机技术对自动化技术的影响最大。如图 0-1 所示为系统的一般模型。

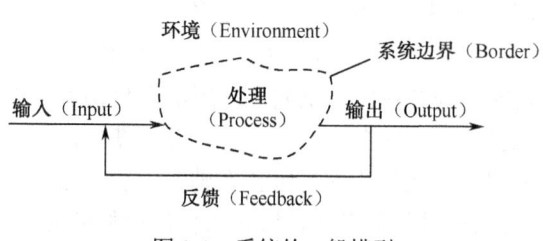

图 0-1 系统的一般模型

工业自动化是自动化技术应用的一个最为重要的方向。其具体运用的方面有计算机辅助设计（CAD）、计算机辅助制造（CAM）、综合办公自动化（OA）（如门禁系统、资讯科技、稽核）、过程控制与自动化仪器仪表、人工智能技术等。

2. 信息处理技术

信息处理，泛指利用计算机对信息进行加工、处理的过程，包括对信息的收集和输入、信息处理、信息存储、信息输出与利用、信息反馈等方面。

信息处理技术是信息处理的方式、方法和手段。信息处理技术可按所处理信息对象的不同分为文字处理技术、表格处理技术、图形、图像处理技术、声音处理技术、电子文档管理技术等方面。图 0-2 为信息处理的过程。

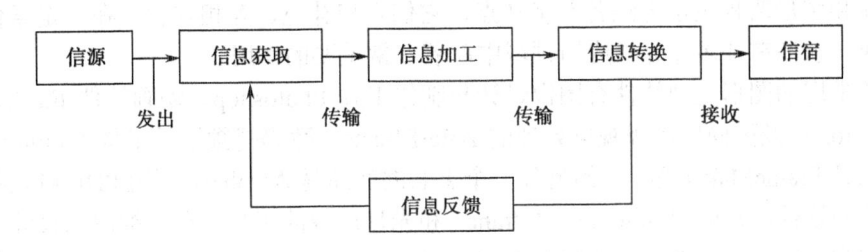

图 0-2 信息处理的过程

（1）文字处理技术。使用计算机对文字信息进行相关处理的技术称为文字处理技术。文字处理一般包括三个步骤：文字的输入，文字的加工和存储，文字的输出。

① 文字输入技术。目前常用的文字输入手段有键盘输入、手写输入、语音输入和 OCR 字符识别输入等。

② 文字编辑、排版、存储技术。文字编辑、排版及存储处理操作是借助软件实现的。目前经常使用的办公文字处理软件有 Microsoft Word、Claris Word、Perfect 和 Lotus 公司的 Word Pro 等。

③ 文字输出技术。常用的有显示、投影、打印等。

（2）表格处理技术。目前常用的表格处理软件有 Microsoft Excel 和 Lotus 1-2-3 等。主要功能是信息的表格化、表格数据的处理、表格数据的图形化。

（3）数据处理技术。数据处理是指对各种加工的数据进行收集、存储、检索等操作。数据处理技术涉及的数据量大，需要将数据长期保存在计算机的外存中，并可对其进行查询、修改和统计等。

在数据库管理系统（DBMS）中，数据以数据库的形成存储，且由数据库管理软件统一管理。

Microsoft Access、Visual FoxPro、SQL Server 、Lotus Approach 和 Claris File Maker Pro 是几个用于计算机的数据库软件。如果想在大型机上使用数据库软件，Oracle 或 IBM 的 DB2 则是比较好的选择。

数据库表达信息的最基本的单位是记录，一个记录由若干个字段组成，若干条记录又组成表，若干表则组成了数据库。数据库中的表和表是相互关联的。这也是数据库与电子表格的重要差别之一。表内部的"关系"与表之间的相互"关系"组成了一个有机的关系型数据库。数据库的三种类型是关系型数据库、层次型数据库、网络型数据库。目前微型计算机中常用的是关系型数据库。通过数据库应用系统人性化的图形用户界面和所见所得的操作风格，我们可以方便、快速地检索、添加、修改、删除数据库中的信息。数据库与数据库应用系统并不是直接地相互作用，它们是由数据库管理系统来连接的。

（4）图形图像处理技术。图画在计算机中有两种表示方法。一种称为"图像"（Image）；

另一种称为"图形"（Graphics）。

图像是把画面离散成 $m×n$ 个像素点所组成的矩阵，黑白画面像素点用一个二进制位来表示亮度，彩色画面用三个分量表示（R、G、B）。汉字字形的点阵描述就是一种图像表示（黑白图像）。

图形是根据画面中包含的内容，分别利用几何要素（如点、线、面、体）和物体表面的材料与性质进行描述。汉字字形的轮廓描述法就属于图形（矢量）表示法。

图像和图形两种表示方法各有优缺点，它们互相补充、互相依存，在一定条件下还能互相转换，它们在许多计算机应用领域中起着非常重要的作用。

目前常用的图形处理软件有图像设计与制作工具 Photoshop、动画软件 Flash、图形软件 Illustrator 以及面向广播级视频处理的 AfterEffects、数码视频编辑工具 Premiere 和排版及出版工具 FrameMaker 等。它的另外一个著名的产品是 Acrobat，利用 PDF 格式处理大量电子文档的软件，是面向 Internet、Intranet 和光盘出版的工具。在三维图像设计方面，也有许多非常有特色的软件，如 3DS MAX、MAYA、Sumatra、Lightwave、Rhino 等。

3. 通信网络技术

（1）通信和通信网络。通信是通过某种媒体或传输线路，将信息从一地传到另一地的过程。通信网络是一种使用交换设备、传输设备，将地理上分散的用户终端设备互联起来实现通信和信息交换的系统。

（2）信号传输。

① 通信信号。通信信号分为模拟信号和数字信号两种。

② 传输信道。传输信道为信号从发送端到接收端的通路。传输信道可以是双绞线、同轴电缆、光纤构成的有线线路，也可以是卫星、微波等构成的无线线路。传输信道有带宽、容量和误码率三个基本技术指标。

③ 通信方式。通信方式是指信道上所允许的信号流动方向。有单工通信、全双工通信、半双工通信。

通信工程中还用到多路复用技术。在信号的传输方式上还有串行通信和并行通信。

④ 传输介质。传输介质有两种类型：有线传输介质和无线传输介质。

（3）组网技术。组网技术主要有交换技术、终端接入技术和网络互联技术。

（4）通信技术应用。中国国家信息基础设施（NII）的三大基础设施是中国电信网、中国计算机网和中国广播电视网。

① 中国电信网。中国电信网从通信业务上分主要有电话网、数据网、移动网、智能网、窄带 ISDN 网和宽带 ISDN 网。

② 中国计算机网络。我国计算机互联网络的基本框架由四大网络构成：中国互联网（ChinaNet）、中国教育科研网（CerNet）、中国科技网（CstNet）、中国金桥网（ChinaGBN）。

③ 中国广播电视网。广播电视网，其实就是用天线架就能接收到信号的无线网络，不过现在很少人去接收了，一般都是边远地区和有线电视台会接收这种信号。有线电视网数字化和移动多媒体广播是广播电视网的主体。有线电视网（CATV）是高效廉价的综合网络，它具有频带宽、容量大、多功能、成本低、抗干扰能力强、支持多种业务连接千家万户的优势，它的发展为信息高速公路的发展奠定了基础。数据网、语音网、视频网也是一种电信或有线宽带的附加产物。

④ 三网合一。电信与信息服务的总体发展趋势是电信网、计算机网、有线电视网的"三网合一"。

⑤ 国家信息基础设施 NII（信息高速公路）。中国 NII 由通信网、用户终端、信息和人四部分组成，而通信网是 NII 的基础。中国电信网、中国广播电视网和中国计算机网是中国 NII 的三大基础设施。

4. 人工智能技术

人工智能技术是计算机科学的一个分支，用于研究如果使计算机能像人思考问题一样处理事情。人工智能在办公领域中的应用，主要包括机器翻译、自动语音识别、自动文字识别、专家系统等。

（1）机器翻译。机器翻译又称为机译（MT），是利用计算机把一种自然语言转变成另一种自然语言的过程，用以完成这一过程的软件称为机器翻译系统。

（2）自动文字识别。汉字识别系统可分为手写体汉字识别和印刷体汉字识别两种。

（3）语音处理智能系统。计算机语音处理就是利用计算机对语音信息进行理解、识别、合成、播出的技术，具体地说就是让计算机能听懂语音和让计算机会说话。计算机语音处理有语音识别和语音合成两个方面。

① 语音识别。计算机语音识别的过程是模仿人类语音理解（听话）的过程，将声音信息转换成等价的书面形成信息。计算机语言识别的两种基本方法：样板匹配法和特征转换法。

② 语音合成。语音合成技术是模仿人的语音生成（说话）过程，即将计算机中的文本信息转换成相应的语音信号，控制音响设备输出声音。

语音合成的两种基本方法：波形存储合成法和参数合成法。

（4）专家系统

专家系统是一个基于知识的推理系统，它应用人工智能技术，根据一个或多个专家提供的特定领域的知识与经验进行推理和判断，从而模拟人类专家的思维判断过程，来解决那些需要专家解决的复杂问题。

0.2 办公自动化系统的功能和组成

0.2.1 办公自动化系统的功能

在新的时期，基于多年办公自动化建设经验和互联网技术的发展，人们对办公自动化的认识也越来越清楚，从网络的性质来看，办公自动化应定位于内部网（Intranet），从办公性质来看，办公自动化应定位于数字化办公，从信息化建设的角度来看，办公自动化应是信息化建设的基础。

办公自动化建设的本质是以提高决策效能为目的的。通过实现办公自动化，或者说实现数字化办公，可以优化现有的管理组织结构，调整管理体制，在提高效率的基础上，增加协同办公能力，强化决策的一致性，最终实现提高决策效能的目的。

办公自动化的基础是对管理的理解和对信息的积累。技术只是办公自动化的手段。只有对管理及管理业务有着深刻的理解，才会使办公自动化有用武之地；只有将办公过程中生成的信息进行有序化积累、沉淀，办公自动化才能发挥作用。

办公自动化的灵魂是软件，硬件只是实现办公自动化的环境保障。数字化办公的两个明显特征是授权和开放，通过授权确保信息的安全和分层使用，使得数字化办公系统有可以启用的前提，通过开放，使得信息共享成为现实。

办公自动化建设与现阶段政府上网工程、国家信息化建设（信息高速公路）之间的关系非常密切。政府上网工程是由于互联网的普及，政府部门把一些政务信息发布到互联网上，进而在网上建立与老百姓沟通的渠道，以实现政务公开和政府行为接受监督的目的。从实际效果来看，很多政府部门只是在网上存放一些静态的政府信息，实质性的工作却非常少。并且，在很多情况下，很多人将办公自动化和政府上网混为一谈。这种现象导致很多部门重上网工程轻办公自动化工程。甚至把上网工程误认为是办公自动化工程。实际上，从网络划分的角度，政府上网工程是外网建设，办公自动化工程是内网建设，办公自动化工程是政府信息化建设的基础，政府上网工程是政府信息化的对外表现形式，办公自动化工程在政府信息化建设中所占的比重远高于政府上网工程。只有办公自动化工程的建设并运转成功，政府上网才会有源源不断的信息发布，政府上网才有意义，否则政府上网工程就会变成无源之水。当然，政府上网工程的宣传对国家信息化建设也起了一定的推动作用。

我国的 OA 经过从 20 世纪 80 年代末起步发展至今，已从最初提供面向单机的辅助办公产品，发展到今天可提供面向应用的大型协同工作产品。办公自动化利用信息技术把办公过程电子化、数字化，就是要创造一个集成的办公环境，使所有的办公人员都在同一个桌面环境下一起工作。

具体来说，办公自动化系统主要实现下面 7 个方面的功能。

（1）建立内部的通信平台。建立组织内部的邮件系统，使组织内部的通信和信息交流快捷通畅。

（2）建立信息发布的平台。在内部建立一个有效的信息发布和交流的场所，例如，电子公告、电子论坛、电子刊物，使内部的规章制度、新闻简报、技术交流、公告事项等能够在企业或机关内部员工之间得到广泛的传播，使员工能够了解单位的发展动态。

（3）实现工作流程的自动化。这牵涉流转过程的实时监控、跟踪，解决多岗位、多部门之间的协同工作问题，实现高效率的协作。各个单位都存在着大量流程化的工作，例如，公文的处理、收发文、各种审批、请示、汇报等，都是一些流程化的工作，通过实现工作流程的自动化，就可以规范各项工作，提高单位协同工作的效率。

（4）实现文档管理的自动化。可使各类文档（包括各种文件、知识、信息）能够按权限进行保存、共享和使用，并有一个方便的查找手段。每个单位都会有大量的文档，在手工办公的情况下这些文档都保存在每个人的文件柜里。因此，文档的保存、共享、使用和再利用是十分困难的。另外，在手工办公的情况下文档的检索存在非常大的难度。文档多了，需要什么东西不能及时找到，甚至找不到。办公自动化使各种文档实现电子化，通过电子文件柜的形式实现文档的保管，按权限进行使用和共享。实现办公自动化以后，例如，某个单位来了一个新员工，只要管理员给他注册一个身份文件，给他一个口令，自己上网就可以看到这个单位积累下来的东西，如规章制度、各种技术文件等，只要身份符合权限可以阅览的范围，他自然而然都能看到，这样就减少了很多培训环节。

（5）实现辅助办公。牵涉的内容比较多，如会议管理、车辆管理、物品管理、图书管理等与人们日常事务性的办公工作相结合的各种辅助办公。

（6）实现信息集成。每一个单位，都存在大量的业务系统，如购销存、ERP等各种业务系统，企业的信息源往往都在这个业务系统里，办公自动化系统应该与这些业务系统实现很好的集成，使相关的人员能够有效地获得整体的信息，提高整体的反应速度和决策能力。

（7）实现分布式办公。这就是要支持多分支机构、跨地域的办公模式及移动办公。现在来讲，地域分布越来越广，移动办公和跨地域办公成为很迫切的一种需求。

OA系统、信息管理级OA系统和决策支持级OA系统是广义的或完整的OA系统构成中的三个功能层次。三个功能层次间的相互联系可以由程序模块的调用和计算机数据网络通信手段实现。一体化的OA系统的含义是利用现代化的计算机网络通信系统把三个层次的OA系统集成为一个完整的OA系统，使办公信息的流通更为合理，减少许多不必要的重复输入信息的环节，以期提高整个办公系统的效率。

一体化、网络化的OA系统的优点是，不仅在本单位内可以使办公信息的运转更为紧凑有效，而且也有利于和外界的信息沟通，使信息通信的范围更广，更方便、快捷地建立远距离的办公机构间的信息通信，并且有可能融入世界范围内的信息资源共享。

按照问题的结构化程度来划分，决策问题可以分为三种类型：结构化（Structured）决策问题；半结构化（Semi-structured）决策问题；非结构化（Unstructured）决策问题。决策问题的结构化程度是可以改变的。通常认为，管理信息系统主要解决结构化的决策问题，而决策支持系统（Decision Support Systems，DSS）则以支持半结构化和非结构化问题为目的。这个论点早期由Gorry和Scott Morton提出，他们把DSS定义为"一个在非结构或半结构环境下支持管理决策者的系统"。在这个定义中，"结构"和"支持"是两个关键概念。"支持"意味着在决策过程中帮助决策者而不是替代决策者。结构的含义是问题简明，可以完全由计算机予以自动处理。非结构有两个方面的含义：一是问题无结构。这意味着从理论上讲问题本身是不可判定的，但实际中很少遇到此类问题。二是问题在一定意义下有结构而人们至今尚未找到恰当的结构。半结构问题指问题的局部可以结构化而不能全部结构化，需要人的判断来完成。

办公自动化系统是由办公硬件系统和办公软件系统组成，同时又分为三个功能层次。下面分别介绍各个功能层次的功能和组成。

0.2.2 事务型办公系统的功能和组成

办公事务的主要内容是执行例行性的日常办公事务，涉及大量的基础性工作，这些工作包括文字处理、电子排版、电子表格处理、文件收发登录、电子文档管理、办公日程管理、人事管理、财务统计、报表处理、个人数据库等。事务型办公自动化系统即电子数据处理系统（Electronic Data Processing System，EDPS），就是针对这些办公事务建立的一种直接面对办公人员的办公自动化系统，该系统是办公自动化的基本构成形式。该系统由计算机软、硬件设备、基本办公设备（复印机、打字机、轻印刷版机等）、简单通信设备和处理事务的数据库组成。

硬件部分一般以计算机为主，多机系统也包括小型机及各种工作站。公用支撑软件为支持有关事务处理的字处理软件、电子报表软件、小型数据库管理系统等。

应用软件包括针对公文管理、档案管理、报表处理、行政事务等开发的独立系统。其中主要应用有文字处理（完成各种办公文件的起草、修改、删除、排版、打印和输出）、个人日常管理（建立办公人员个人日程，时间安排、具体自动提醒功能）、个人文件库管理（管理个人用文件，可以根据目录查询、检索）、行文管理（具有文件收发登记和领导批示签阅登记功能，并可提供行文追踪查询）、邮件处理（用各种先进的邮件处理设备完成邮件、公文、函件的处理，如拆信机、信件综合处理机，可完成信件、文件、函件和信封的装、封、盖章等工作）、文档资料管理（主要以文档资料数据库为主，含缩微胶卷、光盘等小型的存储系统，通过计算机建立目录索引和查询的作用）、文件快速复制（主要以复印、制版和小型胶印机等轻印刷设备为支持，完成文件、函件快速复印、制版、印刷等工作）、电子报表（能对各种数据进行报表格式处理和各种表格式数据的输入、加工、计算及输出）、机关行政事务处理（主要包括机关本身的人事、工资、财务、房产、基建、车辆和各种办公用品管理）。此外，在办公事务处理级上可以使用多种OA子系统，如电子出版系统、电子文档管理系统、智能化的中文检索系统（如全文检索系统）、光学汉字识别系统、汉语语音识别系统等。在公用服务业、公司等经营业务方面，使用计算机替代人工处理的工作日益增多，如订票、售票系统，柜台或窗口系统，银行业的储蓄业务系统等。事务型或业务型的OA系统其功能都是处理日常的办公操作，是直接面向办公人员的。为了提高办公效率，改进办公质量，适应人们的办公习惯，需要提供良好的办公操作环境。

事务型办公自动化系统的数据库，包括小型办公事务处理数据库、小型文件库、基础数据库。其中小型办公事务处理数据库主要存放处理机关内部文件、会议、行政、基建、车辆调度、办公用品发放、财务、人事材料等与办公事务处理有关的数据。基础数据库主要存放与整个系统目标相关的原始数据。它主要是操作层产生的信息，如对于一个企业来说，基础数据库存放各车间的生产进度、产品、原材料需求等有关数据。

事务型办公自动化系统可以是单机系统（在一个办公室内），也可以是一个机关单位内部各办公室完成基本办公事务处理和行政事务处理的多机系统。单机系统不具备计算机通信能力，主要靠人工信息方式及电信方式通信。多机系统采用计算机局域网或远程网，将各个办公室的计算机连成一个能实现交互式办公的整体。

0.2.3 管理型办公系统的功能和组成

随着信息利用重要性的不断增加，在办公系统中对和本单位的运营目标关系密切的综合信息的需求日益增加。信息管理型的办公系统即管理信息系统（Management Information System，MIS），是把事务型（或业务型）办公系统和综合信息（数据库）紧密结合的一种一体化的办公信息处理系统。综合数据库存放该有关单位的日常工作所必须的信息。例如，在政府机关，这些综合信息包括政策、法令、法规，有关上级政府和下属机构的公文、信函等的政务信息；一些公用服务事业单位的综合数据库包括和服务项目有关的所有综合信息；公司企业单位的综合数据库包括工商法规、经营计划、市场动态、供销业务、库存统计、用户信息等。作为一个现代化的政府机关或企、事业单位，为了优化日常的工作，提高办公效率和质量，必须具备供本单位的各个部门共享的这一综合数据库。这个数据库建立在事务级OA系统基础之上，构成信息管理型的OA系统。

管理型办公自动化系统由事务型办公系统支持，以管理控制活动为主，除了具备事务型办公系统的全部功能外，主要是增加了管理信息功能。管理信息功能主要包括信息收集、存储、加工、传送、维护和使用，其实现是通过由人和计算机组成的管理信息系统来完成的。

管理信息系统的目标是了解企业的各种运行情况，利用信息控制企业行为，利用过去的数据预测未来，辅助企业进行决策，帮助企业实现其规划目标。因而管理信息系统必须能够以统一的信息格式，分级、分层次向各职能部门提供其所需信息，使各部门获得规范的报表和数据，使管理者和决策者及时、全面地掌握数据和信息，能做出正确、迅速的反应，优化日常工作，提高办公效率和质量。

管理型办公自动化系统根据不同的应用分为政府机关型、企业管理型、市场经济型、生产管理型、财务管理型、人事管理型等。

政府机关信息管理的主要对象是政务信息管理。它主要涉及政治、经济、社会发展及行政管理信息。由于政府机关上下级之间办公信息有较多联系，所以应利用通信系统，把这些机构的信息管理级办公自动化系统联成一个整体，以达到网络化、一体化的要求。

政府机关型的典型系统有计划系统，统计系统、财政系统、贸易系统、物价系统、建设系统、农业系统、金融系统、人事系统、审计系统等。

工厂企业的信息管理主要围绕着生产和经营活动进行，通过对生产和经营过程中的物资流和经济信息流的管理，实现企业产销和财物的调度、协调和管理。企业管理信息系统有市场经营管理、生产管理、财务管理、人事管理等系统。

市场经营管理系统为企业决策人提供有关的信息，如企业应该生产的产品、企业应采用的分配渠道等。市场经营管理系统主要由计划和经营研究、销售分析、订货和顾客服务等几个功能模块构成。

生产管理系统主要为生产管理人员提供有关的生产信息，如产品的结构设计、生产成品的周期、材料的获取、生产进度的控制及产品的质量等。为了实现上述任务，该系统由产品设计、生产计划、材料管理、生产控制等几个功能模块构成。

财务管理系统的主要任务，是为企业决策人和财务管理人员提供有关的财务信息。系统由总账维护、财务计划、会计、报表等几个功能模块构成。

人事管理信息系统为企业的人事部门提供有关的人事信息，如企业人才的选择、人才的合理应用等。为了实现上述功能，人事管理系统由人事档案维护、人事计划、劳动管理等几个功能模块构成。

管理型办公自动化系统的组成是在事务型系统的基础上，使用更高档次的主机和相对更复杂的各种硬、软件。管理型办公自动化系统的计算机设备，以中、小型计算机或超级小型机配以多功能的工作站为主要形式。

计算机的应用软件除具有事务型办公系统的各种公用、专用办公自动化应用软件外，还要建立起各种管理信息系统。这些分系统应支持各专业领域的数据处理及数据分析，为高层领导的决策提供各业务领域中的综合信息。

管理型办公自动化系统中的数据库，是在事务型办公自动化系统数据库的基础上加入专业或专用的数据库。即在对基础数据库中的原始数据进行加工、处理的基础上，按功能的不同分类形成专业（或专用）的数据库。

例如，在企业内可以有物资、计划、设备、产品、市场预测、成本、技术、生产、人事、后勤、劳动工资、财务等专用数据库。在政府机关部门可以有计划、公交、财政、贸易、外贸、物价、税务、金融、建设、农业、审计、文教卫生、人事、科技、物资、环保、法制、综合办公等专业数据库。

管理型办公自动化系统多数是以局域网为主体构成的系统，局域网可以连接不同类型的主机，如超级小型机、中型机和大型机，也可以连接计算机、工作站和程控交换机。可方便地实现本部门计算机网之间或者是与远程网之间的通信。

通信网络最典型的结构是采用中、小型主机系统与超级计算机和办公处理工作站三级通信网络结构。其中，中、小型机主要完成管理信息系统功能，处于最高层，设置于计算机中心机房；超级计算机处于中间层，设置于各职能管理机关，主要完成办公事务处理功能；而工作站完成一些实际操作，设置在各基层科室，为底层。这样的结构具有较强的分布处理能力、资源共享性好、可靠性高。

对于范围较大的系统来说，可以采用以程控交换机为通信主体的通信网络，通过这样的通信枢纽把大中型机、超级小型机、高档计算机、各种工作站、终端设备、传真机等互联起来，构成一个范围更广的办公自动化系统。

0.2.4 决策型办公系统的功能和组成

决策支持型 OA 系统即决策支持系统，是建立在信息管理型 OA 系统的基础上的。它使用由综合数据库系统所提供的信息，针对所需要做出决策的课题，构造或选用决策数学模型，结合有关内部和外部的条件，由计算机执行决策程序，做出相应的决策。随着三大核心支柱技术：网络通信技术、计算机技术和数据库技术的成熟，世界上的 OA 已进入到新的层次，在新的层次中系统有 4 个新的特点。

（1）集成化。软、硬件及网络产品的集成，人与系统的集成，单一办公系统同社会公众信息系统的集成，组成了"无缝集成"的开放式系统。

（2）智能化。面向日常事务处理，辅助人们完成智能性劳动，例如，汉字识别，对公文内容的理解和深层处理，辅助决策及处理意外等。

（3）多媒体化。包括对数字、文字、图像、声音和动画的综合处理。

（4）运用电子数据交换（EDI）。通过数据通信网，在计算机间进行交换和自动化处理。

新的层次包括信息管理型 OA 系统和决策支持型 OA 系统。事务级 OA 系统称为普通办公自动化系统，而信息管理型 OA 系统和决策支持型 OA 系统称为高级办公自动化系统。例如，市政府办公机构，实质上经常定期或不定期地收集各区、县政府和其他机构报送的各种文件，然后分档存放并分别报送给有关领导者阅读、处理，最后将批阅后的文件妥善保存，以便以后查阅。领导者研究各种文件之后做出决定，一般采取文件的形式向下级返回处理指示。这一过程，是一个典型的办公过程。在这一过程中，文件本身是信息，其传送即信息传送过程。但应当注意到，领导在分析决策时，可能要翻阅、查找许多相关的资料，参照研究，才能决策，所以相关的资料查询、分析，决策的选择也属于信息处理的过程。

决策型办公自动化系统，是在事务处理系统和信息管理系统的基础上，增加了决策或辅助决策功能的最高级的办公自动化系统。它除了具备事务型办公自动化系统及管理型办公自动化系统的功能外，主要担负辅助决策的任务，即对决策者提供支持。它不同于一般的信息管理，它要协助决策者在实现某一确定目标的过程中，方便地检索出相关的数据，从多种可选择方案中优选一个方案并付诸实施。

为此，该系统除了利用管理信息系统数据库所提供的基础信息或数据资料之外，还需为决策者提供模型、案例或决策方法，因而对于决策型办公自动化系统，不仅要有数据库的支持，还必须具备模型库和方法库。

模型库是决策支持系统的核心，其作用是提供各种模型供决策者使用，以寻求最佳方案。常用的模型包括计划模型、预测模型、评估模型、投入/产出模型、反馈模型、结构优化模型、经济控制模型、仿真模型、综合平衡模型等。在实际应用中，对同一问题可以用不同的模型，从不同的角度进行模拟，向决策者提出有效的建议。

决策型办公自动化系统的计算机设备、办公用基本设备、办公应用软件和管理型办公系统相同，只是这些设备一般是在综合通信网或综合业务数字服务网的支持下工作的。它的应用软件，是在管理型办公系统的基础上，扩充决策支持功能，通过建立综合数据库得到综合决策信息，通过知识库和对专家系统进行各种决策的判断，最终实现综合决策支持。例如，经济信息决策支持、经济计划决策、经济预测决策等系统，以及针对最高领导建立的某一业务领域中使用的专家系统。

决策型办公自动化系统的数据库，是在事务型、管理型办公自动化系统的数据库基础上，加入综合数据库和大型知识库。

综合数据库把各专业数据库的内容进行归纳处理，把与全局或系统目标有关的重要数据存入综合数据库，其中同时还包含历史资料库。

大型知识库包括模型库、方法库和综合数据库。

0.3 办公自动化系统的建设与管理

0.3.1 办公自动化系统的开发思路

1. 建设办公自动化系统的意义

随着办公活动对信息处理的时效性要求和管理的复杂程度的提高，办公室迫切需要一个可以实现整合内外资源的、高效的信息系统，来完成信息的收集、整理、传递和分析，实现信息大范围、易控制、高效率而低成本的共享和利用。

办公自动化是以信息技术、系统科学和行为科学为支柱的一门综合性技术，它以系统科学为理论基础，行为科学为主导，综合运用信息技术完成各种办公活动，充分有效地利用现有信息资源，以提高生产效率、工作效率和工作质量，辅助决策，促使办公活动规范化和制度化。它随信息技术的发展而发展，随人们办公方式和习惯及管理思想的变化而变化。办公自动化系统以下有三个特点。

（1）在使用的手段上，办公自动化综合运用了现代计算机和通信等高新技术，它涉及行政管理、电子、文秘、机械和物理等多个领域，因而它本身是一门综合性的技术。

（2）办公自动化服务的对象是办公活动，信息处理是整个办公活动中的主要业务特征。

（3）办公自动化是对语音、数据、图像和文字信息的一体化处理过程。它把基于不同技术的办公设备集成在一起，将多种媒体处理技术组合在一个系统中，使办公室具有使用和处理多媒体信息的功能。

办公自动化系统的最终目的是提高办公质量和办公效率，促使办公工作规范化、制度化，并提高办公人员的决策质量，为决策人员提供更多的信息和决策方案。

2. 办公自动化系统的建设目标

办公自动化系统的建设应着眼于顺应现代行政办公的需要，总体来说要体现出操作方便、信息共享、切合实际、安全高效、智能决策等特点。系统的建设目标大致包括以下几个方面。

（1）实现工作流程的自动化。主要是公文的收、发文管理，汇报、请示、审批等流程化的工作，通过实现工作流程的自动化，提高单位内各单位协同工作的效率。

（2）实现文档管理的自动化。通过把各类文档以电子文件的形式存入数据库，按权限实现共享访问和修改更新，方便文档的储存和使用。

（3）建立电子通信和信息发布的平台。通过建立单位内的邮件系统和信息发布平台，使办公文档、规章制度、新闻简报、技术交流等能够在单位内部各部门得到及时地传播或传送。

（4）包含日常办公辅助子系统。日常事务性的工作如会议安排、物资管理、车辆调度等在办公自动化系统中应有相应的办公模块。

（5）支持分布式办公，即支持异地办公和移动办公。异地办公和移动办公是当前办公自动化的热点。

3. 办公自动化系统的建设策略

（1）取得单位领导的重视和工作人员的支持。办公自动化系统的建设是一项系统工程，成功与否很大程度上取决于领导是否重视，领导的重视和参与可以充分调动各方面的积极性。要从信息化建设的角度来认识办公自动化系统的重要性，通过办公自动化系统建设提高行政办公效率和管理水平。领导要在系统应用方面对全局提出统一要求，要求各部门信息及时上网，上报材料必须通过网上报送等。机关工作人员早已习惯手工公文的处理模式，长期以来有一套固定的工作程序和流程，改变原来的工作方式和习惯，应用办公管理系统，难免存在一部分工作人员有抵触情绪，阻碍行政办公系统的推广应用。因此，做好宣传工作，转变观念，是推行办公管理系统应用的必要条件。此外还要制订推广使用系统的规章制度，以保证系统地运行，从制度上约束工作人员能够接受和使用系统。

（2）从整体角度进行办公自动化系统的规划。办公自动化系统的建设必须在综合考虑单位信息化建设的现状与需求的基础上，从全局和整体的高度规划单位信息化建设的方针、策略、发展规划与实施计划，全面考虑硬件环境建设、应用系统建设、管理规范建设和支持机制的建设，按照规划协同地推进单位的办公自动化。整体规划的制订需要在充分了解单位的办公现状、需求，特别是单位发展对于信息化需求的基础上，结合信息技术的发展形势做出科学、全面的规划。在规划的制定中要做好以下几个方面的工作。

① 技术人员和管理人员要密切配合。要做好一个整体规划，必须有单位高层的管理人员参与，这样才能保证规划符合单位的实际，符合单位发展的需要；必须有单位相关职能部门的参与，保证规划的可实施性；还需要有资深的信息技术和办公自动化方面的专家参与，保证规划与信息技术发展的统一。

② 从单位实际出发，根据实际需求来制定规划。要充分了解单位的需求，包括发展的

需求，根据需求来确定规划，而不是根据技术来定规划；要了解单位能够投入的人力和物力情况，根据实际投入来定规划，而不能做成太过理想不能实施的规划；规划既要有宏观的方针、策略，也要有细致的实施计划，单纯粗线条的规划很难落实。

③ 站在整体的高度全面规划。单位办公自动化系统建设一般情况下会落实到一个部门来牵头实施，但是规划的制定者一定要站在整体的高度来规划，而不能站在部门的立场来看问题；要从单位的全局出发来做全面的规划，而不能偏重于一个方面。

（3）有效解决系统的数据共享问题。例如，在学校办公自动化系统中的主要信息要包括教职工信息、学生信息、科研信息、财务信息、单位综合信息等几类。这些信息来自单位的各职能部门，并为各部门共享。在现实中，单位各部门现有的数据库大都基于不同的数据库管理系统，这通常称为异构型数据库系统，异构型数据库中各局部数据库管理系统在数据模型、数据类型、数据精度、数据库内部的机制（有效规则、完整性规则、数据库触发器、存储过程）等方面存在着许多差异。所以，异构型数据库中的数据共享是我们在使用单位办公自动化系统之前要重点解决的问题。

① 确定共享信息的内容。单位办公自动化系统中信息的基本来源是单位各部门提供的各种信息。共享信息的确定应遵循以下原则：在基本信息项的基础上，确定共享信息项；共享信息项由信息主管部门和系统开发设计人员协商约定；所确定的共享信息项一方面要满足综合分析、研究的需要，如单位领导决策所需的综合情况等；另一方面要满足纵向、横向信息交换和共享的需要，如学校上级行政管理部门的教育事业统计调查信息、部门与部门间交换或共享的信息；同时对各种基本信息源的设定、补充、变动与修改等，也应由开发设计人员和信息主管部门协商后确定。

② 把分散的局部数据库建成全局概念数据库。单位内各行政部门的相对独立性导致了所使用的数据库管理系统是不同的，在数据库中表现为记录格式、数据类型、精度等方面的差异。为实现数据共享，需仔细研究各局部数据库的差异，并把各自数据库的分散管理在逻辑上进行集中，建立一个全局概念数据库。全局概念数据库包含了整个办公自动化系统所需的所有信息，同时对各部门业务子系统中的数据库开放。

③ 做好数据的标准化和规范化工作。在单位的办公自动化体系中，各个系统之间是密切相关的，相互之间构成一个有机的整体，如学校财务系统和教务系统中的教师信息都是从人事系统中来的，而人事系统中的工资信息和设备资产系统中的经费信息都与财务系统关联。因此，整个信息系统的建设最好是在规划的指导下协同、有序地进行，采用统一的标准和规范，建立通用的接口与平台。对于单位内部来说，体系结构必须满足以下要求：单位的管理信息数据可以被多个部门的管理信息系统共享；体系结构要确保各级数据的安全性和有效性，数据规范对于一个行业来说是非常重要的，如果数据没有一个统一的规范，那么在数据上报和下发过程中，必然还存在一个转化的过程，使得原有的数据可能无法生成我们需要的数据，因而数据不能进行上下沟通；由于一些单位的信息管理数据是经常需要交换的，为了能够让所有的系统都识别这些数据，还必须对接口进行规范。

（4）提高管理人员素质，充分发挥系统优势。办公自动化系统是一个人机结合的系统，办公自动化系统的运用及其功能的发挥不仅离不开人，而且必须在人的干预和控制下才能实现。人和机器在办公自动化系统中的相互关系：人是系统的核心部分，在系统中起主导作用，人在系统中的任务主要是决策；机器起人的助手作用，是人的感官和大脑的延伸。

办公自动化系统协调了人机各自的特长，机器着重做日常事务、重复数据信息的处理和比较确定条件下的决策，而人则着重做创造性的工作，在系统的建设和使用中要充分发挥人和机器的优势。首先要提高办公人员的素质。作为系统的使用者，办公人员不仅要熟练掌握办公活动的基本知识，还要学会使用各种先进技术设备和系统控制设施，这将引起系统办公人员知识结构的变化。提高人的素质，扩大知识结构，掌握现代高技术在单位办公系统中的应用，将成为实现办公自动化的首要前提条件，同时也是该系统建设的一个重要内容。可通过信息技术培训和系统使用操作方法培训，逐步提高办公人员素质，以适应现代化办公的要求。其次，要做到人机密切结合，以提高工作效率。办公自动化系统是带有综合性、整体性的人机结合系统，只有保持系统平衡、协调一致地工作，才能发挥整个系统的优势。人机结合必须科学分工，将机械的、纯业务的工作交由办公系统中的计算机等设备去完成，办公人员则应集中精力和时间，从事最有决定意义的创造性活动。人机结合必须协调一致，形成一个统一的整体，使系统内部各组成部分协同工作。

（5）创造办公自动化系统安全运行的环境。网络和信息安全是办公自动化建设的基础和前提，办公系统的安全管理是网络管理中的重要内容，只有重视安全管理，采取一系列的运行管理体系，才能保证基于网络的办公自动化系统的正常运行。可采取以下措施来保障系统安全。

① 加强管理制度建设。建立网上信息发布和信息传输的审查制度，执行严格的审批程序；建立信息安全保密制度，根据信息秘密等级设置访问权限，机密信息不得在系统里进行加工、存储和传递；对重要的数据和文件要定时、及时备份。

② 运用技术手段，如信息加密算法和数字签名技术、防火墙技术、身份识别技术等加强网络本身的安全防范措施，增强网络运行的安全性。

③ 开展办公自动化系统安全的宣传和教育工作，使全体员工了解办公自动化系统安全的重要性，提高个人修养，加强职业道德。

0.3.2 办公自动化系统的开发方法

1. 办公自动化系统的常用开发方法

办公自动化系统的开发有以下几种常用方法。

（1）结构化系统开发方法（Structured System analysis And Design，SSA&D）。结构化系统开发方法又称为结构化生命周期法，是系统分析员、软件工程师、程序员及最终用户按照用户至上的原则，自顶向下分析与设计和自底向上逐步实施的建立计算机信息系统的一个过程，是组织、管理和控制信息系统开发过程的一种基本框架。

（2）原型法（Prototyping Method）。运用结构化系统开发生命周期法的前提条件是要求用户在项目开始初期就非常明确地陈述其需求，需求陈述出现错误，对信息系统开发的影响尤为严重，因此，这种方法不允许失败，事实上这种要求又难以做到。人们设想，有一种方法，能够迅速发现需求错误。当图形用户界面（Graphic User Interface，GUI）出现后，自20世纪80年代中期以来，原型法逐步被接受，并成为一种流行的信息系统开发方法。

原型法是在系统开发初期，凭借系统开发人员对用户需求的了解和系统主要功能的要求，在强有力的软件环境支持下，迅速构造出系统的初始原型，然后与用户一起不断对原型进行修改、完善，直到满足用户需求。信息系统原型，就是一个可以实际运行、可以反复修改、可以不断完善的信息系统。

（3）面向对象方法。以前的开发方法，只是单纯地反映管理功能的结构状况，或者只是侧重反映事物的信息特征和信息流程，只能被动满足实际问题需要的做法。面向对象的方法把数据和过程包装成为对象，以对象为基础对系统进行分析与设计，为认识事物提供了一种全新的思路和办法，是一种综合性的开发方法。

（4）CASE 工具。计算机辅助软件工程方法是一种自动化的系统开发环境，它能够全面支持除系统调查外的所有开发步骤，使得原来由手工完成的开发过程，转变为一自动化工具和支撑环境支持的自动化开发过程。采用 CASE 工具进行系统开发，还必须结合某种具体的开发方法，如结构化系统开发方法等。

2. 结构化系统开发方法简介

下面重点介绍结构化系统开发方法。

（1）基本思想。结构化系统开发方法由管理策略和开发策略两个部分组成，如图 0-3 所示。

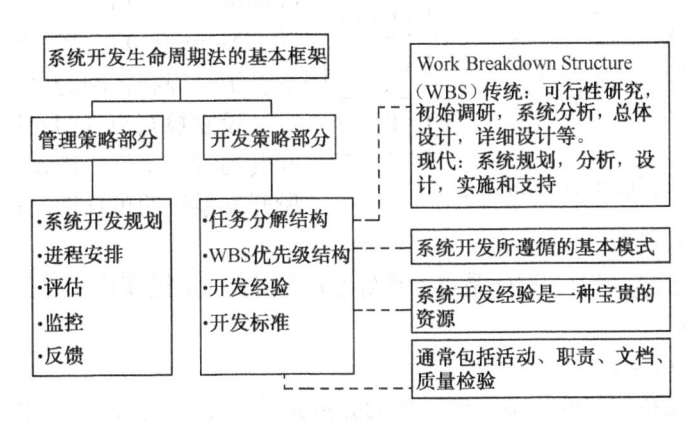

图 0-3　结构化系统开发方法组成

管理策略部分强调系统开发规划、进程安排、评估、监控和反馈。

开发策略部分包括以下几个方面。

① 任务分解结构。包括系统规划、系统分析、系统设计、系统实施和系统支持。

② WBS 优先级结构。即系统开发所遵循的基本模式，如瀑布模型（Waterfall）、阶梯模型（Stair Step）、螺旋模型（Spiral）、迭代模型（Iterative）等。

③ 开发经验。计算机信息系统的开发是一个实践性非常强的过程，因此，开发经验是非常宝贵的一种系统开发资源，如何充分地利用开发人员丰富的开发经验也应该是系统开发生命周期研究的内容之一。

④ 开发标准。系统开发标准通常包括活动、职责、文档、质量检验四个方面的标准。

（2）开发过程。开发过程分为以下几个阶段。

① 系统规划阶段。该阶段的范围是整个业务系统，目的是从整个业务的角度出发确定系统的优先级。

② 系统分析阶段。主要活动包括可行性分析和需求分析。其范围是列入开发计划的单

个信息系统开发项目。目的是分析业务上存在的问题，定义业务需求。

③ 系统设计阶段。系统设计的目的是设计一个以计算机及网络为基础的技术解决方案以满足用户的业务需求。总体设计的主要任务是构造软件的总体结构；详细设计包括人机界面设计、数据库设计、程序设计。

④ 系统实施阶段。系统实施的目的是组装信息系统技术部件，并最终使信息系统投入运行，如用户手册等。它包括的活动有编程、测试、用户培训、新旧系统之间的切换等。

⑤ 系统运行与维护阶段。目的是对系统进行维护，使之能正常地运作。

（3）用户的积极参与。用户积极参与信息系统开发的全过程，是信息系统开发能否成功的一个关键的、绝对必要的因素。

用户应严格按划分的阶段和活动进行系统开发，如图 0-4 所示，运用系统处理方法，将系统开发的全过程采取"分而治之（Divide and Conquer）"的策略，将整个系统的开发过程分为一系列"阶段（Phases）"，然后将阶段分为一系列的"活动（Activities）"，将活动划分为更小的、更易于管理和控制的"作业（Task）"。

设立检查点（Check Point）。在系统开发的每一个阶段均设立检查点，来评估所开发系统的可行性，避免由于系统开发的失败造成更大的损失。

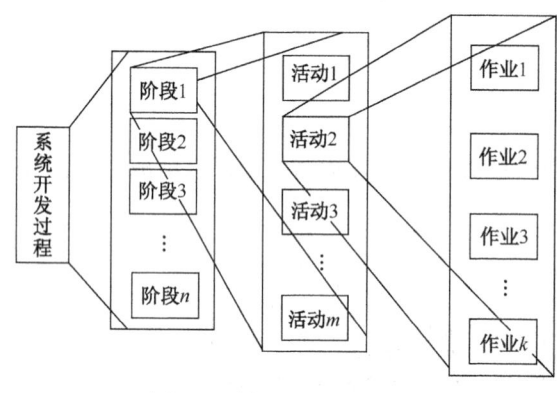

图 0-4 划分的阶段和活动

文档的标准化。文档的标准化是进行良好通信的基础，是提高软件可重用性的有效手段。

（4）优、缺点。

① 优点如下所述。

阶段的顺序性和依赖性。前一个阶段的完成是后一个阶段工作的前提和依据，而后一阶段的完成往往又使前一阶段的成果在实现过程中具体了一个层次。

从抽象到具体，逐步求精。从时间的进程来看，整个系统的开发过程是一个从抽象到具体的逐层实现的过程，每一阶段的工作，都体现出自顶向下、逐步求精的结构化技术特点。

逻辑设计与物理设计分开，即首先进行系统分析，然后进行系统设计，从而大大提高了系统的正确性、可靠性和可维护性。

质量保证措施完备。每一个阶段的工作任务完成情况都要进行审查，对于出现的错误或问题，应及时加以解决，不允许转入下一工作阶段，也就是对本阶段工作成果进行评定，使错误较难传递到下一阶段。错误纠正得越早，所造成的损失就越少。

② 缺点如下所述。

它是一种预先定义需求的方法，基本前提是必须能够在早期就冻结用户的需求，只适应于可在早期阶段就完全确定用户需求的项目。然而在实际中要做到这一点往往是不现实的，用户很难准确地陈述其需求。

未能很好地解决系统分析到系统设计之间的过渡，即如何从物理模型如实反映出逻辑模型的要求，通俗地说，就是如何从纸上谈兵到真枪实弹地作战的转变过程。

该方法文档的编写工作量极大，随着开发工作的进行，这些文档需要及时更新。

（5）适用范围。该方法适用于一些组织相对稳定、业务处理过程规范、需求明确且在一定时期内不会发生大的变化的大型复杂系统的开发。

0.3.3 开发实例——网络环境下企业办公自动化系统方案设计

1. 引言

在信息技术迅速发展的今天，获取、处理和利用大量现代信息已成为人类社会信息处理的最紧迫任务。一个国家的经济现代化必须依赖于管理的现代化和决策的科学化。这就使办公系统自动化成为当前人类工作、生活的热门话题。办公自动化系统是一门综合多种技术的新型学科，其技术基础主要是计算机技术、通信技术和其他综合技术。

2. 系统总体方案设计

（1）系统设计原则。办公自动化系统是一项重要的系统工程，其设计的合理性对日常的维护和未来发展起着极为重要的作用。办公自动化系统总体设计原则的确定，不仅要考虑近期目标，还要为系统的进一步发展和扩充留有余地。设计中需要考虑各阶段的情况，适应长远发展，统一规划设计。该系统应具有良好的开放性，这种开放性靠标准化实现，系统建设基于标准的 TCP/IP、HTML、SOAP 等协议实现。办公自动化系统总体设计原则如下所述。

① 开放原则。采用开放标准、开放技术、开放结构、开放系统组件。

② 实用原则。实用有效是最主要的设计目标，设计结果能满足需求并且行之有效。

③ 可靠原则。设计稳定可靠，具有高 MTBF（平均无故障时间）和低 MTBR（平均无故障率），提供容错设计，支持故障检测和恢复，可管理性强。

④ 安全原则。安全措施有效可信，能够在多个层次上实现安全控制。

⑤ 可维护性。采用面向对象的组件模式，此技术的应用可提高系统的可维护性。

⑥ 先进原则。设计思想先进、软硬件设备先进、网络结构先进、开发工具先进。

⑦ 灵活原则。系统配置灵活，能够适应应用和技术发展需要。

⑧ 可扩展性。能够在规模和性能两个方向上扩展，扩展后的性能有大幅度提高。

（2）系统拓扑结构。办公自动化系统的开发是基于先进的软件工程实现的，其具有十分强大的智能办公平台建设功能。如图 0-5 所示为办公自动化系统拓扑结构。

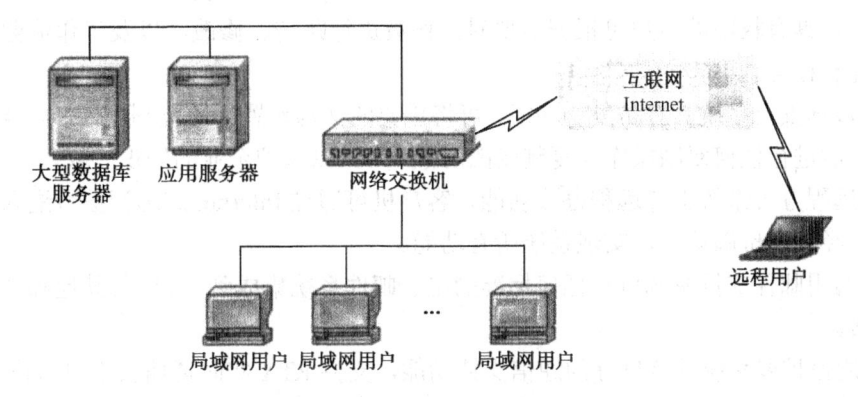

图 0-5 办公自动化系统拓扑结构

(3) 系统功能模块设计。办公自动化系统具有协同工作、公文管理、知识资源库、生产流程可视化监测、项目管理、综合查询、电子公告、讨论区、日程管理、会议管理、计划管理、网上调查、短信、电子邮件、系统管理等功能模块，如图 0-6 所示。

(4) 系统功能特点。系统的功能特点如下所述。

① 采用国际标准。系统采用目前业界标准的 TCP/IP 通信协议。服务器采用标准的 HTML 超文本协议，数据库服务器采用数据库通信协议及标准的 SQL 数据库操作命令。系统可与其他任何系统连接，实现信息的共享处理。

② 标准 B/S 应用系统。系统采用标准的 Internet 应用开发技术，真正实现客户端零维护技术，使用浏览器即可进入系统进行操作。

③ 大型商用数据库技术。系统采用大型商用数据库技术实现，所有信息全部保存在服务器端大型数据库中。与其他采用免费数据库的软件系统相比，该系统具有极高的安全可靠性，可实现高速数据查询与处理。

④ 高强度加密。系统采用可靠的 128 位 MD5 加密技术处理。具有极高的安全性，非授权用户不可能进行非法操作。普通软件采用用户名与密码对比技术来实现用户认证，稍熟悉计算机的用户通过互联网上广泛流传的一些黑客工具，可轻松地破解会员账号及管理员密码。

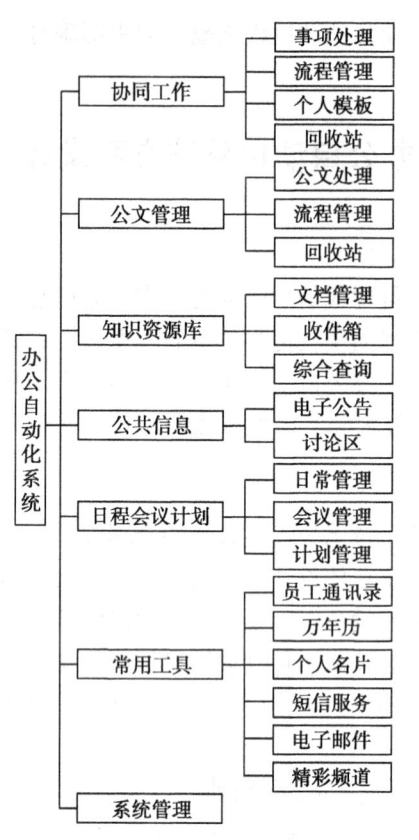

图 0-6 办公自动化系统结构

⑤ 无缝 Office 集成。系统应实现对 MS Office 文档的无缝集成，使用户完全在浏览器上对文档进行编辑，操作方式同单独使用 MS Office 软件一样，可实现文档修改留痕、批注及读、写控制。系统应支持 Word、Excel 文档、Excel 图表、PowerPoint、Project 项目、VISIO 画图等 Office 文档格式及 WPS 文档、WPS 表格两种 WPS 文档格式。

⑥ 手写签名。系统支持手写签名功能，支持市场常见的各种手写笔、手写板及鼠标。

⑦ 灵活的工作流。系统工作流可灵活定制，可顺序审批、并行会签、混合审批。在审批过程中，具有权限的用户可根据需要对工作流进行跳转、修改，以及工作流业务的重定位、委托和移交。

⑧ 数据安全系统具有防复制功能，可将重要的文档设置为防复制属性。只能在系统中查看，不能进行任何复制操作（复制/粘贴或打印），以保护企业的知识产权。

⑨ 远程办公系统支持远程办公功能，客户机可通过 Internet 或远程拨号进入办公自动化系统，经过身份确认后，实现系统所有功能。

⑩ 通用邮件支持系统可与任何标准的电子邮件系统集成到一起。与其他邮件系统进行无缝连接。

⑪ 通信扩展系统具有良好的通信支持功能，支持 RTX 实时通信及手机短信系统。

⑫ 关系数据库支持系统与 Oracle、Sybase、MS SQL Server、DBF 等关系数据库系统

实现无缝集成。解决与ERP等系统的数据集成与共享问题。

3. 系统功能

（1）协同工作。协同工作用于处理与审批日常办公业务相关的各种文档，支持常见各种Office文档格式。协同工作支持统一定制文档模板及客户端定制个人文档的功能，可将常用的各种文档格式定制为模板，在起草文档时只需引用模板进行修改即可。协同工作中的文档可备份到知识资源库模块中永久保存。

① 草稿/新建事项。用于新建文档，保存文档草稿，可引用文档模板，设置审批流程、备份文件夹、接收人、接收部门、重要程度等信息，并可为文档增加附件。起草的文档保存为草稿，可随时更新修改。

② 发送事项。用于将审批完成的文档资料发送到相应部门及相应人，如果文档设置为自动发送状态，则文档审批完成后可自动发送给相关部门及相关人。

③ 待办事项。列出登录用户所有需要审批的协同文档，用户可打开文档进行相应审批操作，并对文档进行添加审批意见、审批通过、返回上一级、返回流程首等审批操作，具有权限的用户可直接修改文档及审批流程。

④ 已办事项。列出用户审批过的所有文档。可及时追踪查看文档的审批及发送情况，可发送文档督办单。

⑤ 流程定制。可设置审批流程，流程可设置进行顺序审批，并行会签或混合方式。可设置审批流程中的文档修改、文档复制、流程修改的权限。

⑥ 流程查看。文档在审批过程中可用图形方式查看流程，具有权限的用户可修改流程。

⑦ 个人模板。用户在协同工作中可创建个人模板，个人模板可设置使用人、使用部门、使用角色，有权限的用户可使用创建好的个人模板。个人模板支持常见的8种Office文档格式。

⑧ 回收站。协同工作中的文档具有回收站功能，文档删除后会先放入回收站，回收站中的文档可恢复，保证用户重要文档不被误删除。

（2）公文管理。公文管理专用于红头文件的审批与管理，公文管理权限应赋于相应的使用部门及人员，普通用户不能进行操作；公文管理系统的操作方式与协同工作相同，公文管理模块不支持用户创建个人模板，必须使用企业规定好的正规公文格式。公文及协同工作支持修改留痕、手写签名及全屏批注；支持常见的6种Office文档及2种WPS文档，支持国产办公软件，支持全面的数据防复制功能，可根据需要将重要文档设置为防复制属性，杜绝非法复制现象，保护企业的知识产权。

（3）知识资源库。系统提供功能强大的知识资源库，每个用户可创建自己的目录树，对文档分类管理。文档全部保存于服务器的数据库，用户可在任何地方打开、处理自己的文档。知识资源库中包含我的文档、单位文档、项目文档、他人文档、我的收件箱、收件箱规则、综合查询等模块。

（4）电子公告、讨论区和网上调查。电子公告用于发布企业各种正规的通知、通告，具有权限的用户可发布电子公告，普通用户可随时上网查询公告。企业论坛主要是为专家、工程技术人员提供一个网上技术交流、技术咨询、命题论证、思想交流等相互切磋的环境。管理人员可在线编制网上调查表，普通用户可在网上填写并提交调查表。

（5）日程和会议管理。日程管理用于管理用户的日程安排，可对日程安排设置提醒功能，用户登录后，会自动根据日程设置自动提醒用户。会议管理用于创建会议计划，可将会议计划发送到参会部门与参会人，系统可按照设置对参会人员进行相应提醒。

（6）常用工具、个人设置和基础设置。常用工具包含员工通讯录、年历、计算器、个人名片、短信服务、电子邮件、精彩频道。个人设置包含修改密码、代理人员设置、信息转移设置、邮件设置。基础设置包含系统设置、组织机构人员设置、职务级别设置、角色信息维护、角色权限设置等模块。

（7）后台管理首页面。管理员登录后，可进入后台管理页面，进行系统管理工作。后台首页面具有如下功能。

① 基础设置：用于管理组织机构、人员、角色、权限等。

② 应用设置：用于集中设置协同模板、公文模板、讨论区、公共资源、精彩频道等。

③ 其他设置：用于设置手机短信、邮件系统、实时通信 RTX、系统运行日志查看等。

（8）应用及其他设置。应用设置包含公文模板格式设置、协同模板格式设置、讨论区设置、公共资源设置、审批意见设置、精彩频道设置、调查问卷设计等模块。其他设置中包含短信通知设置、邮件系统设置、即时通信 RTX 设置、系统运行日志等模块。

4. 系统开发技术

（1）开发工具。系统可采用目前最先进的开发工具 Microsoft Visual Studio.Net 200X 实现。Microsoft Visual Studio.Net 200X 是一套完整的开发工具，用于生成桌面和基于团队的企业级 Web 应用程序。除了生成高性能的桌面应用程序外，还可使用 Visual Studio.Net 200X 基于组件的强大开发工具和其他技术，简化基于团队的企业级解决方案的设计、开发和部署。Visual Studio.Net 200X 采用编译执行的方式，可避免软件源代码泄露，大大提高了系统运行速度。

（2）开发规范。应采用精简的 CMMI3 规范，将软件的开发分为需求调研与分析、技术预研、系统设计、实现与测试、系统测试、客户验收、服务与维护等几个阶段，可形成开发文档二十多种，开发模式以线性为主、以并行迭代为辅。严谨的开发模式可为以后的系统升级、维护、归档提供最佳资料。软件程序设计流程如图 0-7 所示。

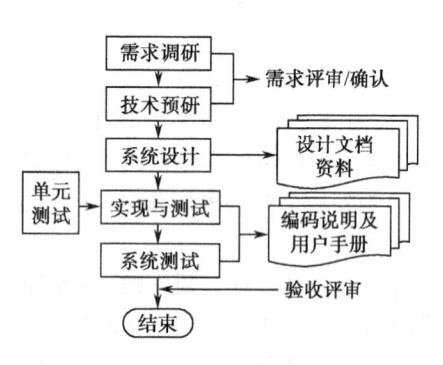

图 0-7 软件程序设计流程

5. 结束语

办公自动化系统可满足在网络环境下的管理、制度执行、文件传达、信息沟通和信息发布。该系统是信息在组织内的部门间、单位间、团队内外、人员之间流转的平台，是组织内人员之间沟通、请示、汇报、审批的平台，是组织计划管理、监督执行、协调事务的平台；是知识管理的集中共享和管理平台。该系统不仅可以传递组织价值、培养组织文化、推广和复制组织制度、方法，还是组织整合信息孤岛，提升办公能力和执行能力的有效信息化工具和平台。

0.3.4 办公自动化系统的安全管理

为加强办公自动化系统的管理，保障计算机网络和信息系统的安全、稳定运行，应根据有关规定，制定管理制度。

办公自动化系统可指定部门进行归口管理，明确人员，具体负责办公自动化系统管理工作。各处室主要负责人作为本处室办公自动化系统管理的第一责任人。

办公自动化系统主要管理工作有设备管理、网络管理、系统管理、信息管理、运行管理、安全保密管理等。这里主要讨论安全保密管理。

1. 影响安全保密的因素与安全标志

（1）安全保密因素。包括系统的软、硬件设备，存储介质等方面的物理保护和计算机安全保密问题。它涉及环境场地的技术要求、设备安全、软件安全、供电安全、空气调节规范、电磁屏蔽技术、防水灾、防风暴、防震、存储介质管理、机房管理等内容。

（2）安全隐患。安全隐患有以下几个方面。

① 人为失误和设计错误。使得内部人员进行未经授权许可的活动，或外部的恶意破坏者得以进入系统。

② 自然灾荒或环境破坏。对信息设备及其备份系统造成破坏。

③ 病毒。木马病毒、蠕虫软件（搜索系统用户名和口令字的匹配）和其他具有破坏性的软件，会通过借来的 U 盘、预先打包的软件，甚至通过与其他网络的连接进入网络。

恶意破坏软件是应用计算机动态地进行破坏行为的软件。例如，有目的地编写病毒程序、侵入其他计算机网络和采取破坏系统软硬件的行为等，很像是人类战争行为的活动，其破坏性远远超过现在计算机病毒的能力。例如，黑客、计算机盗贼及其他侵入网络的人，在网络中进行捞取金钱，寻找工业秘密，或者对系统本身进行破坏。

（3）安全标志。能防止对信息的非法窃取；能杜绝泄露和毁坏事件发生；预防泄露和毁坏事件的发生；在毁坏后的更正及恢复正常工作的能力较强，所需时间较短；安全保密系统符合经济要求；安全保密系统符合使用方便性要求。

2. 安全保密对策

（1）对策范围。

① 行政措施。采用行政法规、规章制度及社会允许的各种方式。

② 法律措施。针对计算机犯罪的打击、制裁手段。

③ 软件保护措施。采用软件技术手段辨别用户、控制用户的应用方法和对信息的加密。

④ 物理保护。对场地环境、软硬件设备及存储介质等方面的保护。

（2）计算机安全监视技术。采用监视程序对用户登记和用户存取状况进行自动记录以保护系统安全的技术方法。用户登记包括对用户进入系统的时间、终端号、用户回答口令的时间与次数等情况的自动记录。为了防止非法者进入，监视系统将对口令出错达到规定次数的用户报警并拒绝其进入。对用户存取状况的监视系统将自动记录下用户操作运行的程序、所使用的数据文件名称、增删情况、越权行为和次数等，形成用户使用日志。还将记录对被保护的信息的维护状况，特别是违反保密规定的行为。

① "防火墙"技术：是运行特定安全软件的计算机系统，它在内部网与外部网之间构筑一个保护层，使得只有被授权的通信才能通过保护层，从而阻止未经授权的访问、非法入侵和破坏行为。

② 自适应安全管理套件：可形象地比喻为网络守夜人的软件系统，是对在网络周围"挖护城河"式的防火墙软件的发展。它在 Internet 上不停地来回移动，自动搜索出网络的

薄弱处，监测网络防范侵袭的能力，必要时还会采取行动堵住安全漏洞。

（3）用户识别。由计算机验证回答身份是否合法的保密技术。一般有以下几种，记忆方法，采用口令字或通行字，其缺点是失窃后不留痕迹。钥匙或密磁卡方法，将钥匙或密磁卡插入计算机的识别器以验证身份。保密算法，用户采用某一过程或函数对某些数据进行计算，计算机根据其结果以验证用户身份。用户的生物测定学（Biometrics）手段，采用指纹、声音、视网膜等由计算机识别以验证用户身份，来控制访问。

（4）终端识别。终端识别也称为回叫保护，在计算机通信网络中广泛应用。计算机除了对用户身份进行识别外，还对联机的用户终端位置进行核定，如果罪犯窃取了用户口令字在非法地点联机，系统将会立即切断联络并对非法者的地点、时间、电话号码加以记录以便追踪罪犯。

（5）计算机安全加权措施。计算机安全加权措施是指对用户、设备和数据文件授予不同级别的特权，以防止非法应用的措施与技术。用户权限，是对具有进入系统资格的合法用户，根据不同情况划分不同类别，使其对不同的数据对象和设备所享有的操作被授予不同的使用权限。设备权限，是对设备（特别是终端和输出设备）能否进入系统的某一层次、部分，以及能否输出和复制系统程序、运行程序或数据的规定和授予。数据的存取控制，包括对数据的只读（出）、读/写、打开、运行、删除、查找、修改等不同级别操作权限的规定。

（6）计算机数据加密与数字签名技术。

① 计算机数据加密与数字签名技术，可达到以下几个方面的目的。

数据隐蔽：避免数据被非授权人截获或窃取。

数据完整：根据通信期间数据的完整与否，检验数据是否被伪造和篡改。

发送方鉴别：证明发送方的身份以防止冒名顶替者。

防止发送方否认：在保证数据完整性及发送方身份的前提下，防止发送方事后不承认发送过此文件。

② 计算机数据加密。为防止数据在传输过程或计算机存储系统中被非法获得或篡改而采用的技术。具体做法是将原始的数据（明文）按照某些特定的复杂规律（算法）转变成难以辨认的数据（密码）。这样即使非法窃取到了数据也无法使用，而合法用户可按照规定方法将其译为明文。目前国际流行的自由加密软件"双匙"加密文件提供一对钥匙——密匙和公匙。只有本人的密匙才能解开他人用本人提供的公匙加密的文件，为此需要把自己的公匙发布到专门的公匙服务器中供他人复制使用，本人的密匙也可用做文件的数字签名。

③ 数字签名技术。能够实现在网上传输的文件具有以下身份保证，接收者能够核实发送者对报文的签名；发送者事后不能抵赖对报文的签名；接收者不能伪造对报文的签名。

④ 用户的自我保护。对于用户来说，避免使用"脆弱的口令"，即很容易被入侵者破解的口令。可采取以下一些方法：使用数字或者加入特殊字符作为口令字，用很长的缩写名作口令字，如一首歌或一个短语的首字母缩写，最好是个人化词语的缩写，经常更换且从不与他人共用一条口令字，这样不会立即被人看出来。

（7）计算机反病毒技术。

① 计算机病毒。计算机病毒是具有自我复制能力的计算机程序，它能够影响和破坏正常程序的执行和数据的安全。与正常程序的本质区别是具有传染性，此外它是寄生的、潜伏的、可触发和可衍生的，它具有广泛的破坏性。它是一些恶作剧的自我表现者和故意破坏者的智力犯罪的产物。自1978年第一个病毒出现以来，病毒的数量已过万种。其基本类

型可分为引导性病毒、文件性病毒、混合性病毒等。

② 反病毒技术。目前主要为（查）杀毒软件和硬件防病毒产品两类。

③ 杀毒软件。由查毒和杀毒功能组成的软件。当用户使用其查毒时，它将计算机文档与已知病毒的特征值做比较，一旦相同便认定感染病毒并报告用户执行杀毒程序，清除被感染的文档使之恢复原样。

④ 计算机免疫系统。以动态防御为主的反病毒模式，计算机病毒免疫系统给健康磁盘加上某种已传染病毒的标志，因而可防止该种病毒的感染，达到免疫的目的。

0.4 办公自动化系统的运行环境

办公自动化系统的运行环境包括软件运行环境和硬件运行环境，这里主要介绍硬件运行环境，重点是办公自动化系统的供电要求、安装要求、环境要求。

0.4.1 办公自动化系统的供电要求

办公楼宇由于其楼内办公用户较多，除照明用电外还需要供应众多计算机用电、复印机用电、其他小型办公设备用电等。这就要求办公楼宇的专项用电线路必须进行专业化的设计与施工，以此保障用电线路的安全。同时也要加强办公楼宇专项供电线路及设备的检修。

1. 办公楼宇供电线路与设备分析

由于办公楼宇内计算机数量最多，且还有不少其他不同用途的办公设备，这就加大了办公楼宇的供电要求。针对这样的情况，现代办公楼宇一般都是将照明用电与办公用电分开接入的方式进行楼宇内部的供电线路铺设。由于办公用电关系到楼宇内部办公用户信息、日常管理、日常办公等工作的正常进行，所以办公用电的供应必须稳定、故障率低，以减少由于供电不稳造成的办公用户信息丢失、设备损坏等情况的发生。同时注意对办公楼宇专项用电线路与设备的日常检修和管理，对于楼内办公用户正常工作的进行也有着重要的意义。

2. 办公楼宇专项用电线路与设备的检修

（1）要加强相关配套设施投入，促进办公楼宇专项用电线路与设备检修的实施。

为了更好地保障办公楼宇的正常用电，必须加强相关配套设备的投入，优化专项供电线路结构，增加线路回路或增设变压器。将传统变压器换为节能变压器，对于楼内输变电线路中继站老化零件进行更换。在楼宇附近的变电所中装设无功补偿设备。在负荷的有功功率保持不变的条件下，提高负荷的功率因素，减小负荷所需的无功功率，也就减少线路和变压器中的有功功率和电能损耗。无功补偿设备如同步调相机、静止补偿器、电力电容器。无功需要量大时可用同步调相机，无功需要量小时可用电力电容器，冲击性负荷用静止补偿器。无功补偿设备的安装极大地稳定了办公楼宇供电，对于楼内电器设备具有重要的影响。加强楼宇专项供电线路检测系统的投入，采用新型的220V电压供电线路故障测距仪对楼内电路进行检测，可以快速发现故障点，同时通过楼内供电线路计算机模拟图形系统的引入，将故障点与楼内实际地形相结合，便于检测维护人员对故障的排除。积极应用新的技术，加快专项电路有关设备的投入，对于办公楼宇专项供电线路与设备的故障检修极其重要。

（2）完善办公楼宇专项供电线路各项记录，促进检修工作的及时完成。

为了更好地对办公楼宇专项供电线路及设备进行检修，维护部门要根据楼宇自身特点设计并完善有关的各项记录，例如，日常运行记录、设备零部件更换记录、保养记录、故障与排除记录等。在故障发生时，各种记录就显示出其重要性。根据记录内容进行分析，查找相似故障发生地点与原因，可以快速地找出故障点及原因，便于故障的排除。例如，在供电线路故障发生时，针对故障现象，确定故障地点，然后查找线路记录，找出线路故障所在地的楼宇土建情况，初步确定故障原因对于故障的排除有着重要的影响。又如，不能确定故障点时，检查日常检测维修记录，确定经常发生同类现象的故障，也可以对故障的确定有一定帮助。

（3）办公楼宇专项供电线路及设备检修注意事项分析。

在办公楼宇专项配电线路中，由于一些地方会因为各种原因导致墙面长期受水分侵蚀，导致墙内线路腐蚀，这种情况极易引起漏电事故。虽然在办公楼宇专项供电线路的埋设中会在专项供电线路外面进行塑料管防护，但是由于装修过程可能影响管壁密封性，使潮气进入管内，长期腐蚀导致线路老化，这种情况应在日常的巡回监测时要进行一定的记录，定期对线路进行更换，防止出现安全事故。对于线路上的瓷质绝缘子受到空气中有害成分的影响，使瓷质部分积累污秽，遇到潮湿天气，污秽层吸收水分，使导电性能增强，既增加了电能损耗，又容易造成漏电事故，这种情况下，应根据楼内建筑的实际情况，以及楼外有关设施的自然条件，有针对性的对其进行监控，发现绝缘子老化的现象应及时进行更换。

3. 办公楼宇室外变电站常见故障检测与维护

作为办公楼宇专项供电线路的基础，室外变电站的故障排除与检修也是保障供电的关键。常见的变电站故障主要集中在仪用互感器、电流互感器、直流系统接地等几个方面。当互感器及其二次回路存在故障时，表针指示将不准确，值班员容易发生误判断甚至误操作，因而要及时处理。出现电压互感器常见的故障时其现象有一次侧或二次侧的保险连续熔断两次。出现以上情况应立即停用，并进行检查处理。发生电流互感器故障时主要表现在有过热现象、内部发出臭味或冒烟、内部有放电现象，声音异常或引线与外壳间有火花放电现象、主绝缘发生击穿，并造成单相接地故障、一次或二次线圈的匝间或层间发生短路、充油式电流互感器漏油、二次回路发生断线等故障。当发现上述故障时，应汇报上级，并切断电源进行处理。当发现电流互感器的二次回路接头发热或断开，应设法拧紧或用安全工具在电流互感器附近的端子上将其短路；如不能处理，则应汇报上级将电流互感器停用后进行处理。对于直流回路发生接地时的处理，首先要检查是哪一极接地，并分析接地的性质，判断其发生原因。首先看变电站内部有没有明显放电、接地部位（巡视检查应按有关规程要求进行），如果发现有明显的击穿、放电、接地故障，应分清回路，部位由两人进行，一人操作一人监护切断故障点。若需停止一台主变时，应先停掉一部分不重要的负荷出路，减少到一台主变能承担的负荷后再停止。切断故障部位后，填写好各种记录，及时汇报调度及有关领导，制订好处理方案、措施，准备好材料、工具后，办理好工单，再进行排除。

总之，通过维护与监控，可保障供电线路的正常运行，减少由于断电事故造成楼内企业的经济损失（直接经济损失：电器的损坏；间接经济损失：断电造成信息中断影响企业日常工作）。另外加强检修人员的培训及责任制体系的完善，提高检修人员专业技能，可及早发现故障隐患。同时通过责任到人、管理体系的完善等强化人员责任心，通过管理体系的完善加强对检修人员的管理，可使办公楼宇专项供电得到有力保障。

4. 办公机房供电的基本要求举例

（1）三相交流电与单相交流电。

三相交流电在发电、输电和工业用电方面比较其他方案有较多的优点，因此世界各国都采用三相交流电的方式。通常由三相交流发电机发出的三相交流电，经三相变压器升为三相高电压，可达35kV或10kV等高电压分级输送，如果输送距离很远，还可以用更高的电压输送如220kV等输送。无论用多高的电压输送，最终需经过最后一级的用户变压器将高于10kV的电压降压到单相电压220V（线电压380V）后供用户使用，这种电路又称低压用户线路。作为动力使用，仅用三线供电，相与相之间的电压（称线电压），电压值为380V，供电动机等容量较大的设备使用。而对于以照明、家用电器、办公设备等为主的用电，则是由三相四线制供电，其中一线为零线，另外三线为相线，相线与零线间电压为220V。为照明、家用电器、办公设备使用电的电源的两根线中，其中一根为相线（又称火线），另一根为零线，也可以说单相电仅用了三相电的1/3。一是在接线时切不可以将零线接到另一根相线上，否则380V的电压接到用户的220V的电器上，将会导致重大事故，造成不可挽救的损失。对于相线与零线的区分，可用测电笔进行测试，在不带负载的情况下，测量相线（火线）时，测电笔上的氖泡会发光，测试零线时则不会发光。如果出现两根线都发光则有两种可能，在未接负载的情况下，说明零线可能接错，可用万用表交流500V挡测试验证。二是如果零线断路，即所测处的零线与三相电的零线未接通，而且线路上还接有电器如照明灯泡等时，也会由于电器的回路关系，零线上测电笔也有显示，可用万用表交流500V挡测试，仅有很低的电压或无电压指示。

用电配电时需要注意三相电的负载需要平衡，也就是说每一相所连接的负载要基本相等，一般相差不能超过20%，否则会造成三相电压不同，影响用户电器的安全运行。对于仅使用单相的单位来说，三相平衡的问题应由供电单位处理。

（2）室内布线的基本要求。

① 布线首要考虑的是保证人身安全。防止触电，电线不能靠近高温区、易燃物品等，在室内水平布线离地面的高度应不小于2.5m，垂直布线最低点应不小于1.8m。如果采用暗敷方式，绝缘电线应当穿管敷设。

无论是电源布线还是计算机网络、电话机布线等，它们都需要遵守一定的布线规则。通常将供电电源系统（含电器中的电源部分）称为强电系统，而将计算机网络、有线电视网络和有线电话网络等系统等称为弱电系统。由于布线不当，强电系统可能会对弱电系统造成严重的干扰，也可能会出现安全问题。为此，强、弱电系统的布线不宜长距离的拉平行布线，如果室内短距的平行布线，弱电系统布线与强电系统布线之间的距离至少应在30mm以上。在特殊情报况下，在较短的距离内，强、弱电系统布线应分别穿管，决不可以同时穿在同一管内。

② 使用方便、可靠。室内布线合理、牢固、美观，同时也要考虑便于操作和维修。在

有地板或天花板的地方，可以考虑利用地板和天花板的空间进行布线。

0.4.2 办公自动化系统的安装要求

1. 办公自动化系统的工程范围

（1）确定 OA 系统的施工、验收的内容和要求，验收方法和验收结论判定。

（2）确定的各种系统施工、验收的项目及指标，适用于智能建筑物内为办公、管理和业务运作而配置的建立，在计算机局域网上的信息处理设备及系统。

2. 计算机网络系统的安装和测试

（1）网络系统安装环境的检查。网络系统安装前，必须对其安装环境进行检查，包括供电、接地、温湿度、安全、洁净度、综合布线等。

（2）网络设备应遵循的协议、标准。网络设备的系统性能指标应符合 IEEE、ISO、ATM 论坛和国际公认的其他协议标准。

（3）网络规划。网络设备安装前，应做好网络规划，包括网络拓扑结构图、网络设备安装位置图、网络地址分配表、路由设置表等。

3. 交换机的安装和测试

（1）安装前的检查要求。

① 设备的品牌、型号、规格、产地和数量应与设计（或合同）相符。

② 外壳、漆层应无损伤或变形。

③ 内部插件等固紧螺钉不应有松动现象。

④ 附件及随机资料应齐全、完好。

（2）交换机的安装。

① 物理安装。交换机可以根据设计要求安装在标准 19 英寸机柜中或独立放置，设备应水平放置，螺钉安装应紧固，并应预留足够大的维护空间。机柜或交换机接地应符合相关标准的接地要求。

② 系统配置。包括对广域网与本地通信设备配置。

a. 按各生产厂家提供的安装手册和要求，规范地编写或填写相关配置表格，填写的表格同时应符合网络系统的设计要求。

b. 按照配置表格，通过控制台或仿真终端对交换机进行配置，保存配置结果。

4. 特殊办公设备的安装和测试

特殊办公设备的安装和测试可按说明书要求进行。

0.4.3 办公自动化系统的环境要求

办公机房中主要设备是计算机及相关办公设备，办公自动化系统的环境要求可参照计算机系统的环境要求。计算机房内部环境应本着安全、防火、防尘、防静电、温度和湿度的原则来设计，并应符合下列要求。

1. 安全

计算机机房最小使用面积不得小于 20m²，一般一套机器按 1.5～2m² 计算；计算机机房的建筑地面要高于室外的地面，以防止室外水倒灌；机房顶棚与吊顶灯具、电扇等设备务必安装牢固，用电线路设计必须考虑安全用电；门窗应安装防盗网和防盗门，机房内应安装自动报警器。

2. 防火

机房装修应采用铝合金、铝塑板等阻燃防火材料；应配备灭火器，计算机数量较多的机房应采用烟雾报警器，机房内严禁明火与吸烟；消防系统的信号线、电源线和控制线均穿镀锌钢管，在吊顶、墙内暗敷或在电缆桥架内敷设；应保证防火通道的畅通，以备发生紧急情况时疏散人员之用。

3. 防尘

墙壁和顶棚表面要平整光滑，不要明走各种管线和电缆线，减少积尘面，选择不易产生尘埃，也不易吸附尘埃的材料装饰墙面和地面，如钢板墙、铝塑板或环保立邦漆；门、窗、管线穿墙等的接缝处，均应采取密封措施，防止灰尘侵入，并配置吸尘设备。

4. 防静电

机房应严禁使用地毯，特别是化纤、羊毛地毯，避免物体移动时产生的静电（可达几万伏）击穿设备中的集成电路芯片（抗静电电压仅 200～2000V），最好安装防静电地板。

5. 温度和湿度

由于机房内的设备大部分均由半导体元器件组成，它们工作时会产生大量热量，如果没有有效的措施及时把热散发出去，循环积累的温度就会加速设备老化，导致设备出现故障，过低的室温又会使印制电路板等老化发脆、断裂；相对湿度过低容易产生静电干扰，过高又会使设备内部焊点及接插件等电阻值增大，造成接触不良。为此，机房内应配备高效、低噪声、低振动、足够容量的空调设备，使温、湿度尽可能符合《电子计算机机房设计规范》的有关要求，一般空调参数为温度：夏季（23±2）℃，冬季（20±2）℃，湿度 45%～65%；同时应安装通风换气设备，使机房有一个清新的操作环境。

运行机构应做好机房环境的日常运行维护工作，主要有以下几个方面。

（1）定期对运行机房的防火、防水、防盗、防雷击、防鼠、接地及门禁等相关设施进行检查、维护，并记录备案。

（2）制订机房供电系统设备维护计划，并按计划进行检修、维护，保障不间断电力供应。

（3）制订机房专用空调维护计划，并按计划进行检修、维护，确保计算机设备对温、湿度的要求。

（4）建立机房档案，详细记录机房的结构、布线、设备设施的分布和变动等情况。

一些特殊、具体的机房环境管理工作如下所述。

（1）应对机房供配电、空调、温湿度控制等设施指定专人或专门的部门定期进行维护管理。

（2）应配备机房安全管理人员，对机房的出入、服务器的开机或关机等工作进行管理。

（3）应建立机房安全管理制度，对有关机房物理访问、物品带进、带出机房和机房环境安全等方面做出规定。

（4）加强对办公环境的保密性管理，包括如工作人员调离办公室应立即交还该办公室钥匙和不在办公区接待来访人员等。

（5）应对办公环境的人员行为，如工作人员离开座位应确保终端计算机退出登录状态和桌面上没有包含敏感信息的纸档文件等做出规定。

（6）应有指定的部门负责机房安全，并配置电子门禁系统和专职警卫，对机房来访人员实行登记记录、电子记录和监控录像三重备案管理。

（7）应对机房和办公环境实行统一策略的安全管理，出入人员应经过相应级别授权，对进入重要安全区域的活动行为应实时监视和记录。

0.5 本课程的主要内容及学习要求

0.5.1 本课程的性质和任务

《现代办公设备使用与维护》课程是 IT 类及相近专业的一门专业必修课，也是一门理论性、实践性、实用性、技术性、综合性都很强的硬件技术课程，同时也是一门涉及多学科、技术广、应用广的信息处理技术课程。

本课程以常见现代办公自动化设备的使用与维护方法为任务主线，系统学习现代办公设备的发展与现状、组成与结构、原理与特点、功能与使用、维护与管理的方法和技能。在 IT 技术飞速发展的时代，具备现代办公设备的正确使用和日常维护的能力显得极其重要。

《现代办公设备使用与维护》课程的主要目标是使学生掌握各种现代办公设备的基本知识、基本原理和操作技能，为将来从事 IT 行业实际工作，进一步提高办公设备操作使用水平、IT 行业维护水平打下必要的基础，同时具备"办公设备维修工"国家职业技能标准要求的就业条件。

0.5.2 本课程的内容和要求

本课程的内容按办公信息处理过程分为 5 个模块（职业项目）。

（1）办公信息传输设备，包括传真机、计算机网络和智能手机等。

（2）办公信息处理设备，包括多媒体计算机主机系统、扫描仪、打印机、显示器、投影仪、外存、计算机（包括便携式计算机）的选购等。

（3）办公信息复制设备，包括复印机、速印机等。

（4）办公（影像）信息储存（记录）设备，包括数码相机、光盘刻录机等。

（5）其他辅助办公设备，包括功放机、录音笔、环境调节设备、碎纸机等。

本课程重点选择以目前办公活动中最常用的传真机、计算机、扫描仪、打印机、复印机、数码相机、功放机等现代办公自动化设备作为典型教学背景案例（用★标示），以其使用与维护技能培养作为任务主线，全面阐述了现代办公设备使用与维护的方法，同时学习现代办公自动化设备的最新发展技术。典型教学背景案例是《现代办公设备使用与维护》

课程学习任务中的核心任务；必备知识是必须掌握的技术业务理论知识，要求熟悉常用现代办公设备的基本概念；掌握常用现代办公设备的使用与维护方法。技能训练是必须达到的实际操作技能实践，要求具备常用现代办公设备职业技能标准的条件。本课程中为典型教学背景案例准备了专门的训练任务。

0.5.3 本课程的学习方法

本课程软、硬件相结合，以硬件技术为主，根据职业技术教育、市场就业需求和"办公设备维修工"国家职业资格技能鉴定标准中级（四级）的要求，基于工作过程，以5个职业项目模块导向、优选了十多个实用办公设备作任务驱动、以常用办公设备作为典型教学背景案例、以教、学、做一体化模式组织课程教学。每个环节都有项目引入、任务目标、必备知识、技能训练、思考练习、重点小结等内容。

本课程从培养高素质技能型人才的理念出发，以《现代办公设备使用与维护》课程应该掌握的业务理论知识（应知）和实际操作技能（应会）角度入手，突出学生职业素质、专业应用和岗位工作能力的培养。在教和学中要注意结合实用办公设备进行典型案例分析，充分理解办公设备的基本概念和工作原理，逐步掌握有关办公设备的功能特点和使用方法，提高灵活分析解决维护、维修等实际问题的职业能力。

硬件技术的掌握必须通过反复实践。现代办公设备门类繁多、内容复杂，需要优选设备型号和内容才能达到目的。对实训过程中的操作、控制、参数、现象、结果等，一定要养成作记录的习惯，然后进行分析和总结。

本课程的重点是现代办公设备使用与维护的职业能力，可通过反复实践操作来提高；难点是现代办公设备的结构原理，可通过在实训环境中学习其工作过程来理解。为提高自学能力，部分内容可安排学生自学和实践来完成。

0.5.4 本课程职业能力的提高方法

为了强化实践，提高职业能力，可利用部分课内时间和大量课余时间到企业中去学习提高。根据课程教学目标，除了项目1~5中的"技能训练"之外，本课程还安排了一个课内外贯穿全书的现代办公设备和现代办公自动化系统应用、建设与管理综合技能训练，目的在于培养和增强学生职业素质、职业文化、专业应用和岗位工作适应能力。"综合训练"分成4个学习训练阶段，配合课程学习并行安排，横跨全期，时间较长，分阶段在课外逐步独立实施。每个阶段的具体内容和训练时间都可由校企双方根据课程进度逐步适时安排，并督导执行。让学生平时在课外就带着"项目任务"学习，尽早接触、了解、熟悉和掌握现代办公设备和现代办公自动化系统的开发方法和流程，扩大视野、提高兴趣、激励创新。学校和企业也可以根据自己的教学、生产和工作进度，并参照课程实习、课程设计等提高性项目中的要求实施和管理。

合理安排课内外时间，组织学生到一些对现代办公设备和现代办公自动化系统应用有代表性的机关、事业、商业（办公设备销售与系统集成）、企业、维修服务部，行业单位和部门的办公、销售、生产、维修等场所，进行综合技能训练或生产实习。综合训练各阶段大致安排如表0-1所示。

表0-1 综合训练各阶段安排参考

第1学习训练阶段	参观学习	约3周,与课程并行安排
第2学习训练阶段	系统集成	约4周,与课程并行安排
第3学习训练阶段	系统使用	约5周,与课程并行安排
第4学习训练阶段	系统维护	约6周,与课程并行安排

各小组成员名单全期固定不变。各小组要明确每个成员的具体任务,拟订工作计划(包括纪律、安全等),每个成员都要全力协同团队开展工作。各阶段工作任务全面完成后,按小组进行汇报、答辩和考核,校企双方共同组成考核小组,进行系统点评、系统总结和打分。

考核标准可以由校企双方按岗位职业标准(如办公设备维修工)拟定。

思考练习

1. 什么是办公自动化?它包括哪些层次?
2. 办公自动化的未来发展将体现哪些特点?
3. 什么是办公自动化系统?它由哪些要素组成?
4. 办公自动化系统应该具有哪些功能?

【布置实施第1学习训练阶段任务】 参观学习

首先划分任务小组(团队),配合课程并行安排,大约在3周内完成。组织学生到一些对现代办公设备和现代办公自动化系统应用有代表性的机关、事业、商业(办公设备销售与系统集成)、企业、维修服务部,行业单位和部门的办公、销售、生产、维修等场所,进行参观认识和学习。第1学习训练阶段工作任务完成后,各小组汇报、答辩、总结和考核。

项目 1

办公信息传输设备

项目引入

信息传输的主要任务是将从信息源采集、获取到的数据快速、有效地传递到接收端，为信息需求者做进一步的信息处理，提供可识别的、可靠的、可加工的、可保存的数据。

信息传输的主要设备是邮政通信设备（传统）、有线通信设备、移动通信设备、计算机网络等。计算机网络在现代信息传输中发挥了重要的作用。

信息传输设备的主要功能是利用现代通信技术的先进手段，完成把采集、获取的文字、数值、图形、图像、声音、邮件等数据，快速、有效地从发送端传递到接收端，并为后续加工处理提供数据资源保障。

项目1中的办公信息传输设备主要内容包括传真机、计算机网络和智能手机等。主要学习办公信息传输设备的发展与现状、组成与结构、原理与特点、功能与使用、维护与管理的方法和技能。

项目1有两个子任务，分别为传真机、计算机网络和智能手机的使用与维护。典型教学背景案例为传真机。单独开设《计算机组装与维护》、《计算机网络》课程的专业，该部分对应内容可略去不讲。

任务目标

1. 熟悉办公信息传输设备的基本概念；
2. 掌握办公信息传输设备的使用与维护方法；
3. 具备办公信息传输设备中传真机职业技能标准的条件。

传真机是项目1的典型教学背景案例。典型技能训练任务如下：

（1）传真机的使用；
（2）传真机进、出纸系统的维护；
（3）传真机复印图像系统的维护；
（4）传真机通信系统、电路板的维护。

必备知识

任务1 ★ 传真机的使用与维护

1.1 传真机概述

1.1.1 传真机的概念与分类

传真通信是利用光电扫描和变换技术，从发送端将文字、图表、照片等静态图像转换成电信号通过有线或无线信道传送到远处的接收端，并在接收端以记录的形式重显（复制）原静止图像（原稿）的通信方式。传输信道可以利用公用电话网、租用专线、传真通信网（F 网）、综合业务数字网（ISDN）。

传真机是现代办公中不可缺少的通信终端设备，如图 1-1 所示。它能直观、准确地再现真迹，或传送不易用文字表达的图片和照片，在现代办公、军事通信中广泛应用。

如今，人们只要在计算机的 PCI 插槽内插入一块 FAX（传真）卡，也能起到传真的作用。

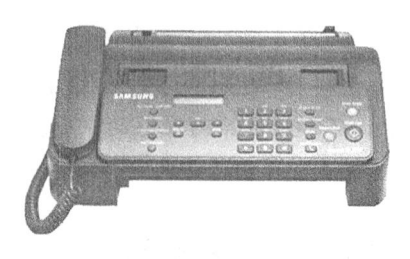

图 1-1　传真机

传真机是集电话、扫描、复印、打印、计算机等功能的组合体，已经成为 20 世纪 90 年代以后的办公必需品。

传真机的种类比较多，分类的标准也不尽相同。但是万变不离其宗，传真机都具有收、发传真和复印三个基本功能。下面是几种常见的分类方法。

（1）按照传真机的功能不同，可分为简易型传真机、标准型传真机、多功能型传真机。简易型传真机具有简单的收发传真、复印功能；标准型传真机除收发传真和复印功能外，一般还具有中/英文液晶显示、自动切纸、自动进纸、无纸接收、呼叫转移、来电显示、计算机接口（外置）等功能；多功能型传真机集传真机、打印机、复印机三机一体，在功能上除了具备标准型传真机的功能外，还增加了录音电话、呼叫转移等功能。

（2）按照传真机打印方式的不同，可分为热转印（热传导）传真机、喷墨式传真机、激光传真机。热转印传真机使用类似复写方式的加热转印原理，是利用色带打印，可以使用普通纸进行打印。喷墨式传真机打印方式同一般喷墨打印机，也是利用墨水打印，可使用一般纸张记录与接收资料。激光传真机打印方式同一般激光打印机，利用墨粉打印。

（3）按照传真机记录介质的不同，可分为热敏纸传真机和普通纸传真机。热敏纸传真机是使用热感头，在特殊纸张上以加热打印的方式接收文件及资料。普通纸记录方式又可分为热转印方式、激光静电复印方式、喷墨记录方式、LED 记录方式。

因所使用的热敏纸仅有单面涂布化学材料，故热敏纸传真机又可分为内感式传真机和外感式传真机。热敏纸传真机的优点是成本较低，缺点是文件保存时间不长，一段时间后文件上的文字或图形会越来越淡。而普通纸传真机可使用一般普通纸、回收纸，其缺点是成本稍高，但文件可长期保存。现在发展的趋势是普通纸传真机正逐渐代替热敏纸传真机。

（4）按照传真机的打印记录颜色不同，可分为黑白传真机、双色彩色传真机、多色彩色传真机。

（5）按照传真机采用的扫描方式不同，可分为电荷耦合扫描（CCD 扫描）传真机、接触式图像扫描（CIS 扫描）传真机。

（6）按照 CCITT（国际电报电话咨询委员会）制定的国际标准，可分为一类传真机(G1)、二类传真机（G2）、三类传真机（G3）和四类传真机（G4）。

目前，在市场上还存在数码传真机、网络传真机等多种分类。表 1-1 为传真机分类表。

表 1-1 传真机分类表

分 类 依 据	类 型	功 能 描 述
按照传真机的功能不同	简易型传真机	具有简单的收发传真、复印功能
	标准型传真机	还具有中/英文液晶显示、无纸接收、呼叫转移、来电显示等功能
	多功能型传真机	集传真机、打印机、复印机三机一体
按照传真机打印方式的不同	喷墨式传真机	利用墨水打印，可使用一般纸张记录与接收资料
	热转印传真机	是利用色带打印，可以使用普通纸进行打印
	激光传真机	打印方式同一般激光打印机，利用墨粉打印
按照传真机记录介质的不同	热敏纸传真机	使用热感头，在特殊纸张上以加热打印的方式接收文件及资料
	普通纸传真机	可使用一般普通纸，文件可长期保存
按照传真机的颜色不同	黑白传真机	色彩的丰富与否
	双色彩色传真机	
	多色彩色传真机	
按照传真机采用的扫描方式不同	电荷耦合扫描（CCD 扫描）传真机	两者的技术不同
	接触式图像扫描（CIS 扫描）传真机	
按照 CCITT（国际电报电话咨询委员会）制定的国际标准不同	一类传真机（G1）	传送一页 A4 幅面文件约需 6min
	二类传真机（G2）	传送一页 A4 幅面文件约需 3min
	三类传真机（G3）	传送一页 A4 幅面文件约需 1min
	四类传真机（G4）	传送一页 A4 幅面文件约需 3s

1.1.2 传真机的发展与现状

传真技术早在 19 世纪 40 年代就已经诞生，比电话发明还要早 30 年。它是由一位名叫亚历山大·贝恩的英国发明家于 1843 年发明的。但是，传真通信是在电信领域里发展比较缓慢的技术，直到 20 世纪 20 年代才逐渐成熟起来，20 世纪 60 年代后得到了迅速发展。近十几年来，它已经成为使用最为广泛的现代办公通信工具之一。

传真技术的起源说来很奇怪，它不是有意探索新的通信手段的结果，而是从研究电钟派生出来的。1842 年，苏格兰人亚历山大·贝恩研究制作一项用电控制的钟摆结构，目的是要构成若干个钟互联起来的同步时钟系统，就像现在的母子钟那样的主从系统。他在研制的过程中，敏锐地注意到一种现象，就是这个时钟系统里的每一个钟的钟摆，在任何瞬间都在同一个相对的位置上。

这个现象使发明家想到，如果能利用主摆使它在行程中通过由电接触点组成的图形或字符，那么这个图形或字符就会同时在远距主摆的一个或几个地点复制出来。根据这个设想，他在钟摆上加上一个扫描针，起着电刷的作用；另外加一个时钟推动的一块"信息板"，板上有要传送的图形或字符，它们是由电接触点组成的；在接收端"信息板"上铺着一张电敏纸，当指针在纸上扫描时，如果指针中有电流脉冲，纸面上就出现一个黑点。发送端的钟摆摆动时，指针触及信息板上的接点，就发出一个脉冲。信息板在时钟的驱动下，缓慢地向上移动，使指针一行一行地在信息板上扫描，把信息板上的图形变成电脉冲传送到接收端；接收端的信息板也在时钟的驱动下缓慢移动，这样就在电敏纸上形成了与发送端一样的图形。这就是一种原始的电化学记录方式的传真机。

1850年，又有一位英国的发明家，名叫弗·贝克卡尔，他把传真机的结构做了很大的改进，他采用"滚筒和丝杆"装置代替了时钟和钟摆的结构。这种改进的结构，工作状况有点像车床，滚筒作快速旋转，传真发送的图稿卷在滚筒上随之转动。而扫描针则沿着呖杆缓慢地顺着滚筒的轴向前进，对滚筒表面上的图形进行螺旋式的扫描。这种滚筒式的传真机一直被沿用了一百多年。

1865年，一位名叫阿巴卡捷的伊朗人根据贝恩和贝克卡尔提出的传真机原理和结构，自己研制出了可以实际应用的传真机，并且带着传真机到法国巴黎、里昂和马赛等城市进行了传真通信的实验。

人们对新闻照片和摄影图片的传送要求是很广泛的，许多科学家都曾致力于相片传真机的研究。1907年11月8日，法国的一位发明家爱德华·贝兰，在众目睽睽之下表演了他的研制成果——相片传真。爱德华·贝兰（1876—1963年）是法国摄影协会大楼里的一名工作人员，他所在的法国摄影协会大楼下正好是法国电信线路从"巴黎—里昂—波尔多—巴黎"的起始点和终点。这为贝兰的研究提供了得天独厚的条件。贝兰的潜心研究，获得了电信部门的允许，同意他在夜间利用这条通信线路做实验。贝兰在大楼的地下室里废寝忘食地研究和实验了三年，终于研制成功了相片传真机。

爱德华·贝兰并不满足于自己所取得的初步成功，继续进行传真机方面的研究。1913年，他研制成功了世界上第一部用于新闻采访的手提式传真机。1914年，法国的一家报纸首先刊登了通过传真机传送的新闻照片。

相片传真把指针接触式的扫描改变成光电扫描，不仅使传真的质量大大提高，而且光电扫描和照相感光制版配合，使相片传真得以实现。

1925年，美国电报电话公司的贝尔研究所研制出了高质量的相片传真机。1926年正式开放了横贯美国大陆的有线相片传真业务，同年还与英国开放了横跨大西洋的无线相片传真业务。此后，欧美各国和日本等国相继都开放了相片传真业务，从此相片传真被广泛用于新闻通讯社传送新闻照片，随后扩展到军事、公安、医疗等部门，用来传送军事照片、地图、罪犯照片、指纹、X光照片等。

最早彩色传真记录的图片刊登在《贝尔系统技术报导》1925年4月的卷首插图上。这幅图片实际上是用滤色镜按红、绿、蓝顺序将三种颜色分三次独立传送的，然后重叠合成。后来有人用同样的技术，采取了一些自动化的操作，研制成能复制彩色图片的传真设备。

1945年8月，在波茨坦会议上，杜鲁门、斯大林和艾德礼的彩色照片成功地从欧洲通过无线电传到华盛顿，但是仍未能用于开放彩色传真业务。直到20世纪80年代中期，彩色传真机才逐渐发展到可以实用化的程度。

1968年，美国率先在公用电话网上开放传真业务，世界各国也随之相继利用电话网开放传真通信业务。使原本局限于在专用电路上应用的传真机的数量猛增，应用的范围迅速扩大。尤其是用于传送手写、打印或印刷的书信、文件、表格、图形等文件传真机，使用最为普通，发展也最快。原国际电话咨询委员会（CCITT）对电话网上使用的文件传真机按G1～G4（表1-1）进行了分类。

在20世纪70年代以前,主要是使用一类机(G1),20世纪70年代曾经使用二类机(G2),20世纪80年代开始推广使用三类机（G3），它的性能、功能不断完善，已逐渐成为传真通信中的主要机种。四类机（G4）的使用尚不普遍。最近十多年来，传真通信的发展更为迅速，目前已成为发展最快的业务之一。

概括起来传真从产生到发展经历了以下三个阶段。

（1）基础阶段（1843—1972年）。这一阶段的传真机基本上采用机械式扫描方式，并大部分使用滚筒式扫描。传真机的电路部分采用模拟技术、分立元件。在传输方面则是采用调幅、调频等低效率的调制技术，且基本上是利用专用的有线电路进行低速传输。这时传真的应用范围也很窄，主要用于新闻、气象广播等。

（2）发展普及阶段（1972—1980年）。自1969年，特别是1972年以后，由于世界各国相继允许在公用电话交换网上开放传真业务，ITT关于传真标准化工作的进展，以及传真技术本身的发展，使传真进入了一个新的历史发展时期。这一时期的传真技术从模拟发展到了数字，机械式扫描由固体化电子扫描取代，低速传输向高速传输发展。以文件传真三类机为代表，它的出现和推广应用改变了人们对传真机的传统看法，加快了传真通信的发展。此外，传真的应用范围也得到了扩大，除用于传送文件、新闻照片、气象图以外，在医疗、印刷、图书管理、情报咨询、金融数据、电子邮政等方面也开始得到应用。

（3）多功能化阶段（1980年以后）。这一阶段的传真机不仅作为通信设备获得了广泛应用，还在办公室自动化系统和电子邮政等方面担任了重要角色，它将向着综合处理的终端过渡。现在，已开始和微型计算机相结合，利用计算机技术来增加传真在信息收集、存储、处理、交换等方面的功能，逐步纳入到综合业务数字网（ISDN）中去。

从传真机的工作原理和科学技术来看，经历了以下三个阶段。

第一代——光学传真机。1906年，德国物理学家阿瑟·克恩研制出第一台光学传真机。他在接收端用灵敏的电流表控制光电开关，以此改变照在感光纸上的光通量。那时已有可以精确控制的同步电机，克恩用它控制传真机的过纸速度，效果很好。

20世纪30年代，传真机经多次改进后终于获得实际应用，当时它的主要用户是各大报社。

第二代——电子传真机。1974年，随着人们对信息需求的提高及电子技术的发展，美国人研制出世界第一台电子传真机。其特点是将调制解调的概念用于线路传输，从而使速度、清晰度有质的飞跃。

然而促使传真机广泛使用的却是日本。日文中的假名和汉字难以用电报快速传递，为此日本人投入了很大力量，研制开发能高速传递信息的传真机。日本人首先研制出了适于传真机用的大规模集成电路，又采用了美国的一项发明——热敏印字技术，使传真纸遇热会变成黑色。印字机有一排微小的电热元件，加热和冷却的速度达每秒 300 次以上。

到了 20 世纪 90 年代，传真机的传送速度和清晰度不断提高，打印介质也开始多样化，出现了色带传真机、喷墨传真机、激光传真机等，终于走进了办公室甚至家庭。

第三代——数码传真机。进入 21 世纪，随着通信和新技术的不断发展，尤其是计算机和网络的大规模普及，传统纸质传真机越来越显露出与使用环境的不协调。传真机要生存和发展，其根本出路就是跟上时代发展大潮，走数码化道路——与计算机办公结合，与局域网相适应，与互联网共发展。经过三年多艰苦攻关，我国在 2003 年向市场推出具有自主知识产权的全球第一台数码传真机——3G-FAX（AOFAX）。

与 U 盘、数码相机、PDA、MP3 等数码产品一样，3G-FAX 的最大特征是结合计算机办公，采用大容量的数码存储芯片代替传统传真机的纸质媒介，从而实现了传真用户梦寐以求的不用纸张、不用耗材、操作简便、免维护等优点。

3G-FAX（AOFAX）能与普通传真机之间可靠收发传真：计算机文件无须打印可直接发送，接收到的传真保存在数码存储芯片中，计算机开机后自动上传供浏览和归档。3G-FAX 同时还实现了收发文档自动保存管理、传真群发、延时自动发送、计算机关机收发、自动拨 IP、计算机签章、发送彩图/Word/Excel 等电子文件、高速传真、异地提取、语音留言、局域网共享、与扫描仪结合一键发送纸面传真等功能。

目前推出的版本有单机版、局域网版、公务版、便携版、一体机版、互联网版，针对海外用户的英文界面软件和针对港台用户的繁体中文界面软件均已相应推出。

3G-FAX（AOFAX）荣获了国家发明专利、软件著作版权、优秀软件、国家质量检验合格产品、中国民营企业知名品牌等荣誉，3G-FAX 商标已向国家商标局申请保护。自推出以来，深受广大用户欢迎。用 3G-FAX，与现有的计算机办公系统无缝结合，绿色、环保、提高了效率，使用户真正体验到了数码化的好处。

目前，传真机的发展趋势主要是传输高速化；传真通信网络化；传真功能多样化、综合化；大屏幕液晶显示；技术性能智能化；传真设备小型化。

1.1.3　传真机的技术与质量指标

（1）适用性。G1、G2、G3、G4 表示不同的组别，数字越高性能越好，高组别的可兼容低组别的传真机，现在主流一般为 G3。

① G3 传真机的基本标准。

扫描轨迹：指对像素的处理顺序的规定。

标准扫描线：规定为 215mm。

基本参数：可分为水平方向的扫描分辨率和垂直方向的扫描线密度。

全编码扫描线的传输时间。

编码方案：霍夫曼码（MHC）、二维编码。

调制与解调。

规程控制。

发送机和接收机的输出电平。

② G3 传真机的特点。

将传真的接收与发送合为一体，具有复印功能。

可以使用公用电话交换网或专用电话线进行信息传递。
可直接传送多种幅面的文件。
实现高速传输。
采用大规模集成电路与中央处理器，实现数字化与高度自动化。
采用固体化器件，使传真设备小型化，易于规格化，并提高了可靠性。
能够与两类传真机兼容通信。
③ G3 传真机的主要功能。
拨号功能：直接拨号、"一触键"拨号、缩位拨号等。
各种发送/接收功能。
存储器代替功能。
文件的特殊处理功能：复印、自动缩小、保密通信等。
自动纠错与自检功能。
液晶显示和接收/发送端识别功能。
报告与清单的打印。
电话留言、远端操作、远程诊控等。
（2）扫描方式主要有光电耦合传感器 CCD 扫描及接触式图像传感器 CIS 扫描两种。
（3）分辨率。DPI 即每平方英寸的点数，如 360×360DPI，720×720DPI。或用水平及垂直分辨率表示。
（4）ECM 是一种纠错方式协议，可保证所传文件准确无误。
（5）图像处理，如 UHQ 为一种中间色过渡方式，可保证图片传输效果更好。
（6）扫描速度分为主、副两种扫描速度，指单位时间内对图像扫描的次数或距离。通常表现为记录纸走纸的速度。
（7）有效扫描/记录宽度，即传真用纸的幅面，分为 A4、B4、A3 等几种。
（8）发送时间：发送 1 页国际标准样张所需要的时间，越短越好，通常在 6～45s，9s 以下的即属于高档传真机。
（9）输出/输入电平：在适当范围中，传真机才能正确工作，保证传输质量。

1.2　传真机的组成结构与工作原理

1.2.1　传真机的组成结构

传真机作为一种信息传递工具，以方便、快捷、准确和通信费用低等优势，成为企事业单位必不可少的通信工具。随着电信部门对传真机初装费、月租费的全面取消，在传真机价格大幅降低的情况下，传真机已开始步入家庭。传真机是机电一体化的通信设备，其机械部分主要是传真件走纸机构，下面主要讨论传真机电路部分的工作原理。

传真机主要由主控电路、传真图像输入机构、传真图像输出机构、调制解调电路、操作面板及电源组成，其电路结构如图 1-2 所示，机械结构如图 1-3 所示。以下对传真机组成部分做进一步的介绍。

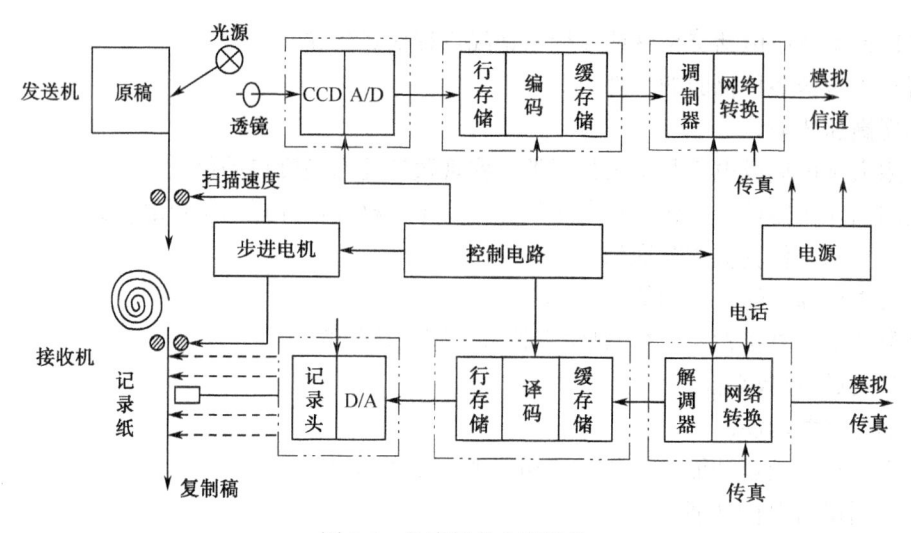

图 1-2　传真机的电路结构

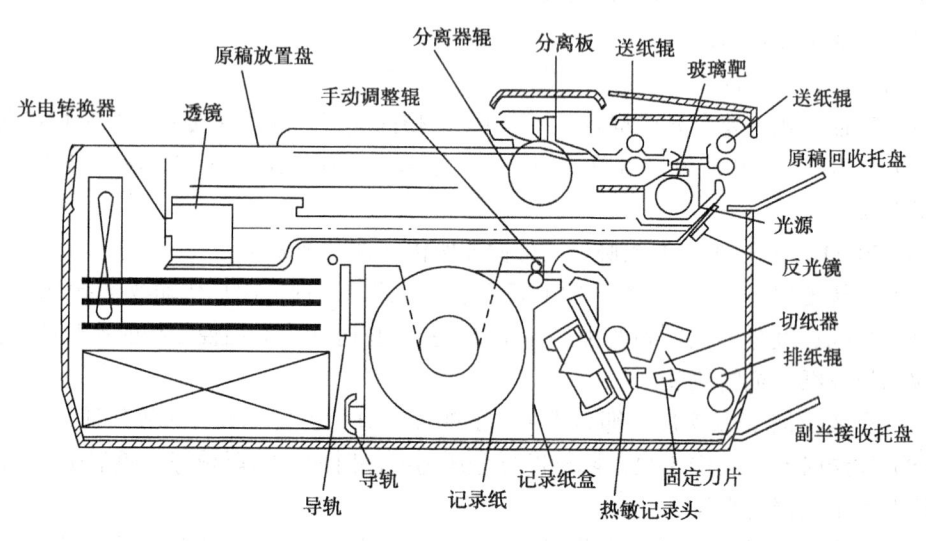

图 1-3　传真机的机械结构

1. 主控电路

主控电路像计算机的主机，对传真机的工作方式和状态进行控制。主控电路由 16 位（或 8 位）的 CPU、程序只读存储器 ROM、数据随机存储器 RAM、地址译码器和传输控制电路组成。主控电路控制内容主要是发送传真操作和接收传真操作，发送传真操作包括传真图像扫描输入、图像数据传送、图像数据处理及调制输出；接收传真操作包括传真信号接收、解调、存储及输出。传真机工作时主控电路从 ROM 中读出程序运行，数据存储在 RAM 中。

传输控制电路由可编程输入/输出接口和可编程 DMA 控制器组成，主要功能是配合主控电路完成信号传输。

2. 传真图像输入机构

传真图像输入机构像一台扫描仪，在主控电路发出的信号控制下完成传真稿的扫描输入和图像数据处理。滚筒式、平面扫描方式和扫描方向如图 1-4 所示。平面式扫描主要用于高速传真机。

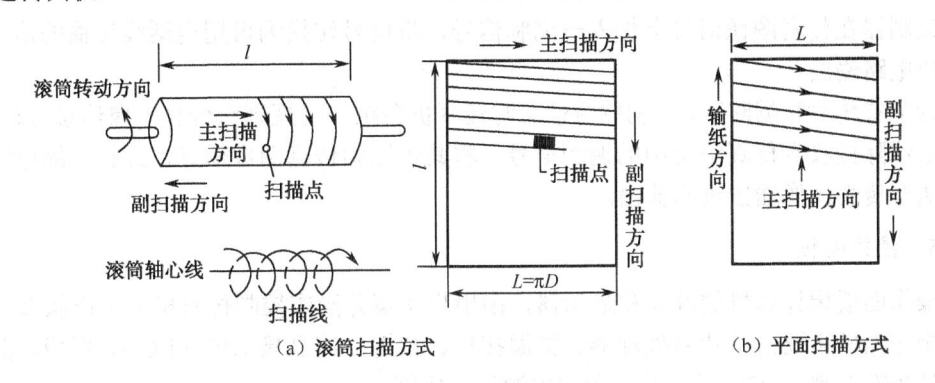

图 1-4 扫描方式与扫描方向

传真输入机构由传真稿输入传动机构、光电图像传感器、模拟信号处理器、A/D 转换器及灰度校正电路、门阵列、二进制和半色调 ROM、存储器组成。

传真稿输入传动机构，由传真稿光电检测器、走纸步进电机构成。发送传真时，传真稿从传动机构进入，光电图像传感器将传真稿上的图像信号，转换为模拟电信号，送至模拟信号处理器处理。处理后的模拟电信号，送 A/D 转换器转换为数字信号，送入门阵列，在主控电路发出的有效行处理信号和读处理信号控制下输出。

由于图像传感器的非线性，由 A/D 转换器输出的信号，不能直接作为图像信息输出，输出的图像信息是根据 A/D 转换器输出的数字信号在 ROM 中读出的信息。此图像信息经压缩编码后送往调制器调制输出。

目前普及型传真机使用的光电图像传感器，大多是接触式 CIS（Contact Image Sensor）传感器。有些传真机使用的光电图像传感器是 CCD（Charged Couple Device，电荷耦合器）。传真机的两个重要参数：灰度级和图像分辨率主要取决于光电图像传感器的性能。

接触式 CIS 和 CCD 两类传感器常用于复印机、条形码、扫描仪和摄像机中。

3. 传真图像输出机构

传真图像输出机构像一台打印机，完成已接收传真稿的打印输出，有些传真机设有并行接口，可将传真图像输出至计算机或打印机。

传真图像输出电路常由单片微处理器、扩展输入/输出接口、D/A 转换器和存储器组成，接收来自解调器的传真图像输出。传真图像输出机构按打印原理分为热敏打印、喷墨打印、激光打印和 LED 打印等。目前普及型传真机大多使用热敏打印方式，只是需要用较贵的热敏纸；喷墨打印、激光打印与相应打印机工作原理完全相同，传真机的喷墨打印方式较容易实现彩色输出；LED 打印方式与激光打印类似，但是省去了由激光器、激光透镜组、多边旋转镜等组成的复杂的光路和电路，其用一排发光 LED 紧紧地贴在感光鼓上成像，降低了成本。

4. 调制解调电路

调制解调电路像一台 Modem，用于完成传真信息的调制发送、接收解调和线路切换。调制解调电路由调制器、解调器和线路接口控制电路组成。

线路接口控制电路，是电话和传真机之间连接和切换控制的专用接口，主要由线路切换电路、振铃信号检测电路和摘机传感器组成。

调制器在传真图像信息上加入一调制信号，将信号转换为可用电话线传输的信息，通过接口电路输出。

为节省传输数据时间，调制图像信息时传真机会按一定规则对传真图像信息进行压缩。解调器滤除接收到传真信息中的调制信号，将其还原为传真图像信息，经解压缩电路解压后，送至传真图像输出机构输出。

5. 操作面板

操作面板像计算机的键盘和显示器，由用户观察并操作控制传真机的工作状态。

操作面板主要由单片微处理器、扩展接口、按键、液晶显示屏（LCD）组成，其功能主要是按键控制、LCD显示控制和主电源开关控制。

6. 电源

大多数传真机，使用类似计算机的开关式电源，为整机提供能源。

开关式电源电路，由输入滤波整流电路、控制驱动电路、开关电路、5V输出电路、±12V输出电路（或24V输出电路）及保护电路组成。开关式电源能输出平滑而稳定的电压。

1.2.2 传真机的工作原理

传真机的工作原理很简单。从信息转换过程来看，即先扫描即将需要发送的文件并转化为一系列黑白点阵信息，该信息再转化为声频信号并通过传统电话线进行传送。接收方的传真机"听到"信号后，会将相应的点阵信息打印出来，这样，接收方就会收到一份原发送文件的复印件。但是不同种类传真机在接收到信号后的打印方式是不同的，它们的工作原理的区别也基本上在这些方面。

从信息收发过程来看，首先需要将传真的文件通过光电扫描技术将图像、文字转化为采用霍夫曼编码方式的数字信号，经V.27、V.29方式调制后转成音频信号，然后通过传统电话线进行传送。接收方的传真机接到信号后，会将信号复原然后打印出来，这样，接收方就会收到一份原发送文件的复印件了。

利用电话交换网进行传真通信如图1-5所示。

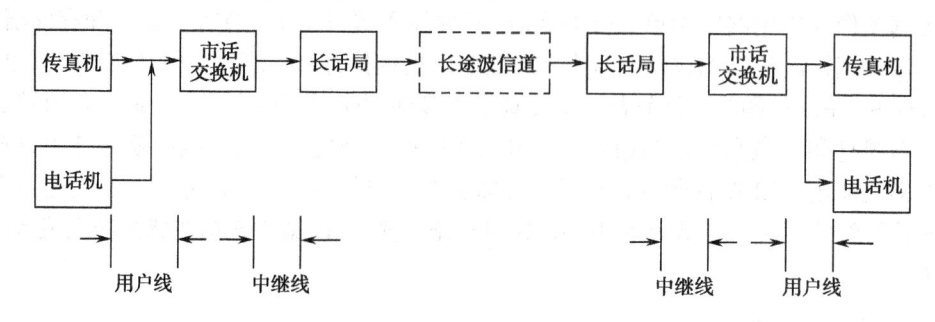

图1-5 利用电话交换网进行传真通信

传真通信中的传输规程分为5个阶段（见图1-6）。

阶段A——呼叫的建立；

阶段 B——报文前的信息交换过程；

阶段 C——报文传送过程；

阶段 D——报文传输后过程；

阶段 E——呼叫释放阶段。

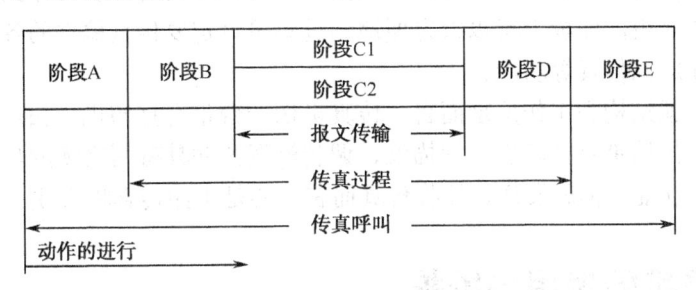

阶段A	阶段B	阶段C1	阶段D	阶段E
		阶段C2		

报文传输

传真过程

传真呼叫

动作的进行

图 1-6　传真通信中的传输规程

传真机的基本工作原理如图 1-7 所示。

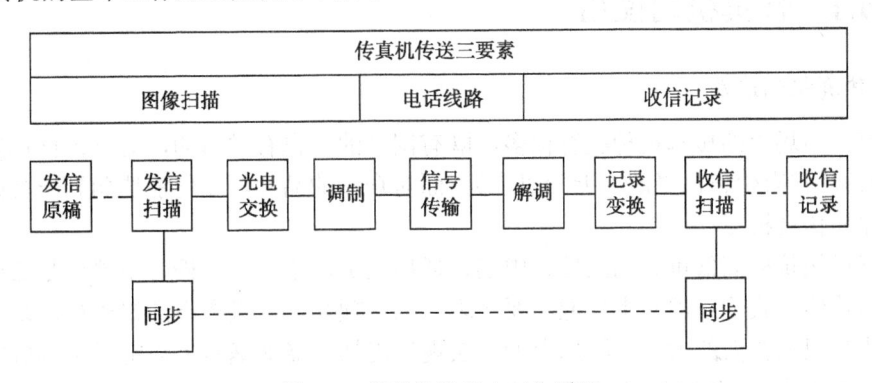

图 1-7　传真机的基本工作原理

现将传真机的工作过程总结如下。

发送时：扫描图像→生成数据信号→对数字信息压缩→调制成模拟信号→送入电话网传输。

接收时：接收来自电话网的模拟信号→解调成数字信号→解压数字信号成初始的图像信号→打印。

从打印原理来看，目前市场上常见的传真机有热敏、热转、喷墨、激光 4 种方式。

最常见的传真机中应用了热敏打印方式。热敏纸传真机是通过热敏打印头将打印介质上的热敏材料熔化变色，生成所需的文字和图形。热敏纸传真机的历史最长，价格也比较便宜，具有自动识别模式，最大的缺点就是功能单一。

热转打印从热敏技术发展而来，它通过加热转印色带，使涂敷于色带上的墨转印到纸上形成图像。

喷墨式传真机的工作原理与点阵式打印相似，是由步进电机带动喷墨头左右移动，把从喷墨头中喷出的墨水依序喷布在普通纸上完成打印的工作。

激光式普通纸传真机是利用碳粉附着在纸上而成图像的一种传真机，其工作原理主要是利用机体内控制激光束扫描一个硒鼓，凭借控制激光束的开启和关闭，从而在硒鼓上产生带电荷的图像区，此时传真机内部的碳粉会受到电荷的吸引而附着在纸上，形成文字或图形图像。

喷墨和激光式传真机具有功能的多样性、数字化。支持自动接收方式和手动接收方式，但不支持自动识别功能。喷墨和激光式传真机都可以连接计算机进行打印、扫描、自动分页和保存的操作，通过安装相关软件就可以实现计算机发送传真和打印到传真的功能。在喷墨和激光式传真机的面板上可以很方便地通过菜单设定要传真稿件的各种参数，还可以实现彩色复印和彩色传真等功能。

综上所述，就结构和工作原理而言，传真机像一台带有打印机、扫描仪、调制解调器的专用计算机。虽然带有打印机、扫描仪、调制解调器并具有网络唤醒功能的计算机能实现传真机的全部功能，但就发送、接收传真而言，还是不如传真机方便。

1.3 传真机的使用与维护

1.3.1 传真机的使用

1. 传真机的选购

目前，市场上的传真机种类有很多，既有国产的，也有进口的，既有价格低廉的（一千元左右），也有价格昂贵的（万元以上），面对众多的品牌，如何能选购到一台既适用又物美价廉的传真机呢？

传真机按价格高低可分为高档、中档、低档三类，不管是高档、中档还是低档，都具有复印、发信、收信三项基本功能。要实现以上三项功能，就离不开扫描与记录。采用的扫描方式与记录幅面的大小，再加上所能实现的附加功能就基本上决定了传真机的价格。因此，有必要对传真机的扫描方式与记录方式做进一步了解。采用 CCD 扫描方式的中间色调（灰度级）一般为 16~64 级，而采用 CIS 扫描方式的中间色调一般为 8~32 级。特别是当对具有图像的稿件进行复印和发送时，CCD 扫描方式优于 CIS 扫描方式，得到的图像更加清晰，层次更加丰富。采用热敏纸记录方式的优点是费用便宜，缺点是文件保存时间不长。采用普通纸记录方式的成本稍高，但文件可长期保存。采用普通纸记录的高档传真机普遍采用激光静电复印方式。

建议对小业务量选择便携式传真机；对大业务量选择中档台式传真机；对专业技术部门选择高档台式传真机。

除此之外，购买传真机时还有以下许多方面值得留意。

（1）是否具有自动送纸器（ADF）。ADF 不是每台传真机都具有的，使用 ADF 后，少的可放置 5 页原稿，多的可放置 30 页原稿。对于经常需要进行多页复印与发送的用户来说，这项功能值得特别关注。拥有 ADF 后，如要进行多页原稿复印与发送，则可免去一页一页放置原稿的麻烦，只需将原稿叠整齐，放入 ADF，传真机便可自动搓纸、自动分页复印或发送。

（2）是否具有自动切纸功能。对于复印与接收传真文件业务量大的用户，拥有自动切纸功能可省去每次复印或收信后撕纸的麻烦。这里顺便提示一下，售价在 2000 元以下的传真机一般都不具备自动切纸功能。

（3）是否具有单触键拨号功能。如要经常与某固定用户联络，采用单触键拨号联络很方便、快捷，轻轻一触即可自动拨号。

（4）是否具有存储发送及接收功能。在发送传真时，如果线路出现故障，可从发送中断的页开始重新拨号并发送。在接收传真时，如记录纸用完，发信方还在发信时，传真机会把接收到的信息存储在 RAM 中，当重新装上记录纸后，它会自动把存储的内容打印出来，这样可免去发信方重新发送的麻烦，节省时间和费用。

（5）是否具有 ECM 方式。拥有 ECM 方式的传真机，在线路不良造成接收干扰而产生误码时，会自动要求对方重新发送，直到文件清晰无误为止。此外还应检查是否具有 BP 机转移呼叫、应答录音、免提通话、发送标志、定时发送、缩位拨号、查询等功能，用户可根据实际需要考虑选择。

综上所述，选购传真机时应参考的技术指标，要特别注意以下 4 项：分辨率、有效记录幅面、发送时间、中间色调（灰度级）级数。

（1）分辨率。又称扫描密度，可分为水平分辨率和垂直分辨率。

水平分辨率是指水平方向上每毫米的像素点数，传真机（三类传真机）国际标准的水平扫描密度为 8 像素点/mm。垂直分辨率是指垂直方向上每毫米的像素点数，垂直方向的扫描密度则可分为标准 3.85 线/mm，精细 7.7 线/mm，超精细 15.4 线/mm。

在购买时，应注意传真机是否具有超精细方式，一般而言，中、高档传真机均有超精细功能。无超精细功能的传真机在复印或发送时，对细小文字、复杂图像的处理会丢掉某些细节，造成副本的可读性不强。

（2）有效记录幅面。一般来说，有效记录幅面可分为 A4（210mm）和 B4（252mm），有效记录幅面为 A4 的，有效扫描宽度为 216mm；有效记录幅面为 B4 的，有效扫描宽度为 256mm。

A4 幅面的像素点每行为 1728 位，B4 幅面的像素点每行为 2048 位。有效记录幅面是决定传真机价格的一个主要因素，同等功能条件下，B4 幅面传真机往往比 A4 幅面的价格高出许多。B4 幅面的传真机比较适合于办公使用，可用于 B4 幅面文件的复印与收发传真。

（3）发送时间。发送时间是指传真机发送 1 页国际标准样张所需要的时间。

（4）中间色调（灰度级）级数。表征图像品质。采用 CCD 扫描方式的中间色调（灰度级）一般为 16～64 级，而采用 CIS 扫描方式的中间色调一般为 8～32 级。特别是收发图像稿件时，要尽量采用 CCD 扫描方式。

2. 传真机的安装

（1）使用前请仔细阅读使用说明书，正确地安装好机器，包括检查电源线是否正常、接地是否良好。机器应避免在有灰尘、高温、日照的环境中使用。

（2）通信芯线。有些通信芯线如松下 V40、V60、夏普 145、245 等用的是 4 芯线，而有些用的是 3 芯线，这两种连接如果发生错误，则传真机无法正常通信。线路通信质量的简单判断：当线路通信质量差时，进行传真可能会引起文件内容部分丢失，字体压缩或通信线路中断。判断方法：摘机后听拨号音是否有如"滋滋"声或"咔咔"声的异常杂音。

（3）记录纸的安装。

① 热敏纸。在基纸上涂上一层化学涂料，常温下无色，受热后变为黑色，所以热敏纸有正反面区别，安装时须依据机器的示意图进行。如新机器出现复印全白时，故障原因可能是原稿放反或热敏纸放反。

② 普通复印纸的选择。普通纸传真机容易出现卡纸故障，多数是由纸的质量引起的。

一般推荐纸张质量为 $80g/m^2$，并且要干燥。特别是针对佳能 B110、B150、B200、三星 SF4100 等机型。

（4）三星系列某些机型带有语言芯片录音功能。语言芯片录音功能须用一节安装于机内的 9V 层叠电池支持工作，如传真机工作电源断开后，该电池独立工作 20h 后电量将被放尽，面板液晶显示"无电池"或"请更换电池"，因此建议对该种机型 24h 连续加电工作。

（5）卡纸的处理。

① 原稿卡纸，如显示 DOCUMENT JAM 等。如强行将原稿抽出，易引起进纸机构损坏（如三洋 117、217 等会显示 MACHINE ERROR）。解决方法：掀开面板，将原稿抽出或将面板下自动分页器弹簧掀开（详见各机器使用说明书）将纸取出。

② 记录纸卡纸，故障原因是记录纸安装不正确、纸质量差、切纸刀故障。解决方法：正确安装记录纸；选用高质量记录纸；对于切纸刀引起的卡纸，打开记录纸舱盖时不能过于用力。如打不开，则可以将机器断电后再加电，一般问题可以解决，切记不可强行打开，否则极易引起切纸刀损坏，如松下 V40、V60 等。

（6）接收传真正常，复印、发传真时有竖直黑条。一般是由扫描头脏引起的（如涂改液、公章印）。解决方法：用软布或棉花蘸酒精轻轻将扫描头上脏物擦去。

3. 传真机的使用

（1）传真操作前的准备。

文稿用纸要在 0.06～0.15mm。

不宜传送写在透明纸上的文稿。

文稿宽度及长度要符合所用传真机的要求。

传真文稿上的墨、胶水及涂改液要完全干透。

不平整的原稿不能直接发送，可用其复制件发送。

文件上不可以有铁夹、订书钉、别针等坚硬物品。

避免传送黄色、黄绿色及浅蓝色颜色编写的文稿。

必要时使用文件传送透明胶套发送文稿。

（2）传真机的发送操作。

开机后，安装好稿件。

根据发送文件的图像深浅及对图像清晰度的要求调整清晰度和对比度。

给接收方打电话。

（3）传真机的接收操作。

选择自动接收或手动接收。

（4）传真机的复印操作。

按下"复印"键（COPY），完成复印操作。

4. 收发传真方法小结

如果是对方要发传真给你，你拿起话筒后按"传真"/"复印"/"输入"（一般是绿色的）键，然后放下电话，对方收到传真信号后就会发传真给你。

如果是你要发传真给别人，你首先要打电话叫对方发个传真信号，听到哔哔……声音后，按自己传真机的"传真"/"复印"/"输入"这个键（也可以不挂上电话）就可以发传真了。

也可以用自动接收传真功能。

1.3.2 传真机的维护

在传真机的日常使用过程中，经常对其做必要的保养与维护，就可以最大程度地延长使用寿命，并能保持满意的传真效果。下面介绍传真机的维护保养常识、测试方法和常见故障的排除方法。

1. 日常维护常识

（1）使用环境。传真机要避免受到阳光直射、热辐射，以及处于强磁场、潮湿、灰尘多的环境，或是接近空调、暖气等容易被水溅到的地方。同时要防止水或化学液体流入传真机，以免损坏电子线路及器件。为了安全，在遇有闪电、雷雨时，传真机应暂停使用，并且要拔去电源及电话线，以免雷击造成传真机的损坏。

（2）放置位置。传真机应当放置在室内的平台上，左右两边和其他物品保持一定的空间距离，以免造成干扰和有利于通风，前后方请保持 30cm 的距离，以方便原稿与记录纸的输出操作。

（3）不要频繁开关机。因为每次开关机都会使传真机的电子元器件发生冷热变化，而频繁的冷热变化容易导致机内元器件提前老化，每次开机的冲击电流也会缩短传真机的使用寿命。

（4）尽量使用标准的传真纸。请按传真机说明书中要求使用推荐的传真纸。劣质传真纸的表面平整度不够，使用时会对热敏记录头和输纸辊造成磨损。记录纸上的化学染料配方不合理，会造成打印质量不佳，保存时间更短。而且记录纸不要长期暴露在阳光或紫外线下，以免记录纸逐渐褪色，造成复印或接收的文件不清晰。

（5）不要在打印过程中打开盒纸舱盖。打印中请不要打开纸卷上面的盒纸舱盖，如果真的需要必须先按停止键以避免危险。同时打开或关闭盒纸舱盖的动作不宜过猛。因为传真机的热敏记录头大多装在纸舱盖的下面，合上纸舱盖时动作过猛，轻则会使纸舱盖变形，重则会造成热敏记录头的破裂和损坏。

（6）定期清洁。要经常使用柔软的干布清洁传真机，以保持传真机外部的清洁。对于传真机内部，除了每半年将盒纸舱盖打开使用干净柔软的布或使用纱布蘸酒精擦拭打印头外，还有滚筒与扫描仪等部分需要清洁保养。因为经过一段时间使用后，原稿滚筒及扫描仪上会逐渐累积灰尘，最好每半年清洁保养一次。当擦拭原稿滚筒时，必须使用清洁的软布或蘸酒精的纱布，需要小心的是不要将酒精滴入机器中。而扫描仪的部分（如 CCD 或 CIS 及热敏记录头）就比较麻烦，因为这个部分在传真机的内部，所以需要工具帮忙。一般来说利用一种清理工具，蘸了酒精以后，从走纸口送入传真机，进行复印功能时，就可以清洁扫描仪玻璃上的灰尘。切记不可直接用手、不洁布或纸去擦拭。

2. 传真机的测试方法

（1）传真机的脱线测试。

打开电源，取一张标准样张，放在原稿托架上。

根据原稿情况，调整对比度、清晰度。

按下"复印"键（COPY），完成复印操作。

复印完毕检查样张复印效果。

(2) 传真机的在线测试。

自动接收功能置于"开",指示灯亮,电话摘机后,指示灯应熄灭。

摘机并按"开始"键,确认"传真"指示灯亮,稍后机器的报警指示灯应点亮,并伴随报警声。

将文件放在自动文件进稿器上,在文件送入机器之前按"复印"键并取出文件,此时机器的报警灯应点亮。

(3) 接收操作测试。

用另一电话呼叫装好的传真机,传真机应能响应呼叫,"自动接收"指示灯应熄灭,"传真"指示灯应点亮。

约5s后,机器的报警指示灯应点亮并伴随有报警音信号,然后自动停止接收操作。

从远方传真机接收传真信息。

(4) 发送操作测试。

用三类机方式向装好的机器发送传真信息;

在一次传送过程中不要挂机,当发送结束后应有话机摘机报警音,并持续到话机挂机为止。

3. 常见故障排除方法

表1-2为传真机故障及分析解决对照表,可供维护维修时参考。

表1-2 传真机故障及分析解决对照表

常见故障现象	故障原因	处理方法
复印有黑横线	扫描器镜片不良	更换扫描器
复印全白,接收传真正常	扫描器镜片不良	更换扫描器
接收正常,传送不良	扫描器镜片不良	更换扫描器
复印有竖白条	扫描器有污物	清洁白色滚轴、扫描器镜片(用酒精)
复印发白(淡)	热敏纸不好	更换热敏纸
显示机械错误	齿轮机架坏	更换齿轮机架
不切纸或切纸不断	切纸刀不良	更换切纸刀
原稿不能自动进纸	分页器、ADF不良	更换分页器、ADF
不传送	电话线插错孔	分机线、电话线孔要注意区分
不传送	齿轮机架凸物不良	修理齿轮机架
不通话	手机不良	检查手机(或换手机)
不振铃(振铃声很小)	振铃开关没有打到"H"	将开关打到"H"
拿起手机没有传送	NCU板或M1主板不良	首先更换NCU板,确认良好后再检查M1主板
打电话显示电话正在使用中	NCU板不良	更换NCU板(电话板)
传送好接收不良	打印头不良	更换打印头
无显示	电源没插好	检查电源有没有插好
无显示	电源板烧坏	若没问题就检查电源板
显示黑色方框	M1主板或显示器不良	更换M1主板或显示器
没有免提没有手机音	NCU板不良	更换NCU板(电话板)
接收传送慢	设置错误	重新设置
插上电源听到"咔咔"声	齿轮错位	调整齿轮
塞纸后切纸刀不能复位	切纸刀卡住	拔掉电源后再插上电源
切纸刀不能切纸	齿轮卡住	打开卷纸盖,若发现右边最上面一只小齿轮和下面齿轮黏合在一起,轻轻拔起即可(注:要先拔掉电源)

1.4 传真机的使用与维护实例

1.4.1 松下 KX-FT856CN 传真机的使用

松下 KX-FT856CN 传真机如图 1-8 所示。随机附件有电话线、话筒、话筒线、记录纸（10m）、记录纸支架（仅 KX-FT856）、使用说明书等。

1. 传真机的连接

如图 1-9 所示是传真机连接图。图中各部件注释如下所述。

① 记录纸支架（仅 KX-FT856）。确保记录纸支架不会接触墙壁，使本机尽可能地远离墙壁防止记录纸卡住。

② 电源线。电源线要直接连接到电源插座（220～240V，50/60 Hz）。

③ 电话线。电话线要连接到"电话线接口"插孔和单线电话线路插孔。

④ "分机接口"插孔。如果有制动塞，则将其取下。

⑤ 话筒线。

⑥ 电话分机（未附带）。

图 1-8 松下 KX-FT856CN 传真机

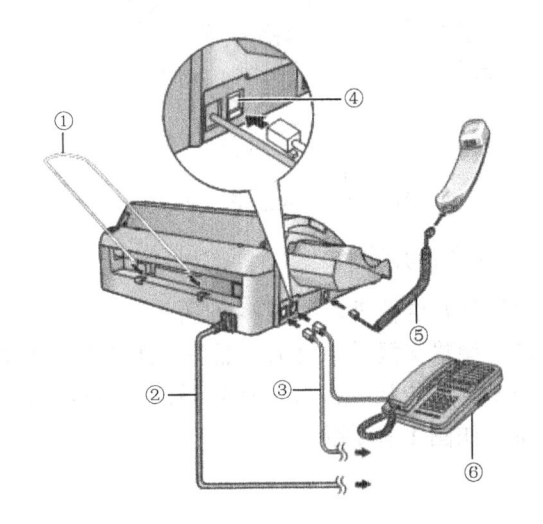

图 1-9 传真机的连接图

2. 记录纸的安装

（1）按下顶盖开盖键①，打开顶盖（图 1-10）。

（2）安装记录纸，如图 1-11 所示。

（3）将纸张前端插入热敏头上部的开口处①，如图 1-12 所示。

（4）将纸张拉出本机，确保卷纸上没有松弛的地方，如图 1-13 所示。

（5）向下按两端，牢固地关好顶盖，如图 1-14 所示。

（6）对于 KX-FT852：按"传真/开始"键，然后朝自身方向拉动纸张以撕掉多余的部分，如图 1-15 所示。

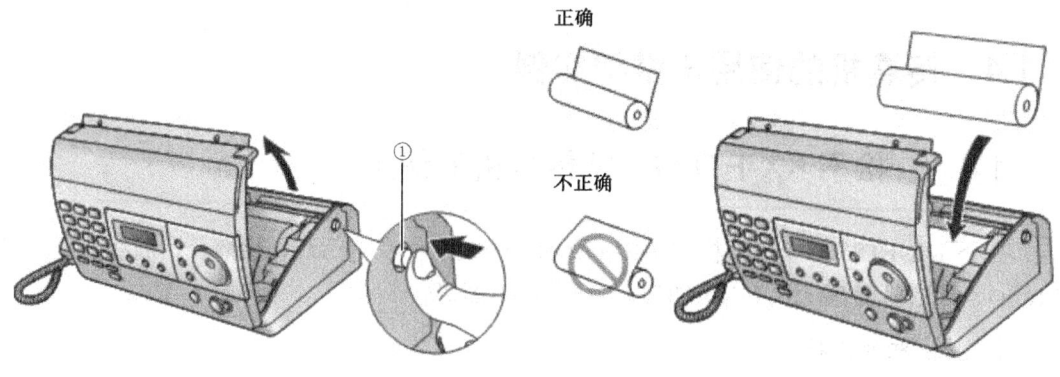

图 1-10　按下顶盖开盖键　　　　　　　　图 1-11　安装记录纸

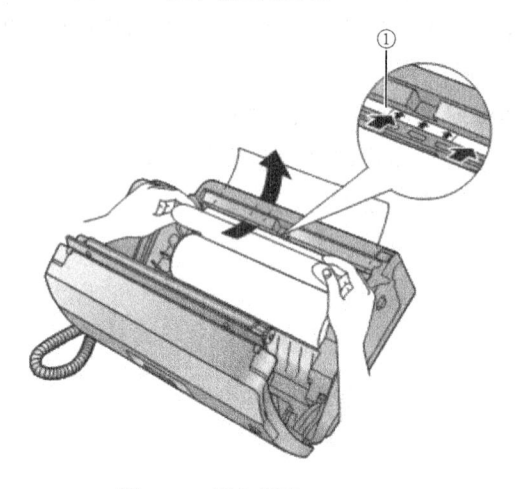

图 1-12　插入纸张　　　　　　　　　　　图 1-13　拉出纸张

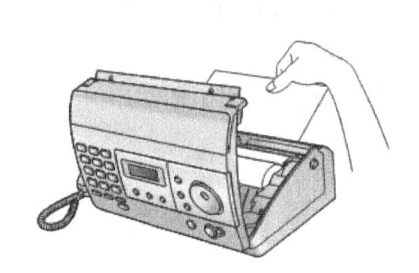

3. 发送传真/复印

（1）打开送稿盘，如图 1-16 所示。

（2）调整文稿引导板①，然后正面朝下插入文稿，如图 1-17 所示。

（3）发送传真：拨打传真号码，然后按"传真/开始"键。若要进行复印，则按"复印"键，如图 1-18 所示。

图 1-14　固定顶盖　　　　　　　　　　　图 1-15　撕掉多余纸张

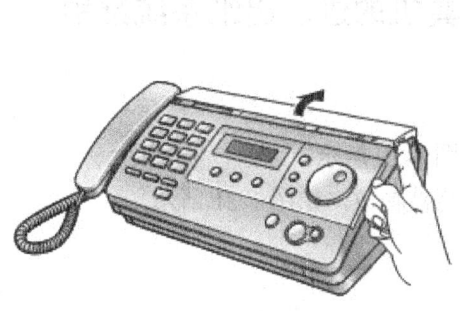

图 1-16　打开送稿盘　　　　　　　　图 1-17　调整文稿引导板

4. 接收传真

（1）拿起话筒应答来电。

（2）按"传真/开始"键，如图 1-19 所示。

（3）然后放下电话，对方收到传真信号后就会发传真给你。

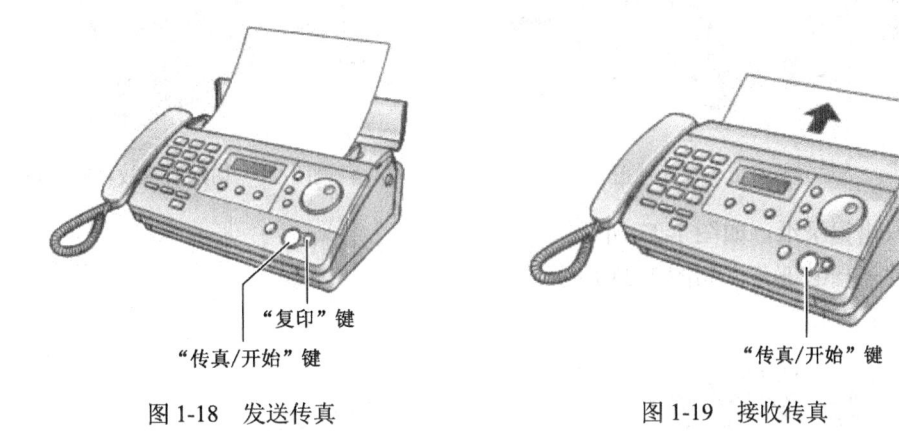

图 1-18　发送传真　　　　　　　　图 1-19　接收传真

5. 注意事项

在使用传真机时，要注意以下事项。

（1）安装与移动。切勿在有雷电的时候安装电话线。切勿将电话插孔安装在潮湿的位置，除非该插孔是专门为潮湿位置而设计的。切勿触摸非绝缘的电话线或终端，除非电话线已经与网络接口断开。安装或改装电话线时请小心操作。

（2）为取得最佳性能，要注意位置、环境、连接。

① 位置：为避免故障，请勿将本机放置在电视或扬声器等产生强磁场的电器设备附近。

② 环境：应使本机远离产生电噪声的装置，如荧光灯和电机等。应使本机避开灰尘、高温和振动。请勿将本机直接暴露在阳光照射下。请勿在本机上放置重物。长时间不使用本机时，请从电源插座拔下电源插头。将本机放置在远离加热器、厨房火炉等热源的地方；但也不要放在潮湿的地下室。

③ 连接：如果同一电话线路上连接有其他任何设备，本机可能会干扰该设备的网络状态。

1.4.2 松下 KX-FT856CN 传真机的进、出纸系统维护

1. 记录纸卡住

（1）按下顶盖开盖键①，打开顶盖，如图 1-20 所示。

（2）将切纸器释放杆①向前拉，切纸器将被释放，如图 1-21 所示。

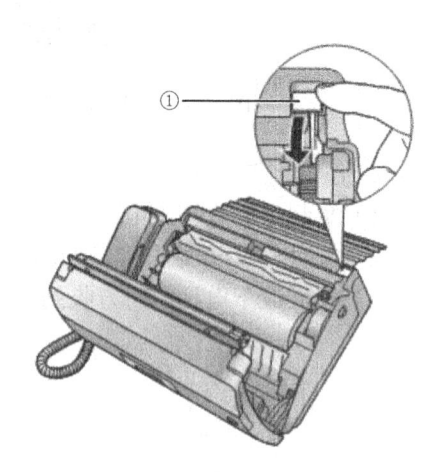

图 1-20 打开顶盖　　　　　　　　　图 1-21 切纸器释放杆向前拉

（3）取出记录纸，如图 1-22 所示。

（4）剪下褶皱部分，如图 1-23 所示。

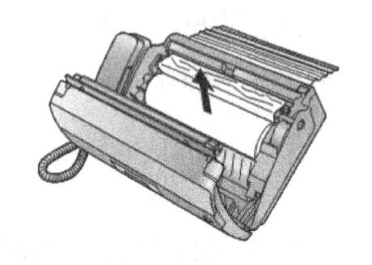

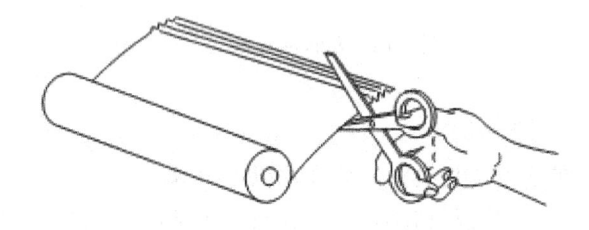

图 1-22 取出记录纸　　　　　　　　图 1-23 剪下褶皱部分

（5）安装记录纸，然后向下按两端，牢固地关好顶盖，如图 1-24 所示。

2. 文稿卡纸——发送

（1）按顶盖开盖键①打开顶盖，小心地取出卡住的文稿②，如图 1-25 所示。

（2）向下按两端，牢固地关好顶盖，然后按"传真/开始"键，如图 1-26 所示。

3. 注意事项

（1）在打开顶盖之前，切勿用力拉出卡住的纸张，如图 1-27 所示。

（2）记录纸要确保已插入记录纸支架。

图 1-24　安装记录纸　　　　　　　　　图 1-25　取出卡住的文稿

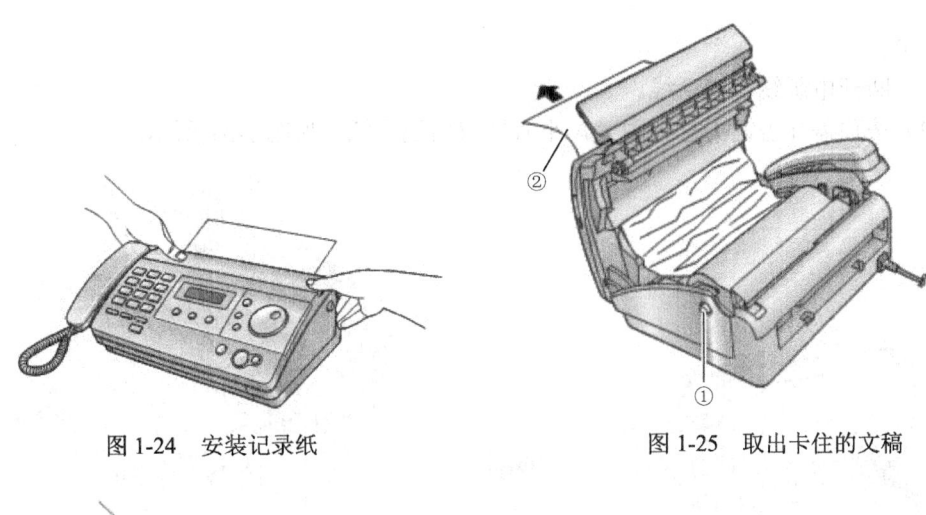

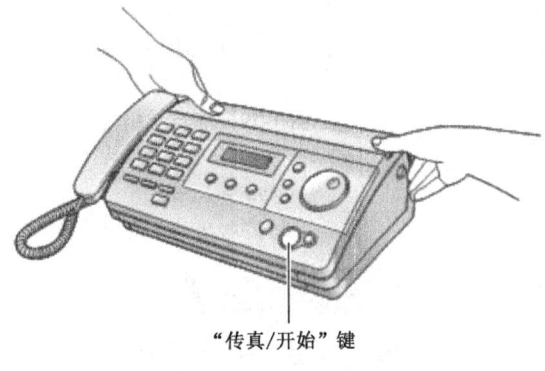

图 1-26　"传真/开始"键　　　　　　　　图 1-27　切勿用力拉出卡住的纸张

1.4.3　松下 KX-FT856CN 传真机的复印图像系统维护

传真机使用一段时间后，在进行文件复印操作时，复印图像系统可能会出现复印效果不理想的情况，导致出现这种情况的因素很多。因此，维修人员在维修过程中，要针对不同的情况采取不同的处理方法，及时排除机器的故障。下面介绍复印图像系统最常见的故障处理方法。

1. 清洁送稿器/扫描器玻璃

在复印/接收的文稿上出现污迹或黑/白线时，一般的做法是清洁送稿器和热敏头。

（1）断开电源线和电话线。

（2）按下顶盖开盖键①，打开顶盖，如图 1-28 所示。

（3）使用蘸有异丙基外用酒精的布清洁送稿器滚筒①和橡胶薄片②，然后让所有部件完全干燥。用柔软的干布清洁白平板③和扫描器玻璃④，如图 1-29 所示。

（4）连接电源线和电话线。

（5）向下按两端，牢固地关好顶盖，然后按"传真/开始"键，如图 1-30 所示。

2. 清洁热敏头

如果在复印/接收的文稿上出现污迹或黑/白线，应检查热敏头上是否有灰尘，先清洁上面的灰尘。

（1）断开电源线和电话线。

（2）按顶盖开盖键①打开顶盖，小心地取出记录纸，如图1-31所示。

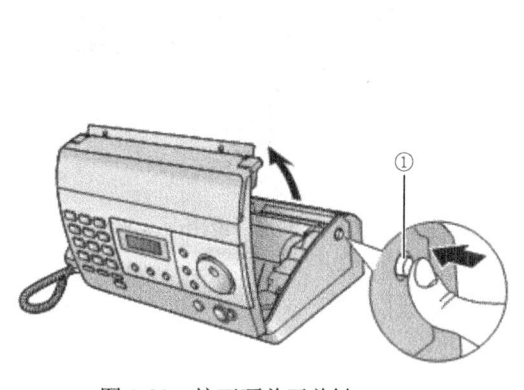

图1-28　按下顶盖开盖键

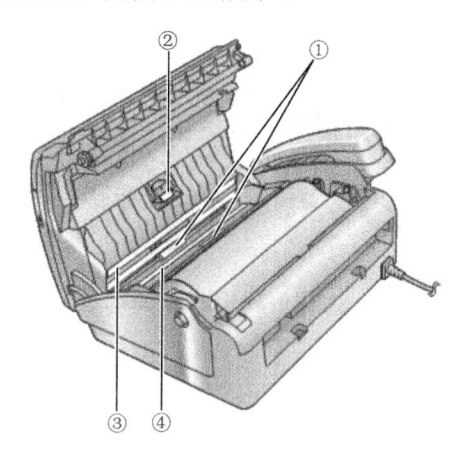

图1-29　清洁送稿器

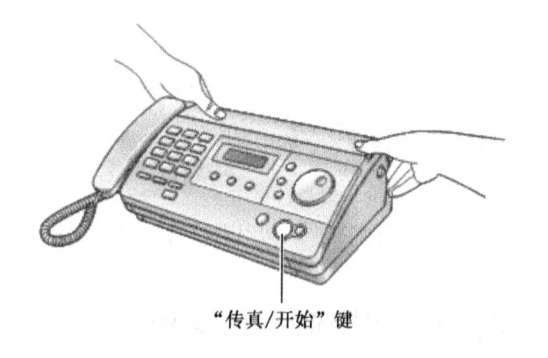

图1-30　"传真/开始"键

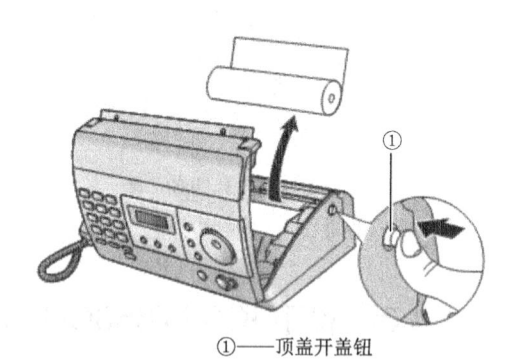

图1-31　取出记录纸
①——顶盖开盖钮

（3）使用蘸有异丙基外用酒精的布清洁热敏头①，如图1-32所示，然后让所有部件完全干燥。为防止因静电而导致工作不正常，不要使用干布，也不要直接碰触热敏头。

（4）连接电源线和电话线。

（5）安装记录纸，然后向下按两端，牢固地关好顶盖，如图1-33所示。

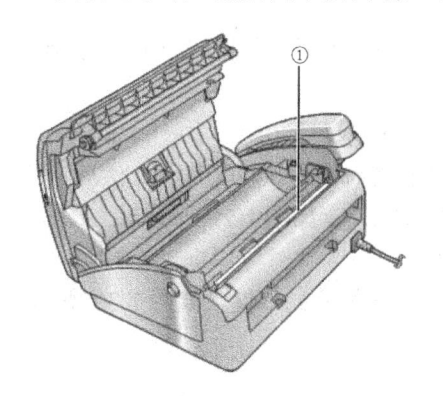

图1-32　清洁热敏头

图1-33　安装记录纸

3. 常见问题及处理方法

（1）文件复印时文档一侧字迹清晰度不足。

原因1：机身上盖扣合不够严紧或一侧的挂钩没有挂到位。

解决方法：打开面板后压住两边用力重新扣合。

原因2：也可能是热敏头（TPH）错位所致。

解决方法：打开面板后反复按压热感头，调整使其复位。

（2）文件复印有黑带。

原因：扫描器（CIS）表面脏或者热感头故障。

处理方法：可以先清洁扫描器，如仍有黑带，则更换热感头。

（3）文件复印 1/4 白。

原因：热敏头或者扫描器故障。

处理方法：首先进入服务模式，测试热感头，如有问题，更换。如果热敏头良好，则为扫描器故障，更换扫描器。

（4）文件复印不清晰。

原因：扫描器或白辊脏。

处理方法：清洁扫描器和白辊。

（5）文件复印全白。

原因：主板，热敏头或者扫描器故障。

处理方法：首先进入服务模式，测试热敏头，如有问题，更换。如果热敏头没问题，更换主板，复印仍显示全白，再更换扫描器。

（6）文件复印全黑。

原因：扫描器、主板或者热敏头故障。

处理方法：首先进入服务模式，测试热敏头，如有问题，更换。如没问题，检查主板上扫描器插口是否插接良好，如果插接良好，先更换主板，如仍不能解决，则为扫描器故障，更换扫描器。

1.4.4 松下 KX-FT856CN 传真机的通信系统、电路板系统维护

1. 传真机电源电路的基本结构

电源电路是传真机的重要组成部分。现代传真机的供电系统一般采用开关型稳压电源，这种电源具有转换效率高、工作可靠、保护完善、安装调试简单等特点。由于电网电压的不稳定性和电源电路工作的连续性，它是传真机中故障率较高的电路。

传真机电源电路的基本结构如图 1-34 所示。系统的主要功能是产生+5V、±12V、+24V 四路低压直流电源。其中+5V 直流电源电压主要是作为传真机逻辑单元电路的工作电源，包括为整机各部分的集成电路及待机控制系统等电路部分供电；±12V 直流电源电压主要为传真机的信号放大器、CCD 板及操作面板提供工作电压；+24V 直流电源电压主要为传真机的机电驱动电路和电机、继电器、热敏打印头及荧光驱动器等部分供电。

电源电路的工作过程：交流供电网的输入电压经保险管、高频滤波器、桥式整流器后，得到约 300V 左右的直流电压，输送到由 MOS1、MOS2 两只开关管及变压器等组成的 DC-DC

变换器，DC-DC变换器将整流器输出的直流电压变成高频开关脉冲电压，该电压通过开关变压器耦合到输出电路，由输出电路中的高频整流、滤波变成各工作电压。图中的PWM控制器、驱动变压器和反馈回路组成脉宽调制器。该系统通过检测输出电压的变化得到误差电压，并将该误差电压反馈到DC-DC变换器，从而控制开关管的导通时间，以维持输出电压的稳定。PWM控制器的输入端还与温度传感器相接，当机器工作温度不正常时，温度传感器就会将信号送到PWM控制器，控制开关管的导通与截止，使输出电压恢复正常。当传真机处于待机状态时只有+5V电压输出，用于系统控制电路的供电，如对传真机进行操作或检测到振铃信号时，才输出其他的直流供电，这样可以有效地降低传真机电源功耗和提高传真机的使用寿命。

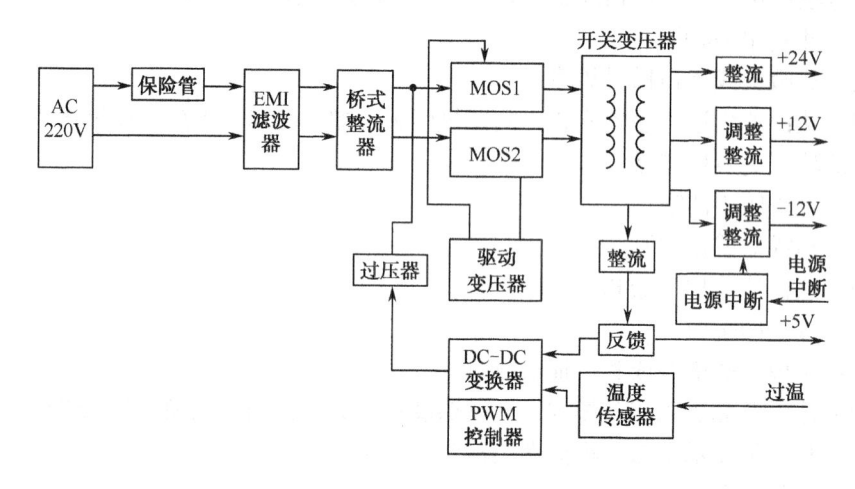

图1-34 传真机系统电源的结构原理图

2. 传真机电源电路常见故障检修方法

（1）保险管熔断。保险管的作用是当传真机电源内有严重短路故障或电网电压过高时能迅速熔断，以保护传真机其他电路。确认保险管熔断后不能急于替换保险管，要找出熔断的原因。保险管熔断的原因有两种：一种是外部原因，由于电网电压变化，或额定工作电压不符而导致的熔断；另一种是内部电路原因，由于电源内部短路引起的。下面着重分析由于电源内部电路故障而导致的熔断现象。

① 整流桥短路。如果整流桥有个别或全部二极管短路，相当于电源电路内220V交流电压直接短路，此时保险管会立即熔断。应将整流桥拆下测量，由于整流桥较难拆卸，可采用合适的医用注射针头辅助拆卸，方法是待焊锡熔化后，将空心针头对准引脚旋几下隔开电路板与引脚即可。

② 主开关振荡电路开关管短路。确认整流桥正常后，着重检查主开关振荡电路的开关管。该开关管一般采用ZSC系列晶体管或ZSK系列场效应管。ZSC系列晶体管的测量比较简单，用万用表即可方便判断。ZSK系列的场效应管不易判断，但无论如何各引脚之间的电阻是不能接近于零的。如果确认开关管损坏，应尽量选用同类型的元器件替代。还应指出的是，这些大功率管与散热片之间的绝缘必须确保良好，否则容易导致管子损坏。

③ 压敏保护电阻击穿。传真机电源内部的压敏电阻在正常220V电压输入时呈高阻状态，一旦外输入电压高于300V时，压敏电阻阻值瞬间降为零，强大的电流立即将压敏

电阻击穿，保险管熔断保护传真机电源。如确认压敏电阻击穿后，应检查电路还有没有其他问题方可通电测试。

（2）电源指示灯不亮。造成电源指示灯不亮的故障多为以下几个方面。

① 交流供电不正常。当电源指示灯不亮时，应首先排除交流电供电问题，再检查电源插座的连接，有时会因为连接不好而导致不能正常供电。

② 整流桥开路。用万用表测量整流桥输出端电压，如无 300V 直流输出，说明整流桥已经开路，应予更换。整流桥的选择指标有两个，一是耐压，二是电流。耐压应在 600V 以上，电流一般选择 6～10A 即可。

③ 电源通路电阻损坏。如 300V 左右直流输出电压正常，说明整流、滤波电路正常，则着重检查电源输出通路电阻。该电阻断路的话，将不可能有任何电压输出，用万用表测量该电阻即可判断。应指出的是该电阻损坏的同时，滤波电解电容多半会损坏，应予同时更换为佳。

（3）振荡电路不起振。如传真机电源指示灯亮，但无电压输出，传真机不能正常工作，多半是因为开关电源振荡电路没有起振。最常见的原因是振荡管损坏，也可能是因为专用电源集成电路和厚膜电路的故障，例如，松下 F908 型传真机中 IC451 的（2）脚没有输出 20kHz 的脉冲信号等，此时可结合示波器来检测。

（4）光电耦合器损坏。光电耦合器的控制端和被控制端分别控制脉冲变压器两端的电路，一旦光电耦合器损坏便不能实施有效的控制，电源电路同样不能正常工作。光电耦合器的检修方法：一般可在集成电路手册上查到光电耦合器的引脚图，用万用表电阻挡对有关引脚进行测量。发光二极管具单向导电性，正反向电阻值有较大差别，而光电晶体管两端的阻值比较大。如有光电耦合器损坏，更换时只要引脚排列相同即可通用。

3. 注意事项

（1）不可随意带电拔插控制卡（板）和连接电缆（插头）。通常在加电情况下，拔插瞬间会产生较强的感应电动势，足以将各种芯片、板卡或接口烧坏。

（2）带电检测须小心。防止因使用镊子、起子等工具引起电路短路现象；防止碰上交流电源火线和大电容或其他高压部位，以免触电。

（3）更换集成电路和电子元器件时，须先切断电源，以确保人机安全。更换集成电路和电子元件器时，不可任意选用替代品。如果无同型号、同规格的集成电路和电子元器件而选用其他替代品时，一定要查清替代品的类型、各引脚功能及其参数等，不得随便增加（或降低）其功能。更换大功率元器件时，须同时加装散热设备，并固定安装。

（4）拔取集成电路、电子元器件和其他多引脚元器件时要将焊锡膏吸净再拔，切不可硬拉硬扯，以防印制电路板断线或多层板的金属化孔松脱。在维修工作中，切不可盲目乱焊乱拆，更不可随意拧动可调部件、电位器等，以免将整机工作点调乱，造成不必要的麻烦。

（5）清洁处理。检修过的集成电路和电子元器件，须先检测并进行清洁处理，对于掉入机内的螺钉、螺母、导线头和焊锡膏等物品，一定要事先清除干净，以防留下事故隐患。

（6）防静电。集成电路和电子元器件对静电电压的敏感范围是 25～1000V，很容易受到高静电电压的危害。在维修工作中经常发现，许多计算机、传真机不能正常工作的原因均属芯片损坏，而芯片损坏80%以上是由静电放电所致。通常情况下，静电放电对计算机、传真机等设备破坏大致可以分为两类：一种与电压（Voltage）有关，其破坏是通过高电压跨过元器件氧化层，氧化层崩溃后形成短路，烧毁元器件；另一种与能量（Power）有关，其破坏是通过结面崩溃，电压跨过结面引起大电流，由电流产生热效应，造成局部热集中，使硅片、铝金属熔解，形成不可恢复的损坏。一般的芯片抗静电放电电压值为500~2000V。如TTL芯片抗静电电压为1000V左右。

任务2 计算机网络和智能手机的使用与维护

2.1 计算机网络概述

2.1.1 计算机网络的概念与分类

1. 计算机网络的概念

对"计算机网络"这个概念的理解和定义，随着计算机网络本身的发展，人们提出了各种不同的观点。早期的计算机系统是高度集中的，所有的设备均安装在单独的大房间中，后来出现了批处理和分时系统，分时系统所连接的多个终端必须紧密连接主计算机。20世纪50年代中后期，许多系统都将地理上分散的多个终端通过通信线路连接到一台中心计算机上，这样就出现了第一代计算机网络。

第一代计算机网络是以单个计算机为中心的远程联机系统。典型应用是由一台计算机和全美范围内2000多个终端组成的飞机订票系统。终端指的就是一台计算机的外部设备包括CRT显示器和键盘，无CPU和内存。

随着远程终端的增多，在主机前增加了前端机FEP。当时，人们把计算机网络定义为"以传输信息为目的而连接起来，实现远程信息处理或进一步达到资源共享的系统"，但这样的系统已具备了通信的雏形。

第二代计算机网络是以多个主机通过通信线路互联起来，为用户提供服务，兴起于20世纪60年代后期，典型代表是美国国防部高级研究计划局协助开发的ARPANET。

主机之间不是直接用线路相连，而是由接口报文处理机IMP转接后互联的。IMP和它们之间互联的通信线路一起负责主机间的通信任务，构成了通信子网。通信子网互联的主机负责运行程序，提供资源共享，组成了资源子网。这个时期，网络概念为"以能够相互共享资源为目的互联起来的具有独立功能的计算机之集合体"，形成了计算机网络的基本概念。

两个主机间通信时对传送信息内容的理解，信息表示形式，以及各种情况下的应答信号都必须遵守一个共同的约定，称为协议（如TCP/IP协议），如图2-1所示。

在ARPA网中，将协议按功能分成了若干层次，如何分层，以及各层中具体采用的协议的总和，称为网络体系结构，体系结构是个抽象的概念，其具体实现是通过特定的硬件和软件来完成的。

在20世纪70年代—80年代，第二代网络得到迅猛的发展。

第三代计算机网络是具有统一的网络体系结构并遵循国际标准的开放式和标准化的网络。

国际标准化组织 ISO 于 1984 年公布了一个网络体系结构模型，这就是开放系统互联参考模型 OSI（Open System Interconnection），如图 2-2 所示。该模型分为七个层次，也称 OSI 七层模型，其公认为新一代计算机网络体系结构的基础，为普及局域网奠定了基础。

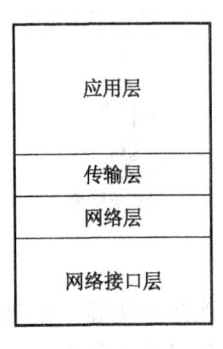

应用层		应用层（Application Layer）
		表示层（Presentation Layer）
		会话层（Session Layer）
传输层		传输层（Transport Layer）
网络层		网络层（Network Layer）
		链路层（Data Link Layer）
网络接口层		物理层（Physical Layer）

图 2-1　TCP/IP 参考模型　　　　图 2-2　OSI 参考模型

20 世纪 70 年代后，由于大规模集成电路的出现，局域网因投资少、方便灵活而得到了广泛的应用和迅猛的发展，与广域网相比有共性，如有分层的体系结构，又有不同的特性；如局域网为节省费用而不采用存储转发的方式，而是由单个的广播信道来连接网上计算机。

第四代计算机网络从 20 世纪 80 年代末开始，局域网技术发展成熟，出现光纤、高速网络技术、多媒体、智能网络，整个网络就像一个对用户透明的大的计算机系统，发展为以 Internet 为代表的互联网。

现在，计算机网络可定义为将多个地理位置不同且具有独立工作能力的计算机系统，通过通信设备和传输媒体连接起来，由功能完善的网络软件实现硬件、软件、数据资源共享和数据通信（交换）的系统。

从定义中，可以看出计算机网络涉及三个方面的问题。

（1）至少两台计算机互联。

（2）通信设备与线路介质。

（3）网络软件，通信协议和 NOS。

2. 计算机网络的分类

用于计算机网络分类的标准很多，如拓扑结构，应用协议等。但是这些标准只能反映网络某些方面的特征，最能反映网络技术本质特征的分类标准是分布距离，按分布距离分为 LAN、MAN、WAN、Internet。

（1）局域网（Local Area Network，LAN）。

通常用 LAN 表示局域网，这是最常见、应用最广的一种网络。现在局域网随着整个计算机网络技术的发展和提高得到充分的应用和普及，几乎每个单位都有自己的局域网，有的甚至家庭中都有自己的小型局域网。很明显，局域网就是在局部地区范围内的网络，它所覆盖的地区范围较小。局域网在计算机数量配置上没有太多的限制，少的可以只有两台，多的可达几百台，如图 2-3 所示。一般来说在企业局域网中，工作站的数量在几十到两百台左右。在网络所涉及的地理距离上，一般来说可以是几米至 10km 以内。局域网一般位于一个建筑物或一个单位内，不存在寻径问题，不包括网络层的应用。

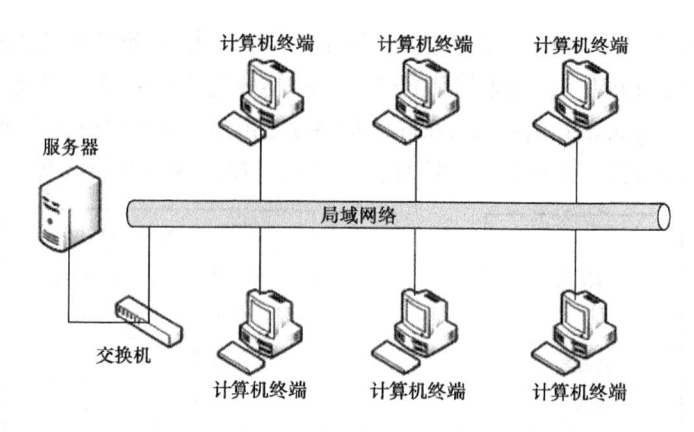

图 2-3 局域网示意图

LAN 的特点：连接范围窄、用户数少、配置容易、连接速率高。目前局域网最快的速率要算现今的 10Gbps 以太网了。IEEE 的 802 标准委员会定义了多种主要的局域网：以太网（Ethernet）、令牌环网（Token Ring）、光纤分布式接口网络（FDDI）、异步传输模式网（ATM）、以及最新的无线局域网（WLAN）。这些都将在后面详细介绍。

（2）城域网（Metropolitan Area Network，MAN）。

MAN 一般来说是在一个城市，但不在同一地理小区范围内的计算机互联。这种网络的连接距离可以在 10～100km，它采用的是 IEEE802.6 标准。MAN 与 LAN 相比扩展的距离更长，连接的计算机数量更多，在地理范围上可以说是 LAN 网络的延伸。在一个大型城市或都市地区，一个 MAN 网络通常连接着多个 LAN。例如，连接政府机构的 LAN、医院的 LAN、电信的 LAN、公司企业的 LAN 等。由于光纤连接的引入，使 MAN 中高速的 LAN 互联成为可能。

城域网多采用 ATM 技术做骨干网。如图 2-4 所示，ATM 是一个用于数据、语音、视频及多媒体应用程序的高速网络传输方法。ATM 包括一个接口和一个协议，该协议能够在一个常规的传输信道上，在比特率不变及变化的通信量之间进行切换。ATM 也包括硬件、软件及与 ATM 协议标准一致的介质。ATM 提供一个可伸缩的主干基础设施，以便能够适应不同规模、速度及寻址技术的网络。ATM 的最大缺点就是成本太高，所以一般在政府城域网中应用，如邮政、银行、医院等。

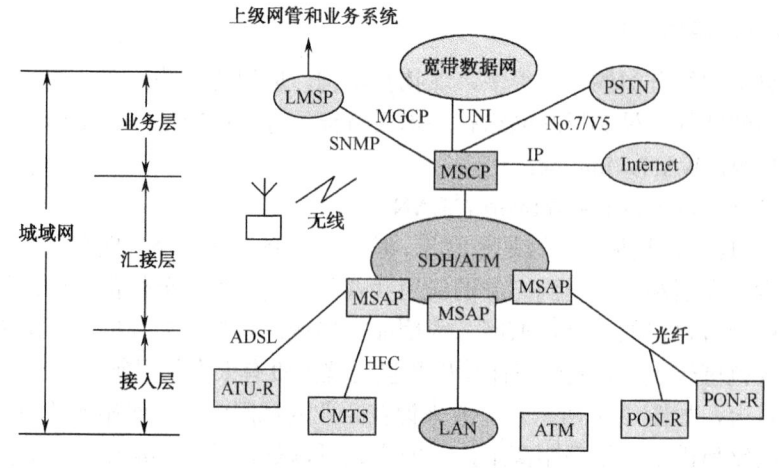

MSCP：多业务汇聚点；MSAP：多业务接入点

图 2-4 宽带城域网示意图

(3)广域网（Wide Area Network，WAN）。

WAN 也称远程网，如图 2-5 所示，其所覆盖的范围比 MAN 更广，它一般是在不同城市之间的 LAN 或者 MAN 网络互联，地理范围可从几百千米到几万千米。因为距离较远，信息衰减比较严重，所以这种网络一般是要租用专线，通过 IMP（接口信息处理）协议和线路连接起来，构成网状结构，以解决寻径问题。这种城域网因为所连接的用户多，总出口带宽有限，所以用户的终端连接速率一般较低，通常为 9.6Kb/s～45Mb/s，如原邮电部的 ChinaNET、ChinaPAC 和 ChinaDDN。

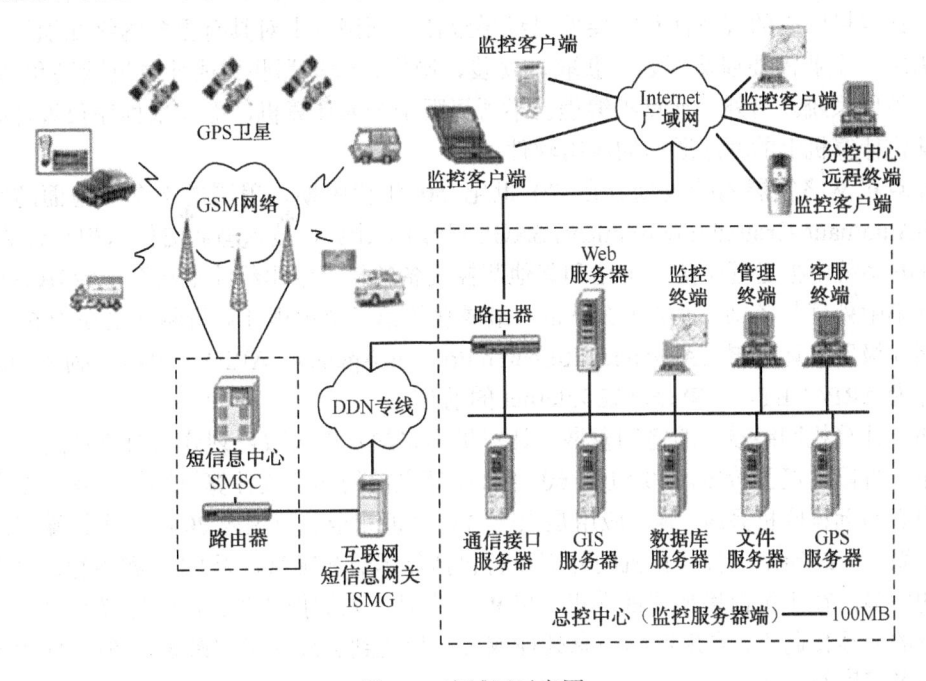

图 2-5 广域网示意图

（4）互联网（Internet）。

在互联网应用如此发展的今天，它已是我们每天都要打交道的一种网络，无论从地理范围，还是从网络规模来讲它都是最大的一种网络，也就是我们常说的"Web"、"WWW"和"万维网"等。从地理范围来说，它可以是全球计算机的互联，这种网络的最大特点就是不定性，整个网络的计算机每时每刻随着人们网络的接入在不变地变化。当你连在互联网上的时候，你的计算机可以算是互联网的一部分，但一旦断开互联网的连接，你的计算机就不属于互联网了。但它的优点也是非常明显的，就是信息量大、传播广，无论你身处何地，只要连上互联网，你就可以对任何联网的用户发出你的信函和广告。由于这种网络的复杂性，所以这种网络的实现技术也是非常复杂的。

2.1.2 计算机网络的发展与现状

计算机网络近年来获得了飞速的发展。20 年前，在我国很少有人接触过网络。现在，计算机通信网络及 Internet 已成为我们社会结构的一个基本组成部分。网络被应用于工商业的各个方面，包括电子银行、电子商务、现代化的企业管理、信息服务业等都以计算机网络系统为基础。从学校远程教育到政府日常办公乃至现在的电子社区，很多方面都离不开网络技术。可以不夸张地说，网络在当今世界无处不在。

1997年，在美国拉斯维加斯的全球计算机技术博览会上，微软公司总裁比尔·盖茨先生发表了著名的演说。在演说中，"网络才是计算机"的精辟论点充分体现出信息社会中计算机网络的重要基础地位。计算机网络技术的发展越来越成为当今世界高新技术发展的核心之一。

网络的发展也是一个经济上的冲击。数据网络使个人化的远程通信成为可能，并改变了商业通信的模式。一个完整的用于发展网络技术、网络产品和网络服务的新兴工业已经形成，计算机网络的普及性和重要性已经导致在不同岗位上对具有更多网络知识的人才的大量需求。企业需要雇员规划、获取、安装、操作、管理那些构成计算机网络和 Internet 的软、硬件系统。另外，计算机编程已不再局限于个人计算机，而要求程序员设计并实现能与其他计算机上的程序通信的应用软件。

计算机网络发展的阶段划分在 20 世纪 50 年代中期，美国的半自动地面防空系统（Semi-Automatic Ground Environment，SAGE）开始了计算机技术与通信技术相结合的尝试，在 SAGE 系统中把远程距离的雷达和其他测控设备的信息经由线路汇集至一台 IBM 计算机上进行集中处理与控制。世界上公认的、最成功的第一个远程计算机网络是在 1969 年，是由美国高级研究计划署（Advanced Research Projects Agency，ARPA）组织研制成功的。该网络称为 ARPANET，它就是现在 Internet 的前身。

随着计算机网络技术的蓬勃发展，计算机网络的发展大致可划分为四个阶段。

第一阶段：诞生阶段。20 世纪 60 年代中期之前的第一代计算机网络，是以单个计算机为中心的远程联机系统。典型应用是由一台计算机和全美范围内 2000 多个终端组成的飞机订票系统。终端是一台计算机的外部设备包括显示器和键盘，无 CPU 和内存。随着远程终端的增多，在主机前增加了前端机（FEP）。当时，人们把计算机网络定义为"以传输信息为目的而连接起来，实现远程信息处理或进一步达到资源共享的系统"，但这样的通信系统已具备了网络的雏形。

第二阶段：形成阶段。20 世纪 60 年代中期—70 年代的第二代计算机网络，是以多个主机通过通信线路互联起来，为用户提供服务，兴起于 20 世纪 60 年代后期，典型代表是美国国防部高级研究计划局协助开发的 ARPANET。主机之间不是直接用线路相连，而是由接口报文处理机（IMP）转接后互联的。IMP 和它们之间互联的通信线路一起负责主机间的通信任务，构成了通信子网。通信子网互联的主机负责运行程序，提供资源共享，组成了资源子网。这个时期，网络概念为"以能够相互共享资源为目的互联起来的具有独立功能的计算机之集合体"，形成了计算机网络的基本概念。

第三阶段：互联互通阶段。20 世纪 70 年代末—90 年代的第三代计算机网络，是具有统一的网络体系结构并遵循国际标准的开放式和标准化的网络。ARPANET 兴起后，计算机网络发展迅猛，各大计算机公司相继推出自己的网络体系结构及实现这些结构的软、硬件产品。由于没有统一的标准，不同厂商的产品之间互联很困难，人们迫切需要一种开放性的标准化实用网络环境，因此两种国际通用的最重要的体系结构就应运而生了，即 TCP/IP 体系结构和国际标准化组织的 OSI 体系结构。

第四阶段：高速网络技术阶段。20 世纪 90 年代末至今的第四代计算机网络，由于局域网技术发展成熟，出现光纤及高速网络技术，多媒体网络，智能网络，整个网络就像一个对用户透明的大的计算机系统，发展为以 Internet 为代表的互联网。

从计算机网络应用来看，网络应用系统将向更深和更宽的方向发展。首先，Internet 信息服务将会得到更大发展。网上信息浏览、信息交换、资源共享等技术将进一步提高速度、容量及信息的安全性。

其次，远程会议、远程教学、远程医疗、远程购物等应用将逐步从实验室走出，不再只是幻想。网络多媒体技术的应用也将成为网络发展的热点话题。未来将是一个网络无处不在的世界，任何东西都可以进行网络互联，我们可以在能够达到的任何地方，对想要了解的任何东西进行搜索和远程控制。

2.1.3 计算机网络的技术与质量指标

计算机网络的性能与指标很多，下面仅介绍几个常用的主要参数。

（1）比特。比特（bit）是计算机中数据量的单位，也是信息论中使用的信息量的单位。bit 来源于 binary digit，意思是一个"二进制数字"，因此一个比特就是二进制数字中的一个 1 或 0。

（2）速率即数据率。速率即数据率（Data Rate）或比特率（Bit Rate），是计算机网络中最重要的一个性能指标。速率的单位是 b/s 或 Kb/s、Mb/s、Gb/s 等。速率往往是指额定速率或标称速率。

（3）带宽。"带宽"（Bandwidth），本来是指信号具有的频带宽度，单位是赫兹（Hz）或 kHz、MHz、GHz。现在"带宽"是数字信道所能传送的"最高数据率"的同义语，单位是比特每秒（b/s、bit/s）或 Kb/s、Mb/s、Gb/s 等。

（4）吞吐量。吞吐量（Throughput），表示在单位时间内通过某个网络（或信道、接口）的数据量。吞吐量更经常用于对现实世界中的网络的一种测量，以便知道实际上到底有多少数据量能够通过网络。吞吐量受网络的带宽或网络的额定速率的限制。

2.2 计算机网络的组成结构与工作原理

2.2.1 计算机网络的组成结构

计算机网络系统是由网络硬件和网络软件组成的。在网络系统中，硬件的选择对网络起着决定的作用，而网络软件则是挖掘网络潜力的工具。

1. 网络硬件

网络硬件是计算机网络系统的物质基础，如图 2-6 所示。要构成一个计算机网络系统，首先要将计算机及其附属硬件设备与网络中的其他计算机系统连接起来，实现物理连接。不同的计算机网络系统，在硬件方面是有差别的。随着计算机技术和网络技术的发展，网络硬件日趋多样化，且功能更强，更复杂。常见的网络硬件有服务器、工作站、网络接口卡、集中器、调制解调器、终端及传输介质等。

(a) 网卡　　(b) ADSL

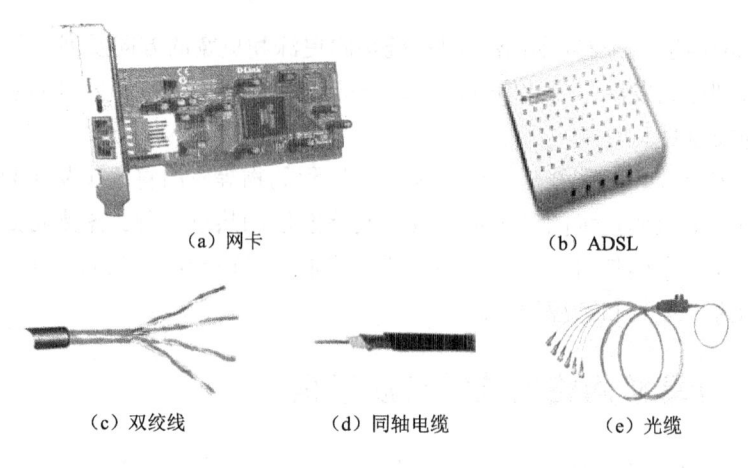

(c) 双绞线　　(d) 同轴电缆　　(e) 光缆

图 2-6　部分网络硬件

(1) 服务器。在计算机网络中，分散在不同地点担负一定数据处理任务和提供资源的计算机称为服务器。服务器是网络运行、管理和提供服务的中枢，它影响着网络的整体性能。一般在大型网络中采用大型机、中型机和小型机作为网络服务器，可以保证网络的可靠性。对于网点不多、网络通信量不大、数据的安全可靠性要求不高的网络，可以选用高档计算机作网络服务器。

(2) 工作站。在计算机局域网中，网络工作站是通过网卡连接到网络上的一台个人计算机，它仍保持原有计算机的功能，作为独立的个人计算机为用户服务，同时它又可以按照被授予的一定权限访问服务器。工作站之间可以进行通信，也可以共享网络的其他资源。

(3) 网络接口卡。网络接口卡也称为网卡或网板，是计算机与传输介质进行数据交互的中间部件，主要进行编码转换。在接收传输介质上传送的信息时，网卡把传来的信息按照网络上信号编码要求和帧的格式接收并交给主机处理。在主机向网络发送信息时，网卡把发送的信息按照网络传送的要求装配成帧的格式，然后采用网络编码信号向网络发送出去。

(4) 调制解调器。调制解调器（Modem）是调制器和解调器的简称，是实现计算机通信的外部设备。调制解调器是一种进行数字信号与模拟信号转换的设备。计算机处理的是数字信号，而电话线传输的是模拟信号，在计算机和电话线之间需要一个连接设备，将计算机输出的数字信号变换为适合电话线传输的模拟信号，在接收端再将接收到的模拟信号变换为数字信号由计算机处理。因此，调制解调器成对使用。

(5) 终端设备。终端设备是用户进行网络操作所使用的设备，它的种类很多，可以是具有键盘及显示功能的一般终端，也可以是一台计算机。

(6) 传输介质。传输介质是传送信号的载体，在计算机网络中通常使用的传输介质有双绞线、同轴电缆、光纤、微波及卫星通信等。它们可以支持不同的网络类型，具有不同的传输速率和传输距离。

2. 网络软件

在网络系统中，网络中的每个用户都可享用系统中的各种资源，所以系统必须对用户进行控制，否则就会造成系统混乱，造成信息数据的破坏和丢失。为了协调系统资源，系统需要通过软件工具对网络资源进行全面的管理，进行合理的调度和分配，并采取一系列的保密安全措施，防止用户不合理地对数据和信息的访问，防止数据和信息的破坏与丢失。

网络软件是实现网络功能所不可缺少的软环境。通常网络软件包括网络协议软件、网络通信软件和网络操作系统。

3. 网络结构

在不同的网络系统中，网络结构及所选择使用的网络软件是有差别的。对于实用的网络系统来说，选择什么硬件和软件是根据系统的规模、系统的结构决定的。如，Novell 局域网，如果网络系统所涉及的地理范围小，同时系统所拥有的数据量和通信数据量不大，那么只要一台网络服务器，并具备系统所规定的工作站数，选择适当的通信介质和相匹配的网络接口卡、网络软件、网络操作系统就可以建立起一个完整的网络系统。

在一个远程网络系统中所需要的设备和技术更为复杂。在远程通信网中，服务器与工作站、服务器通过集中器与工作站直接通信的部分则是短程通信；而服务器与各工作站通信需要经过调制解调器或前端处理机的通信部分则属于远程通信。

计算机网络的拓扑结构通常有星形结构、总线结构、环形结构、树形结构和网状结构，如图 2-7 所示。

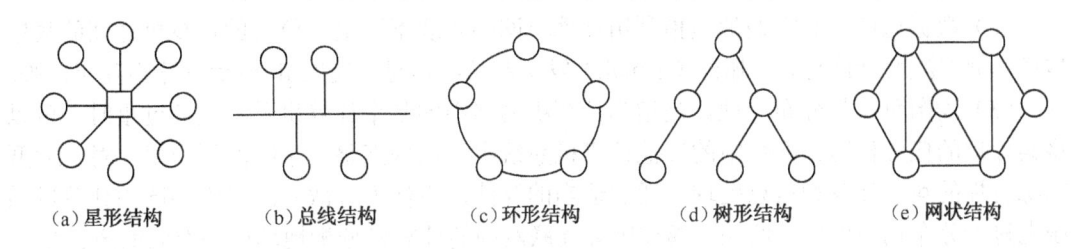

(a) 星形结构　(b) 总线结构　(c) 环形结构　(d) 树形结构　(e) 网状结构

图 2-7　计算机网络拓扑结构示意图

（1）星形结构。星形结构是以一个结点为中心的处理系统，各种类型的入网机器均与该中心处理机有物理链路直接相连，与其他结点间不能直接通信，与其他结点通信时需要通过该中心处理机转发，因此中心结点必须有较强的功能和较高的可靠性。

星形结构的优点是结构简单、建网容易、控制相对简单。其缺点是属集中控制，主机负载过重，可靠性低，通信线路利用率低。

（2）总线结构。将所有的入网计算机均接入一条通信传输线上，为防止信号反射，一般在总线两端连有终结器匹配线路阻抗。总线结构的优点是信道利用率较高，结构简单，价格相对便宜。缺点是同一时刻只能有两个网络结点在相互通信，网络延伸距离有限，网络容纳结点数有限。在总线上只要有一个结点连接出现问题，会影响整个网络的正常运行。目前在局域网中多采用此种结构。

（3）环形结构。环形结构将各个联网的计算机由通信线路连接成一个闭合的环路。在环形结构的网络中，信息按固定方向流动，或顺时针方向，或逆时针方向。其传输控制机制较为简单，实时性强，但可靠性较差，网络扩充复杂。

（4）树形结构。树形结构实际上是星形结构的一种变形，它将原来用单独链路直接连接的结点通过多级处理主机进行分级连接。这种结构与星形结构相比降低了通信线路的成本，但增加了网络复杂性。网络中除最低层结点及其连线外，任一结点连线的故障均影响其所在支路网络的正常工作。

（5）网状结构。网状结构其优点是结点间路径多，碰撞和阻塞可大大减少，局部的故障不会影响整个网络的正常工作，可靠性高；网络扩充和主机入网比较灵活、简单。但这种网络关系复杂，建网不易，网络控制机制复杂。广域网中一般用网状结构。

2.2.2 计算机网络的工作原理

计算机网络的基本原理就是 ISO 的分层理论。所以，计算机网络体系结构是计算机网络原理的基础，它包括参考模型、协议规范、服务定义，其中最重要的是协议规范。

计算机网络是计算机技术和通信技术紧密结合的产物。它不仅使计算机的作用范围超越了地理位置的限制，而且也大大加强了计算机本身的能力。计算机网络的最基本功能就是资源共享和实现数据通信。

（1）资源共享。资源共享是人们建立计算机网络的主要目的之一。计算机资源包括硬件资源、软件资源和数据资源。硬件资源的共享可以提高设备的利用率，避免设备的重复投资，如利用计算机网络建立网络打印机。软件资源和数据资源的共享可以充分利用已有的信息资源，减少软件开发过程中的劳动，避免大型数据库的重复设置。

（2）数据通信。数据通信是指利用计算机网络实现不同地理位置的计算机之间的数据传送。例如，人们通过电子邮件（E-mail）发送和接收信息，使用 IP 电话进行相互交谈等。

（3）均衡负荷与分布处理。是指当计算机网络中的某个计算机系统负荷过重时，可以将其处理的任务传送到网络中的其他计算机系统中，以提高整个系统的利用率。对于大型的综合性的科学计算和信息处理，通过适当的算法，将任务分散到网络中不同的计算机系统上进行分布式的处理。例如，通过国际互联网中的计算机分析地球以外空间的声音等。

（4）综合信息服务。在当今的信息化社会中，各行各业每时每刻都要产生大量的信息，需要及时的处理，而计算机网络在其中起着十分重要的作用。

2.3 计算机网络的使用与维护

2.3.1 计算机网络的使用

计算机的网络设备有很多，在这里仅给大家介绍部分常用网络设备的选购、安装、连接、使用的方法。

网卡、路由器（图 2-8）、集线器、交换机（图 2-9）都是网络的硬件设备。网卡是网络终端与网络的接口设备；而路由器、集线器、交换机是用来引导网络中的信息传输的。

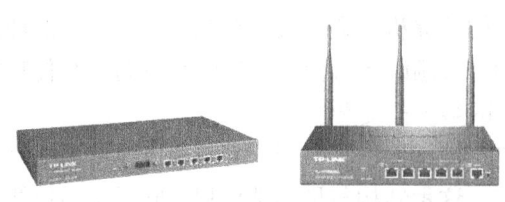

图 2-8　TP-LINK 路由器　　　　图 2-9　TP-LINK 交换机

（1）集线器。集线器实际就是一种多端口的中继器。集线器一般有 4、8、16、24、32 等数量的 RJ45 接口，通过这些接口，集线器便能为相应数量的计算机完成"中继"功能（将已经衰减得不完整的信号经过整理，重新产生出完整的信号再继续传送）。由于它在网络中

处于一种"中心"位置，因此集线器也称为Hub。

集线器的工作原理很简单，如有一个具备8个端口的集线器，共连接了8台计算机。集线器处于网络的"中心"，通过集线器对信号进行转发，8台计算机之间可以互联互通。具体通信过程是这样的：假如计算机1要将一条信息发送给计算机8，当计算机1的网卡将信息通过双绞线送到集线器上时，集线器并不会直接将信息送给计算机8，它会将信息进行"广播"，即将信息同时发送给8个端口，当8个端口上的计算机接收到这条广播信息时，会对信息进行检查，如果发现该信息是发给自己的，则接收，否则不予理睬。由于该信息是计算机1发给计算机8的，因此最终计算机8会接收该信息，而其他7台计算机接收信息后，会因为信息不是自己的而不接收该信息。

（2）交换机。交换机也称为交换式集线器，它通过对信息进行重新生成，并经过内部处理后转发至指定端口，具备自动寻址能力和交换作用，由于交换机根据所传递信息包的目的地址，将每一信息包独立地从源端口送至目的端口，避免了和其他端口发生碰撞。广义的交换机就是一种在通信系统中完成信息交换功能的设备。

在计算机网络系统中，交换机是针对共享工作模式的弱点而推出的。集线器是采用共享工作模式的代表，如果把集线器比做一个邮递员，那么这个邮递员是个不认识字的"傻瓜"，即要他去送信，但他不知道直接根据信件上的地址将信件送给收信人，而只会拿着信分发给所有的人，然后让接收的人根据地址信息来判断是不是自己的。而交换机则是一个"聪明"的邮递员——交换机拥有一条高带宽的外部总线和内部交换矩阵。交换机的所有端口都挂接在这条外部总线上，当控制电路收到数据包以后，处理端口会查找内存中的地址对照表以确定目的MAC（网卡的硬件地址）的NIC（网卡）挂接在哪个端口上，通过内部交换矩阵迅速将数据包传送到目的端口。目的MAC若不存在，交换机才"广播通知"所有的端口，接收端口回应后，利用交换机会"学习"新的地址，并把它添加入内部地址表中。

可见，交换机在收到某个网卡发过来的"信件"时，会根据上面的地址信息，以及自己掌握的"常住居民户口簿"快速将信件送到收信人的手中。万一收信人的地址不在"户口簿"上，交换机才会像集线器一样将信分发给所有的人，然后从中找到收信人。而找到收信人之后，交换机会立刻将这个人的信息登记到"户口簿"上，这样以后再为该客户服务时，就可以迅速将信件送达了。

（3）路由器（Router）。路由器是网络中进行网间连接的关键设备。作为不同网络之间互相连接的枢纽，路由器系统构成了基于TCP/IP的国际互联网络Internet的主体脉络。

路由器之所以在互联网络中处于关键地位，是因为它处于网络层，一方面能够跨越不同的物理网络类型（DDN、FDDI、以太网等）；另一方面在逻辑上将整个互联网络分割成逻辑上独立的网络单位，使网络具有一定的逻辑结构。路由器的主要工作就是为经过路由器的每个数据帧寻找一条最佳传输路径，并将该数据有效地传送到目的站点。

路由器的基本功能是把数据（IP报文）传送到正确的网络，细分则包括以下几条内容。
① IP数据报的转发，包括数据报的寻径和传送。
② 子网隔离，抑制广播风暴。
③ 维护路由表，并与其他路由器交换路由信息，这是IP报文转发的基础。
④ IP数据报的差错处理及简单的拥塞控制。
⑤ 实现对IP数据报的过滤和记账。

路由器构成了Internet的骨架。它的处理速度是网络通信的主要瓶颈之一，它的可靠性则直接影响着网络互联的质量。因此在 Internet 研究领域中，路由器技术始终处于核心地位。

上面介绍了交换机、集线器、路由器。很多人在购买这些网络设备时，都不清楚这些网络设备的区别。都在询问卖家是什么意思，买哪种网络设备更适合自己。下面介绍一下这三种网络设备的功能区别。

首先说 Hub，也就是集线器。它的作用可以简单地理解为将一些机器连接起来组成一个局域网。而交换机的作用与集线器大体相同。但是两者在性能上有区别。集线器采用的是共享带宽的工作方式，而交换机是独享带宽。这样在机器很多或数据量很大时，两者将会有比较明显的差ం。而路由器则与以上两者有明显区别，它的作用在于连接不同的网段，并且找到网络中数据传输最合适的路径，可以说一般情况下个人用户需求不大。路由器是产生于交换机之后，就像交换机产生于集线器之后，所以路由器与交换机也有一定联系，并不是完全独立的两种设备。路由器主要克服了交换机不能路由转发数据包的不足。

目前个人比较多的宽带接入方式就是 ADSL，因此下面就 ADSL 的接入来简单地说明一下。现在购买的 ADSL（俗称"猫"）大多具有路由功能（很多时候厂家在出厂时将路由功能屏蔽了，因为电信安装时大多是不启用路由功能的，启用 DHCP 可打开 ADSL 的路由功能），如果个人上网或少数几台机器上网通过 ADSL 本身就可以了，如果计算机比较多，你只需要再购买一个或多个集线器或者路由器。考虑到如今集线器与路由器的价格相差十分小，不是因为特殊的原因，就请购买一个路由器。不必去追求高价，因为如今产品同质化十分严重。如果大家要买交换机的话，建议大家购买一个 8 口的，以满足扩充需求，一般的价格在 100 元左右。接上路由器，所有计算机再接到路由器上就行了。余下所要做的事情就只有把各个计算机的网线插入路由器的接口，将 ADSL 的网线插入 uplink 接口。这样打开计算机，在计算机的地址栏中输入 192.168.1.1 或 192.168.0.1 进行设置上网。然后设置路由功能、DHCP 等，就可以共享上网了。

共享上网的方法很多。但是，目前最常用的共享上网方法是使用一个路由器实现共享上网。这种方式的优点是无须对计算机本身增添什么设备，如主机不必安装双网卡；只要"猫"和路由器是打开的，各台计算机都可独立上网，不一定必须主机在上网时其他客户机才能上网。下面给大家简单介绍一下路由器共享上网的设置方法。

如图 2-10 所示为使用路由器共享上网的接线方法。

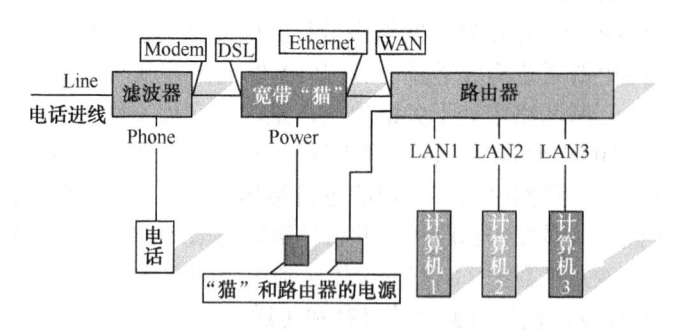

图 2-10 路由器共享上网的接线方法

其中路由器跟计算机的网线应该采用直通（平行）的网线。"猫"跟路由器的网线应该采用交叉线，但是，也可以采用平行网线，因为路由器上的以太网口具有极性自动翻转功能。需要保证的是网线水晶头的制作要牢靠稳固，水晶头铜片没有生锈等。如线缆没问题的话，宽带"猫"上的电源灯（PW 或 Power）、同步口灯（DSL 或 Line）和接向路由器的灯（Ethernet），以及路由器上的电源灯、WAN 口灯和 LAN 指示灯将长亮。

接下来就是用路由器共享上网的设置方法。共享上网的各台计算机都是平等的，没有主机和客机之分。所以当进行设置时，首先选择一台计算机（一般是放置位置跟"猫"和路由器最靠近的那台计算机）进行设置。现在讨论假设以在操作系统为 Windows XP 的情况下，在 ADSL 上网的方式下，利用 TP-LINK 路由器设置共享上网时的设置方法。这些设置都是在离线的条件下进行的。

（1）对计算机本地连接属性的设置。操作步骤：右击"网上邻居"→选择"属性"→右击"本地连接"→选择"属性"，这时就会出现如图 2-11 所示的"本地连接 属性"对话框。

在该对话框的"此连接使用下列项目"选择框中选择并双击"Internet 协议（TCP/IP）"，在弹出的对话框（图 2-12）中选择"自动获得 IP 地址"和"自动获得 DNS 服务器地址"两项。这样，本地连接的 Internet 协议就设置完成了。

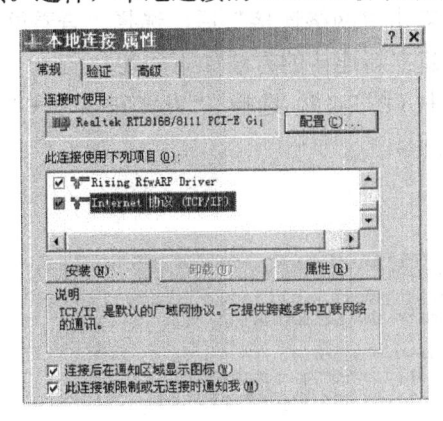

图 2-11　"本地连接 属性"对话框 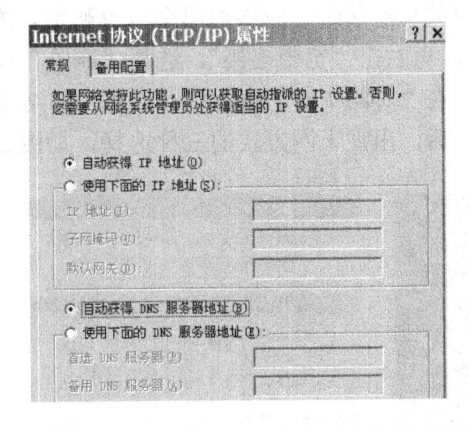　　图 2-12　"Internet 协议（TCP/IP）属性"对话框

允许用户进行手工设置，但是，事先必须从路由器的说明书中查出路由器的地址。例如，已经知道路由器的 IP 地址是"192.168.1.1"时，这个地址就是默认网关；IP 地址一定要跟路由器的 IP 地址处于同一网段，即 IP 地址的前三个数必须是"192.168.1"。但是，最后那个数不得跟网关的最后那个数相同，也不能跟局域网内的其他计算机相同。选择范围是 2～255。例如，可以把这台计算机的 IP 地址设置为"192.168.1.100"；把另一台计算机的 IP 地址设置为"192.168.1.101"。在 IP 地址为"192.168.1.1"的情况下（这属于私有 C 类 IP 地址），默认的子网掩码就是"255.255.255.0"。至于"首选 DNS 服务器的 IP 地址"是什么就要问 ISP 了。

计算机的本地连接设置好之后，双击"我的连接"后选择"支持"选项卡进行查看，就可以看到所设置的计算机的 IP 地址和默认网关了，如图 2-13 所示。

（2）对路由器属性的设置。启动 Internet Explorer 浏览器，并在窗口的地址栏输入路由器的 IP 地址：192.168.1.1，之后将弹出一个对话框，再输入用户名和密码，如图 2-14 所示。

按生产厂给定的用户名和密码（TP-LINK 给出的用户名和密码都是 admin）输入就可以了。单击"确定"按钮后，就会有一个配置保存成功的提示："配置保存成功！正在重新启动 请稍候。"

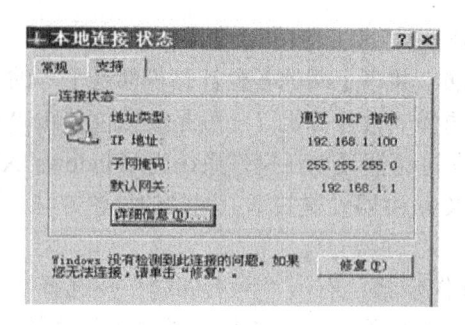

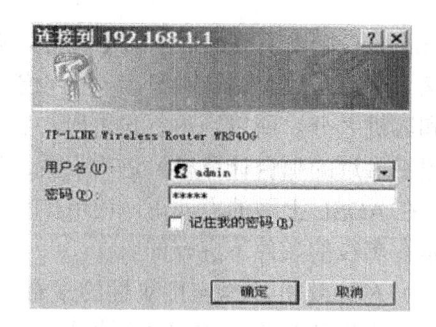

图 2-13　本地连接状态　　　　　　　　图 2-14　输入用户名和密码

如果设置成功,选择"开始"→"运行",打开"运行"对话框,并运行 ping 192.168.1.1,就可以 ping 通路由器。单击图 2-15 中的"运行状态",也可以查看计算机运行情况。

(3) 对宽带的网络设置。如果用单机上网时,对宽带连接已经做过成功的设置。则当改用共享连接时,应该把那个设置删除。方法是双击"网络连接"后,选择"查看网络连接",再右击"宽带连接",选择"删除"即可。建立新连接的方法如下所述。

在"对路由器的属性进行设置"的结果显示中(图 2-15)选择 "设置向导"→"下一步"后,出现上网方式的三种选择,如图 2-16 所示。

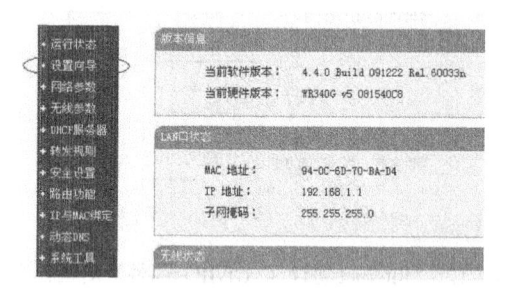

图 2-15　运行状态　　　　　　　　图 2-16　设置向导

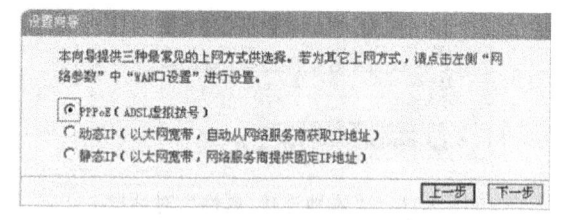

选择"PPPoE(ADSL 虚拟拨号)"→单击"下一步"按钮后,会出现一个"设置向导"对话框,需要把 ISP 提供给用户的上网账号和上网口令(密码)输入。在"上网账号"文本框中输入 ISP 提供的用户名(如联通为 10110068***)和密码(联通为 6 位数码)后再单击"下一步"按钮,出现一个无线上网的基本参数数据,单击"不开通无线安全"按钮。直到提示"恭喜你!……现在你已经可以正常上网"时即完成上网的设置了。

(4) 对其他计算机的设置方法。上面介绍的是对其中一台计算机进行的设置。但是,不需要每台计算机都要进行这样全面的设置。其他计算机只需设置该计算机的 IP 地址就可以了。设置方法与"对计算机本地连接属性的设置"相同。设置要求是要它处于路由器和其他计算机的相同网段(如都是"192.168.1.*"),但是 IP 地址不能相同。例如,可以把它设置成"192.168.1.101"。网关必须设置成跟路由器的 IP 地址相同。子网掩码则设置为"255.255.255.0",DNS 也和上面相同,如果单击它,也会自动生成。

不过,用户也可以启用宽带路由器的 DHCP 功能,这样就不需要在 PC 上进行任何设置了。因为这样设置以后,另外的计算机便可以自动获得 IP 地址及默认网关、DNS 等信息。但由于 DCHP 开启以后对于宽带路由器的性能会有一定的影响,所以,一般都是使用这种静态分配 IP 地址的方法,来获得更高的性能。设置完该计算机的 IP 地址后,在进行上网的时候，计算机就会向宽带路由器发送连接请求了。

2.3.2 计算机网络的维护

一个安全的计算机网络应该具有可靠性高、可用性好、完整性好、保密性强等特点。计算机网络安全保护的重点主要在两个方面：一是计算机病毒；二是黑客的入侵。

1. 计算机病毒的防御

防御计算机病毒应该从两个方面着手，首先应该加强内部网络管理人员及使用人员的安全意识，使他们能养成正确上网、安全上网的好习惯。其次，应该加强技术上的防范措施，如使用高技术防火墙、使用防毒杀毒工具等。具体做法如下所述。

（1）权限设置，口令控制。很多计算机系统常用口令来控制对系统资源的访问，这是防病毒进程中，最容易和最经济的方法之一。网络管理员和终端操作员根据自己的职责权限，选择不同的口令，对应用程序数据进行合法操作，防止用户越权访问数据和使用网络资源。在选择口令时应注意，必须选择超过6个字符并且由字母和数字共同组成的口令；操作员应定期变一次口令；不得写下口令或在电子邮件中传送口令。通常简单的口令就能取得很好的控制效果，因为系统本身不会把口令泄露出去。但在网络系统中，由于认证信息要通过网递，口令很容易被攻击者从网络传输线路上窃取，所以在网络环境中，使用口令控制并不是很安全的方法。

（2）简易安装，集中管理。在网络上，软件的安装和管理方式是十分关键的，它不仅关系到网络维护管理的效率和质量，而且涉及网络的安全性。好的杀毒软件能在几分钟内轻松地安装到系统里的每一个 NT 服务器上，并可下载和散布到所有的目的机器上，由网络管理员集中设置和管理，它会与操作系统及其他安全措施紧密地结合在一起，成为网络安全管理的一部分，并且自动提供最佳的网络病毒防御措施。

（3）实时杀毒，报警隔离。当计算机病毒对网上资源的应用程序进行攻击时，这样的病毒存在于信息共享的网络介质上，因此就要在网关上设防，在网络前端进行杀毒。基于网络的病毒特点，应该着眼于网络整体来设计防范手段。在计算机硬件和软件、LAN 服务器、服务器上的网关、Internet 上层层设防，对每种病毒都实行隔离、过滤，而且完全在后台操作。例如，某一终端机如果通过 U 盘感染了计算机病毒，势必会在 LAN 上蔓延，而服务器具有了防毒功能，病毒在由终端机向服务器转移的进程中就会被杀掉。为了引起警觉，当在网络中任何一台工作站或服务器上发现病毒时，它都会立即报警通知网络管理员。

（4）以网为本，多层防御。网络防毒不同于单机防毒。计算机网络是一个开放的系统，它是同时运行多程序、多数据流向和各种数据业务的服务。单机版的杀毒软件虽然可以暂时查杀终端机上的病毒，一旦上网仍会被病毒感染，它是不能在网络上彻底有效地查杀病毒，确保系统安全的。所以网络防毒一定要以网为本，从网络系统和角度重新设计防毒解决方案，只有这样才能有效地查杀网络上的计算机病毒。

2. 对黑客攻击的防御

对黑客的防御策略应该是对整个网络系统实施的分层次、多级别的包括检测、告警和修复等应急功能的实时系统策略，方法如下所述。

防火墙构成了系统对外防御的第一道防线。在这里，防火墙是一个小型的防御系统，用来隔离被保护的内部网络，明确定义网络的边界和服务，同时完成授权、访问控制及安全审计的功能。基本的防火墙技术有以下几种。

（1）包过滤路由器。路由器的一个主要功能是转发分组，使之离目的地更近。为了转发分组，路由器从 IP 报头读取目的地址，应用基于表格的路由算法安排分组的出口。包过滤路由器在一般路由器的基础上增加了一些新的安全控制功能。绝大多数防火墙系统在它们的体系结构中包含了这些路由器，但只是以一种相当随意的方式来允许或禁止通过它的分组，因此它并不能做成一个完整的解决方案。

（2）双宿网关。一个双宿网关是一个具有两个网络界面的主机，每个网络界面与它所对应的网络进行通信。它具有路由器的作用。通常情况，在应用层网关或代理双宿网关下，它们传递的信息经常是对一特定服务的请求或者对一特定服务的响应。如果认为消息是安全的，那么代理会将消息转发相应的主机上，用户只能够使用代理服务器支持的服务。

（3）过滤主机网关。过滤主机网关是由一个双宿网关和一个过滤路由器组成的。防火墙的配置包括一个位于内部网络下的堡垒主机和一个位于堡垒主机和 Internet 之间的过滤路由器。这个系统结构的第一个安全设施是过滤路由器，它阻塞外部网络进来的除了通向堡垒主机的所有其他信息流。对到来的信息流而言，由于先要经过过滤路由器的过滤，过滤后的信息流被转发到堡垒主机上，然后由堡垒主机下的应用服务代理对这些信息流进行分析后，才将合法的信息流转发到内部网络的主机上；外出的信息首先经过堡垒主机下的应用服务代理的检查，然后被转发到过滤路由器，最后由过滤路由器将其转发到外部网络上。

（4）过滤子网网关。一个安全的过滤子网建立在内部网络与 Internet 之间，这个子网的入口通常是一个堡垒主机，分组过滤器通常位于子网与 Internet 之间及内部网络与子网之间。分组过滤器通过出入信息流的过滤起到了子网与内部网络和外部网络的缓冲作用。堡垒主机上的代理提供了对外网络的交互访问。在过滤路由器过滤掉所有不能识别或禁止通过的信息流后，将其他信息流转发到堡垒主机上，由其上的代理仔细进行检查。

所以，可以根据实际情况，单独或者结合使用以上防火墙技术来构筑第一道防线。但是防火墙并不能完全保护内部网络，必须结合其他措施才能提高系统的安全水平。在防火墙之后是基于网络主机的操作系统安全和物理安全措施。按照安全级别从低到高，分别是主机系统的物理安全、操作系统的内核安全、系统服务安全、应用服务安全和文件系统安全；同时主机安全检查和漏洞修补及系统备份安全作为辅助安全措施。这些构成整个网络系统的第二道安全防线，主要防范部分突破防火墙及从内部发起的攻击。系统备份是网络系统的最后防线，用来遭受攻击之后进行系统恢复。在防火墙和主机安全措施之后，是全局性的由系统安全审计、入侵检测和应急处理机构成的整体安全检查和反应措施。它从网络系统中的防火墙、网络主机甚至直接从网络链路层上提取网络状态信息，作为输入提供给入侵检测子系统。入侵检测子系统根据一定的规则判断是否有入侵事件发生，如果有入侵事件发生，则启动应急处理措施，并产生警告信息。而且，系统的安全审计还可以作为以后对攻击行为和后果进行处理、对系统安全策略进行改进的信息来源。

计算机网络的安全与我们的利益息息相关，一个安全的计算机网络系统的保护不仅和系统管理员的系统安全知识有关，而且和每个使用者的安全操作等都有关系。网络安全是动态的，新的 Internet 黑客站点、病毒与安全技术每日剧增，网络管理人员需要掌握最先进的技术，把住计算机网络安全的大门。

2.4 计算机网络系统常用通信软件

2.4.1 浏览器

网页浏览器是显示网页服务器或档案系统内的文件，并让用户与这些文件互动的一种软件。它用来显示在万维网或局域网等网络内的文字、影像及其他资讯。这些文字或影像，可以是连接其他网址的超链接，用户可迅速及轻易地浏览各种资讯。网页一般是 HTML 的格式。有些网页是需要使用特定的浏览器才能正确显示的。个人计算机上常见的网页浏览器包括微软的 Internet Explorer、Opera、Mozilla 的 Firefox、Maxthon（基于 IE 内核）、Magic Master（M2）等。浏览器是最常使用到的客户端程序。

万维网或全球网（Web，WWW）是全球最大的连接文件网络文库，是一种把所有 Internet 的信息（包括用户愿意加进去的本地信息）组织成超文本文件形式的文库。尽管这个梦也许有点不太现实，但是全球网确实能让用户访问 Internet 的所有资源，只需用浏览器"读"适当的文件就行了。

网页浏览器主要通过 HTTP 协议与网页服务器交互并获取网页，这些网页由 URL 指定，文件格式通常为 HTML，并由 MIME 在 HTTP 协议中指明。一个网页中可以包括多个文档，每个文档都是分别从服务器获取的。大部分的浏览器本身也可支持除了 HTML 之外的广泛的格式，如 JPEG、PNG、GIF 等图像格式，并且能够扩展支持众多的插件（Plug-ins）。另外，许多浏览器还支持其他的 URL 类型及其相应的协议，如 FTP、Gopher、HTTPS（HTTP 协议的加密版本）。HTTP 内容类型和 URL 协议规范允许网页设计者在网页中嵌入图像、动画、视频、声音、流媒体等。

目前普遍使用的有微软公司的 IE 浏览器和傲游公司的 Maxthon 浏览器等。

（1）IE 浏览器。国际互联网已经进入了人们的世界，要在 Internet 上漫游，从中获取信息、发布信息，首先用户的计算机必须以某种方式上网，此外必须装有网络软件。浏览器是各种网络软件中直观、易用的一类，Microsoft 公司的 Internet Explorer 就是一个非常优秀的浏览器，借助 Internet Explorer 可以使用户的上网漫游轻松自如、妙趣横生。浏览器一般由菜单栏、标准工具栏、状态栏和地址组成。浏览某个网站，只要在浏览器的地址栏中输入网址，再进行确定就可以了。

IE 浏览器是由微软公司出品的，并且采用免费（与 Windows 操作系统）捆绑的方式提供给用户，也就是说，只要用户用的是 Windows 系列操作系统，就肯定有 IE 浏览器。图 2-17 所示为目前流行的 IE 浏览器 10.0 界面。

（2）Maxthon 浏览器。傲游浏览器（Maxthon Browser）是一款基于 IE 内核的、多功能、个性化多页面浏览器。它允许在同一窗口内打开任意多个页面，减少了浏览器对系统资源的占用率，提高了网上冲浪的效率，同时它又能有效防止恶意插件，阻止各种弹出式、浮动式广告，加强网上浏览的安全。Maxthon Browser 支持各种外挂工具及 IE 插件，使用户在 Maxthon Browser 中可以充分利用所有的网上资源，享受上网冲浪的乐趣。

图2-17 IE 浏览器 10.0 界面

傲游浏览器的主要特点：多页面浏览界面；鼠标手势；超级拖曳；隐私保护；广告猎手；RSS 阅读器；IE 扩展插件支持；外部工具栏；自定义皮肤。图 2-18 所示为傲游云浏览器 4 界面。它包括 Windows 版、Android 版、Mac 版和 iOS 版。傲游云浏览器依托傲游开发的云服务，将为用户提供一系列的云功能，让用户真正体验到无缝浏览。傲游云浏览器的界面经过了全新的设计，整体更加简约，而又更加实用。新傲游支持了状态栏自动隐藏，兼容模式调用傲游下载等众多用户所期盼的特性，新设计的快速访问更加美观高效，还有全新的现代主菜单、设置中心等。

图 2-18 傲游云浏览器 4 界面

2.4.2 电子邮件

电子邮件（Electronic mail，简称 E-mail。标志：@。昵称为"伊妹儿"），又称为电子信箱、电子邮政。它是一种用电子手段提供信息交换的通信方式，是 Internet 应用最广的服务。通过网络的电子邮件系统，用户可以用非常低廉的价格（不管发送到哪里，都只需负担电话费或网费即可），以非常快速的方式（几秒钟之内可以发送到世界上任何你指定的目的地），与世界上任何一个角落的网络用户联系。这些电子邮件可以是文字、图像、声音等各种形式。同时，用户可以得到大量免费的新闻、专题邮件，并实现轻松的信息搜索。

电子邮件指用电子手段传送信件、单据、资料等信息的通信方法，这是任何传统的方式也无法相比的。正是由于电子邮件的使用简易、投递迅速、收费低廉、易于保存、全球畅通无阻，使得电子邮件被广泛地应用，它使人们的交流方式得到了极大的改变。另外，电子邮件还可以进行一对多的邮件传递，同一邮件可以一次发送给许多人。最重要的是，电子邮件是整个网间网甚至所有其他网络系统中直接面向人与人之间信息交流的系统，它的数据发送方和接收方都是人，所以极大地满足了大量存在的人与人通信的需求。

电子邮件综合了电话通信和邮政信件的特点，它传送信息的速度和电话一样快，又能像信件一样使收信者在接收端收到文字记录。电子邮件系统又称为基于计算机的邮件报文系统。它承担从邮件进入系统到邮件到达目的地为止的全部处理过程。电子邮件不仅可利用电话网络，而且可利用任何通信网传送。在利用电话网络时，还可利用其非高峰期间传送信息，这对于商业邮件具有特殊价值。由中央计算机和小型计算机控制的面向有限用户的电子系统可以看做一种计算机会议系统。电子邮件的发送/接收原理和地址的构成如下所述。

（1）电子邮件的发送和接收。电子邮件在 Internet 上发送和接收的原理可以很形象地用邮寄包裹来形容：当我们要寄一个包裹的时候，首先要找到任何一个有这项业务的邮局，在填写完收件人姓名、地址等之后，包裹就寄出而到了收件人所在地的邮局，那么对方取包裹的时候就必须去这个邮局才能取出。同样，当我们发送电子邮件的时候，这封邮件是由邮件发送服务器（任何一个都可以）发出，并根据收信人的地址判断对方的邮件接收服务器而将这封信发送到该服务器上，收信人要收取邮件也只能访问这个服务器才能够完成。

（2）电子邮件地址的构成。电子邮件地址的格式是"USER@SERVER.COM"，由三部分组成。第一部分"USER"代表用户信箱的账号，对于同一个邮件接收服务器来说，这个账号必须是唯一的；第二部分"@"是分隔符；第三部分"SERVER.COM"是用户信箱的邮件接收服务器域名，用以标志其所在的位置。

在选择电子邮件服务商之前，我们要明白使用电子邮件的目的是什么，根据自己不同的目的有针对性地去选择。如果是经常和国外的客户联系，建议使用国外的电子邮箱。例如，Gmail、Hotmail、MSN mail、Yahoo mail 等。如果是想当做网络硬盘使用，经常存放一些图片资料等，那么就应该选择存储量大的邮箱，如 Gmail、Yahoo mail、163 mail、126 mail、yeah mail、TOM mail、21CN mail 等。如果自己有计算机，那么最好选择支持 POP/SMTP 协议的邮箱，可以通过 Outlook、Foxmail 等邮件客户端软件将邮件下载到自己的硬盘上。

2.4.3 腾讯 QQ

腾讯 QQ 是由深圳市腾讯计算机系统有限公司开发的一款基于 Internet 的即时通信（IM）软件，我们可以使用 QQ 和好友进行交流信息，自定义图片或相片即时发送和接收，语音视频面对面聊天，功能非常全面。此外 QQ 还具有与手机聊天、聊天室、点对点断点续传传输文件、共享文件、QQ 邮箱、备忘录、网络收藏夹、发送贺卡等功能。QQ 不仅仅是简单的即时通信软件，它还具有与全国多家移动通信公司合作，实现 GSM 移动电话的短消息互联等功能。它是国内最流行、功能最强的即时通信软件。特别是在线聊天、即时传送视频、语音和文件等功能最受欢迎。QQ 与移动通信终端、IP 电话网等多种通信方式

图 2-19　QQ2013 的登录界面

相连，使 QQ 不仅仅是单纯意义的网络虚拟呼机，也是一种方便、实用、高效的即时通信工具。

QQ 目前在国内是使用人数最多的通信工具。随着时间的推移，根据 QQ 所开发的附加产品越来越多，如 QQ 游戏、QQ 宠物、QQ 音乐、QQ 空间等，必将备受广大 QQ 用户的青睐和欢迎。图 2-19 所示为最新 QQ 版本 2013 的登录界面。

2.5　智能手机的使用与维护

随着移动网络的发展，产生了全新的办公模式——移动办公。CDMA 和 GPRS 移动通信技术的出现，以及 3G、4G 时代的到来，移动办公真正实现了质的飞跃。在这种高速通信技术的刺激下，通信业与 IT 终于实现了初步融合，不仅衍生出了智能手机，同时出现了平板电脑这一融合智能手机和笔记本电脑特点的中间产物。智能手机、平板电脑、笔记本电脑则成为现代办公设备中重要的智能移动终端。

1. 智能手机概述

智能手机 SP（Smart Phone），是指像个人计算机一样，具有独立的操作系统，可以由用户自行安装软件、游戏、导航等第三方服务商提供的程序，通过此类程序来不断对手机的功能进行扩充，并可以通过移动通信网络来实现无线网络接入的这样一类手机的总称。图 2-20 所示为智能手机 iPhone5s 和 iPhone5c。

手机可分为传统的非智能手机（Dumb Phone 或 Feature Phone）和智能手机两类。智能手机除了具有传统手机的基本功能以外，还有以下特点：开放的操作系统、硬件和软件的可扩充性和支持第三方的二次开发。伴随 3G 网络的深入普及，以及 4G 网络时代的到来，智能手机市场也发生着天翻地覆

图 2-20　iPhone5s（左）和 iPhone5c（右）

的变化。目前智能手机按操作系统来分主要有 iOS、Android、Windows Phone 等主流系统。

1973 年 4 月，美国著名的摩托罗拉公司工程技术员"马丁·库帕"发明了世界上第一部推向民用的手机，"马丁·库帕"从此称为现代"手机之父"。

世界上第一款智能手机是 IBM 公司于 1993 年推出的 simon，它也是世界上第一款使用触摸屏的智能手机，使用 ROM-DOS 操作系统，只有一款名为 DispatchIT 的第三方应用软件，它为以后的智能手机系统及处理器奠定了基础，有着里程碑的意义。

第一代 iPhone 于 2007 年发布，2008 年 7 月 11 日，苹果公司推出 iPhone 3G。自此，智能手机的发展开启了新的时代，iPhone 成为了引领业界的标杆产品。在 2013 年下半年，苹果迅速发布最新高端智能手机 iPhone5s，巩固了自己在高端智能手机领域的霸主地位，以及面向低价位消费人群的智能手机 iPhone5c，以抢占低端手机市场。

与 PC 相似，智能手机性能的好与坏，价位的高与低，取决于内部的硬件和软件。主要有 CPU 主频、核心数量、图形芯片、内存 RAM 和 ROM 容量、屏幕大小与材质，以及分辨率、触摸屏、电池容量大小及待机时间、外部接口、操作系统，以及版本、应用程序、电磁辐射等。其中，主频的高低已经不再是衡量性能强弱的第一标准，核心数量和图形芯

片正在扛起手机硬件的大旗；而决定屏幕画面的指标有材质和分辨率；作为管理和控制人机互动的操作系统、应用软件等媒介，则直接决定用户最终的体验，直接影响手机软件运行流畅度及操作表现。

触摸屏 TP（Touch Panel，触控屏或触控面板）是一个可接收触头物理触碰产生输入信号的感应式液晶显示装置，当人的手接触了屏幕上的图形按钮时，屏幕上的触觉反馈系统可根据预先编程的程式驱动各种连接装置，可用以取代机械式的按钮面板，并借由液晶显示画面制造出生动的影音效果。TP 主要有电阻屏和电容屏。电阻屏又分为硬屏、软屏。现在主流是电容屏，后者比前者贵很多，后者为热感，支持多点触控，前者不支持。

目前智能手机电池都普遍在 1100mA 以上。一般能用一到两天。少部分有较好节电特殊方案的机器能用 3～5 天。

SAR（Specific Absorption Rate）为移动电话吸收辐射率。国际通用手机辐射标准为欧洲标准和美国标准，其中欧洲标准为 2.0W/kg，美国为 1.6W/kg。而我国从 1997 年开始，也制定了《电磁辐射暴露限值和测量方法》，国家环保总局和卫生部要求只有手机辐射值低于 1.0W/kg 才能保证对人体没有危害。

2. 智能手机的组成结构与工作原理

随着通信产业的不断发展，移动终端已经由原来单一的通话功能向话音、数据、图像、音乐和多媒体等方向综合演变。下面就从智能手机这个典型移动终端的组成结构和工作原理两个方面来深入了解智能手机的工作过程。

（1）硬件结构

智能手机其实和计算机等很多电子产品一样，都是由硬件系统和软件系统组成的，可由公式"智能手机处理器=CPU（数据处理芯片）+GPU（图形处理芯片）+其他"来表示。

智能手机的基本硬件结构大多采用主处理器 AP（Application Processor，应用处理器），和从处理器 BP（Baseband Processor，基带处理器）的双处理器架构，如图 2-21 所示。AP 主要运行开放式操作系统及操作系统之上的各种应用，负责整个系统的控制。BP 负责基本无线通信，主要包括 DBB（Digital Base Band，数字基带芯片）和 ABB（Analog Base Band，模拟基带），完成语音信号和数字语音信号调制解调、信道编码解码和无线 Modem 控制。AP 和 BP 之间通过串口、总线或 USB 等方式进行通信，不同手机芯片生产厂家采用的集成方式都不一样，但目前市面上仍以串口通信为主。在智能手机的基本硬件结构中，BP 部分只要再加上一定的外围电路，如音频芯片、LCD 控制、摄像机控制器、扬声器、天线等，就是一个完整的智能手机的硬件结构。

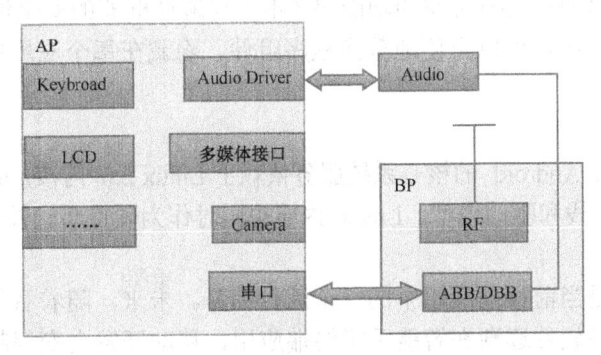

图 2-21 智能手机的双 CPU 架构

（2）软件组成

没有软件的智能手机也就是一个裸机。跟计算机一样，必须要先装操作系统，然后上网下载应用软件才可以使用。但手机跟计算机的区别是手机在出厂前，厂家就已经把操作系统装好了，用户拿到手机后，直接下载需要的应用软件就可以了。下面以 Android 操作系统为例介绍一下智能手机的软件组成。

Android 智能手机操作系统是运行在 AP 上的开源智能手机操作系统。通过图 2-22 不难发现，Android 的系统架构和其他操作系统一样，采用了分层架构。从图中可以看出，Android 分为 4 个层，从高层到低层分别是应用程序层、应用程序框架层、系统运行库层和 Linux 核心层。

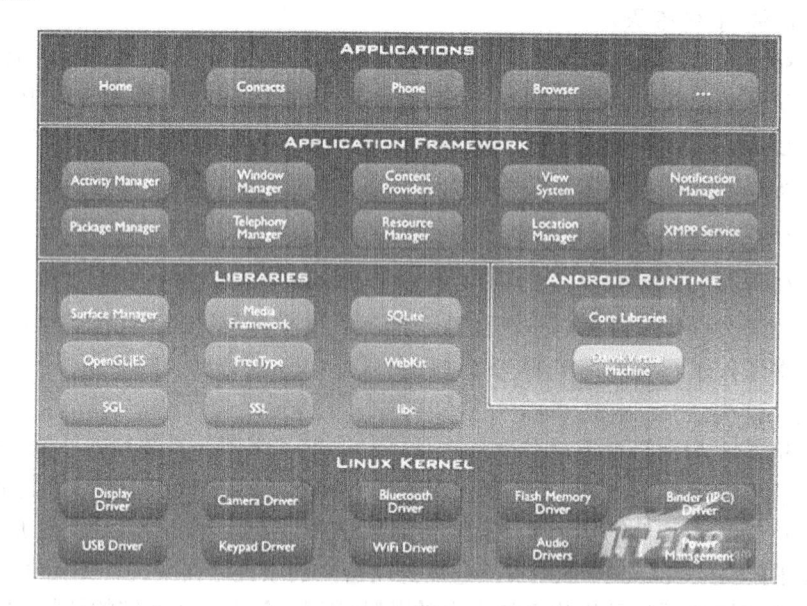

图 2-22　Android 系统架构图

① 应用程序。Android 会同一系列核心应用程序包一起发布，该应用程序包包括 E-mail 客户端、SMS 短消息程序、日历、地图、浏览器、联系人管理程序等。所有的应用程序都是使用 JAVA 语言编写的。

② 应用程序框架。开发人员也可以完全访问核心应用程序所使用的 API 框架。该应用程序的架构设计简化了组件的重用；任何一个应用程序都可以发布它的功能块并且任何其他的应用程序都可以使用其所发布的功能块（不过得遵循框架的安全性限制）。同样，该应用程序重用机制也使用户可以方便地替换程序组件。隐藏在每个应用后面的是一系列的服务和系统。

③ 系统运行库。

④ Linux 内核。Android 的核心系统服务依赖于 Linux 2.6 内核，如安全性，内存管理，进程管理，网络协议栈和驱动模型。Linux 内核也同时作为硬件和软件栈之间的抽象层。

（3）工作原理

智能手机应用是当前移动应用中的一个流行趋势。未来，随着智能手机的发展，企业管理软件和电子商务软件逐渐在智能手机终端应用，移动开发会变得越来越开放，了解智能手机原理和软件运行机制也变得非常重要。下面主要从单 CPU 和双 CPU、单任务和多任务、电阻式和电容式触摸屏介绍其智能工作部分的基本原理,至于手机通信部分的原理读者可参考其他文献资料。

① 电阻式和电容式触摸屏。

电阻式触摸屏包含上下叠合的两个透明层,四线和八线触摸屏由两层具有相同表面电阻的透明阻性材料组成,五线和七线触摸屏由一个阻性层和一个导电层组成,通常还要用一种弹性材料来将两层隔开。当触摸屏表面受到的压力(如通过笔尖或手指进行按压)足够大时,顶层与底层之间会产生接触。

电阻式触摸屏的优点是它的屏和控制系统都比较便宜,反应灵敏度也很好,而且不管是四线电阻触摸屏还是五线电阻触摸屏,它们都是一种对外界完全隔离的工作环境,不怕灰尘和水汽,能适应各种恶劣的环境。它可以用任何物体来触摸,稳定性能较好。缺点是电阻触摸屏的外层薄膜容易被划伤从而导致触摸屏不可用,多层结构会导致很大的光损失,对于手持设备通常需要加大背光源来弥补透光性不好的问题,但这样也会增加电池的消耗。

电容式触摸屏是利用人体的电流感应进行工作的。电容式触摸屏是一块四层复合玻璃屏,玻璃屏的内表面和夹层各涂有一层 ITO(Indium Tin Oxide,氧化铟锡),最外层是一薄层矽土玻璃保护层,夹层 ITO 涂层作为工作面,四个角上引出四个电极,内层 ITO 为屏蔽层以保证良好的工作环境。

ITO 是一种 N 型氧化物半导体,ITO 薄膜即铟锡氧化物半导体透明导电膜。它具有高的导电率、高的可见光透过率、高的机械硬度和良好的化学稳定性。它是液晶显示器(LCD)、等离子显示器(PDP)、电致发光显示器(EL/OLED)、触摸屏(Touch Panel)、太阳能电池,以及其他电子仪表的透明电极最常用的薄膜材料。

当用户手指触摸电容屏时,用户手指和触摸屏表面形成以一个耦合电容,对于工作面上的高频电流来说,电容是直接导体,于是手指从接触点吸走一个很小的电流。这个电流分别从触摸屏的四角上的电极中流出,并且流经这四个电极的电流与手指到四角的距离成正比,控制器通过对这四个电流比例的精确计算,得出触摸点的位置信息。

相对于电阻触摸屏,电容触摸屏的使用更加方便,对于屏幕,需要用的是生物体(手指上的肉体),而非手指甲大力按压,这样屏幕上就不会留下难看的刮花痕迹,而且反应灵敏,是电阻触摸屏所不能达到的。电容触摸屏是触屏手机的一个趋势,它颜色鲜艳,而且较电阻触摸屏省电,目前的中高端手机都会用到电容触摸屏。由于电容触摸屏的特性,使手机屏幕具有多点触控功能,增加了手机的可操控性,提升了手机的使用价值。

② 单 CPU 和双 CPU。

手机有 CPU、存储器、输入/输出设备,其中有一个比较重要的输入/输出设备就是空中接口(移动终端与基站之间的接口)。手机通信功能便可以利用空中接口协议和基站建立通信,然后完成语音和数据的传输。空中接口要求的通信功能由通信协议处理单元和手机协议软件一起由 CPU 来完成任务执行。一般手机 CPU 的芯片不是独立的,而是基带处理芯片的一个单元,也称为 CPU 核心。手机的核心是基带处理芯片,其中包含比较通用的 CPU 核单元、DSP 核单元、通信协议处理单元。

以前大部分手机都是单 CPU,也就是只有基带处理芯片中的 CPU 核。通信协议、用户界面都要在这个 CPU 核上运行。不过 DSP 核单元会分担一些计算比较复杂的程序算法,如语音编解码、安全层的各种算法、应用软件的业务逻辑算法等。随着手机的发展,摄像头、蓝牙、MP3、MP4 这些功能都可以依靠硬件来实现,相对来说给 CPU 的压力不是很大,但嵌入式浏览器、虚拟机、嵌入式数据库、应用软件等就会对 CPU 资源有较高的要求。单 CPU 的首要任务是完成通信协议，并且通信协议软件有着很精确的定时要求，因此单 CPU 还要兼顾应用软件就比较困难了，于是便有了双 CPU 手机。双 CPU 手机的其中一个 CPU 专门负责执行通信协议，另一个 CPU 负责 UI、虚拟机、嵌入式数据库、嵌入式浏览器等功能。两个 CPU 可以分开，或者做在一个芯片里。在市场上很多没有基带处理芯片开发能力的手机设计公司就购买国外的手机模块，在外面再加一块 CPU 实现双 CPU。手机模块执行通信协议，自己加的 CPU 执行 UI 和应用软件，两者通过串口通信。智能手机基本上全是双 CPU，如 iOS、Android、Windows Mobile、Symbian 等手机操作系统全是运行在第二块 CPU 上的。这些商业操作系统无法和无线通信协议软件集成到一块 CPU 上。双 CPU 的手机功能强，但它们一般体积大、耗电多、成本高。大部分手机应用在单 CPU 方案里也能实现。现在国内小巧、实用、低成本的单 CPU 方案还是占据较大的市场份额。

③ 单任务和多任务。

手机软件与 PC 软件相同，都是从中断矢量表开始执行的。复位的处理程序是中断矢量表的第一个跳转指令。然后是中断处理、错误处理的跳转指令。当手机加电后就跳转到复位的处理程序，开始检查内存、初始化 C 运行环境，然后创建第一个任务。其他任务会由这个任务顺序创建、启动。有一些手机的协议栈是单任务的，没有操作系统，由主程序轮流调用各个软件模块的处理程序来模拟多任务环境，但是绝大多数手机程序都是多任务的。手机软件可以粗略地分成启动模块、操作系统、协议栈、本地存储、数据业务、驱动程序、用户界面和其他应用。

④ 第三方软件运行环境。

可以通过数据线或者网络下载一些可执行文件到文件系统中，然后由一个装载器可以执行这些文件。这样第三方就可以开发一些应用程序，下载到手机中来扩充手机功能。第三方软件在虚拟机中便可以运行，如 Java 虚拟机、Android 第三方软件运行在 Dalvik 虚拟机等。

3. 智能手机的使用与维护

智能手机称霸是如今手机市场潮流所趋。智能手机因功能强大、便于携带、交流方便，因此我们必须掌握一定的智能手机使用与维护方法。

选购智能手机时，主要考虑的重要指标，第 1 是信号和速度，包括信号接收能力与通话质量，主频在 1G 以上就可以了；第 2 是显示屏清晰度；第 3 是电池续航能力，包括发热控制；第 4 就是产品外观等，如苹果公司最新研发的产品有金色银色耀眼夺目的 iPhone5s，还有红白绿蓝黄 5 种配色的 iPhone5c。

下面以最新上市的 iPhone5s 为例，介绍一下智能手机的用法。

首先要激活 iPhone5s。插入 SIM 卡，连接计算机，打开 Itunes 软件，接着按照手机提示操作就可以了。值得一提的是，苹果还为 iPhone5s 新增了指纹识别安全功能。轻触主屏幕按钮，iPhone5s 会自动识别用户的指纹进而解锁，此外指纹还可用于购买 App Store 应用程序等。

激活以后，还要完成手机的一些基本设置，如设置是否启用定位服务，创建并登录 Apple ID，是否同意 iOS、iCloud 及 Game Center 条款等，接下来就是导入通讯录了。如果你以前的通讯录没存在 SIM 卡里的话，那么可以用之前手机上用的 QQ 或者微信把通讯录同步到这里。如果是存在卡上，那就简单了，进入设置→邮件、通讯录、日历→导入 SIM 卡通讯录即可。

接下来就是安装应用软件。需要注意的是，因为苹果产品都是使用 iOS 封闭系统，安装软件不像安卓系统那样直接点击安装，而是需要通过 iPhone 自带的 App Store 软件点击进入才能下载安装，而且上面的很多应用软件都是需要付费的。

智能手机的维护应该包括硬件维护和软件维护两个方面。在硬件维护方面主要注意以下几点。

（1）手机外壳

在生活中，我们经常会发现一些人的手机外壳伤痕累累，仿佛经历了许多坎坷。而真正的原因除了正常的磨损外，还有就是摔落、敲打或摇晃。振动会使手机内部插接件松动，甚至元件脱焊、接线松动，所以不能直接放在如行进中车辆的硬座位上等不稳定的地方。不注意保护手机外壳，受伤的不仅仅是手机的外貌，还会损坏手机的机芯（内部电路板）。

为手机增加一个保护套，以清水套等透明硅胶套为佳，因为它既不影响外观，也有很强的防护作用，甚至用一两年的手机，仍然像新机一样。多了一层保护套就等于是为手机多加一件外衣，一是能够减少手机外壳的磨损；二是发生摔落或遇水时能够减轻对手机的损害。

（2）电池

硬件部分的维护首先要做的就是正确使用电池，其他方面坏了，也就只能找厂家了。如何正确使用电池？我们要注意的便是电量。通过电量的提示，及时为手机充电或拔掉电源。一般我们都会有一种想法就是手机的电池电力要全部放完再充电比较好，因为在以前使用的充电电池大部分是镍氢（NiH）电池，而镍氢电池有记忆效应，若不放完电再充的话会导致电池寿命急速减少，因此我们要等用到最后一点电才开始充电。但现在的手机及一般 IA（Information Appliance，信息家电或信息终端）产品大部分都用锂（Li）电池，而锂电池就没有记忆效应的问题。若大家还是等到全部用完电后再充的话，反而会使得锂电池内部的化学物质无法反应而寿命减少。最好的方法就是没事就充电让它随时随地保持最佳满格状态，这样电池就可以使用到很长时间。

（3）屏幕和按键

大多数时候，手机的屏幕和按键容易被过度磨损。当然安卓手机多为触屏机，按键较少，但是大多数的屏幕被人整天"上下其手"，再加上不恰当的使用习惯，普通的屏贴恐怕扛不住几天就会伤痕累累了。因此在使用过程中，为了避免屏幕或键盘的过度磨损，要注意自己指甲的长度，太长的指甲杀伤力更大。

在少数情况下，手机屏幕仍有可能出现坏点。判断坏点的方法：不管显示屏所显示出来的图像如何，显示屏上的某一点或者几点永远是显示同一种颜色。手机屏幕在生产中造成的坏点，往往不表示屏幕已经发生了故障，如果不是很明显，用户也无须过于担心，只需要在购买时多加注意就行了。然而，经常摔手机的人就要小心了，因为振动会影响到手机主板的开关电路，可能导致液晶的坏点产生，甚至逐渐扩散，最后就只能看到"繁星"一片了。

（4）手机主板

手机是由电子元件组成的，而这些元件大都集中在手机主板上。电子在电路中运动都会发热，特别是高 CPU 占用率运行时，更增添了发热量。长时间不关手机，并且手机内部长时间温度较高，内部会慢慢受到热量侵蚀，手机主板就可能老化得快，一时半刻没什么问题，但用上一年半载后，你就会慢慢发现有死机、操作失灵等现象。

此外，手机内部的电子线路上要防止沉积灰尘，平时不要轻易打开外壳来清洁。如果键盘下的导电软橡胶层破裂要及时换新，否则清水及灰尘极易沿裂纹进入机内。

（5）接口

保护好充电接口或者 USB 接口，一些手机会有专门的橡胶保护盖，这是因为这些部位如果过度氧化或接触某些金属后对手机的充电、信号有很大影响，一定要经常保持充电接口和 USB 接口的清洁。

在软件维护方面，对于手机清理、软件安装、安全保护是我们要注意的。如果出现智能手机运行时间越长，运行速度越慢的情况，就要及时清理手机缓存，结束手机后台程序。可以定期删除手机里日历项、待办事项、通话记录等数据，给手机内存"减压"，提高手机系统运行速度。也可以下载安装一些专业的系统内存清理维护软件来保证手机的运行速度。安装手机安全卫士也可以做到防止恶意软件的危害，为了防止下载到不良软件，用户需要提高自身的安全意识，要了解软件的用途，遇到不合理的现象，应谨慎处理。平时也要尽量到一些比较正规、严谨的软件下载网站、论坛来下载自己需要的各种应用软件，以确保软件本身的来源来保证其安全性。

技能训练

训练任务 1.1　传真机的使用

1. 任务要求

学习使用传真机的传真操作功能；了解传真机的结构、特点；正确掌握传真机的基本组成、安装使用、日常维护方法；掌握利用传真机进行稿件传真的基本工作过程和操作方法。

2. 训练情景

训练器材：传真机、电话线路、稿件资料。

训练场景：办公设备实训室。

3. 计划内容

（1）了解当前传真机市场的现状和发展历程，并做必要的咨询和记录。

（2）利用实训室资源，通过老师的指导，对传真机进行解剖观察，认识传真机各组成部分的技术规范、性能特点，必要时画出其组成结构草图，了解产品商标或标签，做好商品信息记录。掌握品牌传真机的厂商、型号、区别方法、性能指标、选购及安装使用注意事项。

（3）通过反复动手训练，熟练掌握传真机安装和线缆的实际正确连接操作，画出草图。学会记录纸的安装并做必要的记录。

（4）认识传真机控制面板上的功能键；熟悉常见的传真机的功能；学会发送传真，复印和接收传真；掌握常见传真机的稿件传真操作。

（5）认真阅读传真机使用说明书，全面了解传真机的结构特点、基本组成、安装使用、日常维护方法及注意事项。

4. 注意事项

（1）先阅读说明书，了解各部分的基本功能，不可随意擅自拆散传真机部件。

(2) 传真机安装连接完成后，要进行系统检查和开机测试。
(3) 掌握正确的传真机安全使用方法，要防潮、防震、防磁、防高温。
(4) 掌握正确维护传真机系统的方法，如遇一般故障，请关闭传真机，排除故障后再开机。

5. 总结考核

(1) 查资料或上网，阅读产品说明书，从技术规范上归纳总结传真机厂商、型号、选购及安装使用方法。
(2) 独立归纳整理并写出对传真机的功能特点、稿件传真操作技巧及注意事项的实训总结。
(3) 独立归纳整理并写出对传真机日常维护方法及注意事项的实训总结。
(4) 对任务要求、训练设备、内容、操作步骤和训练结果进行系统分析和总结，归纳在技能训练中的收获和体会。撰写并提交一份技能训练总结报告。

训练任务 1.2　传真机进、出纸系统的维护

1. 任务要求

学习使用传真机进、出纸系统的维护方法。

2. 训练情景

训练器材：传真机、电话线路、传真资料、维护和维修工具。
训练场景：办公设备实训室。

3. 计划内容

(1) 利用实训室资源，通过老师的指导，对传真机进行认真解剖观察，进一步认识传真机进、出纸系统的结构特点，必要时画出其组成结构草图，了解产品使用注意事项。
(2) 通过反复动手训练，熟练掌握传真机进、出纸系统的实际正确维护操作和故障诊断方法，进行记录纸卡纸、文稿卡纸、发送故障诊断和排除，并做必要的记录。
(3) 认真阅读传真机使用说明书，全面了解传真机进、出纸系统的安装使用、日常维护、典型故障分析与处理方法及注意事项。

4. 注意事项

(1) 实训中要爱护设备，遵守安全操作规程。
(2) 在打开顶盖之前，切勿用力拉出卡住的纸张。
(3) 学会正确安装记录纸。
(4) 学会正确的传真机安全使用和维护方法。

5. 总结考核

(1) 独立归纳整理并写出对传真机进、出纸系统的实际正确维护操作和故障诊断方法的实训总结。
(2) 独立归纳整理并写出对传真机进、出纸系统典型故障分析与处理方法及注意事项

的实训总结。

（3）对任务要求、训练设备、内容、操作步骤和训练结果进行系统分析和总结，归纳在技能训练中的收获和体会。撰写并提交一份技能训练总结报告。

训练任务1.3　传真机复印图像系统的维护

1. 任务要求

学习使用传真机复印图像系统的维护方法。

2. 训练情景

训练器材：传真机、电话线路、传真资料、维护和维修工具。
训练场景：办公设备实训室。

3. 计划内容

（1）利用实训室资源，通过老师的指导，对传真机进行认真解剖观察，进一步认识传真机复印图像系统的结构特点，必要时画出其组成结构草图，了解产品使用注意事项。

（2）通过反复动手训练，熟练掌握传真机复印图像系统的实际正确维护操作和故障诊断方法，进行送稿器/扫描器玻璃、热敏头清洁、故障诊断和排除，并做必要的记录。

（3）认真阅读传真机使用说明书，全面了解传真机复印图像系统的安装使用、日常维护、典型故障分析与处理方法及注意事项。

4. 注意事项

（1）实训中要爱护设备，遵守安全操作规程。
（2）要注意经常清洁送稿器/扫描器玻璃、热敏头的灰尘。
（3）为防止因静电而导致工作不正常，清洁时不要使用干布，也不要直接碰触热敏头。
（4）学会正确的传真机安全使用和维护方法。

5. 总结考核

（1）独立归纳整理并写出对传真机复印图像系统的实际正确维护操作和故障诊断方法的实训总结。

（2）独立归纳整理并写出对传真机复印图像系统典型故障分析与处理方法及注意事项的实训总结。

（3）对任务要求、训练设备、内容、操作步骤和训练结果进行系统分析和总结，归纳在技能训练中的收获和体会。撰写并提交一份技能训练总结报告。

训练任务1.4　传真机通信系统、电路板的维护

1. 任务要求

学习使用传真机通信系统、电路板的维护方法。

2. 训练情景

训练器材：传真机、电话线路、传真资料、维护和维修工具。
训练场景：办公设备实训室。

3. 计划内容

（1）利用实训室资源，通过老师的指导，对传真机进行认真解剖观察，进一步认识传真机通信系统、电路板的结构特点，必要时画出其组成结构草图，了解产品使用注意事项。传真机电源电路是传真机中故障率较高的电路，是传真机的重要组成部分，是维护维修的重点，必须引起足够的重视。

（2）通过反复动手训练，熟练掌握传真机通信系统、电路板的实际正确维护操作和故障诊断方法。传真机电源电路常见故障有保险管熔断、电源指示灯不亮、振荡电路不起振、光电耦合器损坏等诊断和排除，并做必要的记录。

（3）认真阅读传真机使用说明书，全面了解传真机通信系统、电路板的安装使用、日常维护、典型故障分析与处理方法及注意事项。

4. 注意事项

（1）实训中要爱护设备，遵守安全操作规程。
（2）要注意电源内部短路引起保险管熔断。
（3）不可随意带电拔插控制卡（板）和连接电缆（插头）。
（4）带电检测须小心。更换集成电路和电子元器件时，须先切断电源，还要防静电，以确保人机安全。
（5）检修过的集成电路和电子元器件，须先检测并进行清洁处理。
（6）学会正确的传真机安全使用和维护方法。

5. 总结考核

（1）独立归纳整理并写出对传真机通信系统、电路板的实际正确维护操作和故障诊断方法的实训总结。

（2）独立归纳整理并写出对传真机通信系统、电路板典型故障分析与处理方法及注意事项的实训总结。

（3）对任务要求、训练设备、内容、操作步骤和训练结果进行系统分析和总结，归纳在技能训练中的收获和体会。撰写并提交一份技能训练总结报告。

思考练习

一、简答题

1. 简述传真机的基本概念和分类。
2. 简述传真机的发展历史。
3. 传真机的主要性能与指标有哪些？
4. 简述传真机的组成结构。
5. 简述传真机的工作原理。
6. 简述传真机的选购、安装、使用操作方法。

7. 简述传真机的维护、维修方法。
8. 简述计算机网络的基本概念和分类。
9. 简述计算机网络的发展历史。
10. 计算机网络的主要性能与指标有哪些？
11. 简述计算机网络的组成结构。
12. 简述计算机网络的工作原理。
13. 简述常用计算机网络设备的选购、安装、使用操作方法。
14. 简述常用计算机网络系统的维护、维修方法。

二、选择题

1. 因特网最早起源于（　　）。
   A．ARPANET　　B．NSFNET　　C．EsNET　　D．COMNET
2. 网络中使用的传输介质中，抗干扰性能最好的是（　　）。
   A．双绞线　　B．光缆　　C．细缆　　D．粗缆
3. WWW 服务是由（　　）做技术支持的。
   A．TCP　　B．IP　　C．HTTP　　D．TCP/IP
4. 电子邮件在 Internet 上的任何两台计算机之间进行传递时，采用的是（　　）协议。
   A．POP3　　B．HTTP　　C．SMTP　　D．TCP/IP
5. 当你收到的邮件的主题行的开始位置有"回复"或"Re"字样时，表示该邮件是（　　）。
   A．对方拒收的邮件　　B．当前的邮件
   C．发送给某个人的答复邮件　　D．希望对方答复的邮件
6. 目前计算机网络使用的有线介质有双绞线、同轴电缆和（　　）。
   A．光缆　　B．微波　　C．激光　　D．红外线
7. 计算机网络的体系结构是指网络的层次及其（　　）的集合。
   A．设备　　B．软件　　C．协议　　D．规则
8. 与 OSI 参考模型相比，计算机局域网的参考模型只相当于 OSI 的（　　）。
   A．最高两层　　B．最低两层　　C．最高三层　　D．最低三层
9. 计算机网络的 OSI 模型是指（　　）。
   A．网络拓扑结构　　B．网络组成结构
   C．网络协议　　D．网络体系结构
10. 因特网的域由四级组成，中间用点号隔开。四级从左到右分别代表（　　）。
    A．网络名、机构名、主机名和最高域名
    B．最高域名、机构名、网络名和主机名
    C．主机名、网络名、机构名和最高域名
    D．组名、本地名、主机名和网络名
11. IP 地址是由（　　）位二进制数组成的。
    A．4　　B．12　　C．32　　D．36
12. 下列四项中，合法的 IP 地址是（　　）。
    A．202.45.233　　B．202.38.64.400

C. 101.3.305.77　　　　　　　　　　D. 115.123.20.254

13．中国和美国在域名中的国家代码是（　　）。
   A．ch 和 am　　B．ch 和 us　　C．cn 和 us　　D．cn 和 am

14．在 Internet 域名中，gov 表示（　　）。
   A．军事机构　　B．政府机构　　C．教育机构　　D．商业机构

15．调制解调器（Modem）的功能是（　　）。
   A．数字信号编码　　　　　　　B．数字信号的整形
   C．模拟信号的放大　　　　　　D．模拟信号和数字信号的转换

16．Internet 采用了目前最为流行的（　　）方式，大大增强了网络信息服务的灵活性。
   A．主机/仿真终端　　　　　　　B．客户机/服务器
   C．工作站/服务器　　　　　　　D．拨号 PPP

三、判断题

1．因特网最早起源于 NSFNET。　　　　　　　　　　　　　　　　　　（　　）
2．电子邮件可以发送或接收文字、图像、图形、照片等多种形式的信息，但目前还不能发送或接收语言信息。　　　　　　　　　　　　　　　　　　（　　）
3．WWW 是基于超文本方式的信息查询工具，它以"树状结构"组织信息。
　　　　　　　　　　　　　　　　　　　　　　　　　　　　　　　　（　　）
4．Usenet 实质上仍然是发送和接收"信件"。　　　　　　　　　　　（　　）
5．Archie 系统的目的就是向 Internet 用户提供存放信息的数据库，负责数据库的创建和维护。　　　　　　　　　　　　　　　　　　　　　　　　　　（　　）
6．Internet 并不是一个计算机网络，而是一个网络的网络。　　　　（　　）
7．网关一般属于同类型局域网的互联设备。　　　　　　　　　　　（　　）
8．发送电子邮件时可同时发给多个收信人。　　　　　　　　　　　（　　）
9．在访问 Internet 资源时，URL 中不可默认路径文件名。　　　　（　　）
10．Internet 上主机的 IP 地址和域名是通过域名服务器转换的。　　（　　）
11．浏览器只能用来浏览网页，不能通过浏览器使用 FTP 服务。　　（　　）
12．物理地址是指安装在主机上的网卡的地址。　　　　　　　　　　（　　）
13．Internet 就是 WWW。　　　　　　　　　　　　　　　　　　　　（　　）
14．计算机网络产生的基本条件是通信技术与计算机技术的结合。　（　　）

重点小结

项目 1 的学习任务是传真机、计算机网络的使用与维护。必备知识要求是熟悉办公信息传输设备的基本概念；掌握办公信息传输设备的使用与维护方法。传真机是项目 1 的典型教学背景案例，是学习任务中的核心任务。技能训练要求是具备办公信息传输设备中传真机职业技能标准的条件，学会使用传真机；学会维护传真机进、出纸系统；学会维护传真机复印图像系统；学会维护传真机通信系统、电路板。

国际电话咨询委员会（CCITT）对电话网上使用的文件传真机进行的分类如下所述。

一类机（G1）在话路上传送一页 A4 幅面（210mm×296mm）文件约 6min。

二类机（G2）在话路上传送一页 A4 幅面文件，约需 3min。

三类机（G3）在话路上传送一页 A4 幅面文件，约需 1min。

四类机（G4）高速文件传真机，传送一页 A4 幅面文件，只需 3s。

传真机的基本工作原理如下所述。

发送扫描：发送扫描器扫描原稿。

光电变换：把发送扫描送来的光信号转换成电信号。

调制解调：电信号转换为适合传输的信号。

记录变换：被解调和译码后的信号记录在记录纸上。

接收扫描：还原成与原图像相同的二维图像信息。

传真机的工作过程概括如下所述。

发送时：扫描图像→生成数据信号→对数字信息压缩→调制成模拟信号→送入电话网传输。

接收时：接收来自电话网的模拟信号→解调成数字信号→解压数字信号成初始的图像信号→打印。

【布置实施第 2 学习训练阶段任务】 系统集成

按照划分的任务小组（团队），配合课程并行安排，大约在 4 周内完成。组织学生到一些对现代办公设备和现代办公自动化系统应用有代表性的机关、事业、商业（办公设备销售与系统集成）、企业、维修服务部，行业单位和部门的办公、销售、生产、维修等场所，进行现代办公设备和现代办公自动化系统软硬件系统集成的学习和训练，了解和熟悉不同行业对办公设备和办公自动化系统的需求、架构和实现的方法。第 2 学习训练阶段工作任务完成后，各小组汇报、答辩、总结和考核。

项目 2

办公信息处理设备

项目引入

信息处理的主要任务是收集、筛选和加工处理所关心的数据，为决策提供相关信息。

信息处理的主要设备是多媒体计算机系统，包括硬件系统和软件系统。计算机网络在信息处理中也发挥了重要的作用（见项目1任务2，本项目中不再赘述）。

信息处理设备的主要功能是利用计算机数据处理的先进手段，完成对文字、数值、图形、图像、声音等多媒体数据进行加工处理，并将处理后的信息加以保存。

项目2中的办公信息处理设备主要内容包括计算机、扫描仪、打印机、便携式计算机（笔记本电脑）等。主要学习办公信息处理设备的发展与现状、组成与结构、原理与特点、功能与使用、维护与管理的方法和技能。

项目2有两个子任务，分别为计算机的使用与维护、计算机（多媒体台式机和便携式计算机）的选购。典型教学背景案例为多媒体计算机主机系统、扫描仪、打印机。单独开设《计算机组装与维护》、《计算机网络》课程的专业，该部分对应内容可略去不讲。

任务目标

1. 熟悉办公信息处理设备的基本概念；
2. 掌握办公信息处理设备的使用与维护方法；
3. 具备办公信息处理设备（多媒体计算机系统）中的多媒体计算机主机系统、扫描仪、打印机职业技能标准的条件。

多媒体计算机主机系统及扫描仪和打印机等外设是项目2的典型教学背景案例。典型技能训练任务有以下几个方面。

（1）多媒体计算机主机系统的使用与维护；
（2）扫描仪的使用与维护；
（3）针式打印机的使用与维护；
（4）喷墨打印机的使用与维护；
（5）激光打印机的使用与维护。

必备知识

任务3 计算机的使用与维护

3.1 计算机系统概述

3.1.1 计算机的概念与分类

现代计算机也称电脑，它是一种利用程序存储、顺序执行原理进行信息处理的，由硬件系统和软件系统组成的数字化机电设备。

根据用途分为通用机和专用机。根据规模大小、功能强弱分为巨型机、大型机、中型机、小型机和微型机。

微型计算机（Micro Computer）是以微处理器作为主要功能单元的计算机。微型计算机一般由计算模块、存储模块、供电模块和操作系统等基本部件组成，这些基本部件组装在同一箱体中。微型计算机可以外接或内置外围设备，由硬件系统和软件系统共同构成完善的计算机系统。微型计算机是应用最广的一种信息处理设备。微型计算机也称个人计算机（Personal Computer，PC），一般分为台式计算机、便携式微型计算机、平板电脑（Tablet PC）和掌上微型计算机（Personal Digital Assistant，PDA）4类，如图3-1所示。第一台微型计算机是1971年诞生的MCS-4位机。经过近40年的发展，现代处理器和微型计算机的应用已经普及到64位。PC的主要特点是体积小、质量轻、价格低廉、应用广泛。

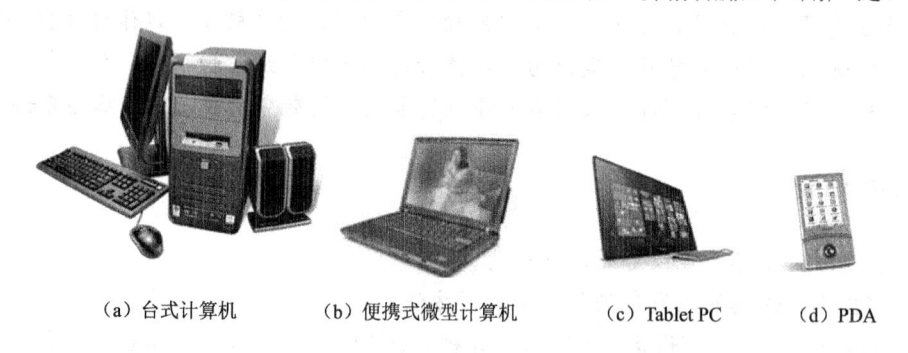

（a）台式计算机　　（b）便携式微型计算机　　（c）Tablet PC　　（d）PDA

图3-1 微型计算机

多媒体个人计算机（Multimedia Personal Computer，MPC）是能对文本、声音、图形、动画、视频图像等多媒体信息进行获取、编辑、存储、处理、加工和表现的一种计算机。多媒体个人计算机的基本硬件结构可以归纳为以下7个部分：一个功能强大、速度快的中央处理器（CPU）；可管理、控制各种接口与设备的配置；具有大容量的存储空间；高分辨率显示接口与设备；可处理音响的接口与设备；可处理图像的接口设备；可存放大量数据的配置等。

目前市场上，多媒体个人计算机主要有台式和便携式两种，同时有国产和进口的品牌机，还可以自己组装，常称为兼容机（Do It Yourself，DIY）。

3.1.2 计算机的发展与现状

1946 年 2 月世界上第一台电子计算机 ENIAC 诞生。

计算机的 4 个发展阶段如表 3-1 所示。

表 3-1 计算机的 4 个发展阶段

代　次	起 止 年 份	电子元件	数据处理方式	运 算 速 度	应用领域
第 1 代	1946—1957	电子管	汇编语言、代码程序	5 千～3 万次/秒	国防及高科技
第 2 代	1958—1964	晶体管	高级程序设计语言	数十万～几百万次/秒	工程设计、数据处理
第 3 代	1965—1970	中、小规模集成电路	结构化、模块化程序设计、实时处理	数百万～几千万次/秒	工业控制、数据处理
第 4 代	1971—今	大规模、超大规模集成电路	分时、实时数据处理、计算机网络	上亿条指令/秒	工业、生活等各方面

微型计算机的发展如表 3-2 所示。

表 3-2 微型计算机的发展

代　次	起 止 年 份	CPU	数据位数	主频（MHz）
第 1 代	1971～1972	Intel4004、8008	4 位、8 位	1
第 2 代	1973～1977	Intel8080	8 位	2
第 3 代	1978～1984	Intel8086、Intel80286	16 位	>5
第 4 代	1985～1992	Intel80386、Intel80486	32 位	>25
第 5 代	1993～2005	Pentium、Pentium Pro、Pentium MMX、Pentium Ⅱ、Pentium Ⅲ、P4、Pentium D、Pentium EE	64 位	60～2200
第 6 代	2006～今	core	64 位	2200 及以上

当前，计算机正向巨型化、微型化、智能化、网络化、个性化（人性化）方向发展。新一代计算机即第 5 代计算机，在元器件和体系结构上都会有一次大的飞跃。

3.1.3 计算机的技术与质量指标

计算机的技术性能与质量指标非常繁多，而且较为复杂。

计算机产品的技术性能参数与质量指标主要有存储容量、主频等（如中央处理器频率、总线速度、存储器、输入/输出控制器、外围设备控制器、网络特性等），均在产品标准中规定。

计算机通用规范包含了微型计算机通用技术规范。台式微型计算机、便携式微型计算机、服务器、工控机的技术要求、试验方法、检验规则及标志、包装、运输、存储等可具体参考《中华人民共和国国家标准》GB/T 9813—2000。

微型计算机的主要性能指标有字长、主频、运算速度、内存容量等。

1. 字长

字长是指 CPU 内部一次可并行处理二进制代码的位（bit）数，字长主要影响计算机的精度和速度。典型的计算机字长为 8 位、16 位、32 位、64 位等，当前计算机的主流字长是 64 位。

2. 主频

主频是指 CPU 内核运行的时钟频率。主频越高，CPU 运行的速度也越快。典型的 CPU 主频为 866MHz、1.4GHz、2.0GHz、3.0GHz 等。

3. 运算速度

运算速度是指微型计算机每秒钟执行指令的条数，单位为 MIPS。

4. 内存容量

内存容量是指内存储器能存储二进制信息的字节（B，Byte）数量。一般以 KB、MB、GB 为单位。当前计算机的主流内存容量是 2～4GB。

3.2 计算机系统组成结构与工作原理

3.2.1 计算机系统的组成结构

计算机硬件由 5 部分组成，典型的冯·诺依曼计算机是以运算器为中心的，现代的计算机已转化为以存储器为中心，如图 3-2 所示。

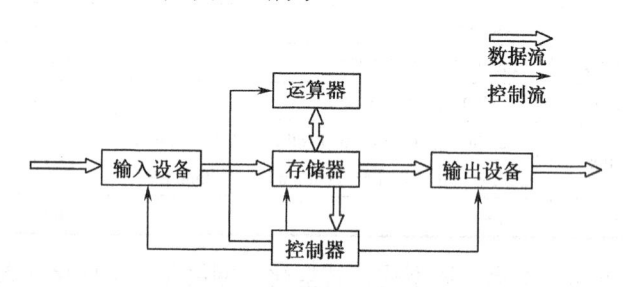

图 3-2 计算机五大组成部分

微型计算机系统如图 3-3 所示，它包含硬件系统和软件系统两大部分。硬件系统是指由机械元件、光电元件和电子元件组成的计算机硬件，按照计算机系统结构的要求构成的一个有机整体。硬件系统包括主机和外设。主机由 CPU、内存组成，是整个硬件系统的主体部分。软件系统是指系统软件和应用软件的集合。

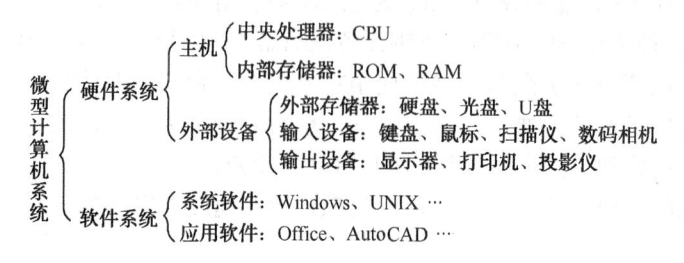

图 3-3 微型计算机系统

微型计算机硬件系统基本结构如图 3-4 所示。

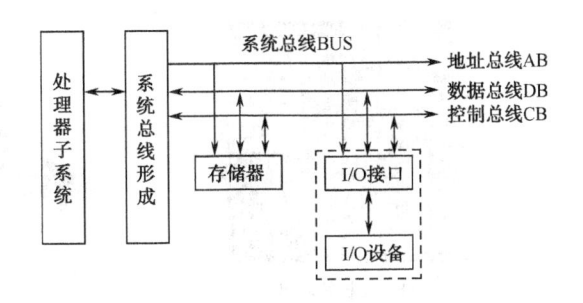

图 3-4　微型计算机硬件系统基本结构

多媒体个人微型计算机的系统组成如图 3-5 所示。

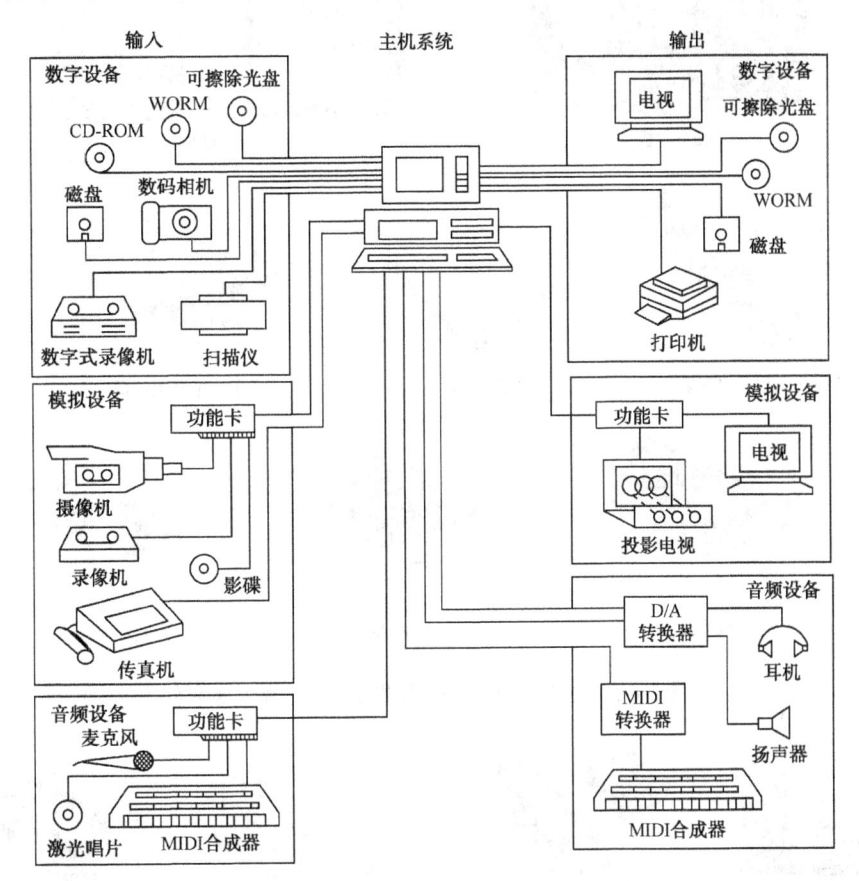

图 3-5　多媒体个人微型计算机的系统组成

多媒体个人微型计算机主机箱内部常见硬件如图 3-6 所示。主机箱用于支撑和固定主机硬件，内部主要由主板、CPU、内存条、硬盘、光盘驱动器、电源、各种接口适配器（如显卡、声卡、网卡）等构成。

需要注意的是，虽然硬盘和光驱装在计算机主机箱内部，但从逻辑概念上来讲它们仍然属于外部设备。

主机箱之外的常见设备如图 3-7 所示，主要有显示器、U 盘、键盘、鼠标、音箱、ADSL、打印机、扫描仪、数码相机等。

由于外部设备种类繁多，组成结构各异，功能特点不同等特殊性，将在后面做单独讨论。

(a) 主机箱　　　　　　(b) 主机箱内部　　　　　　(c) 电源

(d) 主板　　　　　　　　　　　　(e) CPU

(f) 内存条　　　　　　(g) 硬盘　　　　　　(h) 光盘驱动器

(i) 显示卡　　　　　　(j) 声卡　　　　　　(k) 网卡

图 3-6　多媒体个人微型计算机主机箱内部常见硬件

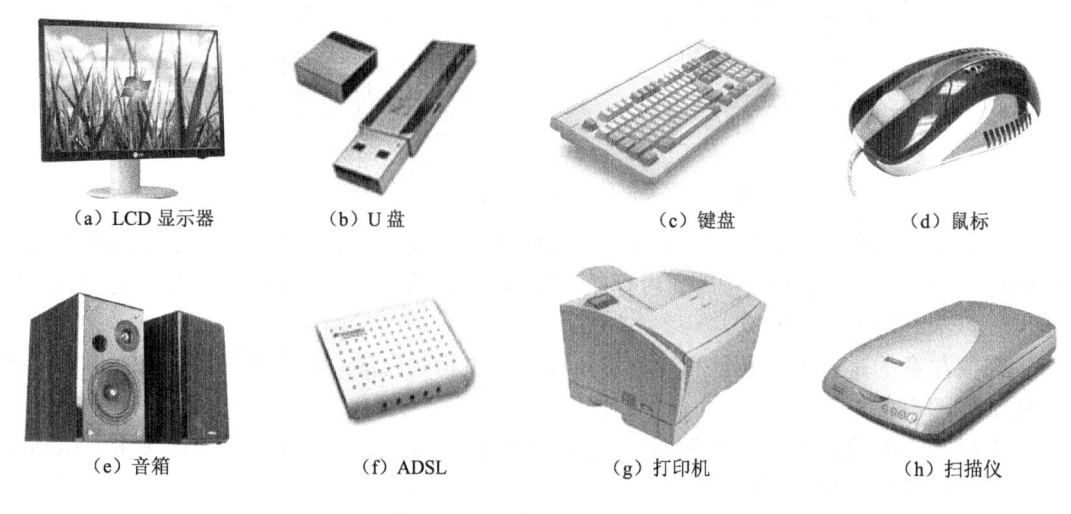

(a) LCD 显示器　　　(b) U 盘　　　(c) 键盘　　　(d) 鼠标

(e) 音箱　　　(f) ADSL　　　(g) 打印机　　　(h) 扫描仪

图 3-7　主机箱外部常见设备

3.2.2 计算机系统的工作原理

在硬件系统的基础上,加装合适的软件系统,就构成了完整的计算机系统。计算机系统的层次结构如图 3-8 所示。

冯·诺依曼计算机的工作过程是一种"存储程序,执行程序"的原理。其中包含三个基本步骤:事先编写程序、存储程序、自动连续执行程序。

计算机指令在执行时分为三个阶段或周期:取出指令、分析指令、执行指令。

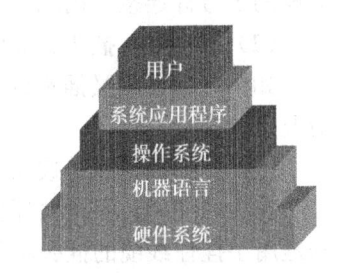

图 3-8 计算机系统的层次结构

3.3 ★多媒体计算机主机系统的使用与维护

多媒体计算机主机系统的使用与维护是项目 2 的典型教学背景案例。

3.3.1 主机系统的使用

下面将介绍计算机的基本使用方法和应该注意的事项,重点是多媒体计算机主机系统软硬件的日常使用方法。

1. 计算机线缆连接

计算机主机系统是整个系统的核心部分,但必须与一定的外设连接起来,再装上软件后,形成计算机系统,才能正常工作。普通多媒体计算机的线缆连接示意图如图 3-9 所示。

从位置分:计算机线缆连接分为内部连接和外部连接。

从功能分:计算机线缆连接分为信号连接和电源连接,电源连接又分为交流电源连接和直流电源连接。

计算机主机箱内部线缆连接的过程是指把主机箱前端面板控制、开关稳压

图 3-9 普通多媒体计算机的线缆连接示意图

电源、主板、硬盘、光驱等部件的信号和电源分别连接起来的过程。

计算机主机箱外部线缆连接的过程是指把主机和显示器、键盘、鼠标、音箱等设备的信号和电源分别连接起来的过程。

主机箱及所有外部设备的交流电源插头都插在交流电源接线板上。

计算机部件的线缆连接,应注意如下事项。

(1)在进行部件的线缆连接时,一定要注意插头、插座的方向。

一般地,计算机部件的线缆插头、插座都有防误插设施,也称"防呆装置",它是预防不小心出错时的措施,如缺口、倒角(如 D 字形状)等。但只要留意它们,就会避免出错。

另外，连接光驱、硬盘的 IDE 数据线缆边上有一条线是红色的，它表明这是 1 号线，应与插座的 1 号针连接。由此，也可辅助验证插接连线是否正确。

（2）插接时，插头、插座一定要完全插入，以保证接触可靠。

如果方向正确又插不进去，应修整一下插头（电源插头带残留毛边，难以顺畅插入的情况比较多见）。

（3）不要抓住线缆拔插头，以免损伤线缆。

在拔线缆时，不要只抓住线缆去拔插头，也不要用力过猛，以免损伤线缆。正确的做法是用手捏住线缆的插头尾部拔插头。

如图 3-10 所示为主机箱内部的部分线缆，如图 3-11 所示为主机箱外部的部分线缆，如图 3-12 所示为主机箱外部接口示意图。

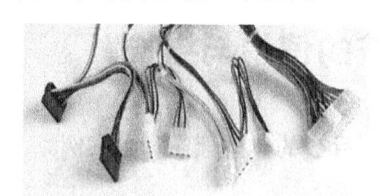

（a）ATX 电源插头 　　　　　　　（b）主机箱与主板的连接插头

（c）SATA 数据线 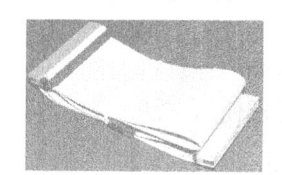　　　　　　　　（d）IDE 数据线（PATA）

图 3-10　主机箱内部的线缆

（a）电源插头 1 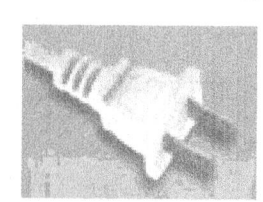　　　（b）电源插头 2 　　　（c）电源插头 3

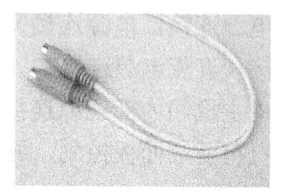

（d）PS/2 鼠标和键盘连接线 　　（e）VGA 插头 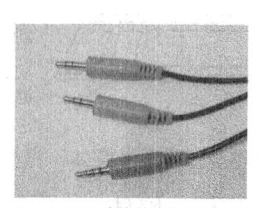　　　（f）音频插头

（g）RJ45 型网线插头 　　（h）打印机线缆 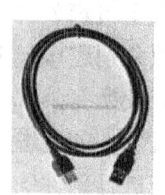　　（i）USB 线缆

图 3-11　主机箱外部的线缆

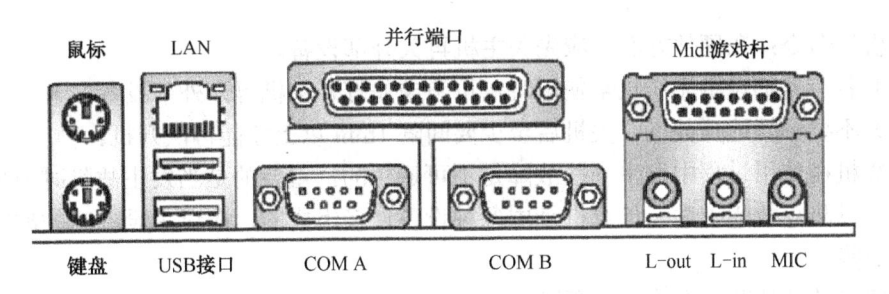

图 3-12 主机箱外部接口示意图

2. 计算机上按钮的操作

先打开显示器的电源开关，等显示器电源指示灯亮后，再通过按动主机箱面板上的电源开关按钮（Power ON/OFF）的方式启动计算机，称为"冷启动"，即"冷机启动"。正常启动后主机箱面板上的电源指示灯（Power LED）会常亮。启动过程中或启动后有读盘操作时，硬盘指示灯（HDD LED）会闪亮。计算机在进行冷启动时，先进行 POST 加电自检过程，并完成各种初始化引导工作，随后就进入 Windows 系统桌面，等待进一步使用操作。

如果在 DOS 下按 Ctrl+Alt+Delete 组合键（或从 Windows 中选择重启计算机）来进行"热启动"，那么 POST 加电自检过程将被跳过去，另外检测 CPU 和内存测试也不会进行。

如果启动过程中和运行过程中出现卡机、死机、黑屏、蓝屏等现象，我们可以按动主机箱面板上的复位按钮（Reset），也能重新引导系统。

如表 3-3 所示为 Award BIOS 报警信号含义一览表，可供读者在计算机的启动、使用和维护过程中参考。

表 3-3　Award BIOS 报警信号含义一览表

报警信号	含　义
1 短	系统正常启动。机器没有任何问题
2 短	常规错误，请进入 CMOS Setup，重新设置不正确的选项
1 长 1 短	内存或主板出错。换一条内存试试，若还是不行，只好更换主板
1 长 2 短	显示器或显示卡错误
1 长 3 短	键盘控制器错误。检查主板
1 长 9 短	主板 Flash RAM 或 EPROM 错误，BIOS 损坏。换块 Flash RAM 试试
不断地响（长声）	内存条未插紧或损坏。重插内存条，若还是不行，只有更换一条内存
不停地响	电源、显示器未和显示卡连接好。检查一下所有的插头
重复短响	电源有问题
无声音无显示	电源有问题

3. 计算机安全使用要求

在使用计算机时，按照一定的步骤正确进行操作，可以大大减少计算机的故障率，延长计算机的使用寿命。

计算机设备使用步骤如下所述。

（1）开机时，应先开外部设备再开主机。

（2）关机时，在软件方面，应先关闭所有的应用程序，再使用"开始"菜单中的"关闭计算机"命令；在硬件方面，应先关主机再关外部设备。

（3）若有外部设备无法正常使用时，可考虑先打开主机再开外部设备。

（4）不要频繁地开关机，关机后至少要间隔 1min 以上才能再次开机。

计算机在使用过程中发生一些故障是不可避免的，重要的是当发生故障时应采用有效的措施，以防止故障扩大。计算机是由各种设备连接组成的，应避免设备间的冲突和接触不良等故障。

计算机故障的防护方法如下所述。

（1）开机时，不要移动主机和显示器。必须移动时首先关机并把电源插头拔下。严禁开机状态下拔插任何电缆。

（2）发现系统有火星、异味、冒烟时应立即切断系统电源，故障排除后方可启动计算机。

（3）发现计算机有异常响声、过热等现象时，应设法找到原因，排除后方可使用。

除计算机基本硬件外，通常还会用到打印机、扫描仪、传真机、ADSL 等其他与计算机相连的外设，这些设备的维护和使用注意事项主要有以下几个方面。

（1）计算机的外设不应接得太多，否则将影响计算机运行的速度。

（2）打印机、扫描仪、ADSL 等计算机外设不使用时，不要将其电源打开。

（3）注意各种外设的连接路线，避免插错而引起故障。

（4）注意散热、防尘、防水、防静电，设备不使用时最好用专用的遮罩将其盖好。

3.3.2 主机系统的维护

本节将介绍最基本的计算机维护方法和应该注意的事项，重点是多媒体计算机主机系统的日常维护方法。

当计算机用了一段时间后，程序的运行速度越来越慢，不时还出现蓝屏、死机等现象。这说明计算机也需要"养生保健"，即需要定期地进行维护，这样才能保证正常运行。如何保养和维护好一台计算机，最大限度地延长计算机的使用寿命，使计算机常常保持在比较稳定的状态，这是我们非常关心和经常面临的问题。

从时间上来看，计算机的维护应包括日维护、周维护、月维护和年维护。日维护包含用脱脂棉轻擦计算机表面的灰尘，检查电缆线是否松动并且查杀病毒等操作。周维护包含检查并确认硬盘中的重要文件是否备份，删除不再使用的文件和目录等操作。月维护包含检查所有电缆线插接是否牢固，检查硬盘中的碎块文件及整理磁盘等操作。年维护包含打开机箱后用吸尘器吸去机箱内的灰尘，然后全面检查软硬盘系统等操作。从内容上来看，计算机的维护应包括硬件维护、软件维护、网络维护、数据维护。硬件维护包含主机维护和外部设备维护等。软件维护包含系统软件、应用软件、文档资料等。网络维护包含机房环境、服务器、交换机、Internet、系统安全等。数据维护包含定期备份重要数据、病毒检查、数据恢复等。

计算机硬件和物理网络日常维护多用手工方式；软件、逻辑网络和数据维护多借助于工具软件。

计算机系统维护工具主要用于系统启动、系统安装、系统设置、系统优化、系统和数据备份与恢复、机房和网络管理等。

常用的维护工具软件有U盘启动制作工具软件、Windows PE、注册表编辑器 Regedit、Windows 优化大师、系统备份/恢复工具 Ghost、360 安全卫士、Windows 磁盘清理工具、Windows 磁盘碎片整理工具、超级兔子魔法设置 Magic Set、Windows 系统还原工具等。

1. U盘启动制作工具软件

用U盘启动制作工具软件将U盘制作成系统启动盘（引导盘），可启动 Windows PE 系统，并引导安装软件作一键装机或进行系统和数据备份与恢复，是当前计算机装机维护工作中的流行方法。U盘启动区自动隐藏，防病毒感染破坏，剩下的空间可以正常当U盘使用，无任何干扰影响。大白菜U盘启动制作工具是一款启动U盘制作软件，内含一款全能 Windows PE，可自定义加入其他 Windows PE（如 Windows 7 PE）和系统维护工具，最后制作成系统启动/维护菜单界面，打造全能启动/维护U盘。其中，大白菜 Windows PE 系统整合了最全面的硬盘驱动，能识别一切硬盘和U盘，完全保证成功引导 Windows PE，方便快捷地完成计算机各种操作系统的安装和维护。大白菜U盘启动制作工具 V5.0 为最新装机维护版，该软件提供了更高一级的定制启动系统，如加入 Windows7 PE 系统并启动，Windows 7 PE 则自动进行网卡驱动，直接就可以上网，这对系统安装提供了极大的便利。当U盘启动制作提示制作结束时，自动安全弹出U盘，并重新插拔U盘，即可完成启动U盘的制作工作。接着用U盘启动计算机，进入 Windows PE 用智能装机工具，可快速安装操作系统。启动U盘制作与使用的主要步骤如下所述。

（1）制作启动U盘前的软件、硬件准备。
（2）用大白菜U盘启动制作工具软件制作启动U盘。
（3）下载需要的.gho 操作系统文件并复制到U盘中。
（4）进入 BIOS 设置U盘启动顺序。
（5）用U盘启动快速安装操作系统。

用大白菜超级U盘启动制作工具软件制作启动U盘的步骤如图 3-13（a）所示。启动U盘制作完成后，重启并设置 CMOS 使计算机U盘引导，其系统启动/维护的菜单如图 3-13（b）所示。

2. Windows PE

Windows 预安装环境，即 Windows PE（Windows PreInstallation Environment）是带有限服务的最小 Win32 子系统，基于以保护模式运行的 Windows XP Professional 内核。它包括运行 Windows 安装程序及脚本、连接网络共享、自动初始化基本过程及执行硬件验证所需的最小功能。当启动U盘制作好以后，开机设置 CMOS 为U盘引导启动，重启计算机，则可启动 PE 系统或最新的 Windows 7 PE 系统。Windows 预安装环境界面如图 3-14 所示。

Windows PE 是一个用于为大量同规格计算机作快速且一致性 Windows 安装准备的计算机最小操作系统。Windows PE 支持网络，它可以用于启动无操作系统的计算机、对硬盘驱动器分区和格式化、复制磁盘映像，以及从网络共享启动 Windows 安装程序。附带了命令提示字符、记事本和 Ghost 等维护工具，在计算机不能正常运作的情况下，可运用有关的系统维护软件修复计算机。

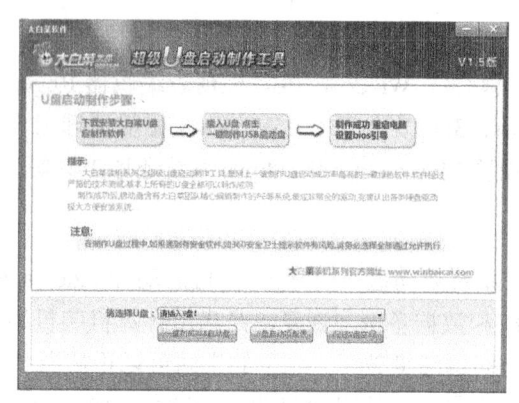

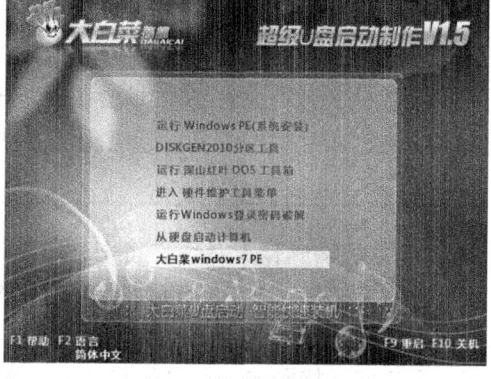

(a)启动U盘制作步骤　　　　　　　　　(b)系统启动/维护菜单

图3-13　大白菜超级U盘启动制作工具软件界面

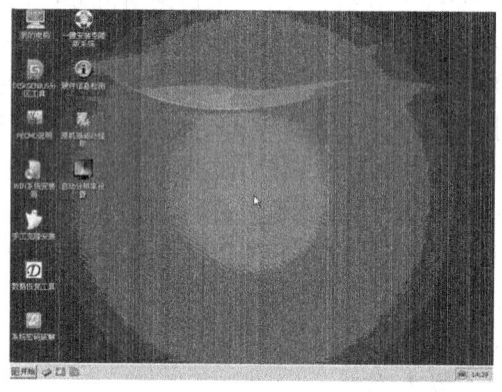

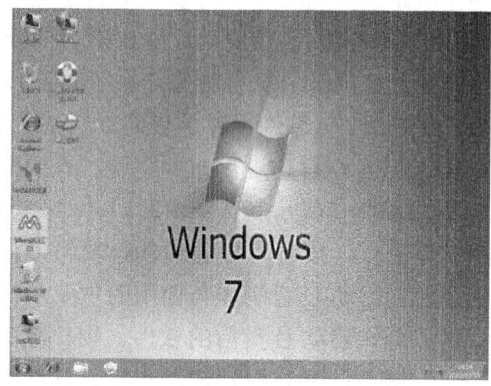

(a) Windows PE　　　　　　　　　　(b) Windows 7 PE

图3-14　Windows预安装环境

Windows PE是简化版的Windows XP或Windows Server 2003，可放在可直接激活的CD、DVD光盘或U盘中，特点是激活时出现Windows XP或Windows Server 2003的激活画面，以及出现简单的图形界面（GUI），也能运行Internet Explorer。

用Windows PE代替MS-DOS引导盘，执行计算机各种操作系统的安装和维护任务，可在较短的时间内更顺利地完成磁盘的创建、删除、格式化和维护管理。主要具体功能如下所述。

（1）创建和格式化磁盘分区，包括NTFS文件系统分区。Windows PE允许使用NTFS文件系统格式化磁盘，而无需使用第三方实用程序。而且，Windows PE提供的文件系统实用程序可脚本化，因此完全可以进行自动化分区和格式化。

（2）访问网络共享以运行故障排除工具和安装操作系统。Windows PE提供与Windows Vista类似的网络客户端功能。事实上，Windows PE提供的网络驱动程序与Windows Vista随附的网络驱动程序相同，允许快速、轻松地访问网络。

（3）加载和访问32位、64位设备驱动程序，用于音频、视频、母板芯片集、电池和其他使用Windows Vista驱动程序的设备。Windows PE提供加载Windows大容量存储器、网络连接、音频、视频和其他类型驱动程序的功能。

（4）自动化任务。Windows PE中的脚本编写功能远远超出MS-DOS引导盘的功能。例如，Windows PE使用VBScript，它是一种功能强大的脚本编写语言，比MS-DOS的批处理文件更容易使用。Windows PE 在其运行的系统上支持千兆字节的内存，并使用受保护模式的"传输控制协议/Internet 协议"（TCP/IP）堆栈提供网络连接支持。通过编辑一个基于文本的"可扩展标记语言"（XML）文件，可以轻松地添加启动脚本或应用程序。如果已经创建了用于 MS-DOS 的脚本，或许还能在 Windows PE 中使用它们；否则，也可以轻松地将现有的基于 MS-DOS 的脚本导入到 Windows PE 中。

（5）运行 Win32 应用程序。由于 Windows PE 支持多数重要的 Microsoft Win32 API，所以 Windows PE 可以运行大部分图形和基于控制台的 Windows 应用程序。此外，由于 Windows PE 支持多线程和多任务处理，因此还可以同时运行多个实用工具软件。

3. 系统备份与恢复

做好系统备份对日常维护工作是相当重要的。利用 Ghost 备份/恢复工具软件，可非常方便地完成系统的备份和恢复工作。

（1）启动 Ghost。进入 DOS，启动 Ghost 后的主菜单如图 3-15 所示。

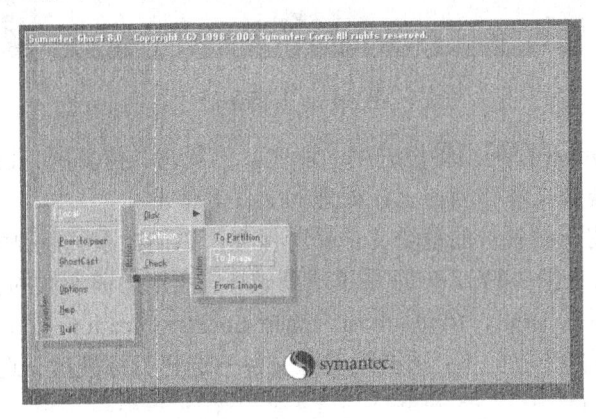

图 3-15　Ghost 主菜单

在主菜单中，有以下几项。

Local：本地操作，对本地计算机上的硬盘进行操作，也是最常用的操作。

Peer to Peer：通过点对点模式对网络计算机上的硬盘进行操作。

Ghost Cast：通过单播/多播或者广播方式对网络计算机上的硬盘进行操作。

Option：使用 Ghost 时的一些选项，一般使用默认设置即可。

Help：一个简捷的帮助。

Quit：退出 Ghost。

启动 Ghost，若选择 Local→Disk 子菜单项，对本地硬盘进行操作，则有以下三个选项。

To disk：两个本地硬盘之间直接对拷。

To Image：将整个硬盘生成一个镜像压缩文件。

From Image：将镜像压缩文件还原到硬盘中。

启动 Ghost 之后，若选择 Local→Partition 子菜单项对分区进行操作，则有以下三个选项。

To Partition：将分区的内容复制到另外一个分区，即两个不同分区之间直接互相复制。

To Image：将分区的内容复制到一个镜像文件中，即将整个分区生成一个镜像压缩文件。一般备份系统均选择此操作。

From Image：将镜像压缩文件恢复（还原）到分区中。系统备份后，可选择此操作恢复系统。

（2）备份分区。进入 DOS，启动 Ghost。选择 Local→Partition→To Image，分区到镜像，对分区进行备份。备份分区的步骤如下：选择硬盘→选择分区→设定镜像文件的位置→选择压缩比例→进行备份，如图 3-16 所示。

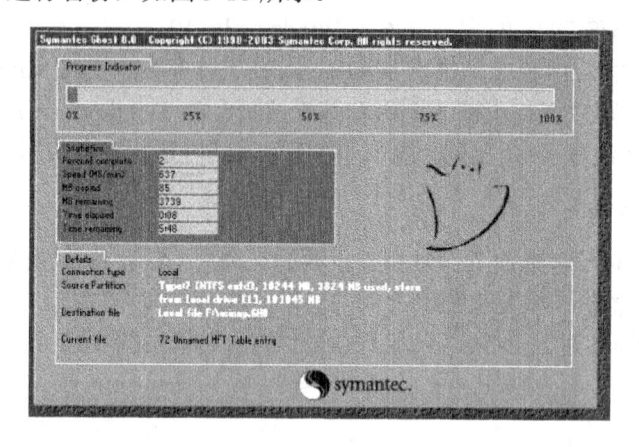

图 3-16　开始备份

备份过程中，Ghost 会列出备份进度、速度、已复制、待复制、已用时间、剩余时间，以及处理的分区、镜像文件和当前正在处理的文件等信息。

备份完成后，将所做备份的镜像文件妥善保存，以便在系统需要恢复时使用。

（3）恢复分区（见图 3-17）。一旦系统遭到破坏，利用之前所做的备份镜像可在几分钟内恢复系统分区。进入 DOS，启动 Ghost。选择 Local→Partition→From Image，可对分区进行恢复。恢复分区的步骤如下：选择镜像源文件→选择目标硬盘→选择分区→确认恢复。

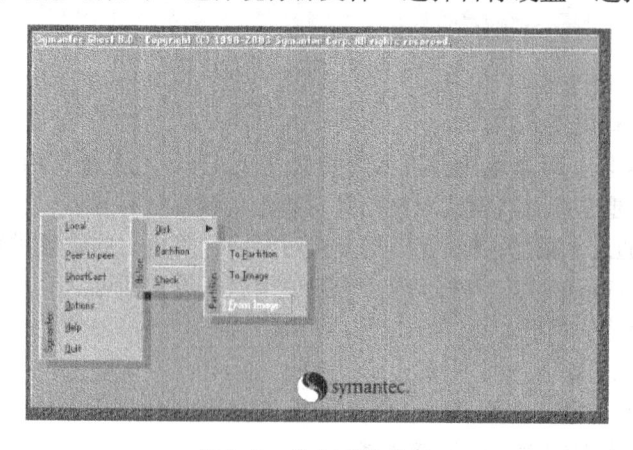

图 3-17　恢复系统分区

系统分区恢复完成后，Ghost 会提示重新启动计算机。重新启动后，系统已经恢复到当初备份时的状态了。

当前流行的一键备份与恢复软件"一键 Ghost"，备受广大计算机维护人员的欢迎。一键 Ghost 有硬盘版、光盘版和 U 盘版。该软件支持 64 位的 Windows7/Vista/8；更新 GRUB4DOS 和 UMBPCI 为最新版；增加"限制扩展功能"选项（设置→限制），以防止"误备份"；增加"装机方案"（设置→方案），以方便装机人员快速切换；增加"恢复到初始设置"（设置左下角），以方便快速复原；增加"错误 10027"（Ghost 8 恢复 Ghost 11 映像）的提示；增加对新型号 HP 和 SONY 专属分区的识别；增强 RAMDRIVE 模式的适应性，减少错误和垃圾文件产生；修正"对拷"参数设置无效的 BUG；修正活动分区为非 C 盘时找不到 GHLDR 的 BUG；修正 Ghost 时出现 Invalid switch 的 BUG；U 盘版修正安装时出现"不符合最小系统需求"的 BUG；U 盘版增加"请插入 U 盘"的"取消"按钮，以允许手动安装；光盘版使用 UltraISO 最新版制作。

Ghost 的智能化程度较高，只需按一个键，就能实现全自动无人值守操作。能适应各种用户需要，既可独立使用，又能相互配合。主要功能包括一键备份 C 盘，一键恢复 C 盘，中文向导，Ghost、DOS 工具箱。主要特点如下所述。

（1）Ghost 内核 11.2/8.3 及硬盘接口 IDE/SATA 任意切换，分区格式 FAT/NTFS 自动识别。

（2）硬盘版特别适于无软驱/无光驱/无 USB 接口/无人值守的台式机/笔记本电脑/服务器使用。

（3）支持 Windows 7/Vista/8 等新系统，以及 GRUB4DOS 菜单的 DOS/Windows 全系列多系统引导。

（4）支持压缩/分卷及 Ghost 辅助性参数自定义，以满足光盘刻录和其他需要。

（5）安装快速，只需 1~2min；卸载彻底，不留垃圾文件，安全绿色无公害。

（6）不破坏系统原有结构，不向 BIOS 和硬盘保留扇区写入任何数据，无需划分隐藏分区。

（7）Windows 下（鼠标）/开机菜单（方向键）/开机热键（K 键）多种启动方案任由用户选择。

（8）安装程序即便被误删除，也可使用同一版本的光盘版/U 盘版进行恢复。

（9）一键备份系统的映像 FAT 下深度隐藏，NTFS 下能有效防止误删除或病毒恶意删除。

（10）Ghost 运行之前自动删除 Auto 类病毒引导文件，避免返回 Windows 后被病毒二次感染。

（11）界面友好，全中文操作，无需英语和计算机专业知识。

（12）危险操作之前贴心提示，明明白白放心使用。

（13）附带 Ghost 浏览器，能打开 GHO 映像，任意添加/删除/提取其中的文件。

（14）映像导入/导出/移动等功能，便于 GHO 映像传播交流和多次备份。

（15）密码设置功能，让多人共用一台计算机情况下，不被非法用户侵入。

（16）多种引导模式，以兼容各种型号计算机，让特殊机型也能正常启动本软件。

（17）诊断报告功能可自动收集系统信息，为作者对软件的日后改进提供线索。

（18）帮助文档，图文并茂，易学易会，网上论坛，在线答疑。

4. 360 安全卫士

360 安全卫士是目前国内最受欢迎的免费维护工具软件，它可提供全方位的系统安全保护，从而提高计算机自身免疫力。其主要功能有以下几个方面。

（1）系统体检。系统体检包括系统漏洞、软件漏洞、木马和恶评插件、杀毒软件等 16 项检测，如图 3-18 所示。

图 3-18　系统体检

（2）启动项管理。操作简便、直观，对每个启动项有简要描述，方便初级用户。

（3）开启实时保护。可在一定程度上保护系统的安全。

（4）修复系统漏洞。系统中如果存在漏洞会成为病毒、木马攻击的安全隐患，360安全卫士可检测并在线修复存在的漏洞。

（5）其他功能。360安全卫士还有系统全面诊断、应用软件管理、清理使用痕迹和垃圾文件、修复IE浏览器、管理系统服务和系统进程等重要功能。

5. 计算机硬件维护

计算机硬件需要维护的部分有机箱内部组件、硬盘、光驱和软驱、键盘、鼠标、显示器及打印机等。这里主要介绍主机机箱内部的维护，主要可以从以下几个方面进行。

（1）主机不要频繁地启动、关闭。开机、关机要有1min以上的间隔。

（2）不要轻易打开机箱。

（3）开机状态不要搬运主机。

给计算机美容，即定期清理机箱内部的灰尘是必要的，其具体操作如下所述。

（1）拆开机箱的侧面板。

（2）小心取下CPU上的散热风扇和散热片，清理上面的灰尘。

（3）取下显卡、网卡和声卡等板卡，用橡皮擦拭这些板卡的金手指。

（4）清理主板、显卡和网卡等板卡上的灰尘。

（5）清理面板进风口附近和电源排风口附近的灰尘。

（6）将电源盒拆开，仔细清洁电源风扇后再安装好。

（7）清洁完毕后将主机内的所有组件都安装好，再盖上机箱盖。

6. 计算机硬件维修方法

计算机故障是指造成计算机系统正常工作能力失常的软件系统错误和硬件物理损坏等现象。计算机故障的诊断就是先根据故障现象，分析、判断计算机故障的产生部位、性质、原因、程度的过程，以便进一步维修处理。

计算机系统性能测试是日常维护维修工作中辅助了解计算机工作状态的一种方便快捷的检查手段。目前流行的检测工具软件品种繁多，如 3D Mark、Crystal Mark、HWiNFO32、SiSoft Sandra Standard、EVEREST 等；还有专门针对某种硬件的检测工具软件，如用于 CPU 测试的 CPU-Z、用于内存测试的 Memory Test、用于硬盘检测的 HD Tune、用于显示卡测试的 Blizzard、用于显示器测试的 Nokia Monitor Test 等，可根据需要到各大网站下载。计算机主板故障诊断卡则是一种硬件检测工具。

计算机故障的产生原因虽然有很多，但常见原因主要是环境因素、元件质量、兼容性、使用方法、病毒等。计算机故障总的可以分为硬件故障和软件故障。

（1）软件故障。软件故障主要是指系统软件和应用软件本身漏洞、兼容性或使用不当等引起的故障，大致可分为操作系统故障、应用软件故障和计算机病毒故障三个方面。其产生原因可能有以下几点。

① 系统设备的驱动程序安装不正确，造成设备无法使用或功能不完全。
② 系统中所使用的部分软件与硬件设备不能兼容。
③ CMOS 参数设置不当。
④ 系统遭到病毒的破坏。
⑤ 系统中有关内存等设备管理的设置不当。
⑥ 操作系统存在的垃圾文件过多，交换空间不足，造成系统瘫痪等。

（2）硬件故障。硬件故障是指计算机硬件系统使用不当或硬件物理损坏所造成的故障。例如，计算机开机无法启动，无显示输出，声卡无法出声等。在这些硬件故障之中又有"真故障"和"假故障"之分。

① "假故障"是指计算机系统中的各部件和外设完好，但由于在硬件安装与设置、外界因素影响（如电压不稳，超频处理等）下，造成计算机系统不能正常工作。接触不良就是一种"假故障"。

② "真故障"是指各种板卡、外设等出现电气故障或者机械故障等物理故障，造成这些故障的原因多数与外界环境、使用操作等有关。

计算机故障诊断，应该遵循的检查顺序是诊断故障的原则，一般为先软件后硬件，先外部后内部（先检查计算机外部电源、设备、线路，后开机箱），先静态后动态，先简单后复杂。计算机故障诊断诊断方法如下所述。

（1）软件故障诊断方法。计算机软件故障的判断及修复一般不必涉及系统硬件，比较容易入手，应该是优先需要解决的问题。软件常见故障诊断方法主要有观察法、杀毒法、测试法等。

在检修软故障的时候，可以参考以下经验。

① 遇到计算机故障的时候，不要慌张，应该用观察法、杀毒法或测试法去仔细观察计算机的工作状况，根据出现的异常现象及计算机给出的错误提示，结合所掌握的排除故障的知识进行分析，判断故障的原因。

② 对于计算机的软件故障，首先应该判断是系统故障，还是运行程序的故障，还是被病毒入侵了。一般情况下，系统文件除了被损坏，或者被删除、改动外，不会有太大的问题，应用程序出问题的可能性最大。找到故障原因后，处理起来就容易了。

③ 如果自己不能排除故障，可以通过网络搜索解决方法，也可以找别人帮忙，或者去维修地点维修，防止故障进一步扩大。

（2）硬件故障诊断方法。在计算机出现硬件故障后，应先排除一些不属于故障的假故障问题，如电源接头松动，数据线掉落等。排除这些因素后，再结合实际情况去排除计算机硬件故障。硬件常见故障诊断方法主要有观察法、插拔法、替换法、测试法等。几种方法联合使用是寻找故障点最为有效的诊断方法。

① 观察法。观察法是维修诊断过程中最基本的方法。观察法就是通过眼看、鼻闻、耳听、用手摸等手段对计算机元器件进行观察并发现故障的方法。类似于中医医生病情诊断中的"望"、"闻"、"问"、"切"。

当诊断某一配件时，先看其是否有异样，如风扇是否正常转动；网卡的信号灯是否正常；配件是否有冒烟、焦黑、变形或松动等现象；出错时屏幕的提示信息等。

闻就是用嗅觉感觉是否有焦糊等异味。

用耳听计算机发出的声响是否正常（如风扇转动声音、硬盘工作声音等），或者询问故障计算机拥有者对本机故障的描述。

用手接触，感觉元器件的温度，感觉配件或连接线是否有松动等。

② 插拔法。插拔法就是当确定了计算机的哪一部分配件有故障时，可逐一将其拔出，然后看故障是否消除。如当启动时有系统警报，那么就将插在主板上的配件逐一拔出然后启动；如果拔出某卡时警报消除，则此配件或此配件的插槽是故障点所在。

③ 替换法。替换法就是当不确定某配件是否存在故障时，可将其安装在运行正常的计算机上的或用正常的同类配件将其替换。这样就能非常直观地诊断出是否为该配件的故障。

④ 测试法。用诊断程序、测试程序、逻辑测试仪、诊断卡等辅助软件或设备进行故障诊断是一种科学的现代化检测方法，可以收到事半功倍的效果。

计算机主板故障诊断卡也称 POST（Power On Self Test）卡，其工作原理是利用主板中 BIOS 内部自检程序的检测结果，通过代码一一显示出来，结合代码本身的含义速查表就能很快地知道计算机故障所在。尤其在 PC 不能引导操作系统、黑屏、扬声器不响时，使用该卡更能体现其便利。

例如，华通电子科技公司研制的计算机主板故障诊断卡，价格便宜、经济适用、使用简单，可诊断计算机主板上的多种故障。它有很多种类和型号，并有许多较新的功能，如主板运行指示灯；有鸣音报障功能；可插 ISA 插槽，也可插 PCI 插槽；插错槽或插反后通电不烧任何部件；能显示黑屏下反复自动复位的死机故障；不插 CPU 等空板加电即可诊断主板中的重要信号情况；智能型诊断；笔记本诊断；并口诊断；两位或四位代码诊断；兼容 PIII、PIV 等高档主板等。

3.4 多媒体计算机输入设备的使用与维护

下面将重点介绍多媒体微型计算机数据输入设备的使用与维护方法。常用的多媒体微型计算机输入设备主要有键盘、鼠标、扫描仪等。

计算机网络设备在现代多媒体微型计算机信息处理系统中，占有非常重要的地位，它们同时起到了信息输入设备和信息输出设备的作用，这些内容在项目 1 任务 4 中已做介绍，这里不再重复。

3.4.1 键盘的使用与维护

1. 键盘概述

键盘是最常用也是最主要的输入设备，通过键盘（图 3-19），可以将英文字母、数字、标点符号等字符输入到计算机中，从而向计算机发出命令、输入数据等。

键盘常见的接口有 AT、COM、PS/2、USB 等。PS/2、USB 是现代键盘的主流接口。

按照键盘的工作原理和按键方式的不同，可以划分为机械式、塑料薄膜式、导电橡胶式、电容式键盘。

图 3-19 键盘

机械式键盘采用类似金属接触式开关，工作原理是使触点导通或断开，具有工艺简单、易维护的特点，但噪声大。

塑料薄膜式键盘内部一般有三层，实现了无机械磨损。其特点是低价格、低噪声和低成本，市场占有相当份额。

导电橡胶式键盘的触点结构是通过导电橡胶相连。键盘内部有一层凸起带电的导电橡胶，每个按键都对应一个凸起，按下时把下面的触点接通。

电容式键盘使用类似电容式开关的原理，通过按键时改变电极间的距离引起电容容量改变从而驱动编码器。特点是无磨损且密封性较好。

键盘品牌主要有罗技、戴尔、Microsoft、双飞燕、普拉多、Raze、新贵、明基、三星、Pleomax 等。

人体工程学键盘（图 3-20）是在标准键盘上将指法规定的左手键区和右手键区这两大板块左右分开，并形成一定角度，使操作者不必有意识的夹紧双臂，保持一种比较自然的形态。

人体工程学键盘有 104 个键比传统的有 101 个键的键盘多了 Windows 专用键，包含两个 Win 功能键和一个菜单键。Win 功能键上面有 Windows 旗帜标记，按它可以打开"开始"菜单，与其他键组合也有功效，如 Win+E：打开资源管理器；Win+D：显示桌面；Win+U：辅助工具；菜单键就相当于单击鼠标右键。

多媒体键盘（图 3-21）是在传统的键盘基础上增加了不少常用快捷键或音量调节装置。这些多媒体按键（快捷键）使计算机操作进一步简化，对于收发电子邮件、打开浏览器软件、启动多媒体播放器等都只需要按一个特定按键即可。

图 3-20 人体工程学键盘　　　　图 3-21 多媒体键盘

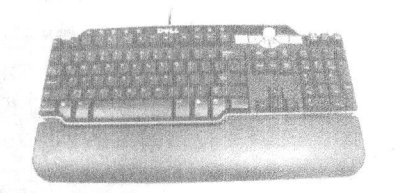

2. 键盘的使用与维护

键盘最忌潮气、灰尘、拉曳。现在大部分的键盘都采用塑料薄膜开关，即开关由三层塑料薄膜构成，中间一张是带孔的绝缘薄膜，两边的薄膜上镀有金属线路和触点，受潮腐蚀、沾染灰尘都会使键盘触点接触不良，操作不灵。发现这种情况后，应细心地打开键盘的后盖，用棕刷或吸尘器将脏物清除出来。拖曳易使键盘线断裂，使键盘出现故障。所以，要尽量保持工作场所的干净整洁，特别是键盘边上要干净；不要在计算机附近吸烟；不要在键盘附近吃东西；不要把喝水的杯子放在键盘附近；除了 USB 接口之外，不要带电插拔键盘；定期用纯酒精擦洗键盘；不用时，要盖上保护罩。

3.4.2 鼠标的使用与维护

1. 鼠标概述

鼠标是计算机图形界面软件中最重要的定位操作设备。

鼠标按工作原理可分为机械式（机电式）、光电式、感应式、穿戴式等。

从接口来讲，鼠标常见的有 AT、COM、PS/2、USB 等。PS/2、USB 是现代鼠标的主流接口。

从鼠标的构造来讲，有机械式（机电式）和光电式。光电鼠标是利用光的反射来确定鼠标的移动，鼠标内部有红外光发射和接收装置，要让光电式鼠标发挥出强大的功能，一定要配备一块专用的感光板。光电鼠标的定位精度要比机械鼠标高出许多。

另外鼠标还有单键、两键和三键之分。

鼠标也分为有线鼠标和无线鼠标。无线鼠标是在光电鼠标原有的基础上进行改良，通过 RF 无线传输实现无线，同时内部使用充电电池。目前常用的无线连接方式有红外线和蓝牙技术。

鼠标品牌主要有罗技、Microsoft、Razer、雷柏、双飞燕、明基、力胜电子、惠普、新贵、联想、技嘉、精灵、多彩、索尼、新盟、LG、普拉多、双巧星、森松尼、三星、Pleomax、威顿、网际快车、达尔优、爱国者、硕美等。

光电式鼠标是当前的主流产品。如图 3-22 所示，在光电鼠标内部有一个发光二极管，通过该发光二极管发出的光线，照亮光电鼠标底部表面。然后将光电鼠标底部表面反射回的一部分光线，经过一组光学透镜，传输到一个光感应器件内成像。这样，当光电鼠标移动时，其移动轨迹便会被记录为一组高速拍摄的连贯图像。最后利用光电鼠标内部的一块专用图像分析芯片（DSP，数字微处理器）对移动轨迹上摄取的一系列图像进行分析处理，通过对这些图像上特征点位置的变化进行分析，来判断鼠标的移动方向和移动距离，从而完成光标的定位。

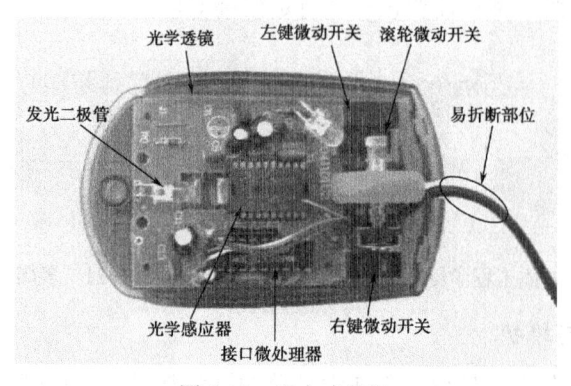

图 3-22 光电式鼠标

项目 2　办公信息处理设备

感应式鼠标通常用在便携式计算机上,如图 3-23 所示,利用一块感应面板,测试面板上受到的压力,根据压力的不同来判别触点和移动方向。

2. 鼠标的使用与维护

鼠标最忌灰尘、强光、拉曳。基于轨迹球的鼠标,价格便宜、使用方便,但有个最大的问题,就是容易脏,小球和滚轴上沾上灰尘会使鼠标机械部件运作不灵。要定期清洗机电式鼠标的小球和滚轴。另外,强光会干扰光电管接收信号,要避免在阳光下打开和使用光电鼠

图 3-23　感应式鼠标

标。拉拽同样会使"鼠尾"断裂,使鼠标失灵。尽量使用专用鼠标垫,定期清洁鼠标垫,鼠标垫要根据不同的材料选择不同的清洁剂,能用清水解决问题最好。除了 USB 接口之外,不要带电插拔鼠标;定期用纯酒精擦洗鼠标。

3.4.3　★扫描仪的使用与维护

扫描仪的使用与维护是项目 2 的典型教学背景案例之一。

1. 扫描仪概述

(1) 扫描仪的概念与分类

多媒体技术的发展改变了计算机的使用领域,使计算机由办公室、实验室中的专用品变成了信息社会的普通工具,广泛应用于工业生产管理、学校教育、公共信息咨询、商业广告、军事指挥与训练,甚至家庭生活与娱乐等领域。

多媒体设备即可以提供诸多多媒体功能的设备。多媒体设备种类很多,这里主要介绍在办公和教学中常用于输入设备的扫描仪。

扫描仪是一种图像信号输入(捕获)设备。它是对原稿进行光学扫描,然后将光学图像传送到光电转换器中变为模拟电信号,又将模拟电信号变换成为数字电信号,最后通过计算机接口送至计算机中显示、编辑、储存、输出和处理的数字化输入设备。扫描仪作为光学、机械、电子、软件应用等技术紧密结合的高科技产品,是继键盘和鼠标之后的又一代主要的计算机输入设备。它自 20 世纪 80 年代诞生之后,得到了迅猛的发展和广泛的应用,从最直接的图片、照片、胶片到各类图纸图形及文稿资料都可以通过扫描仪输入到计算机中,进而实现对这些图像信息的处理、管理、使用、存储或输出。

扫描仪的种类繁多,根据扫描仪扫描介质和用途的不同,目前市面上的扫描仪大体上分为平板式扫描仪、馈纸式扫描仪、数字化 35mm 的正片和负片胶片扫描仪、高速文档扫描仪。除此之外还有手持式条码扫描仪、大幅面滚筒扫描仪、3D 扫描仪、笔式扫描仪。

按扫描仪的扫描对象来划分,市面上的扫描仪可以分为反射式和透射式两种。扫描仪外形如图 3-24 所示。

(2) 扫描仪的发展与现状

1884 年,德国工程师尼普科夫(Paul Gottlieb Nipkow)

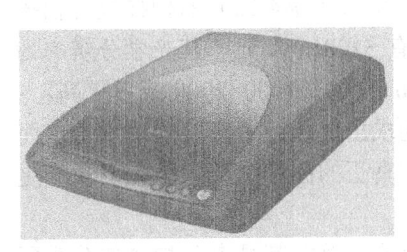

图 3-24　扫描仪外形

利用硒光电池发明了一种机械扫描装置，这种装置在后来的早期电视系统中得到了应用，到1939年机械扫描系统被淘汰。虽然跟后来一百多年后利用计算机来操作的扫描仪没有必然的联系，但从历史的角度来说这算是人类历史上最早使用的扫描技术。

扫描仪是20世纪80年代中期才出现的光机电一体化产品，它由扫描头、控制电路和机械部件组成。采用CCD（光电耦合器件）逐行扫描，得到的数字信号以点阵的形式保存，再使用文件编辑软件将它编辑成标准格式的文本储存在磁盘上。从它诞生至今，扫描仪的品种多种多样，并在不断地发展着。下面，就来看看扫描仪的品种发展。

① 早期的手持式扫描仪诞生于1987年，扫描幅面窄，难以操作和捕获精确图像，扫描效果也差。1996年后，各扫描仪厂家相继停产，从此早期的手持式扫描仪销声匿迹。

② 馈纸式扫描仪诞生于20世纪90年代初，随着平板式扫描仪价格的下降，该类产品也于1997年后退出了历史舞台。

③ 滚筒式扫描仪，又称为鼓式扫描仪，是专业印刷排版领域应用最广泛的产品，使用感光器件是光电倍增管。

④ 平板式扫描仪，又称为平台式扫描仪、台式扫描仪，这种扫描仪诞生于1984年，是目前办公用扫描仪的主流产品。光学分辨率在300～8000dpi，色彩位数从24位到48位，扫描幅面一般为A4或者A3。平面扫描仪使用的CCD大都是具有日光灯线性阵列的彩色图像感光器。

⑤ 大幅面扫描仪，一般指扫描幅面为A1、A0幅面的扫描仪，又称为工程图纸扫描仪。

⑥ 底片扫描仪，又称为胶片扫描仪，光学分辨率一般可以达到2700dpi的水平。

⑦ 其他扫描仪。此外还有一部分扫描仪是专业领域使用的，如条码扫描仪、实物扫描仪、卡片扫描仪、印刷排版领域的滚筒式扫描仪等。

扫描仪的市场主流品牌有佳能、中晶、惠普、爱普生、明基、虹光、紫光、方正、富士通等。

（3）扫描仪的技术与质量指标

扫描仪的主要技术性能指标有分辨率、色彩位数/灰度级、最大扫描规格等。

分辨率是扫描仪最主要的技术指标，它表示扫描仪对图像细节上的表现能力，即决定了扫描仪所记录图像的细致度，其单位为DPI（Dots Per Inch）。通常用每英寸长度上扫描图像所含有像素点的个数来表示。

扫描仪的分辨率要从三个方面来确定：光学部分、硬件部分和软件部分。也就是说，扫描仪的分辨率等于其光学部件的分辨率再加上其自身通过硬件及软件进行处理分析所得到的分辨率。

光学分辨率是指扫描仪的光学系统可以采集的实际信息量，也就是扫描仪的感光元件CCD的分辨率。例如，最大扫描范围为216mm×297mm（适合于A4纸）的扫描仪可扫描的最大宽度（X方向）为8.5in（216mm），它的CCD含有5100个单元，其光学分辨率为5100点/8.5in=600dpi。常见的光学分辨率有300×600、600×1200、1000×2000或者更高。

最大分辨率又称为内插分辨率，它是在相邻像素之间求出颜色或者灰度的平均值从而增加像素数的办法。内插算法增加了像素数，但不能增添真正的图像细节，因此，我们更应重视光学分辨率。

色彩分辨率又称为色彩深度、色彩模式、色彩位或色阶，总之都是表示扫描仪分辨彩色或灰度细腻程度的指标，它的单位是bit（位）。色彩位确切的含义是用多少个二进制位来表示扫描得到的一个像素，如 1bit 只能表示黑白像素。8bit 可以表示 256 个灰度级（2^8=256），它们代表从黑到白的不同灰度等级。24bit 可以表示 16777216 种色彩（2^{24}=16777216），其中红（R）绿（G）蓝（B）各个通道分别占用 8bit，它们各有 2^8=256 个等级。一般称 24bit 以上的色彩为真彩色，当然还有采用 30bit、36bit、42bit 的机种。从理论上讲，色彩位数越多，颜色就越逼真，但对于非专业用户来讲，由于受到计算机处理能力和输出打印机分辨率的限制，追求高色彩位给我们带来的只会是浪费。

最大扫描规格：一次可以扫描的最大区域。

扫描幅面表示扫描图稿尺寸的大小，常见的有 A4、A3、A0 等幅面。

扫描速度有多种表示方法，因为扫描速度与分辨率、内存容量，磁盘存取速度及显示时间、图像大小有关，通常用指定的分辨率和图像尺寸下的扫描时间来表示。

接口方式即连接界面，是指扫描仪与计算机之间采用的接口类型。常用的有 USB 接口、增强型并行接口 EPP（Enhanced Parallel Port）和 SCSI 接口。以 SCSI 接口的传输速度最快，而采用并行打印机接口则更简便。

2. 扫描仪的组成结构与工作原理

（1）扫描仪的组成结构。扫描仪主要由光学成像部分、机械传动部分和转换电路部分组成。这几部分相互配合，将反映图像特征的光信号转换为计算机可接收的电信号。

光学成像部分是扫描仪的关键部分，也就是通常所说的镜组。扫描仪的核心是完成光电转换的光电转换部件，目前大多数扫描仪采用的光电转换部件是电荷耦合器件（CCD），它可以将照射在其上的光信号转换为对应的电信号。打开扫描仪的黑色上盖，可以看到里面有镜条和镜头组件及 CCD。除核心的 CCD 外，其他主要部分有光学成像部分的光源、光路和镜头。

转换电路俗称机器主板，它负责完成一切电路的伺服工作、A/D 转换工作，当然也包括镜组传递给它的数字信号的处理。

机械传动部分包括步进电机、扫描头及导轨等，主要负责主板对步进电机发出指令带动皮带，使镜组按轨道移动完成扫描。

（2）扫描仪的工作原理。扫描仪的工作原理是把要扫描的图片放置在扫描仪的玻璃板上；扫描仪提供光源给图片，通过光条和镜头对图片进行移动扫描；光线从图片上反射进扫描仪的光学系统，在此系统中将不同层次的光信号转换为电信号；以数字的形式重新组合后输入计算机屏幕显示，并可以图像文件的形式保存在磁盘上。

扫描仪扫描图像的工作过程如下：扫描仪工作时，首先由光源将光线照射在要输入的图稿上，产生表示图像特征的反射光（反射稿）或透射光（透射稿）。光学系统采集这些光线，将其聚焦在 CCD 上，由 CCD 将光信号转换为电信号，然后由电路部分对这些信号进行 A/D 转换及处理，产生对应的数字信号输入计算机。当机械传动机构在控制电路的控制下，带动装有光学系统和 CCD 的扫描头与图稿进行相对运动，将图稿全部扫描一遍，一幅完整的图像就输入到计算机中去了。

当扫描不透明的材料如照片、打印文本以及标牌、面板、印制电路板实物时，由于材料上黑的区域反射较少的光线，亮的区域反射较多的光线，而 CCD 器件可以检测图像上不同光线反射回来的不同强度的光通过 CCD 器件将反射光波转换成为数字信息，用 1 和 0 的组合表示，最后控制扫描仪操作的扫描仪软件读入这些数据，并重组为计算机图像文件。

而当扫描透明材料如制版菲林软片、照相底片时，扫描工作原理相同，有所不同的是此时不是利用光线的反射，而是让光线透过材料，再由 CCD 器件接收，扫描透明材料需要特别的光源补偿—透射适配器（TMA）装置来完成这一功能。

3. 扫描仪的使用与维护

（1）扫描仪的使用。使用扫描仪前，一般都应该先安装驱动程序。有的厂商还为用户设计了专门的扫描软件，使用十分方便。

Windows XP 内置了标准的静态图像获取程序，如 HP Precision Scan LTX。只要正确安装了扫描仪的驱动程序，就可以直接使用 Windows XP 自带的软件进行扫描了。

单击"开始"菜单，选择控制面板中系统控制工具区域中的"打印机和传真"选项，再在"打印机和传真"对话框（图 3-25）左边的目录栏中找到并打开扫描仪和照相机项目，出现"扫描仪和照相机"对话框（图 3-26），在"扫描仪和照相机向导"对话框（图 3-27）中进行相关参数设置。

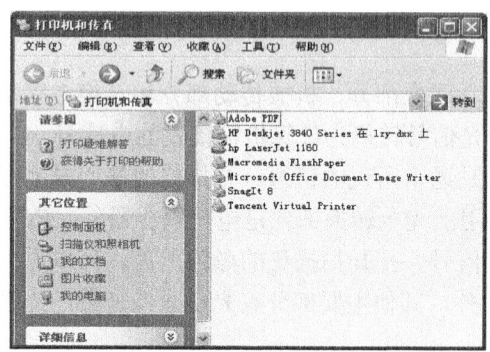

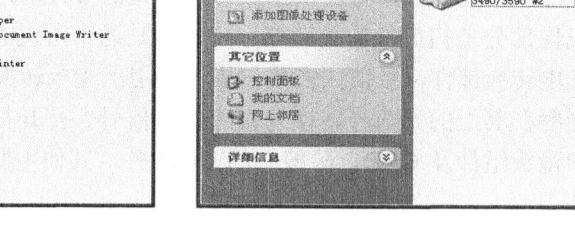

图 3-25 "打印机和传真"对话框 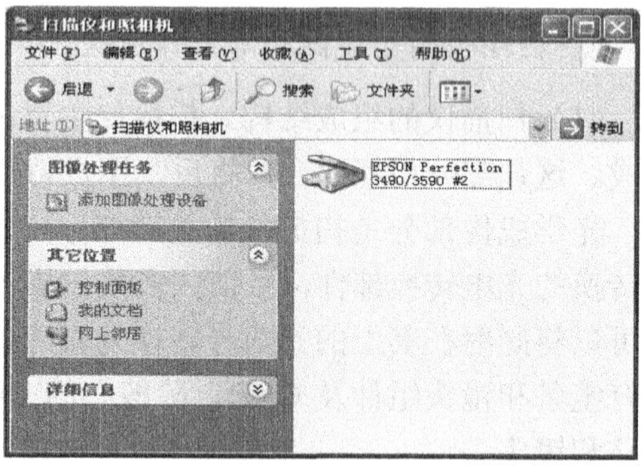　　　　图 3-26 "扫描仪和照相机"对话框

一般的扫描仪都自带了扫描程序，具有比 Windows XP 自带的"扫描仪和数码相机"向导更丰富的功能，建议专业用户采用。EPSON 3490 PHOTO 扫描仪自带的扫描程序"EPSON Scan"拥有"全自动扫描"、"家庭模式"和"专业模式"，如图 3-28 所示。

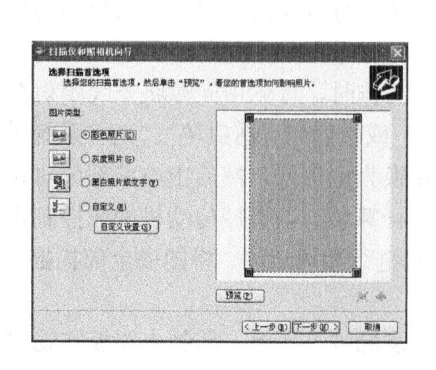

图 3-27 "扫描仪和照相机向导"对话框 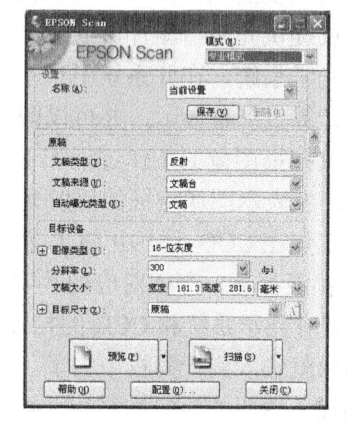　　图 3-28 EPSON Scan "专业模式"界面

扫描仪的使用步骤如下所述。

① 预扫描。将要扫描的原稿面朝扫描仪玻璃窗放置，在驱动程序界面中单击"预扫描"

键，经过预扫后的图像出现在预视窗口中。

② 设置图像尺寸大小。用裁剪工具框来选择要扫描图像的区域。

③ 利用缩放工具。缩放工具可以改变图像的缩放比例。

④ 设置扫描模式。通过设置扫描模式，可以决定扫描仪扫描图像的色彩。

⑤ 设置扫描分辨率。分辨率可在驱动程序界面中的滚动条内设定。按动滚动条一边的箭头，直到出现满意的分辨率。

⑥ 执行扫描。照射到原稿上的光线经反射后穿过一个很窄的缝隙，形成沿原稿横向的光带，又经过一组反光镜，由光学透镜聚焦并进入分光镜，经过棱镜和红绿蓝三色滤色镜得到的 RGB 三条彩色光带分别照到各自的 CCD 上，CCD 将 RGB 光带转变为模拟电信号，此信号又被模拟/数字变换器转变为数字电信号。至此，反映原稿图像的光信号转变为计算机能够接收的二进制数字电信号，最后通过与计算机的接口输入计算机。

目前，大量的非电子化文档，严重影响着人们日常的办公效率，为了更好地解决这个问题，可以使用文字识别软件（OCR，见图 3-29）对扫描的图像文件进行文本化转换，将纸质文档转化为可以再次编辑的电子文档。目前常用的中文文字识别软件很多，例如，清华紫光 OCR、尚书 OCR、汉王 OCR、蒙恬 OCR、丹青 OCR 等。

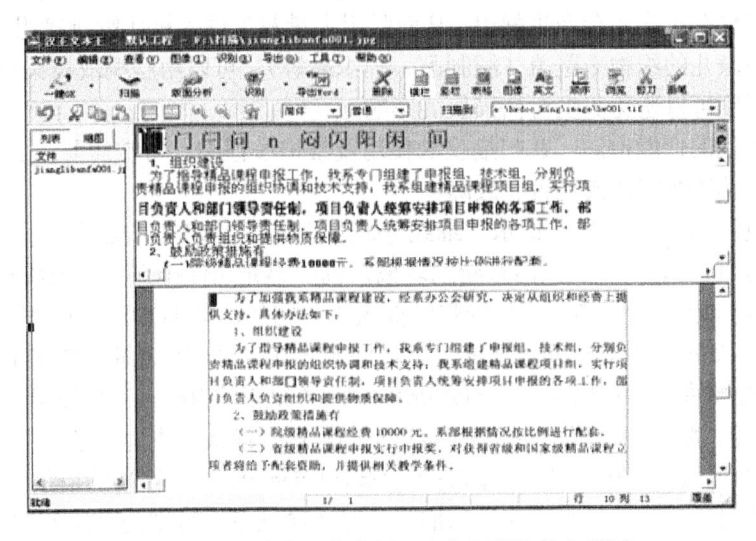

图 3-29 "文本王专业版"文字识别软件主界面

（2）扫描仪的维护。扫描仪的日常维护主要包括以下几个方面。

① 定期做保洁工作。扫描仪可以说是一种对清洁度要求较高的设备，平时一定要认真做好保洁工作。扫描仪中的玻璃平板及反光镜片、镜头，如果落上灰尘或者其他一些杂质，会使扫描仪的反射光线变弱，从而影响图片的扫描质量。为此，一定要在无尘或者灰尘尽量少的环境下使用扫描仪，用完以后，一定要用防尘罩把扫描仪遮盖起来，以防止更多的灰尘侵袭。当长时间不使用时，还要定期地对其进行清洁。在对扫描仪外壳或原稿玻璃板进行清洁时，应该用浸过清水的稍潮软布轻轻擦拭。

② 保护好光学部件。扫描仪在扫描图像的过程中，通过一个称为光电转换器的部件把模拟信号转换成数字信号，然后输入计算机中。这个光电转换设置非常精密，光学镜头或者反射镜头的位置对扫描的质量有很大的影响。因此在工作的过程中，不要随便地改动这些光学装置的位置，同时要尽量避免对扫描仪的振动或者倾斜。

③ 不要擅自拆修。遇到扫描仪出现故障时，不要擅自拆修，一定要送到厂家或者指定的维修站去。另外大部分扫描仪都带有安全锁，如 HP Scanjet 2200c，在运送扫描仪时，一定要把扫描仪背面的安全锁锁上，以避免改变光学配件的位置。

④ 其他注意事项。一旦扫描仪通电后，千万不要热插拔 EPP、SCSI 接口的电缆，这样会损坏扫描仪或计算机，当然 USB 接口除外，因为它本身就支持热插拔。

扫描仪在工作时请不要中途切断电源，一般要等到扫描仪的镜组完全归位后，再切断电源，这对扫描仪电路芯片的正常工作是非常有意义的。

由于一些 CCD 的扫描仪可以扫描小型立体物品，所以在扫描时应当注意：放置锋利物品时不要随便移动以免划伤玻璃，包括反射稿上的订书针；放下上盖时不要用力过猛，以免打碎玻璃。

一些扫描仪在设计上并没有完全切断电源的开关，当用户不用时，扫描仪的灯管依然是亮着的，由于扫描仪灯管也是消耗品（可以类比于日光灯，但是持续使用时间要长很多），所以建议用户在不用时切断电源。

扫描仪应该摆放在远离窗户的地方，因为窗户附近的灰尘比较多，并且会受到阳光的直射，会减少塑料部件的使用寿命。

由于扫描仪在工作中会产生静电，从而吸附大量灰尘进入机体影响镜组的工作。因此，不要用容易掉渣儿的织物来覆盖（绒制品、棉织品等），可以用丝绸或蜡染布等进行覆盖，房间适当的湿度可以避免灰尘对扫描仪的影响。

（3）扫描仪的性能检测。在扫描仪的使用及维护过程中，常常需要通过对扫描仪的性能检测来判断其质量好坏或是否有故障。

① 检测感光元件：扫描一组水平细线（如头发丝或金属丝），然后在 ACDSee 中浏览，将比例设置为 100%观察，如纵向有断线现象，说明感光元件排列不均匀或有坏块。

② 检测传动机构：扫描一张扫描仪幅面大小的图片，在 ACDSee 中浏览，将比例设置为 100%观察，如横向有撕裂现象或能观察出的水平线，说明传动机构有机械故障。

③ 检测分辨率：用扫描仪标称的分辨率（如 600dpi、1200dpi）扫描彩色照片，然后在 ACDSee 中浏览，将比例设置为 100%观察，不会观察到混杂色块为合格，否则分辨率不足。

④ 检测灰度级：选择扫描仪标称的灰度级，扫描一张带有灯光的夜景照片，注意观察亮处和暗处之间的层次，灰度级高的扫描仪，对图像细节（特别是暗区）的表现较好。

⑤ 检测色彩位数：选择扫描仪标称色彩位数，扫描一张色彩丰富的彩照，将显示器的显示模式设置为真彩色，与原稿比较一下，观察色彩是否饱满，有无偏色现象。要注意的是，与原稿完全一致的情况是没有的，显示器有可能产生色偏，以致影响观察，扫描仪的感光系统也会产生一定的色偏。大多数主流厂商生产的扫描仪均带有色彩校正软件，请先进行显示器、扫描仪的色彩校准，再进行检测。

⑥ OCR 文字识别输入检测：扫描一张自带印刷稿，采用黑白二值、标称分辨率进行扫描，300dpi 的扫描仪能对报纸上的 5 号字做出正确的识别，600dpi 的扫描仪能认清名片上的 7 号字。

（4）扫描仪使用中的常见问题及解决方法。

① 扫描软件找不到扫描仪或扫描仪不工作。

原因分析：可能是扫描仪电源未接通；扫描仪与计算机未连接或连接不好；扫描软件和驱动安装不正确。

解决方法：检查所有连线连接是否妥当，重新安装扫描软件和驱动程序。

② 扫描仪面板上的按钮操作失灵，无反应或违愿执行。

原因分析：可能是扫描仪属性设置不正确。

解决步骤：单击"开始"→"设置"→"控制面板"，双击"扫描仪和照相机"图标，选中故障扫描仪，并单击"属性"按钮，单击"事件"标签，核实扫描仪事件框设定为需要配置的按钮，从扫描仪事件框选择使用按钮时打开的应用程序，并不"禁用设备事件"；注意，如果选择了一种以上的应用程序，按下按钮时需要回答使用何种应用程序；单击"确定"按钮，然后关闭其余的对话框。

③ 扫描仪发出噪声。

原因分析：可能是扫描仪上锁或内部部件故障。

解决方法：核实扫描仪锁处于开启位置。否则请与服务商联系。

④ 扫描件被扭曲。

原因分析：扫描时，如果原件倾斜度大于10°（HP扫描软件假设您故意将原件斜放在扫描仪上）。

解决方法：将扫描仪上的原件摆正，然后重新扫描。

⑤ 扫描件打印不正确。

原因分析：可能是打印机属性或输出类型设置不正确。

解决方法：打印前请检查打印机属性。例如，某些彩色打印机具有灰度打印选项。如果需要彩色输出，请核实该选项是否被选择；如果在HP扫描软件中选择输出到打印机，但打印质量不符合要求，尝试更改输出类型，然后重新打印扫描件。

⑥ 有关图片或照片扫描时，获取的图像色彩与原件色彩不同；原件效果很好，但扫描件图像模糊或在应用程序中编辑时图像变形或参差不齐；扫描的图片文件用于网页时，效果不好或调用速度太慢。

原因分析：不同的计算机操作系统（如Windows和Macintosh）使用不同的调色板，如果尝试在一个操作系统上扫描原件，然后用于另一操作系统，色彩可能不正确；如果是输出到彩色喷墨打印机，打印机中可能无墨；有关图片的扫描设定不恰当。

解决方法：为打印机更换墨盒；如果目的地是图像编辑程序，可在图像编辑程序中修改色彩。扫描照片或彩色图形时，最好在"更改输出尺寸"对话框中更改尺寸，而不要在目的地应用程序中更改，特别注意不要更改图像比例。要在网页上使用文件，请在扫描时使用GIF、JPG或FPX文件格式保存，并将分辨率设定为75dpi。因为超出75dpi的分辨率并不改进计算机监视器中显示的扫描件外观。另外，最好使用正常彩色照片输出类型，而不要使用最佳彩色照片，以便减少扫描件中的色彩数目。这样生成的文件较小、载入较快。同时还可以在图像编辑程序中打开文件，做必要改动，如更改色彩数目等。

⑦ 有关文字扫描转换和OCR。文字处理程序中转换后文字的字体与原件字体不同。无法在文字处理程序中编辑扫描文字。文字处理程序中的转换文字包含错误。HP扫描软件把文字看做照片。

原因分析：OCR转换并不总是保留字体、字形和字体大小等排版信息，一般使用文字处理程序的默认字体。HP扫描软件可能把扫描件识别为图形或照片。OCR过程有时会出现错误，某些字体转换可能不如其他字体理想。例如，OCR过程很难准确地转换文稿字体和特殊字体。另外，与固定间距的字体（如Courier）相比，比例间距的字体（如Times）

及某些衬线字体转换比较困难。有背景的文字、与图形重叠的文字或颠倒的文字常常被识别为照片。

解决方法：必要时从文字处理程序中重新将文字格式化。在图像窗口中，以手动方式将输出类型更改为文字，重新将扫描件输送至目的地。为获得最佳效果，应扫描比较清洁的原件，例如，避免使用反复传真或复制的原件。同时，可以使用文字处理程序的拼写检查程序纠正剩余错误。若以手动方式将输出类型更改为文字后重新扫描至目的地还不行，只有在文字处理程序中将文字用做照片或者在文字处理程序中重新输入文字。

3.5 多媒体计算机显示设备的使用与维护

3.5.1 显示器的使用与维护

显示器是一种可视图像显示设备。显示器需要连接到主机的显卡上才能工作。下面首先介绍显卡的使用与维护，然后介绍显示器的使用与维护。

1. 显卡的使用与维护

显卡又称显示卡或显示适配卡，它工作在 CPU 和显示器之间，是显示器与主机通信的控制电路和接口，现在的显卡都是三维图形加速卡。显卡的基本作用就是控制图形的输出，将主机输出的数字信息转换成字符、图形和颜色等模拟信息，并传送到显示器上显示。

显卡按主板的结构方式，分为集成显卡或独立显卡。

集成显卡是指在主板芯片组内集成显示芯片，使用这种芯片组的主板可以在不需要独立显卡的情况下实现普通的显示功能，以满足一般的家庭娱乐和商业应用，节省用户购买显卡的开支。集成的显卡不带有显存，使用系统的一部分主内存作为显存，具体的数量一般是系统根据需要自动动态调整的。

独立显卡有自己的显示芯片和显存颗粒，不占用 CPU 和内存。独立显卡的好处在于数据处理不需要 CPU 来帮助完成，可释放 CPU 的占用率，本身自带 GPU 可以处理三维数据而且性能突出。缺点是独立显卡的性能虽强，但发热量和功耗比较高，需要额外投资购买显卡，而且好显卡的价格很高。

目前显卡市场品牌主要有七彩虹、蓝宝石、影驰、迪兰恒进、华硕、双敏、昂达等。

决定显卡的性能指标有分辨率、色深、刷新频率、显示芯片、显存容量与类型、显存位宽、接口种类等。

（1）分辨率。分辨率也称解析度，是指显示画面的细腻程度，它代表了显卡在显示器上所能描绘像素点的数量，一般以"横向像素点 X×纵向像素点 Y"来表示。分辨率越高，在显示器上显示的图像越清晰。图像和文字更小些，在显示器上可以显示出更多的东西。在最大分辨率范围内可通过桌面属性进行分辨率设置调节。例如，常用的分辨率有 800×600，1024×768 等。

（2）色深。色深即颜色数，是指显卡在当前分辨率下能同屏幕显示的色彩数量，一般以多少 Bit 或多少色表示。当色深达到 24Bit，即 16777216 色时为真彩色。色深的位数越高，屏幕上所能显示的颜色数就越多，显示的图像质量就越好。在最大分辨率范围内可通过桌面属性进行色深设置调节。例如，Super VGA 显卡分辨率为 1600×1200，色深为 32Bit，即 4294967296 色。

（3）刷新频率。刷新频率是指影像在显示器上更新的速度，即影像每秒在屏幕上出现的帧数，单位为 Hz。刷新频率越高，屏幕上图像的闪烁感越小，图像越稳定。刷新频率最好在 75Hz 以上。

必须注意，并非所有的显卡都能够在最大分辨率下达到 75Hz 以上的刷新频率（这个性能取决于显卡上 RAM-DAC 的速度），而且显示器也可能因为带宽不够而不能达到要求。一些低端显示卡在高分辨率下只能设置刷新频率为 60Hz。在带宽和最大分辨率范围内可通过桌面属性进行刷新频率设置调节。

（4）显存容量和显存位宽。显存容量是显卡上本地显存的容量数，这是选择显卡的关键参数之一。显存容量的大小决定着显存临时存储数据的能力，在一定程度上也会影响显卡的性能。显卡支持的分辨率越高，需要安装的显存越多。目前主流的显存为 128MB、256MB、512MB，某些专业显卡甚至已经具有 1GB 的显存了。显卡的显存位宽直接影响显卡的性能。现在市场上主流的显卡基本上是 128 位显存位宽和 128/256MB 显存容量的配置，高端的也有 256 位显存位宽的显卡，甚至有 512 位显存位宽的专业显卡，但其价格也会成倍地增加。

（5）从图 3-30 可以看出，AGP 显卡 PCB 电路板上由下列部件组成。

① 显示芯片 GPU（Graphic Processing Unit，图形处理器）的主要任务是图形处理，尤其是三维图形处理，使显卡减少了对 CPU 的依赖，并完成部分原本由 CPU 做的工作。目前设计、制造显示芯片的厂家只有 NVIDIA、ATI、SIS、3DLabs 等公司。家用娱乐性显卡都采用单芯片设计的显示芯片，而在部分专业的工作站显卡上有采用多个显示芯片组合的方式。GPU 工作时要发热，一般都要配备 GPU 风扇。

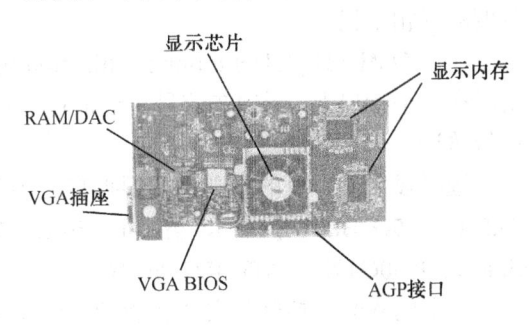

图 3-30　AGP 显卡结构

② 显示内存 RAM 主要用于暂时储存显示芯片将要处理的数字数据和已经处理完毕的数字数据。

③ 数/模转换器（RAM/DAC）负责将显存的数字信号转换成显示器能够接收的模拟信号。

④ 显卡 BIOS 主要用于存放显示芯片与驱动程序之间的控制程序，另外还保存显卡的型号、规格、生产厂家及出厂时间等信息。

（6）显卡的总线类型。显卡的总线类型主要有 ISA、PCI、AGP、PCI-E。目前最流行的是 AGP 和 PCI-E。

① AGP 接口（Accelerate Graphical Port）是 Intel 公司开发的一个视频接口技术标准，是为了解决 PCI 总线的低带宽而开发的接口技术。它通过将图形卡与系统主内存连接起来，在 CPU 和 GPU 之间直接开辟了更快的总线。AGP 有 AGP 1×、AGP 2×、AGP 4×、AGP 8×等多个标准。AGP 的频率为 66MHz，32 位，则 AGP 1×的数据传输速率=66MHz×32/8=266MB/s。

② PCI-E 是最新的总线和接口标准，它原来的名称为 3GIO，也是由英特尔提出的。PCI-E 采用的是点对点的串行连接方式（Serial Interface），主要优势就是数据传输速率高。目前 PCI-E 拥有×1、×2、×4、×8、×12、×16 和×32 等不同标准，其中规格最低的 PCI-E×1 也可以提供 512MB/s 的数据传输速率，PCI-E×16 配合双通道内存系统的数据传输速率则高达 8GB/s。除此之外，PCI-E 在兼容性、扩展性、易用性等方面也都相当出色，并且设计更为简洁，为板卡厂商简化主板设计提供了很大帮助。因此它很快得到了各大 IT 巨头的鼎力支持。现在 PCI-E 显示卡已非常普遍。而且，出现了双显卡，性能更加优秀。在需要频繁交换大量数据的多媒体应用中（如利用视频采集卡进行影像处理），PCI-E 的优势十分明显，所以它取代现有的 PCI 和 AGP 接口是大势所趋。

（7）显卡主要有以下输出接口。

① VGA（Video Graphics Array）视频图形阵列接口：作用是将转换好的模拟信号输出到显示器中。

② DVI（Digital Visual Interface）数字视频接口：视频信号无须转换，信号无衰减或失真，它将是未来 VGA 接口的替代者。

③ S-Video（Separate Video）S 端子：也称二分量视频接口，一般采用五线接头，它是用来将亮度和色度分离输出的设备，主要功能是为了克服视频节目复合输出时的亮度跟色度的互相干扰。

④ HDMI（High Definition Multimedia Interface）高清晰多媒体接口：它把声音和图像集成在一个接口上，无须在信号传送前进行数/模或者模/数转换，可以保证最高质量的影音信号传送。

选择显卡时，总的原则是要根据自己的使用要求来决定。专业领域的最新显卡有丽台 FX5600 1.5G BPCI-E X16，蓝宝石 FireGL V8650 等。家用领域兼游戏领域的最新显卡有 Geforce 9800GTX+，ATI HD4850 等。

显卡的安装包括硬件安装和驱动程序安装。

（8）显示卡的安装步骤如下所述。

① 取下机箱上对应 AGP 插槽的挡板。

② 将显卡竖直放置在 AGP 插槽上插到位。

③ 用螺丝刀将显卡固定在机箱上。

显卡的驱动程序安装步骤如下所述。

显卡大多为即插即用型的。在 Windows 下，一般都能自动检测到显卡，并自动匹配，安装相应的驱动程序。目前，各品牌显卡都附带有自己的驱动程序光盘，一些厂家的网站上还提供了驱动程序的下载。

安装驱动程序的步骤如下：右击桌面→属性→设置→高级→适配器→更改→选中"显示指定位置的所有……"→下一步→浏览→插入显卡驱动光盘到光驱→找到所安装的 Windows 对应目录→选中"****.inf"→确定→选择与使用硬件型号相同的产品→确定→开始复制文件→重新启动计算机。

2. 显示器的使用与维护

显示器是将显卡的图形图像信号转换成可视图像反映在显示屏幕上的设备。

（1）显示器类型。由于制造材料和工作原理的不同，常见的显示器有以下一些类型。

① 阴极射线显示器（CRT），优点是技术成熟，价格便宜，寿命较长，可靠性高。但是体积大、耗电量大、笨重。主要用于台式计算机显示器，现已逐步退出市场。

② 液晶显示器（LCD），优点是轻薄，体积小，功耗极低。但缺点是成本较高，响应速度慢，对比度不够高，低温下工作性能较差。主要用于便携式计算机和台式计算机显示器。

③ 发光二极管显示器（LED），优点是工作电压低，机械强度高，工作温度范围宽，耗电低，价格便宜，主要用于各种霓虹广告牌，大型电子显示屏。

④ 等离子体显示器（PDP），优点是平面显示，对比度较高，视角宽，响应速度快，寿命长，工作范围宽。主要用于信息处理终端装置的显示板，壁挂电视机。

⑤ 真空荧光显示器件（VFD），优点是对比度大，亮度高，工作电压较低，约数十伏，寿命较长。主要用于电子秤、电子数码显示。

常用的显示器有 CRT 和 LCD 显示器，由于科学技术日新月异的变化，使得 LCD 迅速发展成为目前市场的主流显示器，下面主要介绍这种显示器。

目前，LCD 品牌的主流尺寸分别为 17in、19in、20in、22in 等；主流品牌有三星、LG、长城、AOC、优派、明基等。

（2）显示器性能指标。下面仅介绍几个主要的显示器性能指标。

① 尺寸（Size）。屏幕对角线的长度即为显示器的尺寸，单位为 in（1in=2.54cm）。常见的有 14in、15in、17in、19in 等尺寸，如图 3-31 所示。

② 分辨率（Resolution）。分辨率是定义显示器画面解析度的标准，由每帧画面的像素数决定。计算方法为

$$分辨率=水平显示的像素个数×垂直扫描线数$$

例如，17in 显示器最佳分辨率为 1024×768，指每帧图像由水平 1024 个像素、垂直 768 条扫描线组成，如图 3-32 所示。

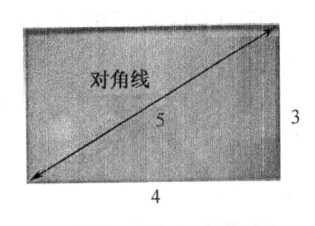

图 3-31　显示器尺寸　　　　　　图 3-32　分辨率

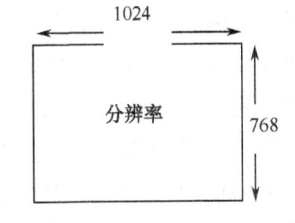

③ 场频。场频又称为垂直刷新频率，是每秒钟屏幕重复绘制显示画面的次数，即重绘率，以 Hz 为单位。通常用不小于 75Hz 的垂直刷新频率不易被人眼所察觉，100Hz 更能很好地保护视力。

④ 带宽。带宽是表示显示器显示能力的一个综合指标。指每秒钟扫描的图像个数，即单位时间内每条扫描线上显示的频点数总和，以 MHz 为单位。带宽越大表明显示器显示控制能力越强，显示效果越佳。

$$带宽=分辨率×场频（逐行模式）×损耗系数 \qquad (3-1)$$

式中，损耗系数约为 1.5。

例如，17in 显示器最小带宽=1024×768×85×1.5=100MHz

LCD 是一种采用液晶控制透光度技术来实现图像显示的显示器，主要由液晶、导电玻

璃、导电电极、彩色滤光片等组成。

　　LCD 的显示原理如图 3-33 所示，它是将液晶置于两片导电玻璃之间，靠两个电极间电场的驱动，引起液晶分子扭曲排列的电场效应，以控制光源透射或遮蔽功能，在电源开、关之间产生明暗而将图像显示出来。若加上彩色滤光片，则可显示出彩色影像。

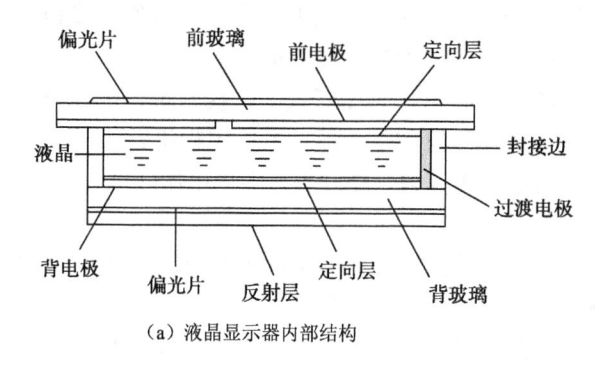

图 3-33　LCD 显示原理

　　由于通过控制是否透光来控制亮和暗，当色彩不变时，液晶也保持不变，这样就无须考虑刷新率的问题。刷新率不高但图像也很稳定，无闪烁感。

　　LCD 显示器还通过液晶控制透光度的技术原理让底板整体发光，所以它做到了真正的完全平面。一些高档的数字 LCD 显示器采用了数字方式传输数据和显示图像，这样就不会产生由于显卡造成的色彩偏差或损失。完全没有辐射的优点，即使长时间观看 LCD 显示器屏幕也不会对眼睛造成很大伤害。体积小、能耗低也是 CRT 显示器无法比拟的，一般一台 15in LCD 显示器的耗电量只相当于 17in 纯平 CRT 显示器的 1/3。

　　LCD 可分为 TFT-LCD 和 DSTN-LCD。TFT-LCD 指在 LCD 上的每一液晶像素点上都由集成在其后的薄膜晶体管来驱动。相对 DSTN-LCD，TFT-LCD 具有屏幕反应速度快、对比度和亮度高、可视角度大、色彩丰富等特点，是主流 LCD 显示设备。DSTN-LCD 是由双扫描扭曲阵列液晶体所构成的液晶显示器。其对比度和亮度较差、可视角度小、色彩 256 色，但是它结构简单价格低廉，仍有市场。

　　显示器主要使用 VGA 和 DVI 接口的输入信号插头。

　　购买显示器时，一定要认准通过安规认证的产品。安规认证是指对显示器的磁场、电场、辐射、能源效率、防火、原料、制程、环境生态影响等做严格的安全规范。当然通过越多安全认证规范的产品，在品质上也越有保障。常见的显示器低辐射安规认证有 MPRII、TCO。现一般都通过了 MPRII，最好选用通过 TCO 认证的产品，可大大减少辐射。

　　通过 OSD（On-Screen Display）可调节显示器的相关屏幕参数（图 3-34）。OSD 是将按键或旋钮的功能整合在一起，透过显示器的窗口以图标的方式显示出来，让使用者能更清楚地了解调节的项目与过程。OSD 主要调节的参数有亮度、对比度、高度、宽度、彩色等。

图 3-34　OSD

　　对 LCD 显示器，要合理使用调节按钮；尽量避免长时间显示同一张画面；平常最好是使用推荐的最佳分辨率；要设置好刷新频率；保持使用环境的干燥通风；要防止强光直接照射显示器；远离一些化学药品；杜绝经常用手去指点屏幕的坏习惯；要定期进行屏幕清洁；防止灰尘进入显示器内部。

3.5.2 投影仪的使用与维护

1. 投影仪概述

投影仪是一种适用于大屏幕图像放大显示的光电投射设备。

同显示器相似，投影仪从最初的 CRT 技术起步，发展到现在逐步分化成两大阵营：基于液晶透射成像的 LCD 和根据光反射成像的 DLP。

（1）CRT 投影仪采用技术与 CRT 显示器类似，是最早的投影技术。它的优点是寿命长，显示的图像色彩丰富，还原性好，具有丰富的几何失真调整能力。由于技术的制约，无法在提高分辨率的同时提高流明，直接影响 CRT 投影仪的亮度值，到目前为止，其亮度值始终徘徊在 300lm 以下，加上体积较大和操作复杂，已经被淘汰。

（2）LCD 投影是利用液晶的光电效应，即液晶分子的排列在电场的作用下发生变化，影响液晶单元的透光率和反射率，从而产生有不同灰度层次及颜色的图像。这一点和 LCD 显示器的原理相似。现在通用的是三片液晶板投影仪，它是由一套光学系统把强光通过分光镜分成 R、G、B 三束光，分别透过 R、G、B 三色液晶板，信号经过 A/D 转换，调制加到液晶板上，通过控制液晶单元的开启、闭合，从而控制光路的通断，R、G、B 光最后在棱镜中汇聚，由投影镜头投射在屏幕上形成彩色图像。LCD 投影仪的技术是透射式投影技术，目前最为成熟。投影画面色彩还原真实鲜艳，色彩饱和度高，光利用效率很高，LCD 投影仪比用相同瓦数光源灯的 DLP 投影仪有更高的 ANSI 流明光输出，目前市场高流明的投影仪主要以 LCD 投影仪为主。它的缺点是黑色层次表现不是很好，对比度一般都在 500:1 左右徘徊，从投影画面的像素结构可以明显看到。

（3）DLP（Digital Light Processor）简称数字光处理器，它是由美国德州仪器公司开发研制的。DLP 投影仪的核心是 DMD（Digital Micromirror Device），即数字微镜装置。现在比较通用的是由一片 DMD 构成的 DLP。光源发出的光经过一个高速旋转的（60r/s）分色轮，分解成不同时段的 R、G、B 三色光，交替射在 DMD 表面。DMD 是由很多微小的镜片组成的，每个小镜片均可在+12°与–12°之间自由旋转。输入信号经处理后作用于 DMD 芯片上，通过控制微镜片的旋转角度来实现光路的开启与闭合。最后不同时段的 R、G、B 由 DMD 微镜片反射后叠加而形成完整的彩色图像。DLP 投影仪的技术是反射式投影技术，是现在高速发展的投影技术。它的采用，使投影图像灰度等级、图像信号噪声比大幅度提高，画面质量细腻稳定，尤其在播放动态视频时图像流畅，没有像素结构感，形象自然，数字图像还原真实精确。由于出于成本和机身体积的考虑，目前 DLP 投影仪多半采用单片 DMD 芯片设计，所以在图像颜色的还原上比 LCD 投影仪稍逊一筹，色彩不够鲜艳生动。

LCD 投影仪与 DLP 投影仪相比而言，各有所长。LCD 投影仪技术很成熟，色彩绚丽，色度还原性好，稳定性很高。由于是透射成像，光利用率不高，明暗对比度低，体积较大。DLP 投影仪是反射成像，对比度、亮度都很高，色彩锐利。由于图像是在不同时段叠加的，难免在色彩表现及静态图像处理上有所不足。DLP 投影仪大多体积很小，适合于移动办公、小型教学及商务演示活动，而 LCD 投影仪较适用于正规的教育、科研活动之中。

投影仪通常使用 UHP、UHE、金属卤素等灯泡。灯泡作为投影仪的投射光源，是唯一的消耗材料，在使用一段时间后其亮度会迅速下降到无法正常使用的程度。

UHP 灯泡是一种理想的冷光源，但由于价格较高，一般应用于高档投影仪上。UHP 灯产生冷光，外形小巧，在相同功耗下，能产生大光量，寿命较长，当衰竭时，即刻熄灭。优点是使用寿命长，一般可以正常使用 4000h 以上，亮度衰减很小。

UHE 灯泡也是一种冷光源，UHE 灯泡是目前中档投影仪中广泛采用的理想光源。优点是价格适中，在使用 4000h 以前亮度几乎不衰减。

金属卤素灯泡发热高，对投影仪散热系统要求高，不宜做长时间（4h 以上）投影使用。金属卤素灯产生暖光，要求较大功率才能产生与 UHP 灯同等的光度，使用寿命较短。与 UHP 灯不同的是，金属卤素灯坏时表现为渐渐熄灭。金属卤素灯泡的优点是价格便宜，缺点是半衰期短，一般使用 1000h 左右亮度就会降低到原先的 1/2 左右。

当前，市场上的投影仪主流品牌有日本的夏普、东芝、SONY、爱普生、松下、三菱和韩国的三星等，国产的有明基等品牌。SONY、爱普生的投影仪一直受消费者追捧，但是价格很高。投影仪外观如图 3-35 所示。

图 3-35 投影仪

2. 投影仪的使用与维护

在选购投影机时，主要考虑的是亮度和分辨率，其次就是使用的场地，是做办公、教学、商务，还是作为家庭影院？

投影仪已广泛用于会议室演示和教学当中。它是一种电子元件和光学仪器的精密结合体，商家要求用户在使用过程中不得擅自开机维修。因此，这就要求我们在使用中精心维护，尽量避免一些常识性的错误造成的设备损坏。

（1）投影仪的使用注意事项。

① 和投影仪连接的信号源设备大多是使用开关电源供电，所在设备中的零线之间可能有较高的电位差。所以，在连接时，尽可能在设备之间使用共同地线。

② 一定要避免带电热插拔各种信号电缆，带电插拔时产生的瞬间电流极易损坏电子元件，造成设备损坏。

③ 投影仪使用时最好用原装的连接线，信号线的长度一般不超过 15m，过长就会造成信号的衰减，必要时需要安装信号放大器。

④ 开机时，机器有个预热的过程，大概有 10s。在这期间，千万不要以为投影仪还没有工作而反复按压启动键，频繁开机产生的冲击电流会影响灯泡的使用寿命。例如，EMP820 在开机时，操作指示灯一直是绿灯闪烁，这表明机器在正常启动状态。

如果遇到遥控器不能开机的情况，首先考虑遥控器中的电池是否正常，然后检查一下投影仪是否处于自我保护状态。

⑤ 关闭投影仪时，要先等到散热风扇停止运行后再关电源。投影仪散热不及时易引发灯泡爆炸。例如，EMP820 在关机冷却期间，风扇要转动数分钟后才停止，此时操作指示灯橙色闪亮，等到风扇停止转动时，操作指示灯不再闪烁时，方可关机。

⑥ 目前，投影仪正常工作台可超 4h 以上，为了确保安全，投影仪内部有两个温度检测保护装置。如果"温度提示灯"红灯闪烁，说明投影系统液晶板因温度过高进入保护状态；如果"主灯指示灯"红灯闪烁，说明灯泡因温度过高进入保护状态，这时必须关闭投

影机冷却 15~20min 才能继续使用。LCD 投影仪的一个不足就是对温度过于敏感。

⑦ 投影仪进入工作状态后，温度迅速上升，灯泡的两端电压达 60~80V，灯泡内气体压力大于 100Pa，温度过千，这时千万不能碰击、移动投影仪，否则灯泡易爆炸。一定要在关闭投影仪之后进行移动。当然，剧烈振动更是在绝对禁止之列，它极易造成滤光片位移，造成三片 LCD 不聚集、RGB 图像颜色不重合的图像故障。

⑧ 投影仪正常显示时，如果暂时停止显示，不能随意关机，更不可用合上镜头盖的方式来关闭显示。可以使用投影仪提供的"屏保"功能或关闭视频源来暂停显示。

（2）投影仪的维护维修方法。

① 注意防尘。由于投影仪散热都有专门的风扇以每分钟几十升空气的流量进行冷却，高速气流经过空气过滤器，可能夹有微小尘粒，吸附在光学系统中，经放大后在画面中出现明显的斑点。所以室内应禁止抽烟，室内清扫要以湿拖把拖地为主，以保持室内的清洁、湿润。空气过滤器如需除尘，需将投影仪竖起，用吸尘器除去灰尘，严禁用电吹风吹去浮尘，否则会将灰尘吹离原来的位置，而不能彻底清除干净。

② 投影仪出现偏色的故障原因。有时，构成图像的正常 R、G、B 缺少一色或两色，在实际操作中遇见这种情况基本上是硬件线路故障造成的，主要是投影仪两端接口焊接不牢或是多次插拔而导致脱焊、折断等原因。所以在插拔投影仪信号线接头时，一定要很小心，能不插拔尽量不插拔。

③ 更换灯泡。投影仪的灯泡是投影仪的唯一耗材，当投影仪亮度调到最大时，图像仍很暗，同时主灯泡指示灯橙色光闪亮，这就表示主灯更换期快到了。市面上常见的投影仪灯泡主要是冷光源灯泡，它同以前用的金属卤素灯泡相比有功耗低、寿命长的优点，主要种类有 UHP（PHILPS 公司专利生产）、UHE（EPSON 专用品牌）等。UHP 能用到 4000h 以上，价格在 3000 元左右；UHE 能用到 2000h 以上，价格在 2000 元左右。所以投影仪的保养主要就在对灯泡的维护上，建议找专业维修人员更换灯泡。另外不同品牌的投影仪灯泡是不能互换的，一定要根据投影仪品牌选购灯泡。

④ 投影仪损坏时，千万不能自行打开机体，机内没有任何用户可更换的备件，内部有高压，接触机内任何部分都将很危险。在雷击、闪电的情况下最好不要使用投影仪，这时应将电源插头拔下，确保安全。

3.6 多媒体计算机打印设备的使用与维护

3.6.1 打印机的基本概念

打印设备的使用与维护也是项目 2 的典型教学背景案例之一。

1. 打印机概述

打印机（Printer）是计算机系统中常用的输出设备之一，是用于将计算机处理的运算结果或中间结果以人所能识别的数字、字母、符号和图形等，依照规定的格式打印在纸或其他相关介质上的机电设备。随着信息社会的发展，其普及率在迅速提高并逐渐进入家庭。

打印机的种类很多，其分类方法也很多。常见打印机分类如下所述。

（1）按打印输出方式分类：有针式打印机、喷墨打印机、激光打印机和热转换打印机。

日常办公和生活中最常见的打印机为针式打印机、喷墨打印机、激光打印机。

（2）按与计算机的接口方式：有 EPP 并行接口打印机和 USB 接口打印机。

（3）按照用途：有通用打印机、专用打印机、商用打印机、家用打印机、便携打印机、网络打印机等。

一般来讲，按工作原理分类的较多。常见打印机按工作原理分类如图 3-36 所示。

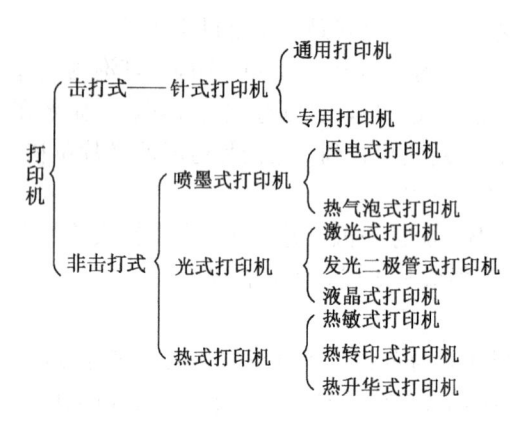

```
        ┌ 击打式 ── 针式打印机 ┬ 通用打印机
        │                      └ 专用打印机
        │              ┌ 喷墨式打印机 ┬ 压电式打印机
打印机  │              │              └ 热气泡式打印机
        │ 非击打式 ┤ 光式打印机 ┬ 激光式打印机
        │              │              ├ 发光二极管式打印机
        │              │              └ 液晶式打印机
        └              └ 热式打印机 ┬ 热敏式打印机
                                    ├ 热转印式打印机
                                    └ 热升华式打印机
```

图 3-36　打印机按工作原理分类

2．打印机的发展与现状

毕昇和沈括的活字印刷术是打印机雏形的古代发明人之一。

近代从 1885 年全球第一台打印机的出现，到后来各种各样的针式打印机、喷墨打印机和激光打印机，它们在不同的年代各领风骚。

世界上第一台针式打印机是由 Centronics 公司推出的，可由于当时技术上的不完善，没有推广进入市场，所以几乎没有人记住它。一直到 1968 年 9 月由日本精工株式会社推出 EP-101 针式打印机，这才被人们誉为第一款商品化的针式打印机。

世界上第一台喷墨打印机产生于 1984 年的 HP 公司。

20 世纪 60 年代末 Xerox 公司发明了第一台激光打印机。

1992 年联想集团与激光打印机的发明者——美国 Xerox 公司合作，研制出了第一代中文激光打印机。

目前市场主流除了喷墨和激光打印机之外，还有热转印打印机，它们形成了三足鼎立的新局面。打印机的著名品牌主要有 HP（惠普）、Epson（爱普生）、Canon（佳能）、Samsung（三星）等。

打印机正向轻、薄、短、小、低功耗、高速度、网络化和智能化方向发展。

互联网络的飞速发展，有人预言无纸时代即将来临，打印机的末日已到。然而全球纸张消费量每年以成倍的速度在增长，打印机的销量以平均接近 8% 的速度在增加。这一切都预示着打印机不但不会消失，而且会发展的越来越快，应用的领域越来越宽广。

3．打印机的技术与质量指标

衡量打印机好坏的指标主要有三项：打印分辨率，打印速度和打印幅面。

更全面的技术指标有分辨率、打印速度、打印幅面、工作噪声、行宽、复制数、工作寿命、接口方式和缓冲区大小等。

（1）分辨率。分辨率是打印机的一项重要技术指标。由于它对输出质量有重要影响，因而打印机通常是以分辨率的高低来衡量其档次的。计算单位是 dpi（Dot Per Inch），其含义是指每英寸可打印的点数。例如，一台打印机的分辨率是 600dpi，这就意味着其打印输出每英寸打 600 个点。dpi 值越高，打印输出的效果越精细、越逼真，当然输出时间也就越长、售价越贵。

（2）打印速度。打印时每分钟输出页数 PPM（Pages Per Minute）是彩色喷墨打印机、激光打印机（包括彩色激光）、热转换打印机用来衡量输出速度的一个重要指标。PPM 值是指连续打印时的平均速度，如果只打印一页，还需要加上首页预热时间。具体到某一类型产品时，由于输出的对象（有纯文本的，有带彩色文本的及带真彩色照片的，再加上覆盖率不同）不同，加之生产厂商的测试标准也不统一，因而导致 PPM 指标相差较大。鉴于此对 PPM 只能作为一个参考值。

（3）打印纸幅面。打印纸幅面也是打印过程中必须考虑的因素。宽行打印时必须要用针式打印机。

（4）接口传输速度。计算机和打印机有一段物理距离，不同线路在传递数据时的速度是不一样的。打印机接口数据传输率的高低、容量传递的多少对打印速度的影响也较明显，目前打印机最常使用的接口主要有 EPP 并口和 USB 两种。并口传递的数据量只有 1Mb/s 左右，而 USB 1.1 接口则可以提供 12Mb/s 的数据带宽。USB 接口以其更高的传输速度和更为方便的使用已经成为今后的趋势。打印机与计算机的通信口多种多样，支持哪种通信口当然也由打印机驱动程序所决定。

（5）内存速度和大小。打印机内存的速度和大小，也是决定打印机打印速度的重要指标，特别在处理大的（如 20MB）打印文档时，更能体现内存的作用。内存大，则可以为 CPU 提供足够运算空间和储存临时数据的空间，即缓存空间。内存小，在打印一些复杂文档时，则需要重新输入这些复杂文档的数据，相对来讲就减慢了打印速度。

（6）处理器速度。打印机处理器速度的高低直接影响打印快慢。打印机的 CPU 管理打印机内部数据交换，打印语言编写出的打印代码转换为实际打印文字的速度直接取决于 CPU 的运行速度。例如，Lexmark 面向高端用户的 Z52 喷墨打印机采用了 40MHz、32bit 的高速处理器，它可以为 Z52 带来 15PPM 的高速打印；而面向低端的 Z12 其处理器只有 24MHz，速度也就只有 6PPM。

（7）色饱和度。色饱和度是指输出在一个点（Dot）内彩色的充满程度，即通常所说的彩色覆盖比例。色饱和度对于不同类型打印机其标准并都不相同。它不仅与打印机的设计结构及工作模式有关，而且还与所使用的打印介质（纸张等）有一定关系。对于彩色激光打印机，由于它是将极其精细的墨粉热熔（或是热压）于打印纸上，所以能够很容易实现较好的色彩饱和度。而对于彩色喷墨打印机，只有选用满足质量要求的纸张，才能达到比较理想的色饱和度。

（8）预热时间。受激光打印机工作原理的限制，每一台打印机都需要有预热时间，并且每个厂商都会将预热时间标称在说明书中。例如，HP 采用瞬时热熔技术，将加热辊的厚度减少 1/2，采用高效加热灯管，大大缩短了预热时间，达到加快首页输出的目的。

（9）灰度增强技术。灰度增强技术是提高激光打印机输出质量比较常用的一种方法。它是在不改变打印机原有像素尺寸的情况下，将输出的灰度级（层次）提高。这种技术主要是通过打印机的 ASIC 芯片来实现，同时以增大打印控制器的内存容量作辅助手段。由于各个生产厂家所选用的 ASIC 芯片不同，采用的解决问题方法各异，因而最终所达到的灰度增强效果差别很大。在商品化产品中 EPSON 公司的 MGT（Micro Gray Technology）算是做得比较好的技术之一。

（10）兼容性。选购打印机时，还需要考虑它与计算机的兼容性。不是所有的打印机都能和 Windows 或者苹果平台兼容。

必须注意，打印机都要针对操作系统正确安装厂商提供的具体型号的驱动程序才能正常工作。

（11）接口。接口即计算机与打印机的连接问题。通常有 EPP 和 USB 接口。

（12）打印耗材。打印机一系列的打印耗材是购买打印机以后需要付出的潜在成本，这些耗材包括色带、墨水、墨粉、打印纸和打印机备件等。

3.6.2 ★针式打印机的使用与维护

1. 针式打印机概述

针式打印机（图 3-37）是一种典型的击打式点阵打印机，曾在很长一段时间内作为打印机主流产品占据着市场。即使在目前喷墨打印机和激光打印机已日趋普及，但针式打印机因为其运行成本低廉、易于维护，在对于环境和打印质量要求不太高的场合打印一般文档仍不失为可选产品，针对一些特殊需要（如财会、银行票据打印）目前仍处于不可替代的位置。

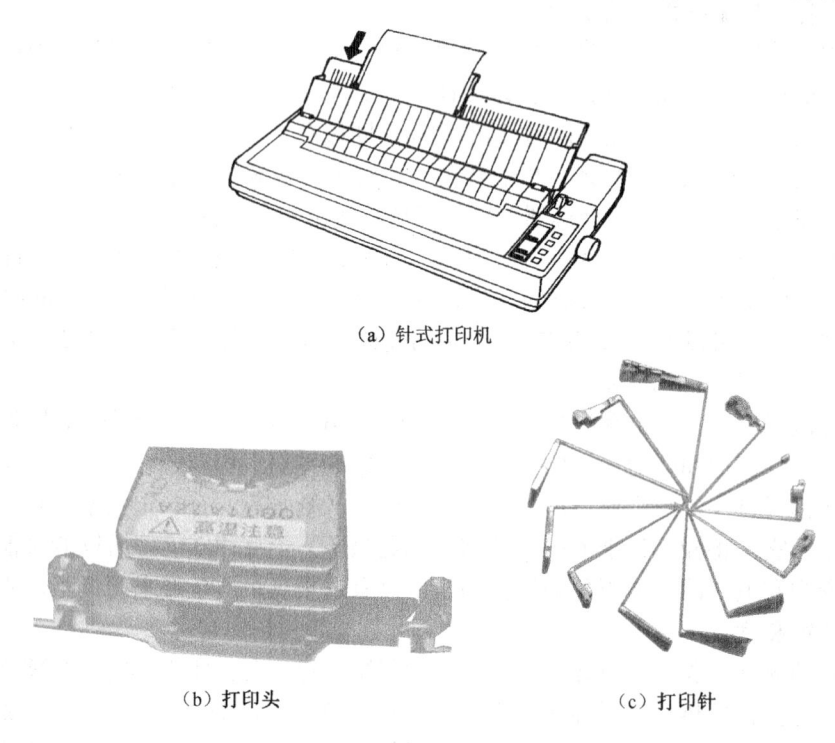

（a）针式打印机

（b）打印头　　　　　　　　（c）打印针

图 3-37　针式打印机

针式打印机的分类如下所述。

（1）依打印针的数量不同而分类：有 1、5、7、8、9、12、14、16、18、24、32 和 48 针等多种类型。目前国内使用最多的是 24 针打印机，常用机型有 EPSON LQ-1600K 等。

（2）按用途通常分为通用针式打印机（通用针打）、存折针式打印机（存折针打或票据针打）、行式针式打印机（行式针打）和高速针式打印机（高速针打）。

针式打印机特点是价格低；对纸张质量要求低；可以用 132 列的宽行纸，并且可以连续走纸，适合打印较宽的表格等；可以利用复写纸，一次打印多份，这是喷墨、激光打印机做不到的；可以打印蜡纸，然后进行油印。点阵打印机的缺点是噪声大、速度慢、精度低，不适合打印图形，尤其是彩色图形。

2. 针式打印机的组成结构与工作原理

针式打印机的基本组成如下所述。

（1）印字机构（打印头）：将控制电路送来的打印信号脉冲，通过电流、电磁的转换，驱动打印针来击打色带，在打印纸上形成打印痕迹。

（2）字车机构：将字车电机的动力通过传动皮带驱动字车架，带动打印头左右横移。

（3）走纸机构：将走纸电机的动力，传给打印字辊或链式走纸机构，使打印纸按规定的节拍不断移动。

（4）色带机构：在字车正、反向横移时，使色带均以同一方向匀速移动，使色带在整个长度上均匀使用。

（5）控制机构：由控制面板通过控制电路控制各机构有机协调地工作。

针式打印机的工作原理是利用其接收到的点阵图，按照位置利用针头接触色带，在纸上打印出相应的点，最后组成相应的图像。

打印时必须在联机状态下，通过接口接收主机发送的打印控制命令、字符打印命令或图形打印命令，通过控制电路和检测电路，间歇驱动送纸机构运动（纵向）和打印头运动（横向），同时激励打印针间歇瞬间撞击打印色带，在纸上打印出所需内容。

3. 针式打印机的使用与维护

针式打印机的选购原则：按需选购，重视性能指标、使用寿命、可靠性、功能优异、字库、服务质量、打印噪声等，同时要咨询厂家，将要打印的业务、速度高低和打印负荷多少、是否有专业的打印软件、产品稳定性与保修期限等内容进行咨询一下。

下面以 EPSON LQ-1600K（图 3-38）为例，讲述针式打印机的安装和使用方法。

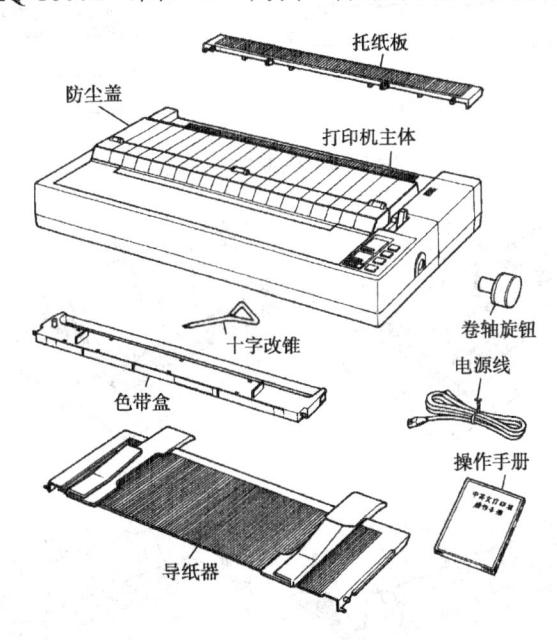

图 3-38　EPSON LQ-1600K 组成部件

（1）针式打印机的安装方法

① 色带盒的安装操作步骤，如图 3-39 所示。先确认打印机同电源断开；拿去防尘盖；将打印头滑动到打印机中部；按说明书上所讲的方法把色带正确装入色带盒；朝箭头方向

旋转旋钮使色带张紧，这一步骤使色带有皱的松弛部分绷紧，使后面的装配更容易。

拿着色带盒的两个黑色小柄，色带朝着对面的方向，把色带盒用力推到位，使黑色塑料小钩挂到打印机的小槽上。

把色带推到打印头和色带导轨之间，色带应正好被卡在打印头的金属片内，同时向箭头方向旋转色带张紧旋钮，使色带更好地到位。

把打印头从一头滑到另一头反复几次，以检验安装，不可使色带皱褶或扭转，否则应及时调整。

② 导纸器和防尘盖的安装。按图3-40（a）至图3-40（d）顺序进行。

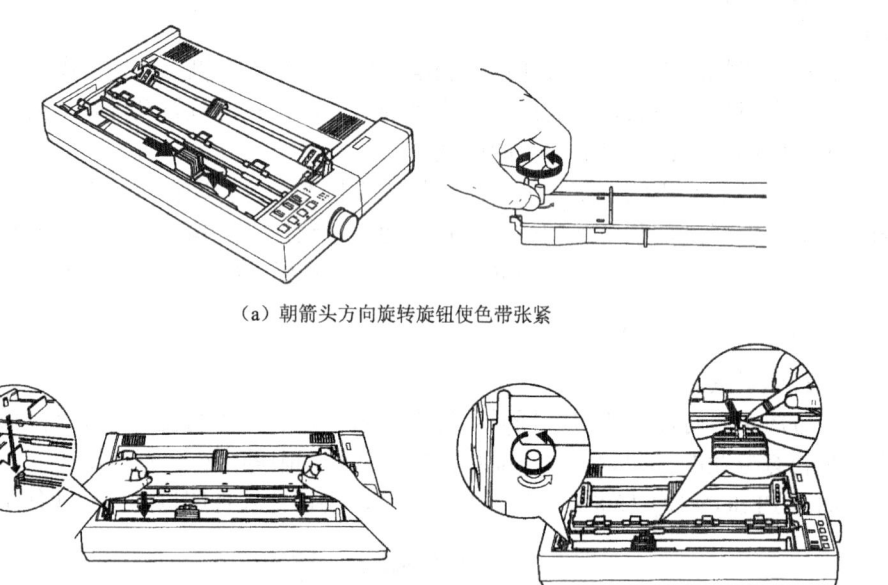

（a）朝箭头方向旋转旋钮使色带张紧

（b）把色带盒用力推到位　　　　（c）向箭头方向旋转色带张紧旋钮，使色带更好地到位

图3-39　色带盒的安装

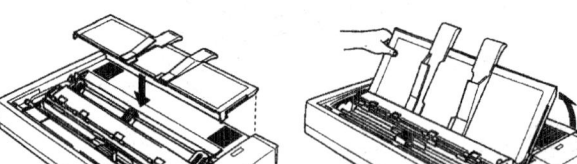

（a）　　　　（b）

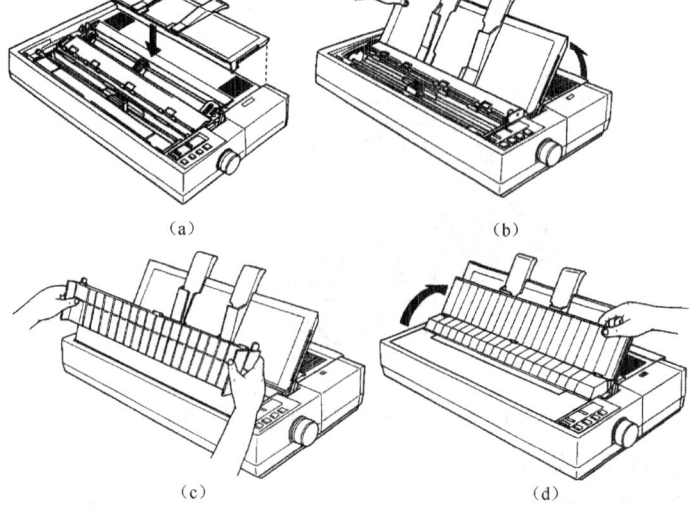

（c）　　　　（d）

图3-40　导纸器和防尘盖的安装

③ 打印机数据线与计算机的连接。应在断电情况下进行，方法如图 3-41 所示。
④ 打印机通电。按照图 3-42 所示将电源线插入打印机电源口。
⑤ 安装打印驱动程序。按厂商提供的型号操作即可。

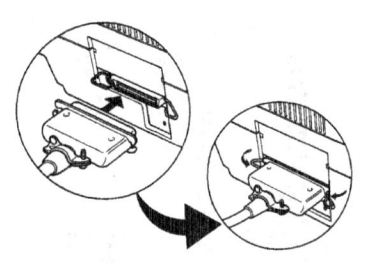

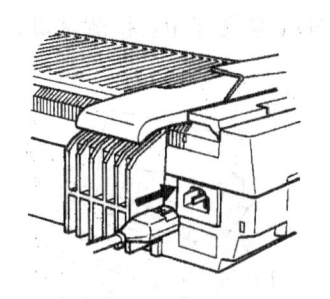

图 3-41　打印机数据线与计算机的连接　　　　图 3-42　将电源线插入打印机电源口

针式打印机使用和维护的注意事项：使用环境要干净、无尘，不受阳光直射，温度适宜，通风良好。打印机工作平台要平稳、无振动。不可在打印机上放其他物品。不能频繁启、闭电源开关。应根据纸张厚度调整辊筒间隙。及时更换色带，不可使用破损色带。根据使用情况对打印机内部进行定期清扫。打印时，切不可用手转动辊筒走纸。切不可在通电时插拔打印机数据线。

（2）针式打印机的使用方法

针式打印机的使用方法，如图 3-43 所示。

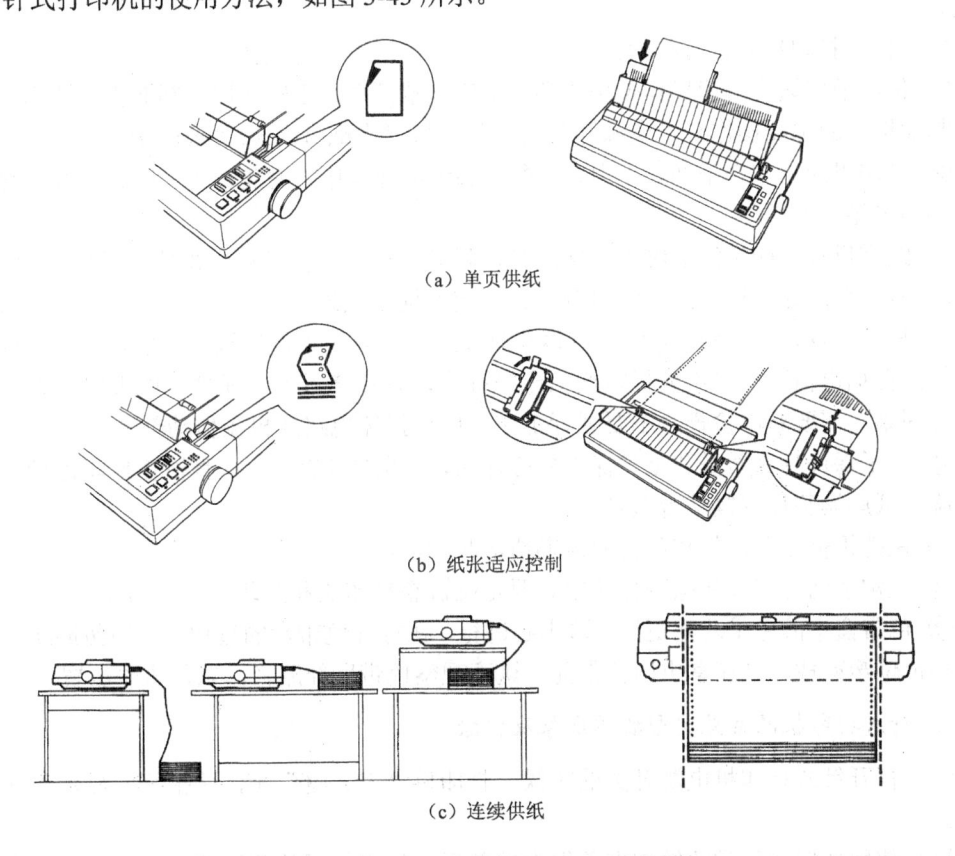

（a）单页供纸

（b）纸张适应控制

（c）连续供纸

图 3-43　打印纸的安装和纸张适应控制

① 打印纸的安装和纸张适应控制，供纸可单张，也可连续。打印用纸与复印用纸相同；针式打印机可用蜡纸，也可用宽行打印纸。

② 打印机通电自检。如图 3-44 所示，按住"换行/换页"键的同时打开打印机电源开关可以实现脱机打印自检测试页。

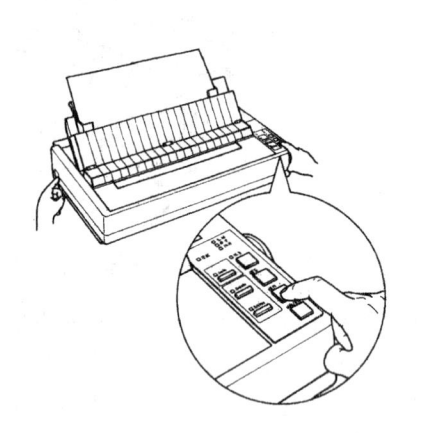

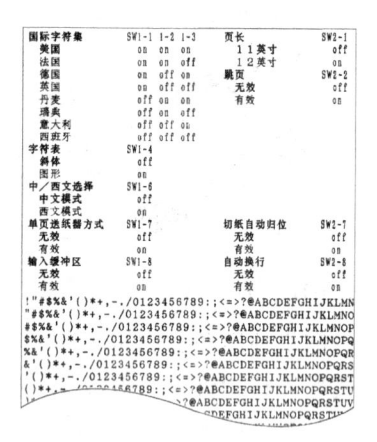

图 3-44　脱机打印自检测试页

③ 开始执行打印作业。

联机后，启动 Word，打开要打印的文档，编辑排版后，再作好页面设置，单击"打印"按钮。

（3）针式打印机的日常维护工作

① 使用前应认真阅读操作使用手册，正确设置开关，正确使用控制面板。针式打印机的控制面板上的主要操作有"电源开关"、"暂停"、"进纸/退纸"、"换行/换页"等。

② 打印机应工作在干净、无尘、无酸碱腐蚀的环境中，避免日光直晒，过潮过热。工作台必须平稳、无振动。

③ 经常进行打印机清洁维护，保持打印机外观清洁，内部可见部位无纸屑、尘迹。

④ 务必使用含有地线的三线电源，并一定使地线接地。

⑤ 按操作规程正确装卸纸张。在联机情况下，不要用手旋转进纸手轮，以免影响微动进纸量；在加电情况下，不要插拔通信电缆插头，以免烧毁接口元件。如果出现走纸或字车运行困难，需要断电检查，不要强行工作，以免损坏电路或机械传动部分。

⑥ 为了保证打印质量和维护保养好打印头，每次打印前，应认真检查打印色带位置是否正确；纸厚调整杆位置是否适当。

⑦ 保持机械运动部件和部位的定期清洁与润滑。

⑧ 经常清洁打印头和橡胶打印辊。要正确调整打印头和打印辊之间的间隙。

⑨ 色带盒中的色带若需更换，请小心进行，在打开色带盒的过程中，切勿掰断卡扣塑料片和定位塑料柱，并在拿出旧色带前，认真观察色带所经路径，以便仿照放置。

4. 针式打印机的常见典型故障现象及排除

（1）打开针式打印机电源开关的时候，打印机"嘎、嘎"响，并报警，显示无法联机打印。

这与使用环境和日常的维护有着很大的关系。如果使用的环境差、灰尘多，就会较易出现该故障。因为灰尘积在打印头移动的轴上，和润滑油混在一起，越积越多，形成较大阻力，使打印头无法顺利移动，导致无法联机打印。所以只要关掉电源，用软纸把轴擦干净，再滴上缝纫机油后，反复移动打印头把脏东西都洗出擦净，最后在干净的轴上滴上机油，移动打印头使分布均匀，开机即可正常工作。

（2）打印出的字符缺点少横，或者机壳导电。

这是由于打印机打印头扁平数据线磨损造成的。打印机打印头扁平数据线磨损较小时，可能打印出的字符缺点少横，会误以为打印头断针。当磨损较多时，就会在磨损部分遇上机壳时导电。解决办法很简单，更换扁平数据线即可。

（3）打印机输出空白纸。

对于针式打印机，引起打印纸空白的原因大多是色带油墨干涸、色带拉断、打印头损坏等，应及时更换色带或维修打印头。

（4）打印纸输出变黑。

引起该故障的原因是色带脱毛、色带上油墨过多、打印头脏污、色带质量差和推杆位置调得太近等，检修时应首先调节推杆位置，如故障不能排除，再更换色带，清洗打印头，一般即可排除故障。

（5）打印字符不全或字符不清晰。

可能有以下几方面原因：打印色带使用时间过长；打印头长时间没有清洗，脏物太多；打印头有断针；打印头驱动电路有故障。首先调节一下打印头与打印辊间的间距，故障不能排除，可以换新色带，如果还不行，就需要清洗打印头了。方法是卸掉打印头上的两个固定螺钉，拿下打印头，用针或小钩清除打印头前、后夹杂的脏污，一般都是长时间积累的色带纤维等，再在打印头的后部看得见针的地方滴几滴仪表油，以清除一些脏污，不装色带空打几张纸，再装上色带，这样问题基本就可以解决。如果是打印头断针或是驱动电路问题，就只能更换打印针或驱动管了。

（6）打印字迹偏淡。

引起该类故障的原因大多是色带油墨干涸、打印头断针、推杆位置调得过远，可以用更换色带和调节推杆的方法来解决。

（7）打印时字迹一边清晰而另一边不清晰。

此现象主要是打印头导轨与打印辊不平行，导致两者距离有远有近所致。解决方法是可以调节打印头导轨与打印辊的间距，使其平行。具体做法是：分别拧松打印头导轨两边的调节片，逆时针转动调节片减小间隙，最后把打印头导轨与打印辊调节到平行就可解决问题。不过要注意调节时调对方向，可以逐渐调节，多试打印几次。

（8）打印纸上重复出现污迹。

针式打印机重复出现脏污的故障大多是由于色带脱毛或油墨过多引起的，更换色带盒即可排除。

3.6.3 ★喷墨打印机的使用与维护

1. 喷墨打印机概述

喷墨打印机是一种把墨水喷到纸张上形成点阵字符或图像的打印机。这种印字技术早在 20 世纪 50 年代就已研究，但是由于存在喷墨量的控制、墨滴扩散程度、喷嘴堵塞等问题，直到 20 世纪 60 年代末～70 年代初才形成商品投入市场。进入 20 世纪 80 年代，随着计算机的发展和普及，市场对打印机的需求量增大，喷墨印字技术才得到较大发展。20 世纪 90 年代后，随着技术的不断改进，喷墨打印机具备了结构简单、工作噪声低、体积小、价格日益降低、能进行彩色打印、印字质量又接近于激光打印机等诸多优点，逐步受到用户青睐，迅速得到了普及。

科学家们已经使用喷墨盒"打印"出精确模式的干细胞，正将此技术应用到一个完全崭新的领域，以探索打印细胞三维的结构。科学家们希望利用此项技术制造出微型器官用于医学测试，希望将来人类能够按照需求制造出可移植器官。

科学家们正在利用 3D 打印机制造如皮肤、肌肉和血管片段等简单的活体组织，很有可能有一天能够制造出像肾脏、肝脏甚至心脏这样的大型人体器官。如果生物打印机能够使用病人自身的干细胞，那么器官移植后的排异反应将会减少。

进入 21 世纪，3D 打印制造技术迅速发展。3D 打印机，即快速成形技术的一种机器，它是一种以数字模型文件为基础，运用粉末状金属或塑料等可黏合材料，通过逐层打印的方式来构造物体的技术。其原理是把数据和原料放进 3D 打印机中，机器会按照程序把产品一层层制造出来。打印出的产品，可以即时使用。过去常在模具制造、工业设计等领域被用于制造模型，现正逐渐用于一些产品的直接制造，这意味着这项技术正在普及。3D 打印机也可以打印食品。3D 打印机需求量较大的行业包括政府、航天和国防、医疗设备、高科技、教育业及制造业。

3D 打印技术日渐普及，应用于医学、建筑和军事等范畴，甚至开始家用化。但该技术在逐渐被广泛应用的同时，危害也日趋暴露出来。

喷墨打印机的分类如下所述。

（1）按喷墨技术可分为连续式和随机式两种。

（2）按颜色可分为单色和彩色两种。

（3）按幅面大小可分为 A3 幅面和 A4 幅面，常用的是 A4 幅面。

（4）按打印机内置字库可分为汉字喷墨打印机和西文喷墨打印机。

（5）按用途可分为台式和便携式两种。

（6）按打印机精度即分辨率可分为高档、中档、低档三种。

喷墨打印机的主要优点：具有较高分辨率，可高达 1200dpi，甚至更高；工作噪声较低；印字机构的可动部件少，可靠性高；打印速度较快；运行功耗低；容易实现质量较高的彩色打印；打印头无磨损或很少出现磨损现象；设备体积小，占用空间较小。主要缺点：喷墨印字技术同其他非击打式印字技术一样，不具备复制能力；打印质量与打印速度、墨质、纸张关系密切；耗材（主要指墨盒）成本高；打印幅面较小。

2. 喷墨打印机的组成结构与工作原理

喷墨打印机基本上由机械和电气两部分组成。

机械部分主要由喷头和墨盒、清洁机构、字车和走纸部分组成。其中喷头和墨盒是打印机的关键部件，打印质量和速度在很大程度上取决于该部分的质量和性能。

电气结构主要由主控制电路、驱动电路、传感器检测电路、接口电路和电源等部分组成。

喷墨打印机的打印头由几百个细小的喷墨口组成。其基本工作原理是在喷墨口上先产生小墨滴，再利用打印头把细小的墨滴导引至设定的位置上，墨滴越小，打印的图片就越清晰。

当打印头横向移动时，喷墨口可按一定的方式喷射出墨水，打到打印纸上，形成字符、图形等。喷墨打印机特点是价格适中；打印质量接近激光打印机，比点阵打印机打印的效果好；打印速度比点阵打印机快；使用起来噪声小；与点阵打印机相比，体积小、质量轻；但耗材费用较高；对纸张的要求较高；喷墨口不易保养。

如图 3-45 所示，喷头和墨盒的结构大致分为两类：一类是喷头和墨盒做在一起，墨盒上既有墨水又有喷头，墨盒本身即为消耗品，当墨水用完后，需更换整个墨盒，所以耗材成本较高，HP 产品多采用该类墨盒；另一类是喷头和墨盒分开，当墨水用完后仅需更换墨盒，耗材成本较低，EPSON 产品多采用该类墨盒。

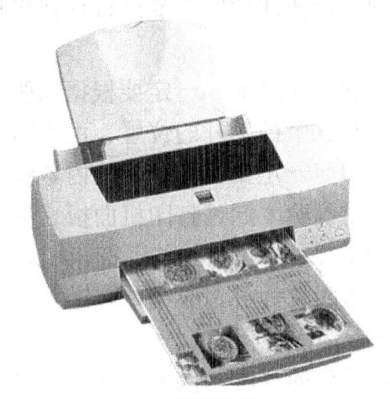

（a）喷墨打印机

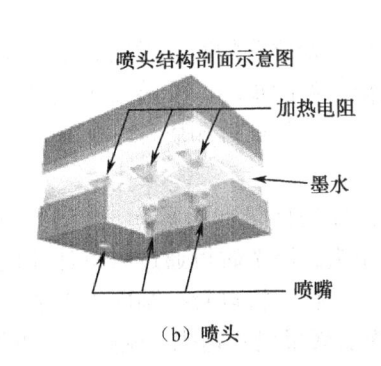

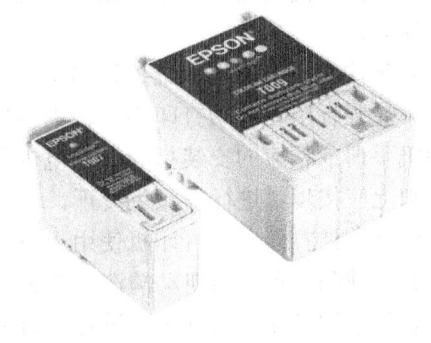

（b）喷头

（c）彩色墨盒

图 3-45　喷墨打印机

3. 喷墨打印机的使用与维护

下面以 HP DeskJet 920C 为例，讲述喷墨打印机的安装和使用。

喷墨打印机的安装步骤是，接插打印机电源线；安装打印墨盒；打印机与计算机连接；安装打印驱动程序。准备好硬件连接电缆和驱动程序软件，软件可存放在光盘或硬盘上，或者是通过网络可以访问的其他位置。

喷墨打印机的控制面板上主要有"电源开关"、"电源指示灯"、"状态指示灯"等。

喷墨打印机的使用步骤是，为打印机供纸，如图 3-46 所示；打印机属性设置；执行打印机自检；开始文档的打印。

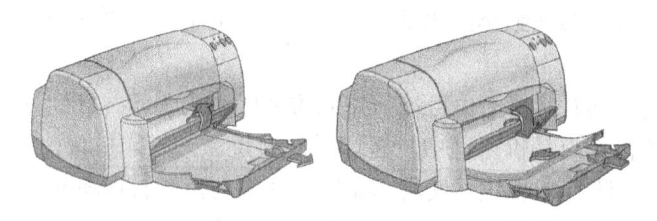

图 3-46　HP DeskJet 920C 喷墨打印机供纸

喷墨打印机在日常使用过程中要注意做好以下几项工作。

（1）在使用环境、清洁方法和电源要求上，基本与针式打印机相同。

（2）不要盲目操作。在开启喷墨打印机电源开关后，电源指示灯或联机指示灯将会闪烁，这表明喷墨打印机正在预热，在此期间不要进行任何操作，待预热完毕后指示灯不再闪烁时方可进行操作。

（3）正确使用纸张。在正式打印之前，一定要根据纸张的类型、厚度及手动、自动送纸方式等情况，调整好打印介质各个控制杆的位置。由于喷墨打印机结构紧凑小巧，所支持的打印幅面有限，所以，打印前一定要对所打印的内容针对相应幅面进行恰当设置（对于不同打印机可根据相应的使用说明，通过打印机面板、打印机工具或编辑软件等进行设置）。喷墨打印机不宜使用过薄的纸张。整叠的单页打印纸放入送纸器前，一定要充分翻拨，整齐后放入，切忌过潮。打印透明胶片时，必须单张送入打印，而且打印好的透明胶片要及时从托盘中取出，等完全干燥后方可保存。

（4）保持机械运动部件和部位的清洁与润滑。润滑油可用钟表油或缝纫机油，加油前先用柔软干布擦去油污垢再进行。加油位置要准确，主要是打印头滑动部件，不要加到不该加油的地方。

（5）必须注意正确使用和维护打印头。打印机在初始位置的时候通常处于机械锁定状态。此时不能强行用力移动打印头，否则会导致机械部件的损坏。安装或更换打印墨盒，应在打印机手册或相应的安装指导下通电进行，并且为了保证打印质量，每次重装打印墨盒后，原则上应按步骤进行打印头校正。

（6）定期清洁打印头。打印机使用一段时间后，如果打印质量下降，输出不清晰，出现纹状或其他缺陷，可利用自动清洗功能来清洗打印头。清洗时可通过联机计算机利用打印机附带软件中的打印头清洗工具进行，有的也可通过打印机自身控制面板上的按钮来进行。清洗打印头会消耗少量墨粉，如果连续清洗几次后效果仍不理想，就要考虑更换墨盒。

4. 喷墨打印机常见故障分析与处理

（1）故障现象：打印机运动正常，但不喷墨。

原因分析：一般喷墨打印机在墨粉用尽时，墨尽指示灯会闪烁，同时打印会被终止，该故障现象表明，墨粉并不缺，推断其原因，可能是喷头阻塞。

排除方法：运用本身的自动清洗打印头功能进行自动清洗。

（2）故障现象：刚换完墨盒，墨尽灯仍亮。

原因分析：喷墨打印机墨盒的安装要按照一定的步骤进行，系统检测不到新墨盒，很可能是不按规定操作或墨盒安装不到位造成的。

排除方法：按相应打印机墨盒安装的规定步骤重新安装墨盒。

（3）故障现象：墨头部件运行困难，有时乱撞。

原因分析：导轴润滑不好。

排除方法：用棉花或干软布清洁导轴后，重加少量润滑油。

3.6.4 ★激光打印机的使用与维护

1. 激光打印机概述

激光打印机是一种高速度、高精度、低噪声的非击打式打印机。激光打印机脱胎于 20 世纪 80 年代末的激光照排技术，流行于 20 世纪 90 年代中期。激光打印机是现代高新技术的结晶，其工作原理与针式打印机和喷墨打印机相差甚远，因而也具有二者完全不能相比的高速度、高品质和高打印量，以及多功能和全自动化输出性能。激光打印机一面市就以其优异的分辨率、良好的打印品质和极高的输出速度，很快赢得用户普遍赞誉，但因高昂的价格，使得它一度只能高居贵族专业应用领域。所幸的是，随着技术的日趋成熟和它的大规模生产，使其成本和售价不断下降，近年来，在追求质量和效率的现代化办公室里，得到了广泛应用，逐渐成为办公自动化必备设备之一。

根据应用环境可以基本分为普通激光打印机、彩色激光打印机和网络激光打印机三种。

激光打印机的显著优点是打印速度快、品质好、工作噪声小，所以，目前广泛应用于办公自动化（OA）和各种计算机辅助设计（CAD）系统领域。在轻印刷系统的照排、计算机网络共享等方面，也是激光打印机的天下。

但是激光打印机的整机和耗材价格不菲，特别是彩色激光打印机可称得上真正的贵族设备。

综上所述，激光打印效果最好，几乎达到印刷品的水平；打印速度最快，打印噪声很小；但耗材多、价格较贵。激光打印机外形及组成如图 3-47 所示。

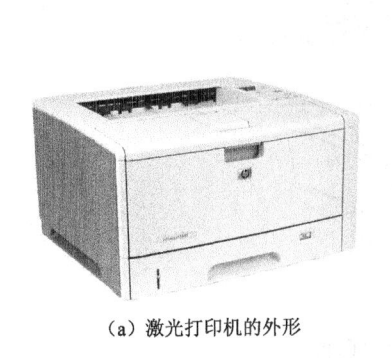

（a）激光打印机的外形　　　　　（b）激光打印机的组成

图 3-47　激光打印机

2. 激光打印机的组成结构与工作原理

激光打印机由激光扫描系统、电子照相系统和控制系统 3 部分组成。

激光打印机的主要部件：感光鼓即硒鼓，是图像生成系统的核心；墨粉，单色激光打印机一般使用黑色墨粉；盒组件，为电子照相（Electro-Photographic）盒，由墨粉源和打印机图像生成系统的大部分结构组成的一个单一的、可更换的盒；精密机械，即电子控制包（Electrical Control Package），是控制电路的总称，可分成接口电路、主逻辑电路、存储器和控制面板 4 个功能区。

激光打印机从输入打印命令到产生打印输出结果，一般要经过格式转换、光栅转换和扫描输出 3 个阶段。它的工作原理要复杂一点。首先，计算机把需要打印的内容转换成数据序列形式的原始图像，然后把这些数据传送给打印机。打印机中的微处理器将这些数据存于打印机内存中，再经过打印机语言将这些数据破译成点阵的图样，破译后的点阵图样被送到激光发生器，激光发生器根据图样的内容迅速做出开与关的反应，把激光束投射到一个经过充电的旋转鼓上，鼓的表面凡是被激光照射到的地方电荷都被释放掉，而那些激光没有照到的地方却仍然带有电荷，通过带电电荷吸附的碳粉转印在纸张上从而完成打印。

激光打印机的工作过程可归纳成如下 6 个过程。

（1）删除和清洁：感光鼓释放电荷，清洗感光鼓。

（2）充电：感光鼓充电，新图像才能写到感光鼓上。

（3）曝光：在感光鼓的表面上形成（书写）一幅潜在的图像（静电潜影）。

（4）显影：显影辊→墨粉→感光鼓→隐藏的图像。

（5）转印：墨粉从感光鼓转印到打印纸上，再去电。

（6）定影：将熔化的墨粉挤入纸的纤维中。

3. 激光打印机的使用与维护

下面以 HP 6L Pro 为例，讲述普通激光打印机的安装和使用方法。

（1）激光打印机的安装

HP 6L Pro 打印机的外形和各部件名称如图 3-48 所示。

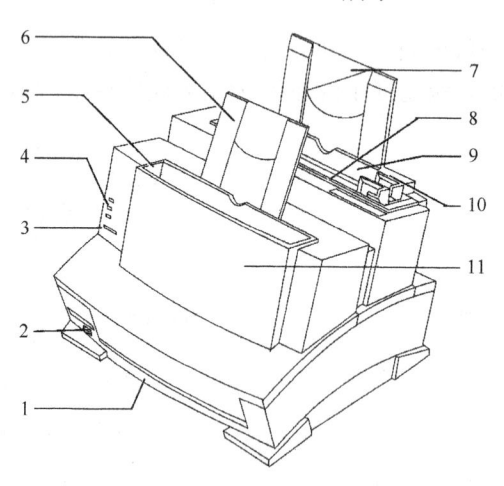

图 3-48　HP 6L Pro 激光打印机

1—重磅介质输出槽；2—送纸道手柄；3—控制面板按钮；4—指示灯；5—纸张输出盒；6—纸张输出支架；7—纸张输入支架；8—单页输入槽；9—纸张输入盒；10—导纸板；11—打印机端盖；

硒鼓的安装，如图 3-49 所示。

① 用双手将打印机端盖朝前拉向自己，打开打印机端盖。

② 轻快地来回晃动硒鼓，使碳粉在盒内尽量分布均匀。

③ 抓住硒鼓侧面的清洁密封带末端，用力将整条密封带拉出。

④ 拿住硒鼓手柄（箭头朝向打印机），使其向下滑到打印机中。硒鼓的两端会滑到打印机中的黑色塑料凹槽内。用力将其推入到位，然后合上打印机端盖。

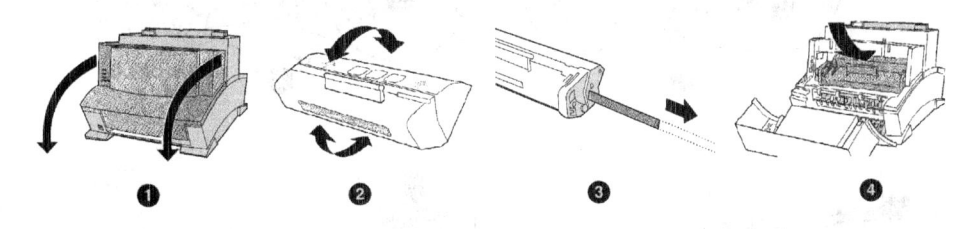

图 3-49　硒鼓的安装

连接打印机的并行电缆和电源线，如图 3-50 所示。

① 将并行电缆连接至打印机。插入电缆前，确保端口指向正确方向。

② 将打印机的两个线夹扣到电缆上，以固定电缆。牢固的电缆有助于防止计算机和打印机之间出现通信问题。

③ 将电缆连接至计算机上的并口。拧紧连接并口的固定螺钉，以固定电缆。

④ 仅使用随打印机提供的电源线。用电源线将打印机连接至接地的电源插座或墙上插座。

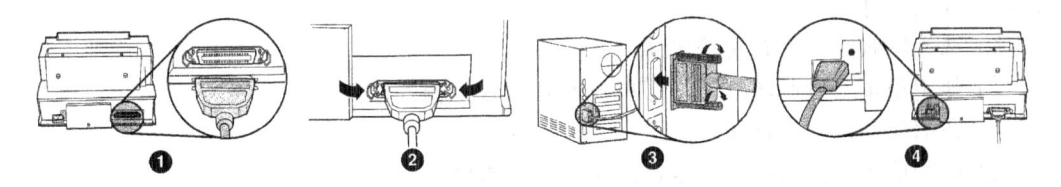

图 3-50　并行电缆和电源连接

将纸张装入打印机，如图 3-51 所示。

① 升高纸张输入盒和纸张输出盒上的支架，直至其卡入到位。

② 纸张输入盒中最多可放入 100 张纸。

③ 使用纸张输入盒上的导纸板使纸张居中。

④ 执行打印机自检。

⑤ 驱动程序安装。

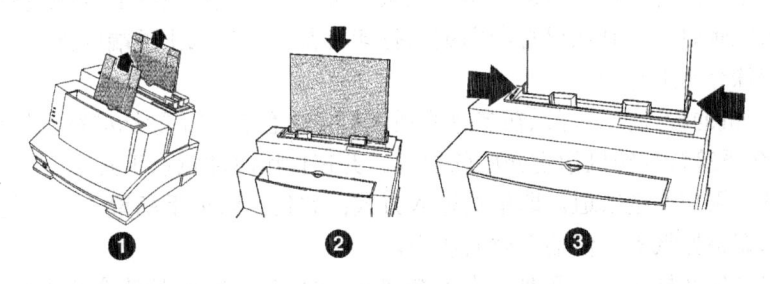

图 3-51　装入纸张

（2）激光打印机的使用

激光打印机的使用如图 3-52 所示。

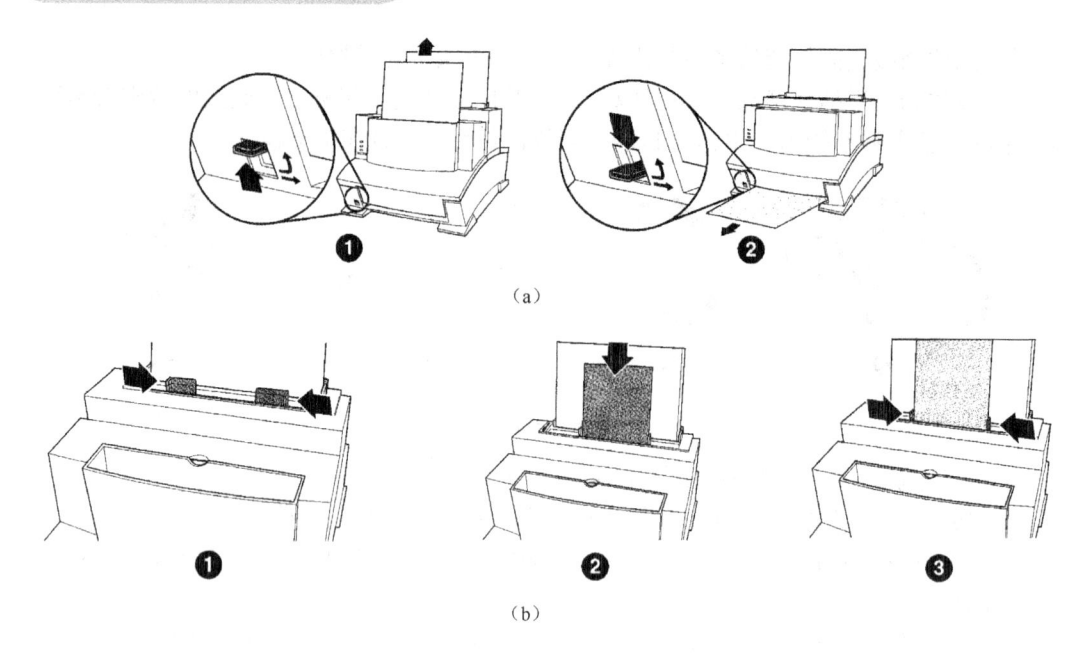

图 3-52 激光打印机的使用

① 打印机控制面板的使用。在控制面板上主要有"电源开关"按钮和"注意"、"就绪"、"执行"等指示灯。

② 选择纸张或其他介质输出通道。

③ 使用单页（直通送纸道，即单页输入方式）输入槽。

1) 在信头和信封上打印

① 打印信头和信封时，应尽量使用单页输入槽。

② 放入信头和信封时，应使其打印面朝前，顶部（或左部）朝下。

③ 打印信封时，将出纸道手柄置于下方位置，以减少出现起皱和卷曲现象。

④ 若确实要打印多个信封，可用多页纸输入槽，但应视信封结构和纸张厚度适量放入，一般最多不要超过 10 张。

2) 双面打印

① 按正常方式打印第一面。一些办公软件程序中，包括了双面打印时的一些有用选项，如只打印"奇数页"或"偶数页"等。

② 打印第二面时，请先冷却并整平纸张后进行，以获得更好的打印质量。

③ 放入纸张时，应确保已打印面朝向打印机背面，且纸张顶端向下。

3) 在特殊介质上打印

激光打印机的设计使其可以在多种介质上打印，但在使用除标准纸张以外的介质时，必须使这些介质符合打印机指定介质的要求。并在使用时注意以下几点。

① 尽量使用直通送纸道。即单页输入方式；并使出纸道手柄置于下方位置。

② 认真调整导纸板，使输入介质居中。

③ 自定义尺寸打印时，不要在小于 76.2mm 宽或 127mm 长的介质上打印，应在软件中将边距至少设为 6.4mm。另外要始终以纵向方向将介质放入打印机，若要横向打印，请从软件中设定。

④ 透明胶片打印后，要立即放在平面上冷却。

⑤ 不干胶标签打印时，不要使用与衬纸分开的标签或已起皱、已损坏的标签，不要使用部分标签已被撕下的标签，不要将一张标签送入打印机超过一次。

⑥ 在打印机属性窗口进行恰当设置。

激光打印机可以像喷墨打印机一样，通过打印机属性的相关设置，满足各种打印需要。其方法和喷墨打印机的设置基本一样，此处不再详述。

（3）激光打印机的维护

激光打印机在日常使用过程中要注意做好以下几项工作。

① 在使用环境、清洁方法和电源要求上，基本与针式打印机相同，有关内容请参考针式打印机的维护部分。

② 不要盲目操作。在开启激光打印机电源开关后，电源指示灯或联机指示灯将会闪烁，这表明激光打印机正在预热，在此期间不要进行任何操作，待预热完毕后指示灯不再闪烁时方可进行操作。

③ 正确使用纸张。在正式打印之前，一定要根据纸张的类型、厚度及手动、自动送纸方式等情况，调整好打印介质各个控制杆的位置。激光打印机不宜使用过薄的纸张。整叠的单页打印纸放入送纸器前，一定要充分翻拨，整齐后放入，切忌过潮。

④ 通过经济方式延长墨粉使用寿命。延长硒鼓使用寿命的一个较好方法是使用"经济方式"。"经济方式"打印比普通打印使用的墨粉大约少50%。虽然打印的图像较淡，但适于打印草图或校样。通过打印机属性窗口可轻松设置，对 HP LaserJet 6L Pro 打印机而言，只需在属性窗口中选择"EconoMode（节省墨粉）"选项即可。

⑤ 通过重新分布墨粉延长墨粉使用寿命。

打印件出现浅淡区域通常是硒鼓已接近其墨粉使用寿命的提示，通过重新分布硒鼓中的剩余墨粉，可以暂时复原打印质量，但这种方法不能多次使用。操作时，先取出硒鼓，然后轻快地来回晃动，使墨粉在盒内分布均匀，重新装入硒鼓即可。

4. 激光打印机常见典型故障及排除方法

（1）常见典型故障现象之一：卡纸。

可能的原因：纸张未正确装入；纸张输入盒过满；导纸板未调整至正确位置；在未先清空并重新对齐纸盒中所有介质的情况下，添加了更多的纸张；纸张输出盒太满；在打印时调整了送纸道手柄；打印时打开打印机端盖；使用的纸张不符合规格；在打印时电源中断。

清除卡纸的方法如下所述。

对于进纸区域的卡纸，若从纸张输入盒或单页输入槽可以看到大部分卡塞的纸张，可用手小心地将卡塞的纸张竖直向上拉出。或重新对齐纸张并装入，打印机将自动恢复打印。卡纸时要关电，再用手小心地将卡塞的纸张及时拉出。

对于内部区域的卡纸，可按以下步骤清除：打开打印机端盖，取出硒鼓；将绿色松纸手柄向后推；用手慢慢拉动卡塞纸张，使其脱离机器；清除可能掉下的纸张碎片；重新装入硒鼓，合上打印机端盖，打印机将自动恢复打印。

（2）常见典型故障现象之二：不进纸。

可能的原因：纸张未正确装入；有卡纸。

解决不进纸的方法：轻按并松开控制面板按钮，打印机再次尝试送入介质，若不成功，再尝试下一步。从输入盒中取出纸张，重新对齐，再装入打印机，并确保导纸板松紧适度地夹住纸张，使纸张居中，若不成功，再尝试下一步。取出硒鼓，检查是否有卡纸，若有，应及时清除，重新装入硒鼓后并合上端盖。

（3）常见典型故障现象之三：打印件颜色浅淡或有垂直排列的白色条纹。

可能的原因：墨粉不足或启用了"经济方式"；打印机的内置光学器件被污染。

解决打印件颜色浅淡或有垂直排列的白色条纹的方法：补充墨粉、更换硒鼓或取消"经济方式"或请求服务商更换内置镜片。

（4）常见典型故障现象之四：打印件有纵向或横向的黑色条纹或不规则污迹或全黑。

可能的原因：硒鼓受损或未正确安装；打印机需要清洁；纸张太粗糙或太潮或不符合打印用纸规格。

解决打印件有纵向或横向的黑色条纹或不规则污迹或全黑方法：更换或重新安装硒鼓或清洁打印机或更换纸张。

3.7 多媒体计算机外存设备的使用与维护

辅助存储器（外存）是辅助内存工作的非易失性海量记忆部件，它的存储介质通常为磁性介质或光介质等，常见的有磁带、软盘、硬盘、光盘、U盘等。随着U盘、读卡器、移动硬盘的普及，软盘已经没有实用价值。这里主要介绍硬盘、光盘、USB存储器。

3.7.1 硬盘的使用与维护

1. 硬盘概述

硬盘（Hard Disc Drive，HDD）是计算机中主要的外部大容量存储媒介之一，由一个或者多个铝制或者玻璃制的碟片组成。这些碟片外覆盖有铁磁性材料。绝大多数硬盘都是固定硬盘，被永久性地密封固定在硬盘驱动器中。目前占主流的硬盘接口有IDE和SCSI两种。

目前固定硬盘的市场品牌主要有希捷、西数、日立、三星等。随着科学技术的飞速发展，移动硬盘容量不断增大，价格不断下降，移动硬盘将成为主流的移动存储产品，如图3-53所示。目前移动硬盘市场品牌主要有三星、日立、爱国者、希捷、联想、迈拓、忆捷等。

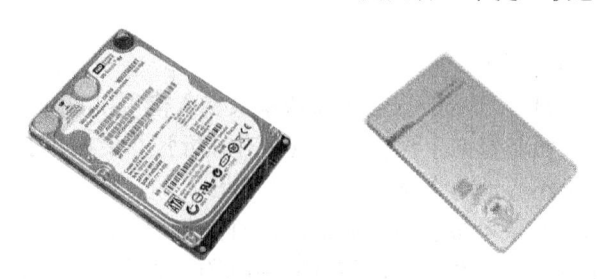

图3-53 固定硬盘（左）与移动硬盘（右）

硬盘主要性能指标如下所述。

（1）存储容量。硬盘存储容量主要有20GB、40GB、80GB、160GB、250GB、320GB、500GB、640GB、1TB等。

（2）硬盘转速（Rotational Speed）。硬盘转速是指硬盘电机主轴的转速，是决定硬盘内部传输率的关键因素之一。它的快慢在很大程度上影响了硬盘的速度，同时主轴转速的快慢也是区分硬盘档次的重要标志之一。硬盘的主轴电机带动盘片高速旋转，产生浮力使磁头飘浮在盘片上方，将所要存取资料的扇区带到磁头下方，转速越快，等待时间也就越短。目前市场上常见的硬盘转速一般有 5400r/s、7200r/s，甚至 10000r/s。

（3）数据传输率（Data Transfer Rate）。数据传输率指当硬盘找到某数据后，将数据内容传送至 CPU 进行处理的速度，单位为 MB/s。

外部数据传输率指硬盘的缓存与主存之间交换数据的速度。内部数据传输率指硬盘磁头从缓存中读写数据的速度。

（4）缓存（Cache）。缓存是硬盘与外部总线交换数据的场所。硬盘读数据的过程是将磁信号转化为电信号后，通过缓存一次次地填充与清空，再填充，再清空，一步步按照 PCI 总线的周期送出。

目前，大多数 SATA 硬盘的缓存为 8MB，而 Seagate 的"酷鱼"系列则使用了 32M，在服务器或特殊应用领域中甚至达到了 64MB。

（5）S.M.A.R.T.（Self-Monitoring, Analysis and Reporting Technology）技术。S.M.A.R.T. 为自监测、分析及报告技术。支持该技术的硬盘通过硬盘上的监测电路和主机上的监测软件对磁头、盘片、电机、电路的运行情况与历史记录及预设的安全值进行分析、比较，当出现安全值范围以外的情况时，会自动向用户发出警告。优点是减少数据丢失，可以对硬盘潜在故障进行有效预测，提高数据的安全性。

（6）串行 ATA（Serial ATA，SATA）。串行 ATA 以连续串行的方式传送数据，一次只会传送 1 位数据。这样能减少 ATA 接口的针脚数目，使连接电缆数目变少，效率也会更高。实际上，串行 ATA 仅用四支针脚就能完成所有的工作，分别用于连接电缆、连接地线、发送数据和接收数据，同时这样的架构还能降低系统能耗和减小系统复杂性。其次，串行 ATA 的起点更高、发展潜力更大，串行 ATA 1.0 定义的数据传输率可达 150MB/s，这比目前最新的并行 ATA（ATA/133）所能达到 133MB/s 的最高数据传输率还高，而在串行 ATA 2.0 的数据传输率将达到 300MB/s。

2. 硬盘的使用与维护

硬盘外部结构主要有接口、控制电路板、外壳等。

硬盘接口包括电源接口插座和数据接口插座两部分。电源插座就是与主机电源相连接，为硬盘正常工作提供电力保证。数据接口插座则是硬盘数据与主板控制芯片之间进行数据传输交换的通道，使用时是用一根数据线将其与主板 IDE 接口或与其他控制适配器的接口相连接。数据接口（图 3-54）可分成 IDE（PATA 并口）接口、SCSI 接口、串行 ATA 接口、SAS（Serial ATA SCSI）接口。IDE 硬盘的接线端面如图 3-55 所示。

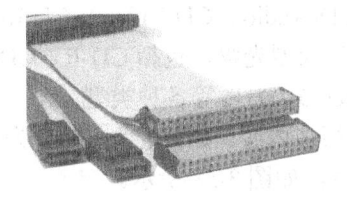

图 3-54 硬盘接口数据线 SATA（左）与 IDE（右）

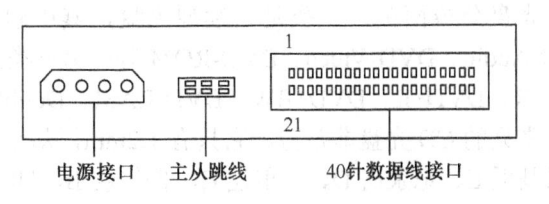

图 3-55 IDE 硬盘的接线端面

硬盘控制电路板（图 3-56）包括主轴调速电路、磁头驱动与伺服定位电路、读/写电路、高速缓存、控制与接口电路、ROM 芯片、缓存等。

硬盘的外壳与底板结合成一个密封的整体，正面的外壳保证了硬盘盘片和机构的稳定运行。在固定面板上贴有产品标签，上面印着产品型号、产品序列号、产地、生产日期、CHS 参数、主从跳线图等信息。除此之外，还有一个透气孔，它的作用就是使硬盘内部气压与大气气压保持一致。另外，硬盘侧面还有一个向盘片表面写入伺服信号的 Servo 孔。

硬盘的内部结构（图 3-57）由磁头、盘片、主轴、电机、接口及其他附件组成，其中磁头盘片组件是构成硬盘的核心，它封装在硬盘的净化腔体内，包括浮动磁头组件、磁头驱动机构、盘片、主轴驱动装置及前置读写控制电路几个部分。

图 3-56　硬盘控制电路　　　　图 3-57　硬盘结构

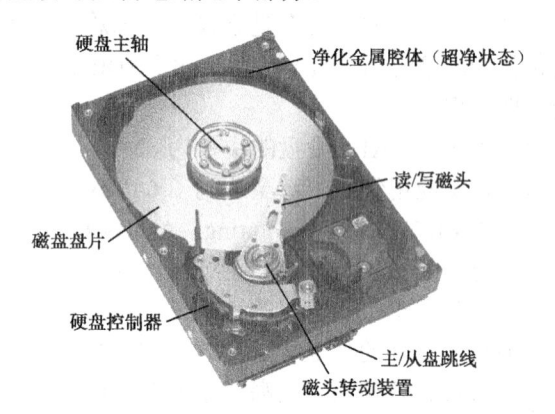

硬盘使用时必须注意，要养成正确关机的习惯，硬盘在工作时不能突然关机。用户不能自行拆开硬盘盖，要防止灰尘进入。要防高温、防潮、防电磁干扰。轻易不要低格，要定期整理硬盘上的信息，尽量不要使用硬盘压缩技术，要定期对硬盘进行杀毒。注意防震，用手拿硬盘时要小心，在工作中不能移动硬盘。

3.7.2　光盘驱动器的使用与维护

1. 光盘及光盘驱动器概述

光盘存储容量大，价格便宜，保存时间长，适宜保存大量的数据，如声音、图像、动画、视频、电影等多媒体信息。由于光盘是以凹凸不平的小坑代表 0 和 1 来记录数据的，因此它们接收激光束时所反射的光也有强弱之分，这时反射回来的光再经过平面棱镜的折射，由光电二极管变成电信号，经过控制电路的电平转换，变成只含 0、1 的数字信号，计算机就能够读出光盘中的内容了。

光盘分成两类，一类是只读型光盘，其中包括 CD-Audio、CD-Video、CD-ROM、DVD-Audio、DVD-Video、DVD-ROM 等；另一类是可记录型光盘，包括 CD-R、CD-RW、DVD-R、DVD+R、DVD+RW、DVD-RAM、Double layer DVD+R 等各种类型。

常见的 CD 光盘非常薄，它只有 1.2mm，却包括了很多内容。CD 光盘主要分为 5 层，包括基板 E、记录层 D、反射层 C、保护层 B、印刷层 A，如图 3-58 所示。

光盘驱动器简称光驱（CD-ROM），是读取光盘信息的设备，是多媒体计算机不可缺少的硬件配置。光驱可分为 CD-ROM 驱动器、DVD 光驱（DVD-ROM）、康宝（COMBO）

光驱和刻录光驱等。

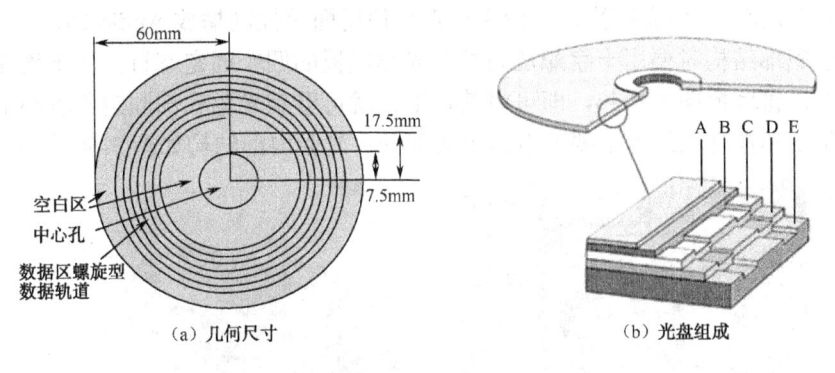

图 3-58 光盘结构

CD-ROM 光驱又称为致密盘只读存储驱动器,是一种只读光存储介质的产品。它是利用原本用于音频 CD 的 CD-DA（Digital Audio）格式发展起来的。

DVD 光驱是一种可以读取 DVD 碟片的光驱,除了兼容 DVD-ROM、DVD-VIDEO、DVD-R、CD-ROM 等常见的格式外,对于 CD-R/RW、CD-I、VIDEO-CD、CD-G 等都有很好的支持。

COMBO 光驱是一种集合了 CD 刻录、CD-ROM 和 DVD-ROM 为一体的多功能光存储产品。

刻录光驱包括 CD-R、CD-RW 和 DVD 刻录机等,其中 DVD 刻录机又分 DVD+R、DVD-R、DVD+RW、DVD-RW（W 代表可反复擦写）和 DVD-RAM。刻录机的外观和普通光驱差不多,只是其前置面板上通常都清楚地标识着写入、复写和读取三种速度。

目前市场 DVD 刻录机和 DVD-ROM 品牌主要有三星、先锋、明基、华硕等,DVD 刻录机 16×、18×是主流产品。

光驱的性能与指标如下所述。

（1）数据传输率。数据传输率表明光驱从光盘上读取数据的快慢。单速是指最初的光驱读取速率为 150KB/s,倍速是以最初光驱读取速率的多少倍读取的光驱。

（2）缓存。缓存（Cache 或 Buffer Memory）的作用是提供一个数据的缓冲区域,将读取的数据暂时保存,然后一次性进行传输和转换,缓存要越大越好。

（3）光驱的容错性能。光驱的容错性能是指光驱读取质量不太好的光盘的能力,容错性能越强,光驱能读的"烂盘"越多。尽管目前高速光驱的数据读取技术已经趋于成熟,但仍有大多数产品为了提高容错性能,采取调大激光头发射功率的办法来达到纠错目的,这种办法的最大的弊病就是人为地造成激光头过早老化,减少产品的使用寿命。

2. 光盘及光盘驱动器的使用与维护

光驱面板如图 3-59 所示。耳机插孔用于连接耳机或音箱,可输出 Audio CD 音乐。音量调节旋钮用于调整输出的 CD 音乐音量大小。指示灯用于显示光驱的运行状态。应急退盘孔

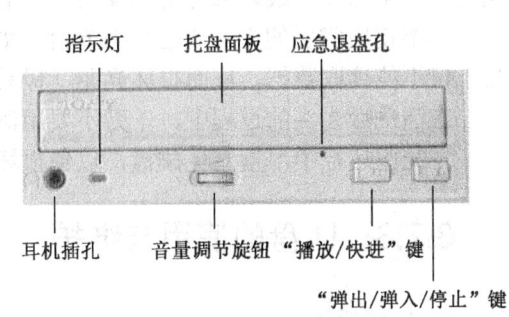

图 3-59 光驱面板

用于断电或其他非正常状态下打开光盘托架。"弹出/弹入/停止"键用于控制光盘进出盒和停止 Audio CD 播放。"播放/快进"键用于直接使用面板控制播放 Audio CD。

要观察底部结构时要用十字螺丝刀拧开光驱底板的四个固定螺钉，压下连在光驱面板上的固定卡，将底板向上抬起，即可将其拆下，就可看到光驱底部固定着机心电路板，它包括伺服系统和控制系统等主要的电路组成部分，光驱内部结构如图 3-60 所示。

图 3-60　光驱内部结构

观察机心结构时要用细针插入面板的紧急出盒孔，将光盘托架拉出，压下上盖板两端的固定卡，卸开光驱面板，然后打开上盖板，就可以看到整个机心结构。

激光头组件包括光电管、聚焦透镜等，配合运行齿轮机构和导轨等机械组成部分，在通电状态下，根据系统信号确定、读取光盘数据并通过数据线将数据传输到系统。主轴电机是光盘运行的驱动力，在光盘读取过程的高速运行中提供快速的数据定位功能。光盘托架是在开启和关闭状态下的光盘承载体。启动机构控制光盘托架的进出和主轴电机的启动，加电运行时启动机构将使包括主轴电机和激光头组件的伺服机构处于半加载状态中。

光驱是计算机的标准配置，在计算机硬件中也比较娇气，是使用计算机中损耗较大的部件，因此在日常维护中应注意以下几点。

当光驱进行读取操作时，不要按"弹出"键强制弹出光盘。因为光驱进行读取时光盘正在高速旋转，若强制弹出，则光驱会经过短时间延迟后出盒，但光盘还没有完全停止转动，在出盒过程中光盘与托架发生摩擦，很容易使光盘产生划痕。

光盘盘片不宜长时间放置在光驱中。当不使用光盘时，应及时将光盘取出，以减少磨损。因为有时光驱即使已停止读取数据，但光盘还会转动。

光驱对防尘的要求很高，灰尘同样会损坏光驱，因此应保持光盘清洁。尽量不要使用脏的、有灰尘的光盘；每次打开光驱后要尽快关上，不要让托盘长时间露在外面，以免灰尘进入光驱内部。最好每月定期使用专门的光驱清洁盘对光驱进行清洁。

不要使用劣质的光盘或已变形光盘，如磨毛、翘曲、有严重刮痕的光盘，使用这些光盘不仅不能读取数据，反而损坏光驱，极易降低光驱的寿命。

在清洗激光头的过程中，千万不要用酒精，这样会腐蚀激光头。

在光驱运行中尽量避免碰撞，以免损坏激光头。

3.7.3　U 盘的使用与维护

1．U 盘概述

U 盘的称呼最早来源于朗科公司生产的一种新型存储设备，使用 USB 接口进行连接，即插即用，不需要驱动器，无外接电源。又称为"闪存"、"闪盘"等。

目前市场品牌有朗科（Netac）、金士顿（KingSton）、索尼（SONY）、清华紫光、爱国者、威刚（A-DATA）、联想（Lenovo）、台电、胜创（KINGMAX）、纽曼（Newman）、SANDISK、IBM 等。主流容量有 1GB、2GB、4GB、8GB 等。

U 盘主要性能指标如下所述。

（1）存储容量。U 盘的存储容量是指 U 盘最大所能存储的数据量，是 U 盘最为关键的参数。一般 U 盘的存储容量有 16MB、32MB、64MB、128MB、256MB、512MB、1GB、2GB、4GB、8GB、16GB、32GB 等，还有部分更高容量的产品，但价格已超出用户可以接受的地步。

（2）数据传送速度。U 盘用的是 Flash（闪存），U 盘的数据传送速度一般与数据接口和 U 盘芯片质量有关，以前用于区分速度的 USB1.1 和 USB2.0 标准现在已经统一改成 USB2.0 。USB2.0 最大传输率是 60MB/s。

（3）双启动 U 盘。U 盘最大特点是既能作为 USB 外接软盘/硬盘支持从软盘启动，又能作为大容量存储器支持从硬盘启动。它的左侧面是状态开关，可以选择将双启动设为 FD（软盘状态）或 HD（硬盘状态）。右侧面是写保护开关，写保护开关打开时在 U 盘上可以进行读写操作，关闭时只能读不能写，以防止文件被意外抹掉或感染病毒。

（4）加密型 U 盘。具有对存储数据安全保密功能的 U 盘，通过两种方法来确保数据的安全保密：一是用密码（U 盘锁），二是内部数据加密（目录锁）。加密型 U 盘无须安装驱动程序，而是在安装光盘中提供加密用的工具软件。在加密功能方面，有单一只对盘内文件进行软加密的、有专门对整盘进行硬加密的、还有内外兼顾做双重加密的。

2. U 盘的使用与维护

U 盘的结构（图 3-61）基本上由 5 部分组成：USB 端口、主控芯片、Flash 芯片、PCB 底板、外壳封装。

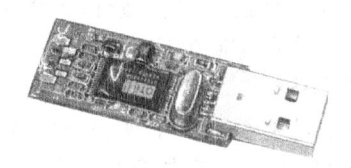

图 3-61 U 盘结构

Flash 芯片的存储单元为三端器件，与场效应管有相同的名称：源极、漏极和栅极。栅极与硅衬底之间有二氧化硅绝缘层，用来保护浮置栅极中的电荷不会被泄漏。采用这种结构，使得存储单元具有电荷保持能力，就像是装进瓶子里的水，当倒入水后，水位就一直保持在那里，直到你再次倒入或倒出，所以闪存具有记忆能力，如图 3-62 所示。

在计算机维护中，U 盘可以作为启动盘使之发挥作用。U 盘在终结了软盘和软驱的使命

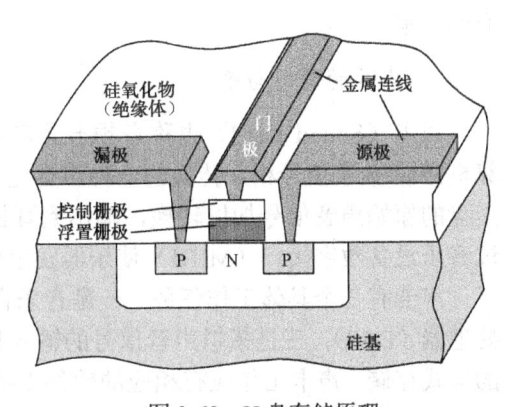

图 3-62 U 盘存储原理

后，又将让光盘光驱淡出计算机配置。一款支持三重启动（USB-ZIP、USB-CDROM、USB-HDD）的 Flash 盘 U320 新近在深圳问世。生产厂商深圳朗科公司称，这是全球第一款模拟光盘启动功能的 U 盘。

U 盘出现的常见故障是能被计算机识别，但没有盘符出现，或者有盘符出现，但当打开 U 盘时却提示要进行格式化，而格式化又不能成功。除了排除操作系统的故障以外，这种坏 U 盘一般都可以通过软件低格修复，目前常用的低格修复工具有 Mformat、Lformat 等。

3.8 其他多媒体计算机设备的使用与维护

3.8.1 多媒体设备的使用与维护

多媒体计算机的基本硬件结构可以归纳为以下 7 个部分：一个功能强大、速度快的中央处理器（CPU）；可管理、控制各种接口与设备的配置；具有大容量的存储空间；高分辨率显示接口与设备；可处理音响的接口与设备；可处理图像的接口设备；可存放大量数据的配置。

多媒体计算机系统由多媒体硬件系统、多媒体操作系统、媒体处理系统工具和用户应用软件组成。

多媒体硬件系统包含提供诸多多媒体功能的硬件设备。多媒体硬件设备品种繁多，主要包括计算机硬件、声音/视频处理器、多种媒体输入/输出设备及信号转换装置、通信传输设备及接口装置等。其中，最重要的是根据多媒体技术标准而研制生成的多媒体信息处理芯片和板卡、光盘驱动器等。

多媒体操作系统又称为多媒体核心系统（Multimedia Kernel System），具有实时任务调度、多媒体数据转换和同步控制、对多媒体设备的驱动和控制，以及图形用户界面管理等功能。

多媒体处理系统工具又称为多媒体系统开发工具软件，是多媒体系统的重要组成部分。

用户应用软件是根据多媒体系统终端用户要求而定制的应用软件或面向某一领域的用户应用软件系统，它是面向大规模用户的系统产品。

在多媒体计算机硬件系统中，声卡和视频卡是主要的声音/视频处理设备。视频卡可细分为视频捕捉卡、视频处理卡、视频播放卡及 TV 编码器等专用卡，其功能是连接摄像机、VCR 影碟机、TV 等设备，以便获取、处理和表现各种动画和数字化视频媒体。下面主要介绍声卡。

1. 声卡的使用与维护

声卡（Sound Card）也称音频卡。声卡是多媒体技术中最基本的组成部分，是实现计算机声波/数字信号相互转换的一种声音处理硬件。声卡的基本功能是把来自话筒、磁带、光盘的原始声音信号加以转换，输出到耳机、扬声器、扩音机、录音机等声响设备，或通过音乐设备数字接口（MIDI）使乐器发出声音。

声卡有三个具体工作任务：一是音乐合成发音；二是混音器（Mixer）和数字声音效果处理器（DSP）；三是模拟声音信号的输入和输出。声卡处理的声音信息在计算机中以文件的形式存储。声卡工作应有相应的软件支持，包括驱动程序、混频程序和 CD 播放程序等。从结构上，声卡可分为 A/D 电路和 D/A 电路两部分。A/D 电路负责将麦克风等声音输入设备采集到的模拟声音信号转换为计算机能处理的数字信号；而 D/A 电路负责将计算机使用的数字声音信号转换为扬声器等设备能使用的模拟信号。

目前主流声卡品牌有创新、阿傻、爱必特等。

（1）声卡的组成。SB Live 声卡结构如图 3-63 所示。

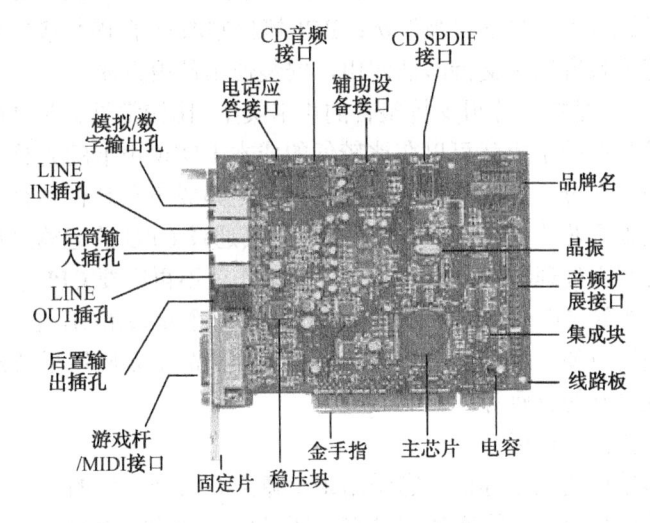

图 3-63　SB Live 声卡结构示意图

声卡的线路板多为 4 层板，也有少数 6 层板的。

音效处理芯片（主芯片）：主要完成 WAVE 波形的采样与合成、MIDI 音乐的合成，同时混音器、效果器也在其内部实现，是声卡最基本的部件。AC'97 规范，把模拟部分独立出来，成为多媒体数字信号编解码器小芯片；而声卡的主芯片即数字部分则成为数字信号控制器大芯片。

除此之外，声卡上还有稳压电路块、主芯片外围控制芯片、运算放大器等。

声卡上还有很多接口，下面简单介绍一下。

游戏/MIDI 插口：用于连接游戏杆、手柄、方向盘等外界游戏控制器，同时也可用来连接 MIDI 键盘和电子琴。

线性输出插孔（LINE OUT）：用于将声卡处理好的声音信号输入到有源音箱、耳机和功放。

话筒输入插孔（MIC IN）：用于连接话筒，主要用在语音识别、娱乐和录音等方面。

线性输入插孔（LINE IN）：用于将随身听或电视机等外部设备的声音信号输入计算机。

电话自动应答设备接口（TAD，Telephone Answering Device）：配合 Modem 卡和软件，可使计算机具备电话自动应答功能。

模拟 CD 音频输入接口（CD-IN）：将来自光驱的模拟音频信号接入。

辅助音频输入口（AUX-IN）：用于将 MPEG 编/解码卡、电视卡、DVD 解压卡等设备的声音信号输入声卡，使得各种设备的声音信号都通过声卡送到音箱。

数字 CD 音频输入接口（CD-SPDIF）：作用是接收来自光驱的数字音频信号，确保最大限度地减少声音失真。

数字子卡扩展插针（SPDIF-EXT）：用于与配套的子卡连接，实现数字信号的输入和输出。使得声卡能和专用的数字录音设备相连接（如 DAT、MD），并可输出 AC-3 信号等。

（2）声卡类型。声卡发展至今，主要有板卡式、集成式和外置式三种接口类型，以适应不同用户的需求，三种类型的产品各有优缺点。

板卡式：板卡式产品是现今市场上的中坚力量，产品涵盖低、中、高各档次，售价从几十元至上千元不等。早期的板卡式产品多为 ISA 接口，由于此接口总线带宽较低、功能单一、占用系统资源过多，目前已被淘汰；PCI 接口则取代了 ISA 接口成为目前的主流，它拥有更好的性能及兼容性，支持即插即用，安装使用都很方便。

集成式：集成声卡是指芯片组支持整合的声卡类型，比较常见的是 AC'97 和 HD Audio，使用集成声卡的芯片组的主板就可以在比较低的成本上实现声卡的完整功能。集成声卡一般有软声卡和硬声卡之分。这里的软硬之分，指的是集成声卡是否具有声卡主处理芯片。一般软声卡没有主处理芯片，只有一个解码芯片，其通过 CPU 的运算来代替声卡主处理芯片。而硬声卡则带有主处理芯片，很多音效处理工作就不再需要 CPU 参与了。

外置式声卡：外置式声卡是创新公司独家推出的一个新兴事物，它通过 USB 接口与计算机连接，具有使用方便、便于移动等优势。但这类产品主要应用于特殊环境，如连接便携式计算机以实现更好的音质等。

（3）声卡的主要性能指标。

采样位数：即采样值或取样值。它是用来衡量声音波动变化的一个参数，也就是声卡的分辨率。它的数值越大，分辨率也就越高，所发出声音的能力越强。由于受人耳的声音精确度限制，一般在多媒体计算机中采用 16 位的声卡。

采样频率：即取样频率，指每秒钟取得声音样本的次数，如图 3-64 所示。采样频率越高，声音的质量也就越好，声音的还原也就越真实，同时它占用的资源也比较多。由于人耳的分辨率很有限，太高的频率并不能分辨出来。在 16 位声卡中有 22kHz、44kHz 等几级。其中，22kHz 相当于普通 FM 广播的音质，44kHz 已相当于 CD 音质了。

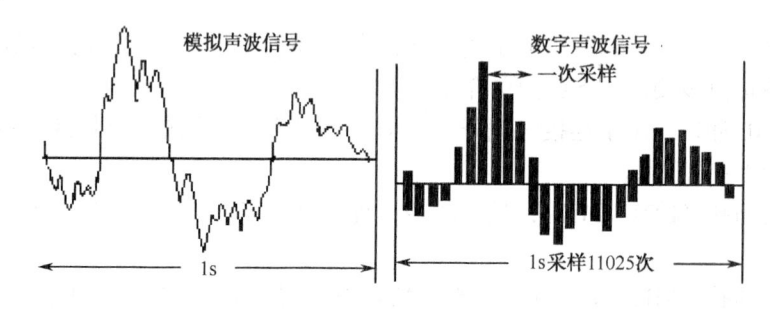

图 3-64 采样频率

MIDI：为音乐设备数字接口，它是一种电子乐器之间，以及电子乐器与计算机之间的统一交流协议。很多流行的游戏、娱乐软件中都有不少以 MID、RMI 为扩展名的 MIDI 格式音乐文件。MIDI 文件是一种描述性的"音乐语言"，它将所要演奏的乐曲信息用字节进行描述。例如，在某一时刻，使用什么乐器，以什么音符开始，以什么音调结束，加以什么伴奏等，也就是说 MIDI 文件本身并不包含波形数据，所以 MIDI 文件非常小巧。

信噪比（Signal to Noise Ratio，SNR）：是一个诊断声卡抑制噪声能力的重要指标。通常有用信号和噪声信号功率的比值就是 SNR，单位是分贝（dB）。SNR 值越大则声卡的滤波效果越好。按照微软在 AC'97 中的规定，SNR 值至少要大于 80dB 才符合标准。所以，从 AC'97 开始，声卡上的 ADC、DAC 必须和混音工作及数字音效主芯片分离。

独立声卡一般多为 PCI 插槽。不管是独立声卡还是集成声卡，都要根据硬件设备的型号来安装驱动程序。

2. 音箱的使用与维护

音箱是将音频信号变换为声音的一种设备。多媒体计算机配置的音箱多数是箱体内自带功率放大器，对音频信号进行放大处理后由音箱本身回放出声音的一种电声设备。会议室、教室用的大功率音箱，需要另外配置功率放大器。

目前主流音箱品牌有漫步者、惠威、麦博、三诺、轻骑兵等。音箱的输出功率从几瓦到几十瓦不等。

（1）音箱的组成。音箱由扬声器、箱体和分频器组成。扬声器又称"喇叭"，是一种电声换能器件。音频电信号通过电磁、压电或静电效应，使其纸盆或膜片振动周围空气产生音响。扬声器在电子元器件中是一个最薄弱的器件，而对于音响效果而言，它又是一个最重要的器件。箱体用来消除扬声器单元的声短路，抑制其声共振，拓宽其频响范围，减少失真。音箱的箱体外形结构有书架式和落地式之分，还有立式和卧式之分。箱体内部结构又有密闭式、倒相式、带通式、空纸盆式、迷宫式、对称驱动式和号筒式等多种形式，使用最多的是密闭式、倒相式和带通式。分频器有功率分频和电子分频器之分，主要作用是频带分割、幅频特性与相频特性校正、阻抗补偿与衰减等。

（2）音箱的分类。

按使用场合来分：分为专业音箱与家用音箱。

按放音频率来分：可分为全频带音箱、低音音箱和超低音音箱。

按用途来分：一般可分为主放音音箱、监听音箱和返听音箱等。

按箱体结构来分：可分为密封式音箱、倒相式音箱、迷宫式音箱、声波管式音箱和多腔谐振式音箱等。

（3）箱体设计。

① 倒相式设计：倒相式设计具有较高的功率承受能力和更低的失真，音量感足、灵敏度高，适用于各种场合。倒相式设计的箱体与外界大气相连接，扬声器做冲程运动的时候，箱体内的气压与箱体外的气压差不会像密闭式的那么大，这种设计往往能推动更大的空气体积，因此往往低音量感较好。2.1 声道倒相音箱如图 3-65 所示。

② 密闭式设计：密闭式设计具有低频力度强、瞬态好、反应迅速、低频清晰等优点，听古典乐、室内音乐效果极佳；但下潜深度有限、低频音量感不足。密闭的箱体导致箱体内与箱体外的气压不同，扬声器振膜会被外界气压迅速压回，这样扬声器的冲程距离会变得较短，因此密闭箱的低音下潜深度相对较差，但它的低音表现往往会比倒相式的干净快速。5.1 声道密闭音箱如图 3-66 所示。

图 3-65　2.1 声道倒相音箱　　　　　　　　图 3-66　5.1 声道密闭音箱

(4) 音箱主要性能指标。

① 频率范围：是指最低有效放声频率至最高有效放声频率之间的范围，单位为 Hz。音箱的重放频率范围最理想的是均匀重放人耳的可听频率范围，即 20～20000Hz。但要以大声压级重放，频带越低，就必须考虑经受大振幅的结构和降低失真，一般还需增大音箱的容积。所以目标不宜定得太高，50～16kHz 就足够了，当然，40～20kHz 更佳。

② 输出功率分为标称功率和最大承受功率。

标称功率就是通常所说的额定功率，它具有决定音箱可以在什么样的状态下长期稳定工作的能力。

最大承受功率是指扬声器短时间所能承受的最大功率。

例如，某音箱的输出功率：卫星音箱 3W×2；低音音箱 10W；总输出功率 16W。

③ 失真分为谐波失真、互调失真和瞬态失真三种。普通多媒体音箱的失真度应小于 0.5%，低音炮的失真度应小于 5%。

谐波失真是指在声音回放的过程中，增加了原信号没有的高次谐波成分而导致的失真。

互调失真是指来自两个频率 F_1 和 F_2，在 F_1+F_2 与 F_1-F_2（取绝对值）之间所产生的谐波从而引起的失真。这些谐波彼此之间又能继续组合出和、差、乘积。例如，信号频率 14kHz 与 15kHz 产生的谐波失真就包括 1kHz、29kHz 的谐波。

瞬态失真：是指因为扬声器具有一定的惯性质量存在，盆体的振动无法跟上瞬间变化的电信号的振动，从而导致的原信号与回放音色之间存在的差异。

④ 信噪比：即放大器的输出信号电压与同时输出的噪声电压之比。一般来说，信噪比越大，说明混在信号里的噪声越小，声音回放的质量越高，否则相反。信噪比一般不应该低于 70dB，高保真音箱的信噪比应达到 110dB 以上。

⑤ 标称阻抗：是指扬声器输入的信号电压有效值 U 与信号电流有效值 I 的比值，单位为欧姆Ω。因扬声器的阻抗是频率的函数，故阻抗数值的大小随输入信号的频率变化而发生变化。我国国家标准规定的音箱阻抗优选值有 4Ω、8Ω、16Ω，国际标准推荐值为 8Ω。

⑥ 灵敏度：是指当给音箱系统中的扬声器输入电功率为 1W 时，在音箱正面各扬声器单元的几何中心 1m 距离处，所测得的声压级（声压与声波的振幅及频率成正比，声压级是表示声压相对大小的指标），单位为 dB。在这里需要特别指出的是，灵敏度虽然是音箱的一个指标，但是与音质、音色无关，它只影响音箱的响度，可用增加输入功率来提高音箱的响度。

⑦ 声道数，音箱所支持的声道数是衡量音箱档次的重要指标之一。

单声道是比较原始的声音复制形式，缺乏对声音的位置定位，而立体声技术则彻底改变了这一状况。声音在录制过程中被分配到两个独立的声道，从而达到了很好的声音定位效果，更加接近于临场感受。立体声技术广泛运用于自 Sound Blaster Pro 以后的大量声卡，成为了影响深远的一个音频标准。时至今日，立体声依然是许多产品遵循的技术标准。

计算机多媒体音箱主要有 2.0、2.1、5.1 和 7.1 四个标准，4.1 和 6.1 这些过渡型的标准基本被淘汰了。其中 2.0 和 2.1 由于价格便宜、摆放简单、节省空间等，受到了大众的欢迎。因此 2.0 和 2.1 占据了多媒体音箱半壁江山。

音箱声道中的 X.Y 含义为小数点前面表示主音箱个数，小数点后面表示低音炮个数。即 X 代表几只主音箱，Y 代表低音炮。2.0 表示只有两只主音箱。2.1 表示有两只主音箱和一个低音炮。5.1 表示左右两只前置主音箱，左右两只后置音箱（环绕音箱），一个中置音箱和一个低音炮（低音炮的位置任意）。

5.1 的配置是目前比较流行的"影院音响",它在录音的时候就区分了左右前后的声道录音,而人的声音则主要由"中置"来录制,低音炮则加强了低音的效果,所以在再现音乐效果的时候,听起来有"亲临其境"的感觉。

音箱使用时应注意检查音箱的接线要正确。在开机、关机、重启等操作时,应将音箱音量关至最小或将电源关闭,以防止大的冲击电流对音箱造成损害或烧毁。音箱摆放位置对音场定位也有技巧。音箱平常不用时应加上防尘罩和保护罩。音箱对温度、湿度的变化也较敏感。

3.8.2 供电设备的使用与维护

电源是向电子设备提供功率的装置,也称电源供应器。计算机电源是一种安装在主机箱内部的封闭式独立部件,有 AT 和 ATX 两种类型,现代计算机均使用 ATX 直流开关稳压电源,它用于提供计算机中所有部件所需要的电能。电源功率的大小,电流和电压是否稳定,将直接影响计算机的工作性能和使用寿命。

电源品牌主要有航嘉、长城、金河田、新战线、大水牛、鑫谷、金翔、酷冷至尊、Tt、多彩、先马、顺达、威盛等。

(1)电路组成与工作原理

ATX 直流开关稳压电源内部电路结构按其组成功能分为输入整流滤波电路、高压反峰吸收电路、辅助电源电路、脉宽调制控制电路、PS 信号和 PG 信号产生电路、主电源电路及多路直流稳压输出电路、自动稳压稳流与保护控制电路等。

ATX 直流开关稳压电源所采用的是双管半桥式无工频变压器的脉宽调制变换型稳压电源。它将交流电整流成直流后,通过变换型振荡器变成频率较高的矩形或近似正弦波电压,再经过高频整流滤波变成低压直流电压。

ATX 直流开关稳压电源的功率一般为 250~400W,通过高频整流滤波电路共输出至少六组直流电压。新型电源还为 P4 CPU 设有专用电源。为防止负载过流或过压损坏电源,在交流市电输入端设有熔断器,在直流输出端设有过载保护电路。

(2)电源的铭牌标示

在电源的铭牌中,除了注明产品型号、制造厂商、产品认证等内容外,主要标示的还是电源的输出电压、输出电流指标,如表 3-4 所示。

表 3-4 ATX 电源输出表(ATX2.03 版本)

输 出 电 压	+12V	+5V	+3.3V	–12V	–5V	+5VSB
输 出 电 流	12A	30A	20A	0.8A	0.3A	1.5A

(3)ATX 电源插头电压

ATX 电源插头如图 3-67 所示。

ATX 电源插头电压如表 3-5 所示。+5V:向系统主板、外部选件及键盘供电;+12V:为软驱、硬盘、光驱供电;–5V:用于软驱中锁相式数据分离电路;+12V/–12V:向串行口提供 EIA 接口电路电源;PW-OK:是供主板检测电源好坏的输出信号;+5VSB:是供主板、系统在 ATX 待机状态下的电源,以及

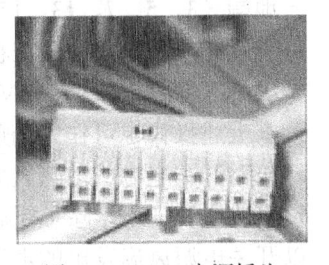

图 3-67 ATX 电源插头

开闭自动管理和远程唤醒通信联络相关电路的工作电源；PS-ON：为主机启闭电源或网络计算机远程唤醒电源的控制信号。

表 3-5　ATX 电源插头电压

插头颜色	电源插头电压	插头序号	插头序号	电源插头电压	插头颜色
橙色	3.3V	11	1	3.3V	橙色
蓝色	−12V	12	2	3.3V	橙色
黑色	COM	13	3	COM	黑色
绿色	PS-ON	14	4	+5V	红色
黑色	COM	15	5	COM	黑色
黑色	COM	16	6	+5V	红色
黑色	COM	17	7	COM	黑色
白色	−5V	18	8	PW-OK	灰色
红色	+5V	19	9	5VSB	紫色
红色	+5V	20	10	+12V	黄色

（4）电源主要性能指标

① 电源功率。电源功率是电源最主要的性能参数，一般指直流电的输出功能，单位是 W。功率越大，代表可连接的设备越多，计算机的扩充性就越好。随着计算机性能的不断提升，耗电量也越来越大。大功率的电源是计算机稳定工作的重要保证，电源功率的相关参数在电源标示上一般都可以看到。

② 过压保护。AT 电源的直流输出有±5V 和±12V，ATX 电源的输出多了 3.3V 和辅助性的 5V 电压。若电源的电压太高，则可能烧坏计算机的主机及其插卡，所以市面上的电源大都具有过压保护的功能。即当电源一旦检测到输出电压超过某一值时，就自动中断输出，以保护板卡。

③ 电源的安全认证。为了避免因电源质量问题引起的严重事故，电源必须通过各种安全认证才能在市场上销售，因此电源的标签上都会印有各种国内、国际认证标记。其中，国际上主要有 FCC、UL、CSA、TUV 和 CE 等认证，国内认证为中国的安全认证机构 CCEE 长城认证。

（5）电源使用注意事项

脱机带电检测 ATX 电源，首先测量在待机状态下的 PS-ON 和 PW-OK 信号，前者为高电平，后者为低电平。插头 9 引脚除输出+5V SB 外，不输出其他电压。

若将 ATX 开关电源人为唤醒，可用一根导线把 ATX 插头 14 引脚 PS-ON 信号，与任一地端（3、5、7、13、15、16、17）中的一引脚短接，这是检测的关键。将 ATX 电源由待机状态唤醒为启动受控状态，此时 PS-ON 信号为低电平，PW-OK、+5V SB 信号为高电平，ATX 插头+3.3V、±5V、±12V 有输出，开关电源风扇旋转。

上述操作也可作为选购 ATX 开关电源脱机通电验证的方法。

对开关电源的散热风扇的维护应该引起充分的重视。一般来说，计算机在正常工作时发出的声音很小，除了硬盘读/写数据发出的声音外，主要是散热风扇发出的声音，其中尤以开关电源风扇发出的声音最大。有的开关电源长期使用后，在工作时会产生一些噪声，主要是由于电源风扇转动不畅造成的。如果风扇工作不正常，时间长了就有可能烧毁电机，造成整个开关电源的损坏。针对电源风扇发出声音的原因,平时需要进行如下维护保养工作。电源盒是最容易集结灰尘的地方,如果电源风扇发出的声音较大,一般每隔半年把风扇拆下来,清洗一下积尘和加点润滑油,进行简单维护。由于电源风扇安装在电源盒内,拆卸不太方便,所以一定要注意操作方法。

3.9 多媒体计算机常用办公软件

3.9.1 Office 办公软件简介

Microsoft Office 2007 是微软 Office 产品史上最具创新性与革命性的一个版本。以"功能区"为主的 Microsoft Office 2007 各成员窗口界面比前面版本的界面(如 Office 2003 界面)更美观大方,且该版本的设计比早期版本更完善、更能提高工作效率,界面也给人以赏心悦目的感觉。Office 2007 具有全新设计的用户界面、稳定安全的文件格式、无缝高效地沟通协作等特点。

Office 2007 是一套完善的效率提升和数据库软件,可帮助用户节省时间并保持有序管理。强大的联系人管理功能可帮助用户在一个地方管理所有客户和潜在客户的信息。在企业内部即可开发具有专业水准的营销材料以进行打印、通过电子邮件发送和在网站上发布,并可以策划有效的营销活动。可以创建动态的业务文档、电子表格和演示文稿,并且无需具有经验或技术人员的帮助即可建立数据库。改进的菜单可在需要时提供适当工具,有助于快速了解新增的功能。新增的工具可帮助用户提高工作效率并创建更具专业水准的文档、电子表格和演示文稿。Office 2007 可以帮助用户快速完成例行任务,用户可以有更多的时间同客户打交道。新增的基于任务的菜单和工具栏会自动显示可以使用的命令和选项,用户可以更加快速、轻松地找到所需的软件功能。此外,通过新增的实时预览功能,用户还可以轻松地预览更改的效果,然后应用更改。Office 2007 几乎包括了 Word、Excel、PowerPoint、Access、Outlook、Publisher、OneNote、Groove、InfoPath 等所有的 Office 组件。其中 Frontpage 被取消,取而代之的是 Microsoft SharePoint Web Designer 作为网站的编辑系统。Office 2007 集成有 Outlook 手机短信/彩信服务、最新中文拼音输入法 MSPY 2007,以及特别为中国用户开发的 Office 功能。Office 2007 于 2006 年年底发布,采用包括 Ribbons 在内的全新用户界面元素,其他新功能还包括 To Do 工具条及 RSS 阅读器等。

Office 2007 各应用程序窗口界面中的"功能区"由不同的内容组成,包括对话框、库、一些熟悉的工具栏按钮。在每个 Office 应用程序中,功能区各有不同的内容,但都位于应用程序顶部且由类似的组件组成。

选项卡:位于功能区的顶部。标准的选项卡为"开始、插入、页面布局、公式、数据、审阅、视图、加载项",默认的选项卡为"开始"选项卡,用户可以在想选择的选项卡上单击再选择该选项卡中的选项。

组:位于每个选项卡内部。例如,"开始"选项卡包括"剪贴板"、"字体"、"对齐"等组,相关的命令组合在一起来完成各种任务。

命令:其表现形式有框、菜单或按钮,被安排在组内。

在任一选项卡中双击鼠标可以隐藏功能区。在隐藏状态下,可单击某选项卡来查看功能并选择其中的命令。用鼠标再次双击功能区则恢复显示。

3.9.2 Word 2007 文字处理

Word 2007 是 Office 2007 中的文字处理软件。它具有更方便的文档编辑排版、丰富的媒体对象、绘制与编辑图形及图示、表格编辑与美化、处理长文档、文件协作和安全处理等强大功能。

Word 2007 拥有新的外观。新的用户界面用简单明了的单一机制取代了 Word 早期版本中的菜单、工具栏和大部分任务窗格。新的用户界面旨在帮助用户在 Word 中更高效、更容易地找到完成各种任务的合适功能,发现新功能并提高工作效率。

Word 2007 除了保持以前版本具有的文件管理、文字编辑、版面设计、表格处理、图文混排、制作 Web 主页等功能外,还增加了许多新功能。

(1) Word 2007 新增了"微软拼音输入法 2007",字词库得到更新,而且更加智能。

(2) Word 2007 改变了文档保存格式。用户在使用 Microsoft Office 97 至 Microsoft Office 2003 时,对保存 Word 文档时生成的.doc 格式文档非常熟悉,而新发布的 Microsoft Office 2007 改变了部分文档格式,Word 2007 文档的默认保存格式为.docx,改变格式后文档占用空间将有一定程度的缩小。但同时出现的问题是安装 Microsoft Office 97~Microsoft Office 2003 的计算机无法打开格式为.docx 的文档,解决方法是到微软官方网站上下载兼容性插件,安装到装有 Microsoft Office 97~Microsoft Office 2003 的计算机上,就可以打开.docx 文档了。

(3) Word 2007 增加了"隐藏工具栏"。用户在使用 Microsoft Office 97~Microsoft Office 2003 编辑文档时经常会用到"字体"和"段落"中的一些功能,例如,"文字加粗"、"字体颜色"、"段落居中"和"字体和字号"等功能,由于频繁操作,用户需要用鼠标上下来回单击,时间一长,易产生厌烦。新发布的 Office 2007 增加了一个"隐藏工具栏",当用户将需要修改的文字或段落选中,并把鼠标向选中部分末字符的右上角移动,就会发现在该字符的右上角出现了一个工具栏,并且随着鼠标箭头的移近,工具栏的透明度逐渐降低。在这个"隐藏工具栏"中包括了用户经常应用的字体和段落工具栏的选项,使用起来方便快捷,可以显著提高用户的工作效率。

(4) Word 2007 还增加了"审阅"选项卡。最主要的选项就是"新建批注"和"文档保护"选项。

与 Word 2003 相比,Word 2007 用户界面最明显的变化就是取消了传统的菜单操作方式,而代之的是各种功能区。在 Word 2007 中,功能区是菜单和工具栏的主要替代控件。为了便于浏览,功能区包含若干个围绕特定方案或对象进行组织的选项卡。而且,每个选项卡的控件又细化为几个组。功能区能够比菜单和工具栏承载更加丰富的内容,包括按钮、库和对话框内容。在 Word 2007 窗口上方看起来像菜单的名称其实是功能区的名称,当单击这些名称时并不会打开菜单,而是切换到与之相对应的功能区面板。每个功能区根据功能的不同又分为若干个组。每个功能区中所拥有的功能简述如下所述。

(1)"开始"功能区。"开始"功能区包括"剪贴板"、"字体"、"段落"、"样式"和"编辑"5 个组,对应 Word 2003 的"编辑"和"段落"菜单中的部分命令。该功能区主要用于帮助用户对 Word 2007 文档进行文字编辑和格式设置,是用户最常用的功能区。

（2）"插入"功能区。"插入"功能区包括"页"、"表格"、"插图"、"链接"、"页眉和页脚"、"文本"、"符号"和"特殊符号"几个组，对应 Word 2003 的"插入"菜单中的部分命令，主要用于在 Word 2007 文档中插入各种元素。

（3）"页面布局"功能区。"页面布局"功能区包括"主题"、"页面设置"、"稿纸"、"页面背景"、"段落"、"排列"几个组，对应 Word 2003 的"页面布局"菜单中的命令和"段落"菜单中的部分命令，用于帮助用户设置 Word 2007 文档页面样式。

（4）"引用"功能区。"引用"功能区包括"目录"、"脚注"、"引文与书目"、"题注"、"索引和引文目录"几个组，用于实现在 Word 2007 文档中插入目录等比较高级的功能。

（5）"邮件"功能区。"邮件"功能区包括"创建"、"开始邮件合并"、"编写和插入域"、"预览结果"和"完成"几个组，该功能区的作用比较专一，专门用于在 Word 2007 文档中进行邮件合并方面的操作。

（6）"审阅"功能区。"审阅"功能区包括"校对"、"中文简繁转换"、"批注"、"修订"、"更改"、"比较"和"保护"几个组，主要用于对 Word 2007 文档进行校对和修订等操作，适用于多人协作处理 Word 2007 长文档。

（7）"视图"功能区。"视图"功能区包括"文档视图"、"显示/隐藏"、"显示比例"、"窗口"和"宏"几个组，主要用于帮助用户设置 Word 2007 操作窗口的视图类型，以方便操作。

（8）"加载项"功能区。"加载项"功能区包括"菜单命令"和"工具栏命令"两个组，加载项可以为 Word 2007 安装的附加属性，如自定义的工具栏或其他命令扩展。"加载项"功能区则可以在 Word 2007 中添加或删除加载项。

用户界面主要有标题栏、Office 按钮、快速访问工具栏、功能区、文档编辑工作区、任务窗格、状态栏等，如图 3-68 所示。

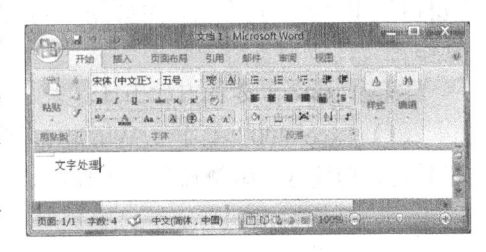

图 3-68　Word 2007 操作界面

3.9.3　Excel 2007 电子表格

Excel 2007 是 Office 2007 中一个功能强大的表格处理软件，被广泛应用于人事、财务、金融、统计、行政、审计、市场营销、实验数据处理等诸多领域。Excel 2007 的主要功能体现在电子表格、图表和数据库三个方面。用户可以在巨大的表格中填写内容，非常直观方便；它具有强大的制图功能，能方便地绘制各种图表；它还提供了丰富的函数、强大的数据分析工具，可以简便快捷地进行各种数据处理、统计分析。

Excel 2007 增加了许多新功能：统一的"Office"选项按钮；右下角的"页面布局"按钮；更多的行和列；轻松改变工作表格式；更加美观的图表；自动添加表格字段标题；SmartArt 功能；增强的条件格式命令；公式记忆式键入可轻松编写公式；新的 OLAP 公式和多维数据集函数；改进的排序和筛选功能；新的文件格式等。

Excel 2007 用户界面中每个功能区的功能简述如下所述。

（1）"开始"功能区。"开始"功能区中包括"剪贴板"、"字体"、"对齐方式"、"数字"、"样式"、"单元格"和"编辑"7 个组，对应 Excel 2003 的"编辑"和"格式"菜单中的部分命令。该功能区主要用于帮助用户对 Excel 2007 表格进行文字编辑和单元格的格式设置，是用户最常用的功能区。

（2）"插入"功能区。"插入"功能区包括"表"、"插图"、"图表"、"链接"、"文本"和"特殊符号"几个组，对应 Excel 2003 的"插入"菜单中的部分命令，主要用于在 Excel 2007 表格中插入各种对象。

（3）"页面布局"功能区。"页面布局"功能区包括"主题"、"页面设置"、"调整为合适大小"、"工作表选项"、"排列"几个组，对应 Excel 2003 的"页面设置"菜单中的命令和"格式"菜单中的部分命令，用于帮助用户设置 Excel 2007 表格页面样式。

（4）"公式"功能区。"公式"功能区包括"函数库"、"定义的名称"、"公式审核"和"计算"几个组，用于实现在 Excel 2007 表格中进行各种数据计算。

（5）"数据"功能区。"数据"功能区包括"获取外部数据"、"连接"、"排序和筛选"、"数据工具"和"分级显示"几个组，主要用于在 Excel 2007 表格中进行数据处理相关方面的操作。

（6）"审阅"功能区。"审阅"功能区包括"校对"、"中文简繁转换"、"批注"和"更改"4 个组，主要用于对 Excel 2007 表格进行校对和修订等操作，适用于多人协作处理 Excel 2007 表格数据。

（7）"视图"功能区。"视图"功能区包括"工作簿视图"、"显示/隐藏"、"显示比例"、"窗口"和"宏"几个组，主要用于帮助用户设置 Excel 2007 表格窗口的视图类型，以方便操作。

Excel 2007 主要特点如下所述。

（1）Excel 2007 工作于 Windows 平台，用户界面具有标题栏、Office 按钮、快速访问工具栏、功能区、编辑窗口、工作区、显示按钮、滚动条、缩放滑块、状态栏等，如图 3-69 所示。

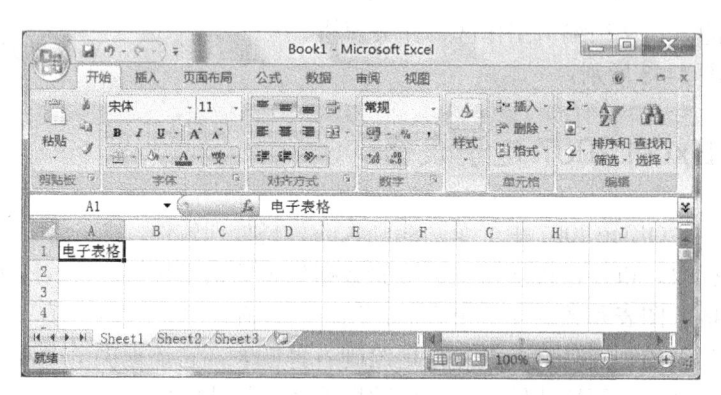

图 3-69　Excel 2007 操作界面

（2）Excel 2007 主要以"表格"方式进行数据的处理，能方便地建立、编辑、访问、检索表格。并且提供了数据的动态显示和报表，使数据分析工作更加直观。

（3）Excel 2007 提供了丰富的函数，可进行复杂的数学分析和统计，集数据库管理与数据处理于一体。在编辑栏中，用户可对输入单元格中的数据、公式或函数进行必要的编辑。

（4）Excel 2007 的工作簿与工作表概念。工作簿 Book 是保存 Excel 2007 内容的文件，工作簿名称就是 Excel 2007 的文件名，其扩展名为.xlsx。工作表 Sheet 是用来组织、存放、分析、处理数据的电子表格,位于工作簿窗口中。一个工作簿可以包含 1~10000 个以上的工作表。当启动 Excel 2007 时,会自动创建一个名为 Book1 的新工作簿,一般默认包含三个工作表 Sheet1、Sheet2、Sheet3。正在使用的工作表,称为活动工作表或当前工作表,单击工作表标签可以切换活动工作表。

单元格是 Excel 2007 的基本元素。一个工作表网格最多有 1048576 行×16384 列,行名称使用数字序号 1~1048576 表示。列名称使用字母,A~Z 代表第 1~26 列,AA~AZ 代表第 27~52 列,依次是 BA~BZ……直到 XFA~XFD。

单元格的地址(名称)是由它所在的列名和所在的行名组成的,如 C3。在 Excel 2007 中,单元格的地址也称该单元格的引用。单元格的地址有三种形式。

相对地址:直接使用列名和行名组成,如 E5、F4,做变量。

绝对地址:在列名和行名前都加上$符号,如$D$5,$B$7,做常量。

混合地址:在列名或行名前加上$符号,如 H$9,$G3,做混合量。

3.9.4 PowerPoint 2007 演示文稿

PowerPoint 2007 是微软公司 Office 2007 办公软件的成员。它是将文档、统计表格、声像资料等进行统一包装、修饰,最后放映展示给观众的工具软件。其主要用途是辅助教学和产品展示、学术交流、科技讲座等需要多媒体演示的场合,可以达到表达直观、形象、生动、简洁、事半功倍的效果。PowerPoint 2007 使用户可以快速创建极具感染力的动态演示文稿,同时集成工作流和方法以轻松共享信息。从重新设计的用户界面到新的图形及格式设置功能,使用户拥有控制能力,以创建具有精美外观的演示文稿。

在 PowerPoint 2007 中,可以定义并保存自己的自定义幻灯片版式,这样便无需将版式剪切并粘贴到新幻灯片中,也无需从具有所需版式的幻灯片中删除内容。借助 PowerPoint 幻灯片库,可以轻松地与其他人共享这些自定义幻灯片,以使演示文稿具有一致而专业的外观。

用户界面具有标题栏、Office 按钮、快速访问工具栏、功能区、工作区、滚动条、状态栏等,如图 3-70 所示。主界面中间的主体部分是工作区,左侧显示的是幻灯片的缩略图或大纲缩略图,右侧是幻灯片编辑区,在编辑区的下方是备注页编辑区,在这里可以给幻灯片添加备注信息。

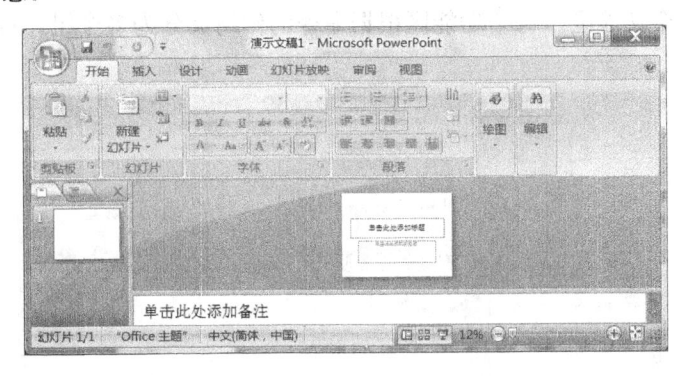

图 3-70 PowerPoint 2007 操作界面

PowerPoint 2007 用户界面中每个功能区的功能简述如下所述。

(1)"开始"选项卡。这些命令显示为按钮,支持那些常用的任务,包括复制和粘贴、添加幻灯片、更改幻灯片版式、设置文本格式和定位文本,以及查找和替换文本等。

(2)"插入"选项卡。该选项卡包含想放置在幻灯片上的所有内容,从表、图片、图示、图表和文本框,到声音、超链接、页眉和页脚等。

(3)"设计"选项卡。为幻灯片选择包含背景设计、字体和配色方案的完整外观,然后自定义该外观等。

(4)"动画"选项卡。该选项卡包含所有动画效果。最易于添加的是列表或图表的基本动画效果等。

(5)"幻灯片放映"选项卡。选择笔颜色或某张幻灯片作为开始。录制旁白、运行放映及执行其他准备工作等。

(6)"审阅"选项卡。在该选项卡上可以找到拼写检查和信息检索服务。自己的工作组可以使用注释来审阅演示文稿,然后审阅这些批注等。

(7)"视图"选项卡。单击该选项卡可以快速切换到备注页视图,打开网格线或在窗口中排列所有打开的演示文稿等。

用 PowerPoint 2007 所制作的结果称为"演示文稿",扩展名为.pptx。演示文稿中的每一页称为幻灯片。.potx 称为演示文稿模板。

3.9.5 Access 2007 数据库系统

Access 2007 数据库系统是 Office 2007 套装软件之一,是一个中、小型关系数据库系统。Access 2007 提供了一组功能强大的工具,可帮助用户快速开始跟踪、报告和共享信息。用户可以通过自定义几个预定义模板之一、转换现有数据库或创建新的数据库,来快速创建富有吸引力和功能性的跟踪应用程序,而且用户不必掌握很深厚的数据库知识即可执行此操作。通过使用 Access 2007,可以轻松使数据库应用程序和报告适应不断变化的业务需求。Access 2007 中增强的 Windows SharePoint Services 3.0 支持可帮助用户共享、管理、审核和备份数据。

Access 2007 操作界面具有标题栏、Office 按钮、快速访问工具栏、功能区、工作区、滚动条、状态栏等,如图 3-71 所示。取消传统菜单操作方式而代之以功能区是 Access 2007 的明显改进之一,用户可以在功能区中进行绝大多数的数据库管理相关操作。Access 2007 默认情况下有 4 个功能区,每个功能区根据命令的作用又分为多个组。每个功能区具有的功能如下所述。

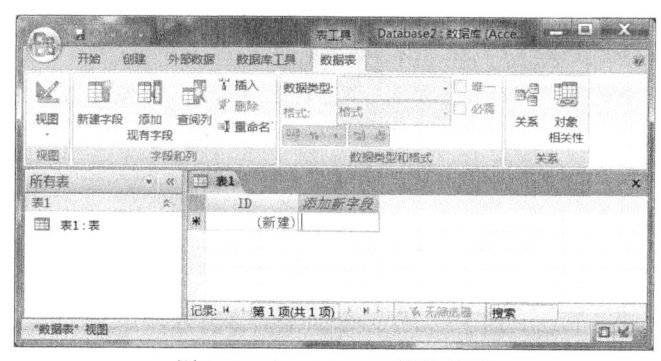

图 3-71 Access 2007 操作界面

（1）"开始"功能区。"开始"功能区中包括"视图"、"剪贴板"、"字体"、"格式文本"、"记录"、"排序"和"筛选"、"查找"、"中文简繁转换"8个分组，用户可以在"开始"功能区中对 Access 2007 进行如复制粘贴数据、修改字体和字号、排序数据的操作。

（2）"创建"功能区。"创建"功能区中包括"表"、"窗体"、"报表"、"其他"和"特殊符号"5个分组，"创建"功能区中包含的命令主要用于创建 Access 2007 的各种元素。

（3）"外部数据"功能区。"外部数据"功能区包括"导入"、"导出"、"收集数据"、"SharePoint 列表"4个分组，在"外部数据"功能区中主要对 Access 2007 以外的数据进行相关处理。

（4）"数据库工具"功能区。"数据库工具"功能区包括"宏"、"显示/隐藏"、"分析"、"移动数据"、"数据库工具"5个分组，主要针对 Access 2007 数据库进行比较高级的操作。

除了上述4种功能区之外，还有一些隐藏的功能区默认没有显示。只有在进行特定操作时，相关的功能区才会显示出来。例如，在执行创建表操作时，会自动打开"数据表"功能区。

Access 2007 文件扩展名为.accdb。

任务4 计算机的选购

4.1 台式计算机的选购指南

4.1.1 企业用户的需求

企业用户对台式计算机的选购要求主要有稳定性、安全性、节能性、整体性等。

（1）稳定性的要求。企业计算机开机时间长，处理事务繁忙，不允许经常出现故障，这就意味着企业计算机需要保证能经受住长时间稳定运行，品牌机在这方面有着严格的测试，品质好、稳定性高，能经得起考验。

（2）安全性的要求。企业计算机数据重要性强、保密性强、安全性高；硬件要防止遭遇损坏或盗窃。对于企业来说，主机的防盗设计就显得极为重要了。很多品牌机厂商目前已经开始着手设计一些防盗措施，用物理手段和技术手段相结合的形式，保证企业机器的安全。

（3）产品的节能性。这可能对企业和家庭用户来说，是最为直接的成本控制。开发适合企业用户的节能型产品，将会是吸引企业用户订量的一个很大力量，毕竟省电就等于省钱了。这就需要品牌机生产商对配置的搭配和产品电源管理等手段做针对性的改变。

（4）整体解决方案。面对越来越大的企业规模，原来复杂的信息管理、运营管理，无论是从一开始十几台机器慢慢变大的老企业，还是刚刚切入信息化建设的新兴企业，配套的网络布线、技术解决方案、装修方案、运营管理方案等，都是他们迫切需要的。作为品牌机厂商，基于本身强大的实力和配套能力，完全可以给企业提供一揽子解决方案。

4.1.2 品牌台式计算机的优势

一体化的外观设计、售后服务做得周到、具备特色设计、质量品牌效应是品牌机市场的优势。品牌机出厂前都经过长时间的老化实验和整机稳定性测试，在持续运行状况下一般不会出现什么问题，而兼容机的整机测试就没有了。使用品牌机可以使稳定性得到比较高的保证。在计算机生产线中，品牌机具有复杂的检测过程，既可以防火、防电，还能防尘、防盗，比之组装机有着无可比拟的优势。

4.1.3 稳定性和整机安全措施

商务台式机除了强大的性能和具吸引力的价格外，稳定性和整机安全措施需特别强调。从计算机的特性来看，计算机的安全性能主要体现在系统安全、数据安全和物理安全三个方面。

系统安全至关重要，一方面可避免由于病毒、误操作等带来的系统崩溃；另一方面可降低日常维护成本。目前大部分商务机都采用了先进的系统安全保护技术，实现了一键恢复系统、快速备份恢复、自动备份恢复等功能，以保障系统安全稳定运行，且保护数据安全的同时降低后期维护成本。

数据安全方面，主要是考虑突发情况下数据不被丢失，如断电、黑屏、主板自燃等情况。商用机的安全性能考虑各种状况下的安全需求显得更为人性化。指纹识别、安全密匙、人脸识别，以及断电自动保存数据等设计都考虑了商用机的安全需求。还有的设计了内网、外网的隔离系统。

物理安全方面：一是保证硬件不被盗；二是提升计算机硬件的使用寿命与稳定性，减少能耗。价格昂贵而轻小的CPU、内存条、硬盘、显卡及主板等容易被盗，机箱锁，防盗保护罩等产品应运而生，有的商用机直接在主机上设计锁扣保证了主机内部配件的安全。稳定性对用户来说不仅仅意味着产品运行可靠，除了机器运行中的稳定性之外，还有一个维护的稳定性，即在机器使用过程中，始终都能够获得相应部件的支持，以及该产品与整个IT应用环境的兼容性和可管理性。

品牌计算机以其良好的质量、个性化的设计和完善的售后服务，赢得了许多企业用户和计算机爱好者的青睐。国产品牌计算机的质量已经达到了国际先进水平，品种繁多，可供各种需求的企业用户随意选购。

4.2 便携式计算机的选购指南

随着人们工作、学习和生活的节奏日渐加快，定点的桌面计算机已经无法适应人们的需要。移动科技的不断发展，使便携式计算机日益呈现出取代台式计算机的趋势。近几年来，随着便携式计算机价格越来越低，很多人打算购买便携式计算机来提高自己的计算效率。便携式计算机外观如图4-1所示。选购便携式计算机的目的是能够方便携带，并可在没有外接电源的情况下，

图4-1 便携式计算机外观

进行计算，能大大提高计算工作的效率。选择一款适合自己使用的便携式计算机，可以给人们的日常工作、娱乐带来意想不到的好处。

4.2.1 便携式计算机的选购准则

在购买便携式计算机产品之前，应先确定主要需求，然后根据自身情况，选择合理的配置。舒适性和稳定性是便携式计算机的内涵。在此特地提出几点注意事项，供大家在选购便携式计算机产品时参考。

① 根据自身需求选择产品配置。
② 后服务是关键。
③ 品牌的力量。

4.2.2 便携式计算机的分类

便携式计算机从用途上分为专业型、通用型、迷你/超薄型。根据不同的适应性又分为实用型、标准型、豪华型。根据不同的用户群又分为专业商用、普通商用、游戏和家用。

（1）专业型便携式计算机。专业型便携式计算机通常也称高功能型便携式计算机，也包括多媒体便携式计算机，CPU、高速硬盘、内存、液晶显示屏均按专业标准配置。其特点是专业性要求较高，专业配置全面周到，主要表现在运行速度快、显示区域大，可以满足三维图形和动画设计、CAD 和图文排版，甚至是摄像或电影音乐等超大容量内容的信息编辑环境。这类产品其清晰的大幅面显示屏，大容量硬盘驱动等高性能系统配置，辅以极强的扩展解决方案，可靠的稳定性，为用户提供了广阔的应用及发展空间。

（2）通用型便携式计算机。通用型便携式计算机即主流型便携式计算机，实际上是一种用成熟技术生产的便携式产品，其特点是价格适中，能面向各个领域的用户。这一类型的便携式计算机 CPU、硬盘、内存、液晶显示屏均按通用标准配置。鼠标采用了灵敏度较高的触控板。另外还增设了快速开机功能、屏幕亮度和对比度调整、音箱音量调整功能、外接显示器切换开关等功能键，可以给用户繁忙的工作提供一个强有力的支持平台。

（3）迷你/超薄型便携式计算机。迷你/超薄型便携式计算机皆采用 B5 或 A5 纸张尺寸设计，质量在 1.5kg 以内，在机体空间及价格的限制下，CPU、硬盘、内存、液晶显示屏均按迷你/超薄标准配置。迷你便携式计算机因为体积的限制，扩充性能不足，显示器较小，因而不适合长时间阅读，键盘按键设计也比标准键盘小许多，不适合长时间输入文字的使用者。除了迷你便携式计算机外，超薄便携式计算机（Slim 便携式计算机）是便携式计算机未来的发展方向。

4.2.3 便携式计算机的选购策略

（1）确定用途。根据不同的用户群，便携式计算机的用途有专业商用、商用、游戏和家用。

（2）细化要求。确定便携式计算机的用途之后，还需要对便携式计算机的要求进行细化。首先，根据便携式计算机的用途来确定硬件系统的大致配置。其次，电池也是便携式计算机移动计算的灵魂所在，如果电池容量不是太大，会大大缩短电池的续航时间。再次，舒适感也是应该重点考察的一个方面，特别是对于每天长时间使用便携式计算机的用户来说尤为重要。另外，整机的质量也是需要注意的地方，特别是对于经常携带便携式计算机外出的用户。除了以上几个方面之外，在购买便携式计算机时还需要注意品牌，通常品牌代表着质量，代表着不同的定位及售后服务。

4.2.4 便携式计算机的保养方法

（1）要清洁便携式计算机时先关机，然后用蘸有碱性清洁液或蒸馏水的软布轻轻擦拭，最后用一块比较柔软的干布片擦干。

（2）别把磁盘、CD、信用卡等带磁性的东西放在便携式计算机上，它们极易消去硬盘上的信息，也别让便携式计算机置身于微波环境。

（3）别把便携式计算机当餐桌、咖啡桌使用，千万别把茶水、饮料洒到便携式计算机上，因为便携式计算机并不防水。

（4）不要在低于5℃（41F）或高于35℃（95F）的环境使用或存放便携式计算机，当便携式计算机室外"受冻"或"受热"后，要记住先让它恢复到室温再开机使用。

（5）电池维护也要注意。如果每次充电前，都对电池进行彻底的放电（锂离子电池不需要这样做）的话，电池的工作性能就会更好。

（6）拿便携式计算机时，不要把机盖当做把手提。读写硬盘的时候，不要搬动便携式计算机，搬动时最好关掉系统，扣上机盖。带便携式计算机外出时，最好把它放在一个有垫衬的计算机包中。注意给便携式计算机上保险。

4.2.5 便携式计算机的电池种类

（1）锂电池。膝上型计算机最新使用的电池是锂电池，它可以用在便携式计算机和移动电话中。和镍镉电池相比，锂电池可提供大约2倍的能量。在性能有大幅改善的同时，其价格也超过了镍镉电池的3倍。

（2）镍镉电池。传统的可充电电池是镍镉电池。它们相对来说粗糙、容易再充电（有快有慢）。如果在充电过程中处理不当，也就是说出现记忆效应的话，就会引起电池原始容量的减少。记忆效应就是电池在充电前，电池的电量并未被完全放掉，这将会引起电池容量的损失。可以通过重新调节电池的使用方法，也就是完全放电后再完全充电来改善记忆效应。必须强调"完全"这两个字。

（3）镍氢电池。膝上型计算机的下一个技术是镍氢电池，它的生产已经有好几个年头了。镍氢电池不再使用有毒的镉，而且比镍镉电池的储电能力提高了20%。另外，事实上记忆效应没有了。注意，频繁的过度充电将会减少电池的使用寿命，所以要很好地控制充电时间。镍氢电池的价格大约为镍镉电池的2倍。

4.3 计算机的质量检测

不管是台式机还是便携式计算机，出厂前在生产线上都经过了长时间的老化实验。所以，品牌机的稳定性等质量指标都有保证。

但是，在购买品牌机时或在兼容机组装完成之后，虽然没有计算机生产线上的条件，为了放心，用户也应该进行一次模拟"拷机"和检测工作，"拷机"前应将 BIOS 中 Power Management（节能管理）设置成 Disabled（关掉），然后长时间的开机工作（48～72h 以上），了解启动和运行过程，观察检验是否有"死机"、显示器工作不正常等现象，目的是检验硬件质量的可靠性、稳定性。检测工作分软件检测和基本常识检测。

4.3.1 软件检测

软件检测分为常用大型软件兼容性测试和专业测试软件测试。用户可以用典型的应用程序上机运行，观察运行情况，如 Windows、Office、游戏等，看计算机的兼容效果；再用测试软件如 QAPLUS、Norton、GameSpeed、HWINFO、WinTune 等对主机配件的性能、质量、类型、端口等基本参数进行测试，查看配置是否与购买时所要求的一致等。

4.3.2 基本常识检测

基本常识检测主要有以下几点。一是当显示器显示内容后，可适当调整亮度、对比度、左右（上下）位置、行幅度、场帧度、水平（垂直）位移等，使其达到最佳效果，看是否出现跳动、滚动或聚焦不良等现象；二是对于新的硬盘，可在硬盘高级格式化过程中，看是否有坏道、坏扇区、停顿等现象；如果已经装有软件的硬盘，可用 Scandisk 或 Chkdsk 命令进行检测；三是用 U 盘，用复制命令或运行盘上的文件等检查读盘情况，对空盘格式化，并将数据复制到 U 盘上，检查写盘情况；四是进入 Windows，调整调色板、分辨率等，选择不同的显示模式检查显示卡的性能；五是用 CD、VCD、CD-ROM、CAI 等光盘检测光驱、声卡、解压卡（软解压）等性能；六是对鼠标、键盘进行操作，检验是否良好、手感如何，是否存在按键接触不良、卡键、移动不灵活等现象。

4.3.3 便携式计算机"拷机"

精心挑选好要购买的便携式计算机，然后就是测机、拷机。然而用户在短时间内如何对计算机进行合理的拷机呢？如何确保计算机不会出现兼容性的问题呢？或者存在长久的隐患而没有暂时被发现呢？

一般不运行任何软件是最基础的拷机，即计算机基本硬件的兼容性能。如果没有问题，再运行大型程序进行拷机，如运行大型游戏可以看出内存和显卡等硬件的工作情况。

拿到便携式计算机时首先看的是外观，看看有没有划痕，有无漆皮脱落，螺钉挡板是否齐全。然后检测硬件，最常用的硬件检测工具是 EVEREST。EVEREST（原名 AIDA32）是一个测试软硬件系统信息的工具，可以详细地显示出计算机每一个方面的信息。它支持上千种（3400+）主板，支持上百种（360+）显卡，支持对并口/串口/USB 这些 PNP 设备的检测，支持对各式各样的处理器的侦测。新版增加查看远程系统信息和管理，结果导出为 HTML、XML 功能。可以查出各方面的详细资料，检查配置和介绍的是否一致。

解决了硬件问题，然后检测屏幕，看看有没有亮点、暗点、白斑、小划伤、亮度等。通常所用的测机软件是 Nokia Monitor Test。计算机屏幕的好坏会直接影响到使用者操作计算机时的观感，Nokia Monitor Test 就可以查出屏幕的瑕疵处。

电池测试工具 PassMark BatteryMon，是一款监视计算机电池使用状况的软件，电池的各项参数都是由直观的图表即时表示的。可以显示电池的充电次数，电池的性能状况。

3D Mark 是一款综合性的三维图形卡性能基准测试工具，可测试计算机在图形处理中的稳定工作参数。怎么才可以在短时间内相信这款计算机可以长时间运行这些游戏或者工具而不会出现死机、重启、卡机的现象呢？从经验来看，可用专门制作的魔兽争霸 rpg 地图、全屏刷怪等工具，瞬间让 CPU、内存、显卡全速运行，由于 CPU 大量从缓存、内存、硬盘提取数据，此时风扇高速旋转，大量散热。这时可以完全检测此机器的散热功能，同时大量数据驻留，不能得到释放，怪物越来越多对显卡也是一种考验。如果计算机配置较差，必然导致卡机、死机。

4.4　便携式计算机拆装实例

1. 拆机目的

便携式计算机（笔记本电脑）的风扇问题一直是一个让人头痛的问题，它不仅表现在噪声方面，更麻烦的是由于其散热性能的降低，从而导致整台机器的性能下降，严重时甚至导致重启、死机等诸多麻烦。拆解笔记本电脑，对风扇进行保养，可降低其噪声和提高散热性能。

笔记本电脑按其组成结构大致可以分为 5 部分：液晶屏、键盘、顶面板、主板、底面板。维护和维修笔记本电脑时，例如，要清理 CPU 风扇灰尘或维修内部部件时，多数机器都需要进行整机拆卸。集成度高和小型化是笔记本电脑最大的特色，因而其内部组成结构也较为复杂，不易拆卸。不到非拆不可的地步，一般也最好不要频繁地拆卸。不过，笔记本电脑的组成结构大同小异，其拆卸的步骤基本一致。本节主要讨论笔记本电脑在保养或维修过程中整机拆机的基本方法。

2. 拆机工具

若要对笔记本电脑进行拆机保养或维修时，需要用到以下常用拆机工具：2.5 十字螺丝刀、废信用卡或吉他弹片、镊子、刷子、磁铁、垫布、平整大桌。可选工具有尖嘴钳、棉签、牙签、32 号润滑油（或专用风扇润滑油、润滑脂）、注射器、锡纸胶带、白纸等。

3. 拆机方法

笔记本电脑拆机过程中的主要方法就是掌握拆机顺序。下面以 ACER 4736ZG 的拆机过程为例，重点介绍笔记本电脑整机拆机的详细过程。对该机清理风扇灰尘时必须要进行整机拆机，主要注意拆机的正确流程即可。

先准备好主要拆机工具：2.5 十字螺丝刀、废信用卡或吉他弹片、镊子、刷子、磁铁、垫布、平整大桌等。

该机螺钉类型：除机底内存、硬盘、无线网卡盖螺钉外，拆至风扇处共有 7 种螺钉，数量最多的是 2.5 的 3 种：2×3，2 颗（无线网卡固定）；2.5×3，8 颗（电池槽 4 颗、扬声器 2 颗、键盘下 1 颗、主板 1 颗）；2.5×5，9 颗（机底浅槽 7 颗、键盘下 1 颗、光驱固定 1 颗）；2.5×10，12 颗（机底深槽）；CPU 散热片固定 4 颗、风扇固定 2 颗、风扇五金盖板 4 颗。

如图 4-2 所示，拆卸时可用磁铁把螺钉吸住，并按序排列好，以免丢失。也可以把拆卸下的螺钉放在一张白纸上，然后在螺钉周围写上该螺钉来自机器上的位置，这样一是方便管理，不易出现螺钉混乱甚至丢失的情况；二是当进行装机复原时，方便找到相应的位置，可以达到事半功倍的效果。

所有软 PCB 线（键盘线、触摸板线、键盘右侧功能键排线、右部 USB 连线）插座均为上接插座，活扣不可向主板外拨动。

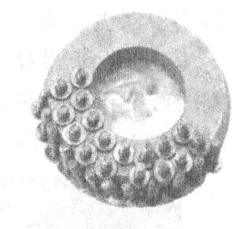

图 4-2 拆卸时用磁铁把螺钉吸住

ACER 4736ZG 整机拆机的基本流程：周边插座配件（特别注意 SD 卡口）→底盖下的配件（电池、内存、硬盘、网卡）→底盖所有螺钉→光驱→电源键处的扬声器盖→键盘、触摸板、功能键排线→MIC、摄像头显示屏、扬声器连接线→扬声器→无线网卡连接线→显示屏及相连的主机上盖→猫、USB 线→主板→风扇→散热片。

ACER 4736ZG 整机拆机的详细过程如下所述。

（1）先将笔记本电脑周边所有外部配件拆除，如电源插头、鼠标等，特别需要注意的是取下 SD 卡槽上的防尘片，如图 4-3 所示。

（2）拆下底盖下的所有配件，如电池、内存、硬盘、无线网卡，从无线网卡上拆下的是唯一的 2×3 螺钉，如图 4-4 所示。

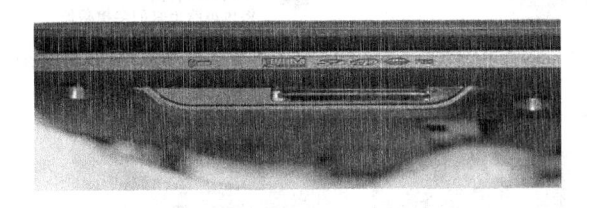

图 4-3 取下 SD 卡槽上的防尘片

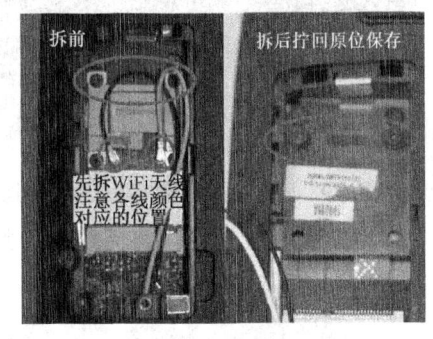

图 4-4 无线网卡螺钉

（3）将底盖所有螺钉拆下，记住各螺钉位置，仅两种类型的螺钉，深槽是长的，浅槽是中长的。电池座下的螺钉最短（2.5×3），如图 4-5 所示。

（4）取下光驱的螺钉，如图 4-6 所示，将光驱从侧边抠出。

图 4-5 电池座下的螺钉

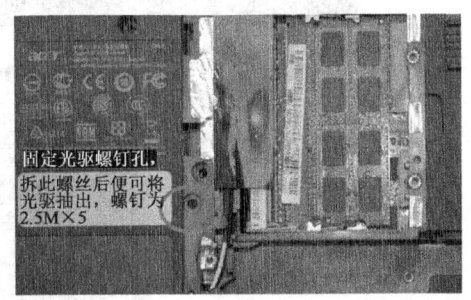

图 4-6 光驱的螺钉

（5）使用废信用卡或吉他弹片将扬声器盖拆下，方法是找到机器侧面的电源插头与电源显示灯处的边缝用弹片撬开，顺着键盘 Esc 键到 Delete 键处的边缝将扬声器盖撬开，并将扬声器盖拿出，拆卸时注意所用力度要适中。

（6）拆下键盘，拆卸时注意键盘的软 PCB 排线及插座要小心分离；再将触摸板、功能键排线拔下，如图 4-7 所示。

（7）拔下 MIC、摄像头、显示屏、扬声器连接线，如图 4-8 所示。

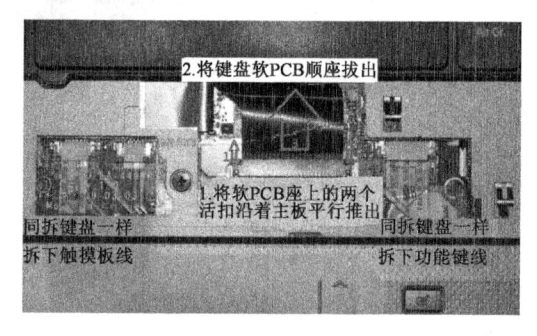

图 4-7　键盘、触摸板和功能键排线 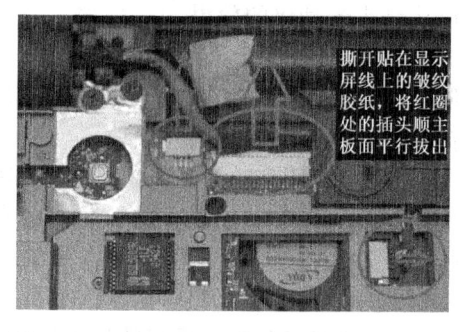　　　　图 4-8　MIC、摄像头、显示屏、扬声器连接线

（8）将扬声器条拆下，固定扬声器的是 2.5×3 短螺钉 2 颗，如图 4-9 所示。顺便清理一下扬声器部件上面的灰尘（图 4-10）。

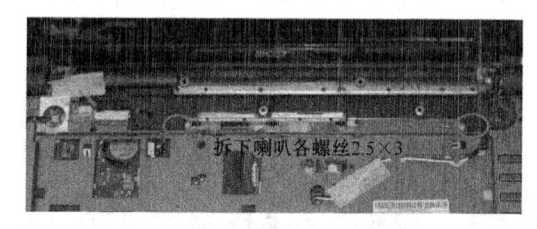

图 4-9　固定扬声器的 2 颗 2.5×3 短螺钉 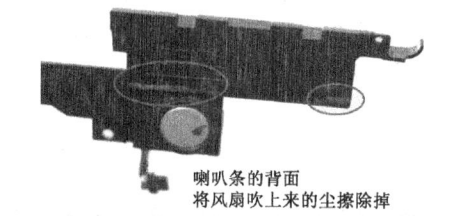　　　　图 4-10　清理扬声器部件上面的灰尘

（9）如图 4-11 所示，将无线网卡到显示面板的连接线拆出。

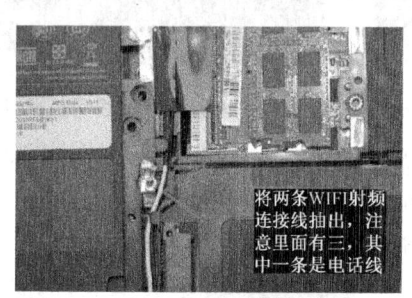

（a）抽出无线网卡连接线 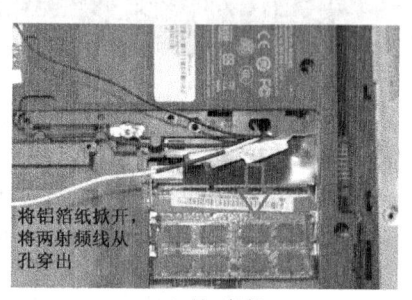　　　　（b）掀开铝箔

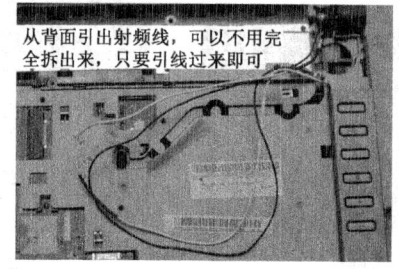

（c）从背面拉出

图 4-11　拆出无线网卡到显示面板的连接线

（10）要将显示屏板及相连的主机上盖拆下来，必须先拆开图 4-12 中的两颗螺钉，然后使用废信用卡或吉他弹片将底盖与上盖边缝撬开分离，分离后轻轻将显示屏及主机上盖拿起来。必须注意上盖塑料极薄，切不可用蛮力将显示板与上盖抠起，以防折断。

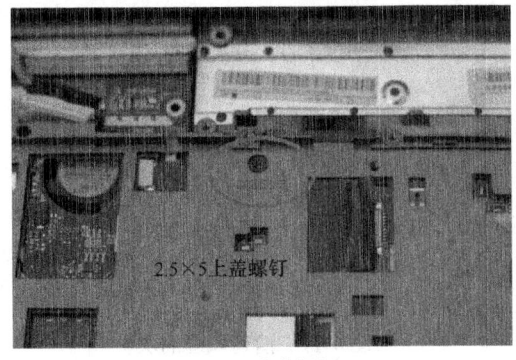

（a）2.5×5 上盖螺钉 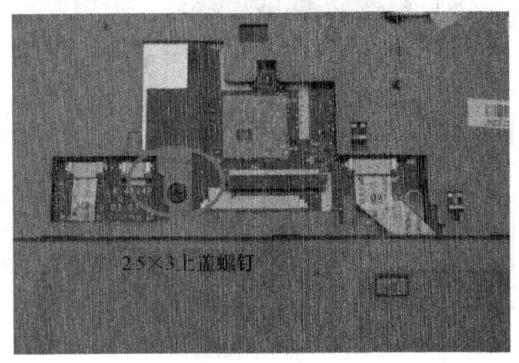　　　　　　　　　　（b）2.5×3 上盖螺钉

图 4-12　将显示屏板及相连的主机上盖拆下来

（11）拿掉上盖后剩下的就是底盖及主板，此时必须先将主板与底盖间的引线拆下，主要有猫跟右侧 USB 引线，如图 4-13 所示。

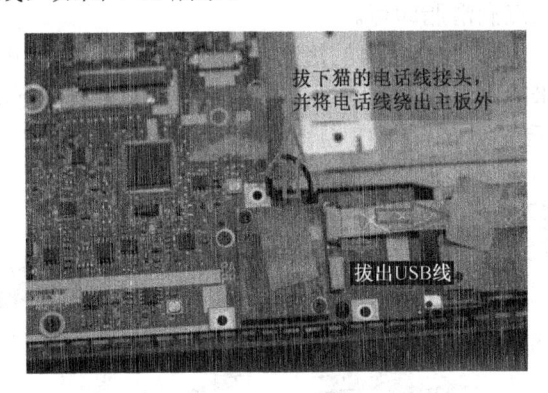

图 4-13　先将主板与底盖的引线拆下

（12）拆除主板上唯一的 2.5×3 螺钉，顺着光驱出口方向将主板从底盖中分离出来，如图 4-14 所示。不拆的螺钉如图 4-15 所示。

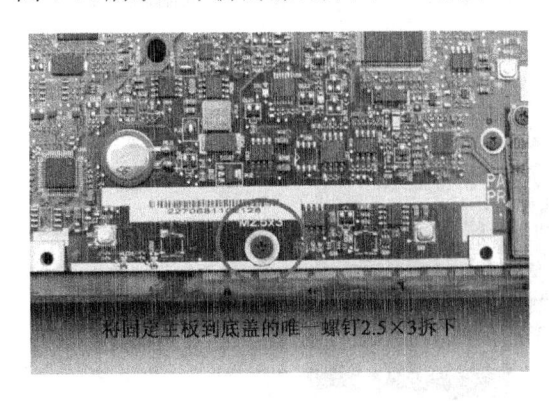

图 4-14　拆除主板上唯一的 2.5×3 螺钉 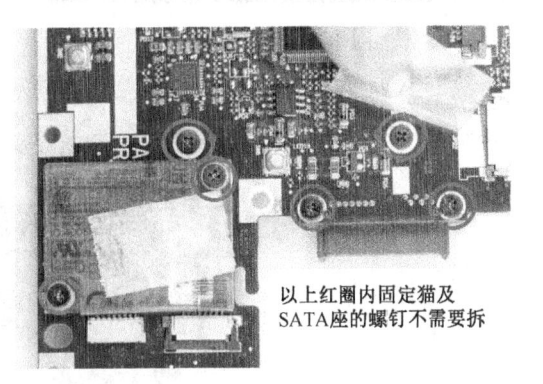　　　　　图 4-15　不拆的螺钉

（13）从主板上先将风扇的导线拔下，再拧开两颗固定风扇的螺钉，再从风扇上把 4 颗小螺钉拆下（图 4-16），便可完全清理风扇的灰尘了，如图 4-17 所示。

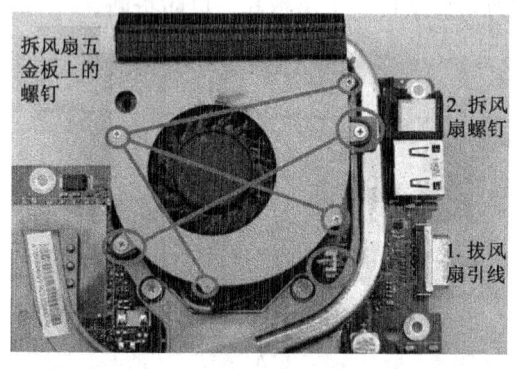

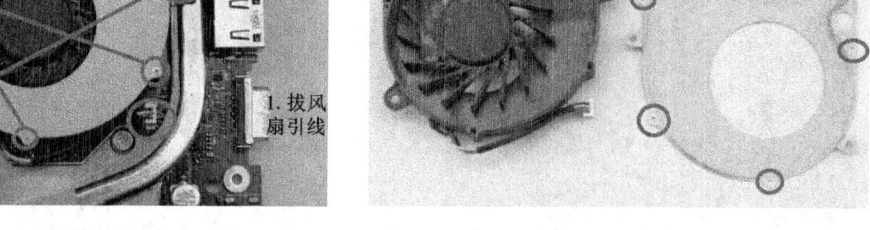

图 4-16　拆下风扇螺钉　　　　　　　　图 4-17　清理风扇的灰尘

必要时还可以给风扇电机转动部分加注润滑油或润滑脂。添加润滑油时直接用注射器操作最方便，只要对准注油孔滴几滴即可。如果对油封轴承风扇可以清理后注润滑油或者涂抹润滑脂。如果是滚珠轴承风扇则需要清洗轴承和中心轴。对滚珠轴承要少折腾，也尽量不要上油脂。如果一定要上油脂，只在拆解出来的轴承的内外圈之间滴上一点点润滑油或者涂抹上很少的一点点润滑脂即可。

（14）拆下散热片后，将散热片内的污物用水冲洗干净，再用风筒吹干，但要注意别被风筒吹导热管时传过来的高温烫着。清理散热片后还要对主板进行清扫，最后还要给 CPU 及 GPU 添加优质导热硅脂，如图 4-18 至图 4-20 所示。

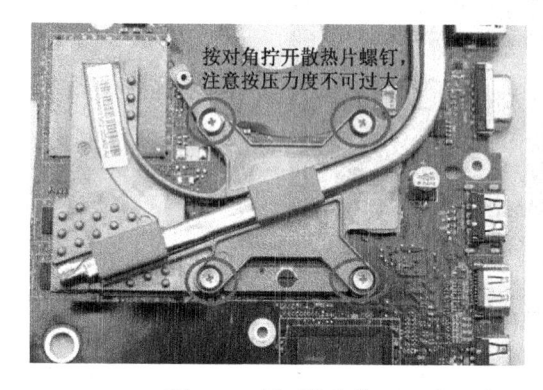

图 4-18　拆下散热片　　　　　　　　图 4-19　清理散热片

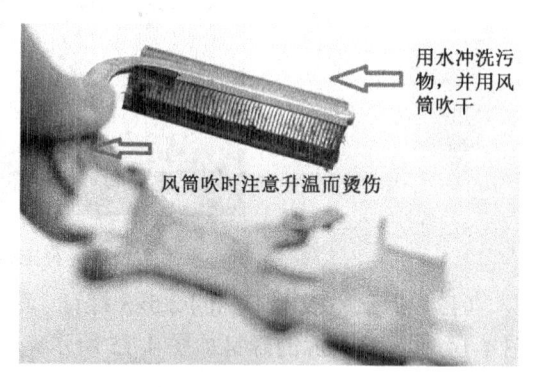

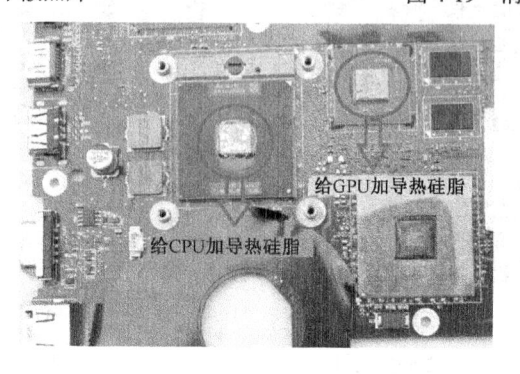

图 4-20　给 CPU、GPU 添加导热硅脂

（15）清扫底盖的风扇通风孔及底盖 SD 卡槽侧边通风孔，以利于通风，如图 4-21 和图 4-22 所示。

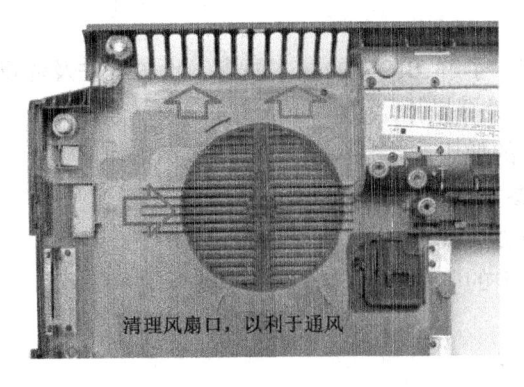

图 4-21　清扫底盖的风扇通风孔 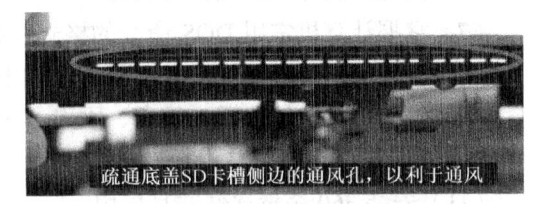　　　　图 4-22　清扫底盖 SD 卡槽侧边通风孔

4．整机重装

各部件被清扫干净后，整机重新装机过程就按拆卸流程反向操作即可。安装时一定要注意力度适中，因为机壳都是很薄的，一不小心就容易弄断。装机的时候要注意各配件的装配位置和装配的先后顺序，各部件和螺钉不要装错和漏装。

技能训练

训练任务 2.1　多媒体计算机主机系统的使用与维护

1．任务要求

学习使用多媒体计算机主机系统的硬件功能和软件功能。了解计算机主机系统的结构、特点；正确掌握计算机主机系统的合理配置、安全使用、日常维护方法；掌握利用多媒体计算机进行数据处理的基本工作过程和操作方法。

2．训练情景

训练器材：多媒体计算机、各种计算机硬件和软件。

训练场景：计算机城、计算机硬件和软件机房。

3．计划内容

（1）通过到计算机城和计算机机房参观，了解当前市场的现状和计算机的发展历程，并做必要的咨询和记录。

（2）利用实训室资源，通过老师的指导，对主机进行拆卸后观察，认识计算机各组成设备（CPU、内存、主板、硬盘、光驱、U 盘、显卡、声卡、网卡、ADSL 等）的技术规范、性能特点，必要时画出其组成结构草图，了解产品商标或标签，做好商品信息记录。掌握同类主机硬件的厂商、型号、区别方法、性能指标、选购及安装使用注意。观察和了解各种硬件设备的匹配特性。

（3）通过反复动手训练，熟练掌握计算机内部组装和外部设备硬件接口、线缆的实际正确连接操作，画出草图，并做必要的记录。

（4）认识多媒体计算机主机系统及相关外设上的功能键，熟悉常见的硬件和软件的功能；掌握硬件和软件的操作。

（5）认真阅读各种计算机主板使用说明书，了解 BIOS 的基本概念、设置方法及注意事项。对组装好的计算机进行 CMOS 参数优化设置操作。

（6）熟练掌握计算机硬盘初始化工具软件的使用。

（7）掌握计算机常用 DOS 命令的格式、参数、功能和使用。

（8）安装 Windows XP Professional 简体中文版操作系统。

（9）安装计算机的主板、显卡、网卡、声卡的驱动程序。

（10）安装 Office 2007 办公软件。

（11）安装 360 杀毒软件并且使用。

（12）安装 360 安全卫士。

（13）安装 WinRAR 压缩软件并且使用。

（14）安装暴风影音多媒体播放软件。

（15）掌握其他应用软件和工具软件安装和卸载的一般方法。

（16）利用 Ghost 软件做计算机系统备份和恢复，并做好相关操作记录。

（17）学习和掌握利用 Office 2007 办公软件进行数据处理的基本工作过程和操作方法。

4. 注意事项

（1）先阅读说明书，了解各部件的基本功能，不可随意擅自拆散计算机硬件。

（2）整机安装连接完成后，要进行计算机硬件系统检查和开机测试。可以初步利用 POST（Power On Self Test）上电自检程序，对硬件进行监测和故障诊断。

（3）要正确、合理地配置计算机的软硬件系统，并进行优化处理。

（4）掌握正确的多媒体计算机主机系统安全使用方法。要防潮、防震、防磁、防高温，要按正确的开关机要求开机和关机。

（5）掌握正确维护计算机软硬件系统的方法，如遇一般故障，请关闭计算机，排除故障后再开机。

5. 总结考核

（1）查资料或上网，阅读产品说明书，从技术规范上归纳总结主机硬件识别、选购及安装使用方法。

（2）独立归纳整理并写出对计算机主机硬件组装技术、技巧及注意事项的实训总结。

（3）独立归纳整理并写出对计算机 BIOS 概念、设置技巧、优化方法及注意事项的实训总结。

（4）独立归纳整理并写出对计算机硬盘初始化的方法、技巧及注意事项的实训总结。

（5）独立归纳整理并写出对计算机系统和办公应用软件安装技术、技巧、使用方法、卸载方法的实训总结。

（6）对任务要求、训练设备、训练内容、操作步骤和训练结果进行系统分析和总结，归纳在技能训练中的收获和体会。撰写并提交一份技能训练总结报告。

训练任务 2.2　扫描仪的使用与维护

1. 任务要求

学习使用扫描仪的控制面板功能和软件操作功能；了解扫描仪的组成结构、原理、特点；正确掌握扫描仪的安装、基本使用和维护方法；掌握获取数码扫描图像的基本工作流程。

2. 训练情景

训练器材：各种纸质文稿、照相底片、图片、扫描仪、多媒体计算机。

训练场景：计算机系统机房。

3. 计划内容

（1）认识了解扫描仪的主流型号、组成结构、工作原理和性能参数，并做相关记录。

（2）熟悉扫描仪驱动程序安装和使用方法。

（3）熟悉扫描仪的控制面板功能和软件操作功能。

（4）根据预先准备的各种纸质文稿、照相底片、图片，按实用要求熟练进行反射稿或透射稿的扫描操作，并做相关比较和记录。

4. 注意事项

（1）实训中要爱护设备，遵守安全操作规程。

（2）扫描仪的使用步骤如下所述。

① 预扫描。将要扫描的原稿面朝扫描仪玻璃窗放置，在驱动程序界面中单击"预扫描"按钮，经过预扫后的图像出现在预视窗中。

② 设置图像尺寸大小。用裁剪工具框来选择要扫描图像的区域。

③ 利用缩放工具。缩放工具可以改变图像的缩放比例。

④ 设置扫描模式。通过设置扫描模式，可以决定扫描仪扫描图像的色彩。

⑤ 设置扫描分辨率。分辨率可在驱动程序界面中的滚动条内设定。按动滚动条一边的箭头，直到出现满意的分辨率。

⑥ 执行扫描。

（3）TWAIN（Technology Without an Interesting Name）是扫描仪厂商共同遵循的规格，是应用程序与影像捕捉设备间的标准接口。只要是支持 TWAIN 的驱动程序，就可以启动符合这种规格的扫描仪。例如，在 Microsoft Word 中就可以启动扫描仪，方法是选择"插入"→"图片"→"来自扫描仪"。

利用 Adobe Photoshop 也可以做到这一点，方法是选择 File→Import→Select TWAIN_32 Source。

（4）扫描仪的正确维护方法。在扫描仪的使用及维护过程中，常常需要通过对扫描仪的性能检测来判断其质量好坏或是否有故障。

① 检测感光元件：扫描一组水平细线（如头发丝或金属丝），然后在 ACDSee 中浏览，将比例设置为 100%观察，如纵向有断线现象，说明感光元件排列不均匀或有坏块。

② 检测传动机构：扫描一张扫描仪幅面大小的图片，在 ACDSee 中浏览，将比例设置

为100%观察,如横向有撕裂现象或能观察出的水平线,说明传动机构有机械故障。

③ 检测分辨率:用扫描仪标称的分辨率(如600dpi、1200dpi)扫描彩色照片,然后在ACDSee中浏览,将比例设置为100%观察,不会观察到混杂色块为合格,否则分辨率不足。

④ 检测灰度级:选择扫描仪标称的灰度级,扫描一张带有灯光的夜景照片,注意观察亮处和暗处之间的层次,灰度级高的扫描仪,对图像细节(特别是暗区)的表现较好。

⑤ 检测色彩位数:选择扫描仪标称色彩位数,扫描一张色彩丰富的彩照,将显示器的显示模式设置为真彩色,与原稿比较一下,观察色彩是否饱满,有无偏色现象。要注意的是,与原稿完全一致的情况是没有的,显示器有可能产生色偏,以致影响观察,扫描仪的感光系统也会产生一定的色偏。大多数主流厂商生产的扫描仪均带有色彩校正软件,请先进行显示器、扫描仪的色彩校准,再进行检测。

⑥ OCR文字识别输入检测:扫描一张自带印刷稿,采用黑白二值、标称分辨率进行扫描,300dpi的扫描仪能对报纸上的5号字做出正确的识别,600dpi的扫描仪能认清名片上的7号字。

5. 总结考核

(1) 阅读产品说明书,归纳总结扫描仪的功能、选购及安装方法。
(2) 独立归纳整理并写出对驱动程序界面安装、操作方法的实训总结。
(3) 独立归纳整理并写出对扫描仪的使用步骤及注意事项的实训总结。
(4) 独立归纳整理并写出对扫描仪的扫描技术、使用技巧及注意事项的实训总结。
(5) 独立归纳整理并写出对扫描仪的正确维护方法的实训总结。
(6) 对任务要求、训练设备、训练内容、操作步骤和训练结果进行系统分析和总结,归纳在技能训练中的收获和体会。撰写并提交一份技能训练总结报告。

训练任务2.3 针式打印机的使用与维护

1. 任务要求

学习使用针式打印机的控制面板功能和应用软件中打印设置操作的功能;了解针式打印机的组成结构、原理、特点;正确掌握针式打印机的安装、基本使用和维护方法;掌握进行文档打印的基本工作流程。

2. 训练情景

训练器材:各种电子文档、纸张、针式打印机、多媒体计算机。
训练场景:计算机系统机房。

3. 计划内容

(1) 认识了解针式打印机的主流型号、组成结构、工作原理和性能参数,并做相关记录。
(2) 熟悉针式打印机驱动程序安装和使用方法。
(3) 熟悉针式打印机的控制面板功能和应用软件中打印设置操作的功能。
(4) 根据预先准备的各种电子文档,按排版要求熟练进行文档打印操作,例如,横向打印、纵向打印、窄行打印、宽行打印、图文打印、报表打印、连续走纸、双面打印等，并做相关比较和记录。

4. 注意事项

（1）实训中要爱护设备，遵守安全操作规程。
（2）一定要断电后才能进行拆卸操作。
（3）针式打印机的使用步骤如下所述。
① 将针式打印机连接到计算机。
② 接通电源，安装驱动程序，进行必要属性设置和测试。
③ 放置打印纸。
④ 编辑文档。
⑤ 开始打印。
（4）针式打印机的维护方法。

针式打印机应该工作在干净、无尘、无酸碱腐蚀的环境中，工作台必须平稳、无振动。要定期对打印头进行清洗保养；要定期清洁和润滑打印机；要正确调整打印头和打印辊之间的间隙；应适时更换打印色带；在联机情况下，不要用手旋转进纸手轮，以免影响微动进纸量；在加电情况下，不要插拔通信电缆插头，以免烧毁接口元件。

如果出现走纸或字车运行困难的情况，需要断电检查，不要强行工作，以免损坏电路或机械传动部分。

5. 总结考核

（1）阅读产品说明书，归纳总结针式打印机的功能、选购及安装方法。
（2）独立归纳整理并写出对驱动程序安装，应用软件中打印设置操作的功能、操作方法的实训总结。
（3）独立归纳整理并写出对针式打印机的使用步骤及注意事项的实训总结。
（4）独立归纳整理并写出对针式打印机的打印技术、使用技巧及注意事项的实训总结。
（5）独立归纳整理并写出对针式打印机的正确维护方法的实训总结。
（6）对任务要求、训练设备、训练内容、操作步骤和训练结果进行系统分析和总结，归纳在技能训练中的收获和体会。撰写并提交一份技能训练总结报告。

训练任务 2.4　喷墨打印机的使用与维护

1. 任务要求

学习使用喷墨打印机的控制面板功能和应用软件中打印设置操作的功能；了解喷墨打印机的组成结构、原理、特点；正确掌握喷墨打印机的安装、基本使用和维护方法；掌握进行文档打印的基本工作流程。

2. 训练情景

训练器材：各种电子文档、纸张、喷墨打印机、多媒体计算机。
训练场景：计算机系统机房。

3. 计划内容

（1）认识了解喷墨打印机的主流型号、组成结构、工作原理、性能参数并做相关记录。

（2）熟悉喷墨打印机驱动程序安装和使用方法。

（3）熟悉喷墨打印机的控制面板功能和应用软件中打印设置操作的功能。

（4）根据预先准备的各种电子文档，按排版要求熟练进行文档打印操作，例如，横向打印、纵向打印、图文打印、报表打印、彩色打印、照片打印、双面打印等，并做相关比较和记录。

4. 注意事项

（1）实训中要爱护设备，遵守安全操作规程。

（2）一定要断电后才能进行拆卸操作。

（3）喷墨打印机的使用步骤如下所述。

① 将喷墨打印机连接到计算机。

② 接通电源，安装驱动程序，进行必要属性设置和测试。

③ 放置打印纸。

④ 编辑文档。

⑤ 开始打印。

（4）喷墨打印机的维护方法。喷墨打印机应该工作在干净、无尘、无酸碱腐蚀的环境中，工作台必须平稳、无振动。要定期清洁和润滑机械运动部件和部位。要定期对打印喷头和墨盒进行清洗保养；要学会墨水盒的安装、测试和使用；要注意节省墨水、更换墨水、清洁喷嘴头；每次重装打印墨盒后，原则上应按步骤进行打印头校正。在加电情况下，不要插拔通信电缆插头，以免烧毁接口元件。在开启喷墨打印机电源开关后，电源指示灯或联机指示灯将会闪烁，表明喷墨打印机正在预热，在此期间不要进行任何操作，待预热完毕后指示灯不再闪烁时方可进行操作。喷墨打印机不宜使用过薄的纸张且切忌过潮；纸张一定要充分翻拨、整齐后放入，印透明胶片时，必须单张送入打印。如果出现走纸或机械部件运行困难的情况，需要断电检查，不要强行工作，以免损坏电路或机械传动部分。

5. 总结考核

（1）阅读产品说明书，归纳总结喷墨打印机的功能、选购及安装方法。

（2）独立归纳整理并写出对驱动程序安装，应用软件中打印设置操作的功能、操作方法的实训总结。

（3）独立归纳整理并写出对喷墨打印机的使用步骤及注意事项的实训总结。

（4）独立归纳整理并写出对喷墨打印机的打印技术、使用技巧及注意事项的实训总结。

（5）独立归纳整理并写出对喷墨打印机的正确维护方法的实训总结。

（6）对任务要求、训练设备、训练内容、操作步骤和训练结果进行系统分析和总结，归纳在技能训练中的收获和体会。撰写并提交一份技能训练总结报告。

训练任务 2.5　激光打印机的使用与维护

1. 任务要求

学习使用激光打印机的控制面板功能和应用软件中打印设置操作的功能；了解激光打

印机的组成结构、原理、特点；正确掌握激光打印机的安装、基本使用和维护方法；掌握进行文档打印的基本工作流程。

2. 训练情景

训练器材：各种电子文档、纸张、激光打印机、多媒体计算机。

训练场景：计算机系统机房。

3. 计划内容

（1）认识了解激光打印机的主流型号、组成结构、工作原理和性能参数，并做相关记录。

（2）熟悉激光打印机驱动程序安装和使用方法。

（3）熟悉激光打印机的控制面板功能和应用软件中打印设置操作的功能。

（4）根据预先准备的各种电子文档，按排版要求熟练进行文档打印操作，例如，横向打印、纵向打印、图文打印、报表打印、双面打印、联网打印等，并做相关比较和记录。

4. 注意事项

（1）实训中要爱护设备，遵守安全操作规程。

（2）一定要断电后才能进行拆卸操作。

（3）激光打印机的使用步骤如下所述。

① 将激光打印机连接到计算机。

② 接通电源，安装驱动程序，进行必要的属性设置和测试。

③ 放置打印纸。

④ 编辑文档。

⑤ 开始打印。

（4）激光打印机的维护方法。激光打印机应该工作在干净、无尘、无酸碱腐蚀的环境中，工作台必须平稳、无振动。要定期清洁和润滑机械运动部件和部位；要正确安装、测试和使用硒鼓；要定期对硒鼓进行清洗保养；应适时更换墨粉；在加电情况下，不要插拔通信电缆插头，以免烧毁接口元件。在开启激光打印机电源开关后，电源指示灯或联机指示灯将会闪烁，这表明激光打印机正在预热，在此期间不要进行任何操作，待预热完毕后指示灯不再闪烁时方可进行操作。激光打印机不宜使用过薄的纸张且切忌过潮；纸张一定要充分翻拨，整齐后放入。如果出现走纸或机械部件运行困难的情况，需要断电检查，不要强行工作，以免损坏电路或机械传动部分。

为延长硒鼓的使用寿命，在打印草图或校样时，可通过打印机属性窗口设置使用"经济方式"，这比普通打印使用的墨粉大约少 50%。

5. 总结考核

（1）阅读产品说明书，归纳总结激光打印机的功能、选购及安装方法。

（2）独立归纳整理并写出对驱动程序安装，应用软件中打印设置操作的功能、操作方法的实训总结。

（3）独立归纳整理并写出对激光打印机的使用步骤及注意事项的实训总结。

（4）独立归纳整理并写出对激光打印机的打印技术、使用技巧及注意事项的实训总结。

（5）独立归纳整理并写出对激光打印机的正确维护方法的实训总结。

（6）对任务要求、训练设备、训练内容、操作步骤和训练结果进行系统分析和总结，归纳在技能训练中的收获和体会。撰写并提交一份技能训练总结报告。

思考练习

一、简答题

1．简述计算机的基本概念和分类。
2．简述计算机的发展历史和市场的主流现状。
3．计算机的主要性能与指标有哪些？
4．简述计算机系统的组成结构。
5．简述计算机系统的工作原理。
6．简述计算机和便携式计算机的选购、使用操作方法。
7．计算机系统装机规范有哪些？装机的准备工作有哪些？
8．试总结计算机整机组装的方法和流程。
9．计算机系统开机监测信息和故障诊断的意义？
10．简述计算机系统的维护、维修方法。
11．简述扫描仪的基本概念及分类。
12．简述扫描仪的发展历史及市场的主流现状。
13．扫描仪的主要性能与指标有哪些？
14．简述扫描仪的组成结构。
15．简述扫描仪的工作原理。
16．简述扫描仪的选购、安装、使用操作方法。
17．简述扫描仪的维护、维修方法。
18．简述打印机的基本概念及分类。
19．简述打印机的发展历史及市场的主流现状。
20．针式打印机、喷墨打印机、激光印字机的主要性能与指标各有哪些？
21．简述针式打印机、喷墨打印机、激光印字机的组成结构。
22．简述针式打印机、喷墨打印机、激光印字机的工作原理。
23．简述针式打印机、喷墨打印机、激光印字机的选购、安装、使用操作方法。
24．简述针式打印机、喷墨打印机、激光印字机的维护、维修方法。

二、填空及判断题

1．显示器是计算机外部的主要硬件。（　　）
2．计算机主机与外部设备连接完成后不需要进行开机检查和测试。（　　）
3．扫描仪只能进行图片扫描。（　　）
4．现代计算机的外部设备接口大多数是 USB 接口。（　　）
5．如果已正确配置计算机，应当从屏幕上看到一系列测试和验证信息，包括 CPU 主频速度、系统内存、主板信息等内容。（　　）
6．国产知名品牌计算机有（　　）、（　　）、（　　）等。
7．主机部件包括（　　）、（　　）、（　　）、（　　）、（　　）、（　　）等。

8. 目前市场上的 CPU 供应商为（　　）和（　　）。主板品牌有（　　）、（　　）、（　　）等。
9. 打印机有（　　）、（　　）、（　　）三种。
10. 安装 CPU 风扇时应先涂一层（　　）在 CPU 表面。
11. 计算机的启动过程大致可以分为（　　）、（　　）、（　　）、（　　）、（　　）。
12. 只能对整个注册表进行导出操作。（　　）
13. "我的文档"只能放在系统分区中。（　　）
14. 安装应用软件时，最好安装到非系统分区中。（　　）
15. MAXDOS 可以给装好的 Windows 2K/XP/2007 加入纯 DOS 的入口。（　　）
16. Ghost 可以对分区进行备份，也可对整个硬盘进行备份。（　　）
17. 360 安全卫士可以清除所有计算机病毒。（　　）
18. 说出三个常见的硬件检测软件：（　　）、（　　）、（　　）。
19. 计算机软故障主要有（　　）、（　　）、（　　）。
20. 启动机器时显示器无信号，且系统扬声器发出一长三短的警报声，这是（　　）故障；如果系统扬声器连续发出长"嘟"警报声，则为（　　）故障。
21. 硬件故障常用的诊断方法有（　　）、（　　）、（　　）等。

三、选择题

1. 计算机工作时，靠（　　）控制才能完成。
   A．软件　　　　B．硬件　　　　C．主机　　　　D．内存
2. CPU 型号为 Core 2 Quad，那么该 CPU 有（　　）个核心。
   A．1　　　　　B．2　　　　　　C．3　　　　　　D．4
3. USB 2.0 总线的传输速度是（　　）。
   A．12Mb/s　　B．48Mb/s　　　C．120Mb/s　　D．480Mb/s
4. 下列哪个是电荷耦合器件图像传感器的缩写（　　）。
   A．CCD　　　B．CMOS　　　C．FDD　　　　D．IDE
5. 硬盘工作指示灯与电源指示灯分为正负极，在安装时需要注意，一般情况下（　　）代表正极。
   A．黑色　　　　B．黄色　　　　C．白色　　　　D．红色
6. 下面哪一个不是计算机的外部设备（　　）。
   A．显示器　　　B．鼠标　　　　C．打印机　　　D．内存
7. 木马病毒常用前缀名是（　　）。
   A．Win32　　　B．Script　　　C．Joke　　　　D．Trojan
8. 显示器的尺寸指标是指显像管的（　　）的长度。
   A．宽度　　　　B．高度　　　　C．对角线　　　D．以上都不对
9. 硬盘工作指示灯连接线上一般印有（　　）字样。
   A．HDD LED　　B．PWR LED　　C．RESET SW　　D．SPEAKER
10. 加电自检程序的英文简写为（　　）。
    A．BIOS　　　B．CMOS　　　C．BOOT　　　D．POST

重点小结

项目 2 的学习任务是多媒体、台式计算机和便携式计算机的使用与维护。必备知识要求是熟悉办公信息处理设备的基本概念；掌握办公信息处理设备的使用与维护方法。多媒体计算机主机系统、扫描仪、打印机是项目 2 的典型教学背景案例，是学习任务中的核心任务。技能训练要求是具备办公信息处理设备（多媒体计算机系统）中的多媒体计算机主机系统、扫描仪、打印机职业技能标准的条件；学会多媒体计算机主机系统的使用与维护；学会扫描仪的使用与维护；学会针式打印机的使用与维护；学会喷墨打印机的使用与维护；学会激光打印机的使用与维护。

计算机主机系统是整个系统的核心部分，但必须与一定的外设连接起来，再装上软件后，形成完整计算机系统，才能正常工作。扫描仪是一种图像信号输入（捕获）设备。打印机是计算机系统中常用的输出设备之一。日常办公和生活中最常见的打印机为针式打印机、喷墨打印机和激光打印机。

硬件设备型号识别方法如下：厂商一般把不同类型的硬件设备驱动程序都压制在一张盘中，而且还会有不同的操作系统版本，硬件产品上印刷的各种信息及主板卡产品使用的主要芯片型号，就是确定产品型号及厂家的重要依据。识别硬件设备型号最有用的就是其中的 Vendor ID（厂商 ID）和 Device ID（设备 ID），这两个 ID 是 PCI-SIG 组织统一编制命名的。

例如，把其中对安装驱动有用的设备，如 Network Controller（网卡）、Multimedia Device（声卡）和 Display Controller（显卡）对应的 Vendor ID 和 Device ID 记下来，然后到 www.pcidatabase.com 网站进行查询，就可以知道这些硬件设备的型号了。

【布置实施第 3 学习训练阶段任务】 系统使用

按照划分的任务小组（团队），配合课程并行安排，大约在 5 周内完成。组织学生到一些对现代办公设备和现代办公自动化系统应用有代表性的机关、事业、商业（办公设备销售与系统集成）、企业、维修服务部，行业单位和部门的办公、销售、生产、维修等场所，进行现代办公设备和现代办公自动化系统软硬件系统运行使用的操作技能训练。第 3 学习训练阶段工作任务完成后，各小组汇报、答辩、总结和考核。

项目 3

办公信息复制设备

项目引入

信息复制的主要任务是从书写、绘制或印刷的原始稿件直接得到等倍、放大或缩小的复印品，为信息使用者提供收集整理、快速分发、交流利用、方便保存的原始文献资料。

信息复制的主要设备是复印机、速印机等。这里主要讨论纸质媒体的复制设备和技术。

信息复制设备的主要功能是利用静电复印等技术，对文稿、图片、图表等数据资料，完成忠于原件的直接复印，使用户得到简便、优质、经济、高效的信息获取和利用服务。

项目 3 中的办公信息复制设备主要包括复印机、速印机等。主要学习办公信息复制设备的发展与现状、组成与结构、原理与特点、功能与使用、维护与管理的方法和技能。

项目 3 有两个子任务，分别为复印机、速印机的使用与维护。典型教学背景案例为复印机。

任务目标

1. 熟悉办公信息复制设备的基本概念；
2. 掌握办公信息复制设备的使用与维护方法；
3. 具备办公信息复制设备中复印机职业技能标准的条件。

复印机是项目 3 的典型教学背景案例。典型技能训练任务有以下几个方面。

（1）数码复印机控制面板的使用；
（2）数码复印机的复制操作；
（3）数码复印机光学系统的维护；
（4）数码复印机显影系统的维护；
（5）数码复印机成像系统的维护；
（6）数码复印机供、输纸系统的维护；
（7）数码复印机定影系统的维护；
（8）数码复印机驱动系统的维护；
（9）数码复印机电气控制系统的维护。

> 必备知识

任务5 ★复印机的使用与维护

5.1 复印机概述

　　复印机是从书写、绘制或印刷的原稿得到等倍、放大或缩小的复印品的印刷办公设备。
　　复印机复印的速度快、操作简便，与传统的铅字印刷、蜡纸油印、胶印等印刷方法的主要区别是无须经过其他制版等中间手段，而能直接从原稿获得复印品。当复印份数不多时较为经济。由于复印机在复制份数较少的文件时快捷方便，并能保持原件的原样，因此很快得到了推广使用。目前，复印机已成为办公活动中一种广泛使用和不可缺少的现代办公设备。
　　现代办公对文件的利用大多是通过复制件来实施或延续原始文件所具有的行政效用的，文件的文本格式、印章体例等外部特征在复制过程中都被严格地保留下来，从而实现了资料和信息的迅速保存与传输。所以，复印机为实现现代高效办公带来了极大的方便。
　　然而，复印机又是涉及多种学科的综合性技术产品，其品牌繁多，机型复杂，结构多种多样，为提高复印质量、保证复印机的正常运转和延长其使用寿命，提倡主动维护，从而可获得最佳使用效率和价值。因此，做好复印机的正确使用和日常维护工作是十分重要的。

5.1.1 复印机的概念与分类

　　复印机是一种将机械、电子和光学融为一体的综合性技术设备，是现代办公的重要组成部分。复印机的含义即是严格复制文件、图、表等被复制对象的信息内容及其记录形式，获取与原件内容及形式相同副本的办公文印设备。
　　目前，全世界有几十家企业独立生产复印机。复印机的种类繁多，从应用角度看有工程复印机、数码复印机、彩色复印机等。从复印技术上看可分为光化学复印、热敏复印和静电复印三类。静电复印是现在应用最广泛的复印技术，故现代复印机又称静电复印机，它是用硒、氧化锌、硫化镉和有机光导体等作为光敏材料，在暗处充上电荷接受原稿图像曝光，形成静电潜像，再经显影、转印和定影等过程而成。
　　根据复印机的工作原理、复印技术和基本工作过程等，复印机有以下多种不同的分类。
　　（1）按工作原理分类。复印机按工作原理的不同，可分为模拟复印机和数码复印机。
　　早期的复印机大多数为模拟复印机。数码复印机是近几年来兴起的数字化办公潮流所带来的必然结果。数码复印机与模拟复印机的主要区别是工作原理不同。模拟复印机的工作原理：通过曝光、扫描将原稿的光学模拟图像通过光学系统直接投射到已被充电的感光鼓上产生静电潜像，再经过显影、转印、定影等步骤，完成复印过程。数码（字）复印机的工作原理：首先通过CCD传感器对通过曝光、扫描产生的原稿光学模拟图像信号进行光电转换，然后将经过数字技术处理的图像信号输入到激光调制器，调制后的激光束对被充电的感光鼓进行扫描，在感光鼓上产生由点阵组成的静电潜像，再经过显影、转印、定影等步骤，完成复印过程。第一部数码复印机是由日本佳能公司于 1991 年推出的。数码复印机具有高技术、高质量、组合化、增强生产能力、可靠性极高等一系列优点。随后理光、施乐、美能达等多家厂商都推出了多种型号的数码复印机。

（2）按潜像形成方法分类。复印机按潜像形成方法可分为放电成像法（卡尔逊法）、电容或逆光成像法（NP 法或 KIP 法）、持久内极化成像法（PIP 法）、静电像转移（TESI 法）等。一般从机器外部不能分辨出采用了哪种形成潜像的方法。

（3）按显影状态分类。复印机按显影状态分类，可以分为湿法显影和干法显影。

湿法显影复印机采用的是液态显影剂，具有解像度高、层次好、机构简单、耗电少等优点，但存在使用不方便，有空气污染等缺点。干法显影复印机采用干法显影方式，是现代复印机主要使用的显影体系。

（4）按显影剂组成分类。复印机按复印机显影剂组成分类，可分为双组分显影剂型和单组分显影剂型。二者都是用于图像潜像显影的非常微细的均匀粉末，也称墨粉。区别在于双组分显影剂由墨粉（色调剂 Toner）和载体（Carrier）两部分组成。单组分显影剂中只有墨粉一种组分，没有载体。

（5）按光导材料分类。复印机按光导材料可分为硒鼓复印机或硒-碲合金鼓复印机、氧化锌复印机、氧化锌涂层纸复印机、硫化镉鼓复印机、有机光导鼓复印机、硅鼓复印机等。

（6）按复印介质分类。根据复印机使用纸张，复印机可分为特殊纸复印机及普通纸复印机。特殊纸一般指可感光的感光纸，而普通纸是指普遍使用的复印纸。

（7）按清洁方式分类。复印机按清洁方式分类，可以分为充电曝光式复印机、刮板式复印机、毛刷回收式复印机、磁辊回收式和综合式复印机。

（8）按主机型体分类。根据复印机外形和摆放方式不同，可分为台式复印机、落地式复印机和便携式复印机。

（9）按稿台方式分类。复印机按稿台方式分类，可以分为稿台固定式复印机、稿台移动式复印机。

（10）按复印幅面尺寸分类。根据复印机复印幅面不同，可以分为大型复印机、中型复印机和小型复印机。一般我们在普通的办公场所看到的复印机均为普及型，也就是复印的幅面大小为 A3~A5。如果需要复印更大幅面的文档（如工程图纸等），则需使用大型工程复印机进行复印，这些工程复印机复印的幅面大小为 A2~A0，甚至更大，不过其价格也非常昂贵。

（11）按复印缩放功能分类。根据复印机缩放功能不同，可以分为等倍率复印机（1∶1）、固定倍率复印机（复印倍率分为几个固定级差）和无级变倍复印机。

（12）按原稿色彩分类。根据对原稿色彩还原性能，复印机可分为黑白静电复印机、单彩色静电复印机和全彩色静电复印机。

（13）按复印速度分类。根据复印机的复印速度，可分为超高速复印机（100 张/分以上）、高速复印机（60~100 张/分）、中速复印机（20~60 张/分）、低速复印机（20 张/分以下）。

（14）按综合功能分类。根据复印机综合功能分类，可分为单一功能，即只有复印功能的复印机和多功能复印机（打印、传真、网络）也称多功能一体机，目前在中小型企业中得到了广泛应用。

（15）按用途分类。复印机按用途分类，可以分为办公用复印机、彩色复印机、传真复印机、智能复印机、缩微胶片还原复印机、工程图纸复印机。彩色数码复印机采用彩色滚筒印出色彩丰富的彩色复印品，目前仅用于一些专业部门。智能数码复印机，具有计算机接口，能将计算机输出的信息直接制版进行速印，不需要打印后再复印。

5.1.2 复印机的发展与现状

今天，几乎每个办公室都离不开复印机，复印技术的发展使人们无不惊讶，它方便到只要轻轻一按，就能得一张与原稿一样的复印品，在人们的心目中，有一个名字与复印机联系在一起，这就是复印机之父"卡尔逊"。

（1）20 世纪 30 年代到 50 年代复印技术的发展。

复印技术诞生于 20 世纪 30 年代，1938 年，美国的卡尔逊将一块涂有硫黄的锌板用棉布在暗室中摩擦，使之带电，然后在上面覆盖一带有图像的透明原稿，曝光之后撒上石松粉末即显示出原稿图像，形成了世界上第一份复印件，印出了实验时间和地点（1938 年 10 月 22 日"阿斯托利亚"），这是卡尔逊的伟大发明，他的实验装置于 1942 年获得专利。

1946 年卡尔逊与巴尔特研究所合作，进行大量的研究工作。由毕克思贝发明的真空镀膜方法，将光导体硒蒸镀在铝板上，获得高纯度感光体。巴尔特发明了电晕充电装置，韦尔卡波发明瀑布显影，谢正特发明静电显影法，这些发明进步奠定了复印技术的基础，使卡尔逊的发明得以实用。

1950 年泽罗克斯（那时称为哈罗德公司）制造了第一台盲用静电照拍设备，以硒作为光导体，用手工操作的第一台普通纸静电复印机问世。1954 年，美国施乐公司将版式感光体改为鼓状，以感光元件为硒鼓，充电、曝光、显影、转印、定影、清洁等部件都适当安装在硒鼓周围，所有这些操作都随硒鼓旋转而顺利进行，依次完成复印各工序，并使静电复印实现自动化。1959 年，美国施乐公司制成了世界第一台落地式办公用静电复印机 Xerox914 型，掀开了复印机历史上崭新的一页。

（2）20 世纪 60 年代到 70 年代复印技术的发展。

为了打破美国施乐公司对普通纸静电复印技术的垄断，世界上许多厂商从 20 世纪 60 年代开始探索新的复印方法和材料，在这段时间里，静电复印技术的发展主要表现在以下两方面：可重复使用的光导体技术和涂层纸静电复印技术，并研制成功了相应的静电复印机。

1963 年，美国施乐制成 Xerox813 型静电复印机，1964 年制成 1400 型（40 张/分）及 3600 型复印机；1965 年日本理光公司在引进美国和澳大利亚专利的基础上，研制成功 BS-1 型氧化锌湿法小型静电复印机。1967～1968 年日本佳能公司和川电气公司研究成功用硫化镉作为光导材料，具有绝缘膜表面的静电摄影用感光体，以及逆充电成像法。日本小西六公司和荷兰奥西公司研究成功将氧化锌（ZnO）作为感光体。目前使用的硒合金、硫化镉、氧化锌感光体都是在 20 世纪 60 年代研制成功的。

中国在 20 世纪 60 年代也开展了复印技术的研究和静电复印机产品的开发，并于 1967 年推出中国第一台静电复印机：海鸥-1 型大型工程图纸复印机，后经改进为 se-2、se-3 和 se-4，均为落地式，随后又推出长江 I 型和长江 II 型、se-16 型等普通纸静电复印机。

20 世纪 70 年代，静电复印机在光导体和显影剂方面得到了相当水平的改进和发展。

（3）20 世纪 80 年代复印技术发展。

进入 20 世纪 80 年代，办公自动化的呼声越来越高。作为办公室主要设备之一的复印机显示了突出的发展，由于 IC（集成电路）、LSL（大规模集成电路）及 VLSI（超大规模集成电路）的实用化，促进了复印技术的发展。

本阶段复印技术和性能方面的特点有以下几个方面。

① 使用微处理机，控制复印机的程序，使复印机实现了高级化，更可靠的控制，包括附加装置。甚至与复印过程的程序控制结合在一起。当今生产的复印机均用微处理机控制。

② 采用输出/输入装置，如原稿自动输送装置，分页机等。

③ 具有放大及缩小功能的复印机。

④ 复印 A3 幅面原稿已成为一般化。大部分固定原稿台的中高速复印机都可以复印 A3 幅面，一部分低速机也向这方面发展。

⑤ 显影剂：双组分显影剂比单组分显影剂质量稳定。

⑥ 感光材料仍以硒为主流，但采用掺入碲、砷的硒合金感光体，提高感光体的感光度及对热的稳定性。

⑦ 移动型稿台，小型台式机采用光导纤维镜头，但有几家公司采用传统反射式镜头、透射式镜头，具有缩小和放大倍率；许多机型采用固定式稿台。

⑧ 显影机构：双组分磁刷显影法是 20 世纪 80 年代普遍采用的显影方法，佳能公司的单组分跳跃式显影已在台式小型复印机上应用。

⑨ 清洁机构：采用刮板清洁。

⑩ 定影机构：多数复印机采用热压定影方法。

⑪ 小型化：小型化使复印机向个人甚至家庭方向发展，发明了将所有成像部件做成一体的小型卡盒式组件，如佳能公司的 PC-10、PC-20 型等。

在此阶段模拟静电复印机，技术趋于成熟。

（4）20 世纪 90 年代复印技术的发展。

① 20 世纪 90 年代，国外复印机品种齐全，机型更新周期缩短。复印机性能不断提高，推出了可靠性高、噪声低、降低臭氧释放量的环保型复印机。

② 作为模拟静电复印机和数字（码）复印机用的有机光导鼓（OPC 鼓）得到高速发展，由于有机分离型 OPC 鼓，原料来源广泛，低毒性、低成本、高寿命，逐步取代 Se 合金等无机感光体。在日本、德国、美国等国家 OPC 鼓已实现规模化生产，新开发的数字复印机，模拟机，激光打印机都采用 OPC 鼓。

③ 作为复印机主要耗材之一的显影材料，在新材料研究，配方、加工技术方面取得了新的发展。

④ 由于计算技术、数字技术、图像扫描技术、图像处理技术的发展，推动了静电复印技术数字化进程。

由于数字复印机采用了数字图像处理技术，使其能够进行复印和图文编辑，大大提高了复印机工作效率及复印品质量。

（5）21 世纪复印技术发展趋势。

进入 21 世纪，人们对办公自动化设备提出了更高的要求，逼真的色彩，简单的操作，功能更加完善，使办公设备向更高层次的数字化、复合化、彩色化、网络化方向发展。

① 由于数字复印机的优越性及产品价格进一步降低，数字复印机取代模拟式复印机是技术发展必然趋势。

② 进一步向复合化方向发展，复合机功能更加齐全。随着数字技术和网络技术的日益

发展，计算机的普及和进入家庭，办公自动化设备成为办公室和家庭不可缺少的工具。但是，原来的各种独立的办公自动化设备不仅占用了大量空间，而且价格昂贵，维护费用极高，还可能因连接等问题引起诸多不便。现代化办公要求新的办公设备能在有限空间内实现尽量多的功能，少花经费，且对产品的个性化、占地空间都有严格的要求，因此集扫描、传真、打印与复印等多种功能为一体的复合机将成为未来的主流办公自动化设备。

③ 进一步向印品彩色化方向发展。随着信息时代的到来，广大人群对信息彩色化和图像逼真的形象要求日趋提高。未来的复印机、打印机、传真机的印品将实现彩色化，可以使人的理解力提高、注意力持续延长、信息搜寻更加轻松。从企业角度讲，办公的多彩化可以让员工工作效率得到提高；从商业意义讲，彩色化的办公环境，实际上是对人性化的一次大推动，使彩色化的商业价值日益明显。

④ 进一步向网络化方向发展。随着计算机的普及和互联网的发展，人们每时每刻都想及时准确地得到技术信息、商务信息、政务信息等，以便人们为下一步工作确定好的方向和目标，以免误入歧途。由于网络的普及，办公设备具备网络化是潮流所向。网络办公的优势十分明显：具有更低的成本、强大的管理性、更快的复印速度、网络中间复印更稳定可靠，减少为维护设备而投入的时间和精力，提高网络用户的工作效率及满意度。从而看出，复印技术向网络化方向发展是未来发展的必然趋势。

总之，复印技术经过几十年的发展，产品已从手动到全自动，从单一功能到多功能，从模拟式向数字式，从单色向多色、彩色化方向不断发展，使复印机产品真正成为办公自动化不可缺少的设备，以达到最大限度地提高人们的工作效率。

5.1.3 复印机的技术与质量指标

复印机的技术与质量指标决定着使用单位的工作灵活程度、适应性，以及工作效率的高低和劳动强度的强弱。每个企业或办公室由于自身条件、规模、工作情况、工作性质的不同，对复印机的要求也不尽相同，在这种情况下，如何从众多的各种品牌、各种价位和规格的复印机中选择一台适合本企业或者个人所需的复印机，就必须综合参考复印机的技术指标和质量指标。

（1）最大幅面。最大幅面指的是复印机最大的扫描或打印尺寸范围，这个范围取决于复印机的内部机构设计和复印机的外部物理尺寸。办公型的复印机最大幅面一般在 A3 以上，家用或便携型复印机一般只有 A4，较大的工程复印机一般能达到更大的复印尺寸。

（2）预热时间。复印机进行复印的基本技术原理是利用光导材料的光敏特性和静电电荷库仑力作用。因此复印机在进行复印时首先需要对感光材料进行充电，利用电晕放电的方法使感光材料的表面带上一定数量的静电电荷，从而能够进行正常的复印工作。这个过程所花费的时间就称为复印机预热时间。时间越短，说明等待的时间越少，复印机性能也就越好。

（3）首张复印时间。首张复印时间是指在复印机完成了预热处于待机的状态下，用户在稿台放好复印原稿，盖好盖板，从按下按钮向复印机发出复印指令到复印机输出第一张复印稿所花费的时间。首张复印时间对于复印量较小，同一复印原稿每次只复印一两张的用户来说显得尤为重要。高端复印机的首张复印时间低于 4s，低端 A4 幅面的复印机其首张复印时间在 10s 以上。

（4）缩放比例范围。缩放就是复印机对需要复印的文稿进行缩小或放大后再输出，如果某款复印机的缩放比例范围是 25%～400%，25%说明复印机能复印出原稿 1/4 大小的复印品，400%则说明能将复印品扩大到原稿的 4 倍大小。复印机只能在一定范围来进行缩放，如果打印的最大幅面和复印的稿件都是 A3 大小，稿件则无法再进行放大了。复印比例相差数值越大说明复印机的可扩缩的范围越大，性能相对也越好。

（5）复印速度。复印速度就是单位时间内复印机能够复印的张数，单位为页/分，速度越快表明复印机的性能越好。由于复印机预热需要时间，首张复印也需要花费比较长的时间，因此复印速度在计数时一般应该从第二张开始。

（6）连续复印能力。连续复印是指对同一复印原稿，不需要进行多次设置，复印机可以一次连续完成的复印最大数量。连续复印因为可以避免对同一复印原稿的重复设置，节省了每次作为首页复印多花的时间，因此对于经常需要对同一对象进行多份复印的用户是相当实用的。一般数值为 1～99 或者 1～999，数值越大说明复印机性能越好。连续复印能力是复印机又一重要的性能参数。

（7）感光材料。感光材料是指一种具有光敏特性的半导体材料，因此又称为光导材料或光敏半导体。目前复印机上常用的感光材料有有机感光鼓（OPC）、无定形硅感光鼓、硫化镉感光鼓和硒感光鼓。它的特点就是在无光的状态下呈绝缘性，在有光的状态下呈导电性。复印机的工作原理正是利用了这种特性。在复印机中，感光材料被涂敷于底基之上，制成进行复印时所需要使用的印板（印鼓），所以也把印板称为感光板（感光鼓），感光板是复印机的基础核心部件。复印机上普遍应用的感光材料硒、氧化锌、硫化镉、有机光导体等都是较理想的光电导材料。

（8）复印纸尺寸。复印纸尺寸与复印成品的最大大小直接相关。一般为 A3 或者 A4 纸张大小。

（9）纸盒。纸盒是用于存放复印纸的容器，即可用来存放 A4 至 A3 幅面复印纸。纸盒越大存储的纸张数量也就越多，但一个纸盒不能同时存储两种尺寸的纸张。如经常使用两种以上尺寸的纸张，则必须有两个以上的纸盒，否则要通过手送纸盒送纸。

（10）内存。内存即数码复印机中用来存储稿件数据的存储器。数码复印机可先将多张稿件扫描至内存，最后一起复印，以提高效率。内存越大，可存储的稿件张数就越多。若具备打印功能，大内存也可提高打印速度。

国内外市场上复印机品种、型号较多。下面以佳能 iR3225N 数码复印机为例，将复印机的技术指标与质量指标列于表 5-1 中。

表 5-1　佳能 iR3225N 数码复印机技术与质量指标

项　目	内　　容
产品类型	数码复合机
颜色类型	黑白
速度	中速
涵盖功能	打印/复印/扫描
内存容量	标配：512MB+256MB；最大：1GB+768MB
硬盘容量	60GB
显影系统	干式单组分跳跃式显影
定影系统	按需定影

续表

项　目	内　容
感光材料	OPC
接口类型	10BASE-T，100BASE-TX，1000BASE-T，USB2.0
适用耗材	墨粉：NPG-25 墨粉，印量约 21000 页（A4，6%覆盖率）；感光鼓：NPG-25/26 感光鼓类型Ⅱ，印量约 75000 页（A4，6%覆盖率）；A4 70g 复印纸；A3 70g 复印纸；A4 80g 复印纸；A3 80g 复印纸
复印速度	25 页/分（A4）
复印分辨率	1200×600dpi
连续复印	1～999 张
首页复印时间	<4.9s
预热时间	主机电源打开时：30s 以内；睡眠模式恢复时：10s 以内
最大复印尺寸	A3
供纸量	标准：550 张×2（前置式纸盒）+50 张（手送纸盘），最大：550 张×4（前置式纸盒）+2700 张（纸仓）+50 张（手送纸盘）；出纸托盘容量：250 张（A4）
纸张尺寸	纸盒：A3～A5R；手送纸盘：A3～A5R，信封，非标准尺寸（99mm×148mm～297mm×432mm）64～128g/m^2
纸张厚度	纸盒：64～80g/m^2；手送纸盘：64～128g/m^2
复印其他特性	灰度等级：256 级；手动缩放：25%～400%（以 1%为单位）
打印分辨率	真正 1200×1200dpi
打印语言	UFR Ⅱ
打印其他性能	系统环境：Windows 2000/XP/Sever 2003/Vista，Mac OS X v10.2.8 或以上
扫描分辨率	600×600dpi
扫描其他性能	扫描方式：推式：彩色多元发送组件-P1（选配）；拉式：UFR Ⅱ（标配）；色彩模式：黑白，彩色
可选配件	PCL 网络打印组件-AA1（选配），PS 网络打印组件-AA1（选配），传真规格（选配），双面自动输稿器-U1，分页装订处理器-S1，打孔组件-Q1（适用于分页装订处理器-S1），内置式双路托盘-D1，打孔组件-L1（适用于鞍式分页装订处理器-AE2），双纸盒组件-Y3H，纸仓-Q1
电源	220～240V AC，50/60Hz
功耗	1.5kW 以下
尺寸	565mm×700mm×761mm
质量	约 74kg
其他特点	复印/打印方式：激光静电转印方式；网络协议：TCP/IP，IPX/SPX，NetBIOS，Apple Talk

5.2　数码复印机的组成结构与工作原理

5.2.1　数码复印机的组成结构

尽管目前复印机市场上存在着多种品牌、多种型号，但其基本原理大致相同，故其外形结构也大同小异。数码复印机的内部组件主要包括光学部件、感光鼓、光导体、电极、显影部件、分离部件、定影部件、清洁部件、输纸供纸部件、机械驱动系统和电气装置。

（1）光学部件。光学部件位于机器的上部，包括原稿台玻璃、曝光灯管、反光镜组、滤色镜、扫描架、可调的曝光窄缝和防尘玻璃等。它的作用是将原稿上的光像反射、传递、透射到感光鼓的表面。

（2）感光鼓。感光鼓位于机器的中心部位，有的机器感光鼓轴上装有小功率的感光鼓加热器，以防止感光鼓受潮，机器的其他部件都是围绕着感光鼓发挥作用的。感光鼓的曝光方式有全场静止和狭缝扫描曝光方式两种。

（3）光导体。光导体是静电复印机的核心部件，位于复印机的中心位置。通过它把光信号转换为电信号，从而形成静电潜像。常用的光导体材料有硒（或硒合金）、硫化锌、氧化锌。用硒或硒合金制造的光导体（硒鼓），由于其制作容易、价格低廉、寿命较长（可复印几万次，甚至可高达十几万次）并且可以进行二次镀膜等优点，因而得到了广泛应用。

（4）电极（电晕）。电极位于感光鼓的周围，一般的复印机装有三个电极，分别为充电电极、转印电极和静电电极，也有些复印机的电极比较多。电极组件的主要作用是使光导体根据复印需要，时而带电、时而消电，完成充电、局部放电，形成静电潜像、转印和消电的过程。

（5）显影部件。显影部件位于感光鼓的一侧或下边，包括墨粉盒、显影磁辊、显影间隙刮刀和显影箱等。显影部件的主要作用是使带有与光导体相反静电的墨粉接触静电潜像，使墨粉附着在光导体表面，从而将不可见的静电潜像转化为可见的墨粉像。

（6）分离部件。分离部件由分离片（或分离带）、分离辊和小弹簧等构成，其作用是将转印过来的纸张从感光鼓上剥离下来，也有的复印机采用负压分离或电极方式，用空气或静电将纸张吸引下来。

（7）定影部件。定影部件位于机器的出纸口一侧，它由定影加热灯管（或加热丝）、定影加热辊（或加热板）、定影压力辊、恒温元件（热敏电阻）、清洁润滑组件（硅油盒、油毡纸等）构成。定影部件的作用是通过热压等方法将墨粉固化到复印纸上。

（8）清洁部件。清洁部件一般安装于感光鼓的上部，清洁刮板或毛刷与感光鼓紧密接触，清扫残余墨粉。清除下来的墨粉被磁辊吸引，可回收继续使用，有些机器要求不能重复使用。清洁部件还包括消电灯管，它位于消电电极附近，利用光照消除感光鼓表面的残余电荷。

（9）输纸供纸部分。输纸部件由上、下纸盒搓纸轮、纸张定位轮、纸张传递带，以及定影器中的上下定影辊和排纸辊等部件组成，完成使纸张行进的任务。而供纸部件由搓纸轮、纸张定位轮和传动轮组成，使纸盒中的复印纸一张一张地送入机器内进行传送。

（10）机械驱动系统。驱动部分的零部件很多，安装于机器后部，主要有主电动机、光扫描（或原稿台）电磁驱动离合器、显影部件驱动离合器、送纸部件驱动离合器、定影部件驱动离合器和感光鼓驱动离合器。

（11）电气装置。电气装置主要包括电源部件、高压发生装置、偏压控制电路、显影控制电路、操作驱动电路、灯光控制电路、继电器控制电路、时序脉冲控制电路，以及位于机器各部分的传感器（光电开关或超声波开关）和微动开关等。电路的印制电路板多位于机器后部及两侧，主控板位于机器内侧。

数码复印机外部各部件如图 5-1 和图 5-2 所示。

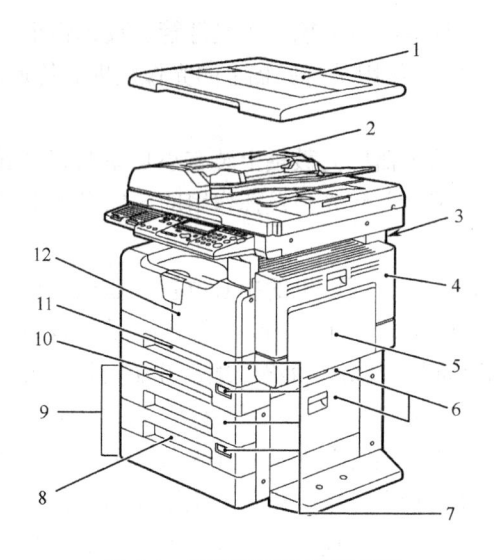

图 5-1 数码复印机前部/右侧

1—稿盖板；2—自动双面输稿器；3—操作手册盒；
4—侧盖板；5—旁路供纸盘；
6—（上：供纸单元的/下：供纸工作台的）供纸盖板；
7—纸张尺寸指示器；8—供纸工作台；9—纸盒模块；
10—供纸单元；11—纸盒；12—前盖板；

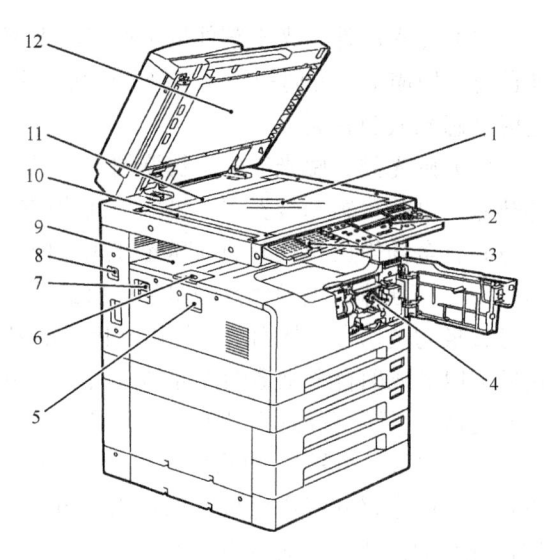

图 5-2 数码复印机前部/左侧

1—原稿玻璃；2—控制面板；3—扩展键盘；
4—墨粉盒；5—电源开关；6—出纸制动器；7—AC-IN 终端；
8—USB 终端；9—接纸盘；10—扫描区域；11—原稿比例尺；
12—稿台白板；

5.2.2 数码复印机内部主要系统

（1）CCD 图像传感系统。数码复印机在图像曝光系统中使用了 CCD 作为图像传感器，由 CCD 将光图像变成电信号。数码复印机在复印过程中采用了激光打印的方式。CCD 输出的图像信号经处理后到达调制激光器，激光器通过激光束在感光鼓上成像（潜像）。利用打印数据存储器可实现一次扫描多次打印，从而可大大提高打印速度和质量。

原稿的扫描系统如图 5-3 所示。曝光灯在驱动机构的作用下沿水平方向移动对稿件扫描，扫描的图像经第 2、3 反射镜后再通过镜头照到 CCD 感光面上，CCD 将光图像变成电信号，在 CCD 驱动电路的作用下输出图像信号，经信号处理后变成图文信号，再送到激光调制器中去控制激光扫描器。

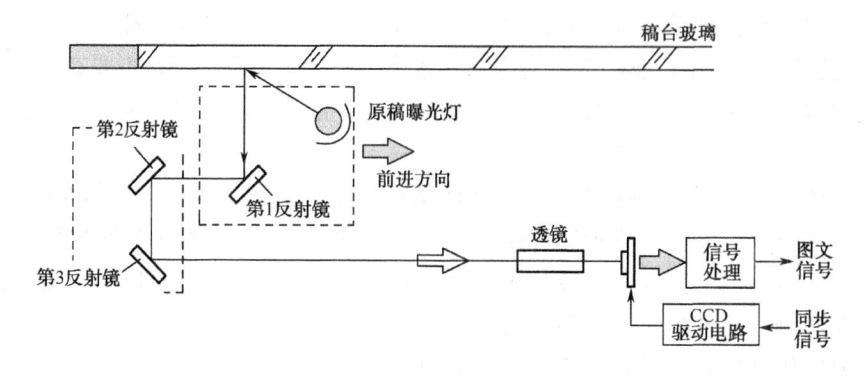

图 5-3 数码复印机的原稿扫描系统

（2）激光曝光系统。激光是由半导体激光器或气体激光器产生的，它具有色纯、能量集中、精度高、寿命长、便于控制的特点。用图像信号去调制激光束，就是将图像中有图文的黑色部分与无图文的白色部分转换成激光束的有无，然后经扫描器照射到感光鼓的表面。

如图 5-4 所示为激光曝光系统的示意图，它同激光打印机的扫描系统基本相同。激光发射器固定在机器中，它所发射的激光束的方向是不变的，而激光反射镜的方位是变化的。由于反射镜的方位变化使激光束的投射角度变化，经反射镜反射的激光束就会发生变化。反射镜在电机的驱动下旋转，这样一条线一条线的排起来就形成了面，原稿的图像就在鼓感光面上形成了静电潜像。

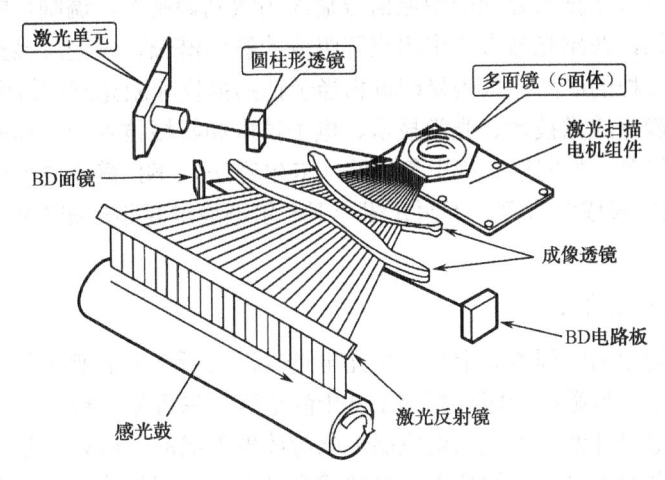

图 5-4　数码复印机的激光曝光系统

（3）激光扫描的同步系统。激光束的扫描必须与原稿的扫描保持同步，才能把一幅图像不失真的复印下来，为此在激光扫描器中设有同步信号检测器件和同步信号处理电路。BD（Beam Detect）检测是在扫描的初始位置设置一个光电二极管，如图 5-5 所示，当激光束照射时光电二极管收到激光束的信号表示一行扫描开始了，也可以利用此信号进行纸的对位。

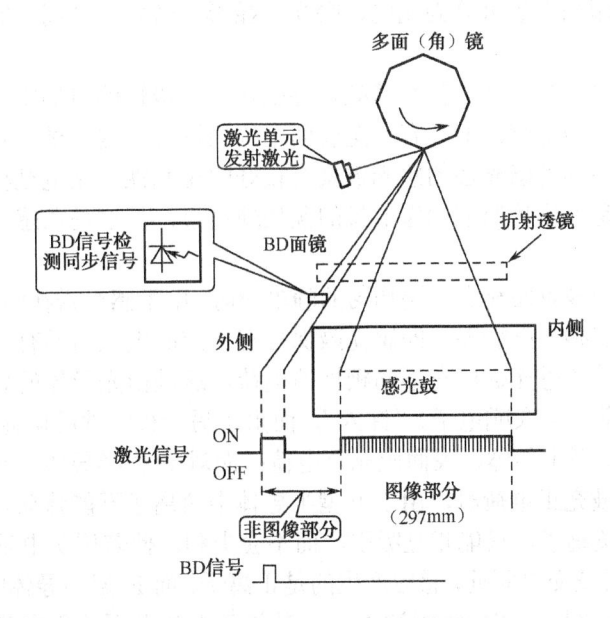

图 5-5　激光扫描器的同步检测

5.2.3 数码复印机的工作原理

随着信息时代的到来，数字化技术将会更广泛地应用于人类社会生产、生活的各个方面，数码复印机也必将成为复印设备的主导产品。数码复印机将以其输出的高生产力、卓越的图像质量、功能的多样化（复印、传真、网络打印等）、高可靠性及可升级的设计系统，成为人们办公自动化的好帮手。

数码复印机是指通过CCD传感器对曝光、扫描产生的原稿光学模拟图像信号进行光电转换，然后将经过数字技术处理的图像信号输入到激光调制器，调制后的激光束对被充电的感光鼓进行扫描，在感光鼓上产生由点阵组成的静电潜像，再经过显影、转印、定影等步骤，完成复印过程的产品。数码复印机相当于把扫描仪和激光打印机融合在了一起。

复印机是集静电成像技术、光学技术、电子技术和机械技术于一体的办公设备。它采用的成像方法有很多，如间接式静电复印法（卡尔逊法）、NP静电复印法、KIP持久内极化法、TESI静电转移成像法等。下面介绍一下卡尔逊静电复印法和NP静电复印法的工作过程。

1. 卡尔逊静电复印法

卡尔逊静电复印的过程本质上是一种光电过程，它所产生的潜像是一个由静电荷组成的静电像，其充电、显影和转印过程都是基于静电吸引原理来实现的。由于其静电潜像是在光照下光导层电阻降低而引起充电膜层上电荷放电形成的，所以卡尔逊静电复印法对感光鼓有具有非常高的暗电阻率的要求。这种感光鼓在无光照的情况下，表面一旦有电荷存在，能较长时间地保存这些电荷；而在有光照的情况下，感光鼓的电阻率很快下降，即成为电的良导体，使得感鼓表面电荷很快释放而消失。卡尔逊静电复印法所使用的感光鼓主要由硒及硒合金、氧化锌、有机光电导材料等构成，一般是在导电基体上（如铝板或其他金属板）直接涂敷或蒸镀一薄层光电导材料。其结构是上面为光导层，下面为导电基体。

卡尔逊静电复印法大致可分为充电、曝光、显影、转印、分离、定影、清洁、消电8个基本步骤。

（1）充电。充电就是使感光鼓在暗处，并处在某一极性的电场中，使其表面均匀地带上一定极性和数量的静电荷，即具有一定表面电位的过程，这一过程实际上是感光鼓的光敏化过程，使原来不具备感光性的感光鼓具有较好的感光性。充电过程只是为感光鼓接收图像信息准备的，是不依赖原稿图像信息的预处理过程，但这是在感光鼓表面形成静电潜像的前提和基础。

当在暗处给感光鼓表面充上一层均匀的静电荷时，由于感光鼓在暗处具有较高的电阻，所以静电荷被保留在感光鼓表面，即感光鼓保持有一定的电位而具有感光性。对于不同性质的光电导材料制成的感光鼓应充不同极性的电荷，这是由光导体的导电性决定的，即只允许一种极性的电荷（空穴或电子）"注入"，而阻止另一种极性的电荷（电子或空穴）"注入"。因此，对于N型半导体，表面应充负电荷；而对P型半导体，则应充正电荷。当用正电晕对P型感光鼓充正电荷时，由于P型半导体中负离子不能移动，因此光导层表面的正电荷与界面上的负离子，只能相互吸引，而不会中和。倘若用负电晕对P型感光鼓充负电荷，则由于光导层及交界面处，感应产生的是正离子，而P型半导体的主要载流子是"空穴"，自由移动更为容易（或称为"注入"），易与感光鼓表面的负电荷中和。这样，对P

型感光鼓充负电荷时，其充电效率是相当低的。对于 N 型感光鼓，则由于其主要载流子是电子，若对其充正电荷时，其充电效率也是极其低的。目前静电复印机中通常多数是采用电晕装置对感光鼓进行充电。

（2）曝光。曝光是利用感光鼓在暗处时电阻大，成绝缘体，在明处时电阻小，成导体的特性，对已充电的感光鼓用光像进行曝光，有光照区（原稿的反光产生）表面电荷因放电而消失；无光照的区域（原稿的线条和墨迹部分）电荷依保持，从而在感光鼓上形成表面电位随图像明暗变化而起伏的静电潜像的过程。进行曝光时，原稿图像经光照射后，图像光信号经光学成像系统投射到感光鼓表面，光导层受光照射的部分称为"明区"，而没有受光照射的部分称为"暗区"。在明区，光导层产生电子空穴对，即生成光生载流子，使得光导层的电阻率迅速降低，由绝缘体变成良导体，呈现导电状态，从而使感光鼓表面的电位因光导层表面电荷与界面处反极性电荷的中和而很快衰减。在暗区，光导层则依然呈现绝缘状态，使得感光鼓表面电位基本保持不变。感光鼓表面静电电位的高低随原稿图像浓淡的不同而不同，感光鼓上对应图像浓的部分表面电位高，图像淡的部分表面电位低。这样，就在感光鼓表面形成了一个与原稿图像浓淡相对应的表面电位起伏的静电潜像。

（3）显影。显影就是用带电的色粉使感光鼓上的静电潜像转变成可见的色（墨）粉图像的过程。显影色粉所带电荷的极性与感光鼓表面静电潜像的电荷极性相反。显影时，在感光鼓表面静电潜像电场力的作用下，色粉被吸附在感光鼓上，静电潜像电位越高的部分，吸附色粉的能力越强，静电潜像电位越低的部分，吸附色粉的能力越弱。对应静电潜像电位（电荷的多少）的不同，其吸附色粉的量也就不同。这样感光鼓表面不可见的静电潜像，就变成了可见的与原稿浓淡一致的不同灰度层次的色粉图像。在静电复印机中，色粉的带电通常是通过色粉与载体的摩擦来获得的。摩擦后色粉带电极性与载体带电极性相反。

（4）转印。转印就是用复印介质贴紧感光鼓，在复印介质的背面加与色粉图像相反极性的电荷，从而将感光鼓已形成的色粉图像转移到复印介质上的过程。目前静电复印机中通常采用电晕装置对感光鼓上的色粉图像进行转印。当复印纸（或其他介质）与已显影的感光鼓表面接触时，在纸张背面使用电晕装置对其放电，该电晕的极性与充电电晕相同，而与色粉所带电荷的极性相反。由于转印电晕的电场力比感光鼓吸附色粉的电场力强得多，因此在静电引力的作用下，感光鼓上的色粉图像就被吸附到复印纸上，从而完成了图像的转印。在静电复印机中为了易于转印和提高图像色粉的转印率，通常还采用预转印电极或预转印灯装置对感光鼓进行预转印处理。

（5）分离。在前述的转印过程中，复印纸由于静电的吸附作用，将紧紧地贴在感光鼓上，分离就是将紧贴在感光鼓表面的复印纸从感光鼓上剥落（分离）下来的过程。在静电复印机中，一般采用分离电晕（交、直流）、分离爪或分离带等方法来进行纸张与感光鼓的分离。

（6）定影。定影就是把复印纸上的不稳定、可抹掉的色粉图像固化在纸上的过程。通过转印、分离过程转移到复印纸上的色粉图像，并未与复印纸融合为一体，这时的色粉图像极易被擦掉，因此须经定影装置对其进行固化，以形成最终的复印品。目前的静电复印机多采用加热与加压相结合的方式，对热熔性色粉进行定影。定影装置加热的温度和时间，以及加压的压力大小，对色粉图像的黏附牢固度有一定的影响。其中，加热温度的控制是图像定影质量好坏的关键。

（7）清洁。清洁就是清除经转印后还残留在感光鼓表面的色粉的过程。感光鼓表面的色粉图像由于受表面的电位、转印电压的高低、复印介质的干湿度及与感光鼓的接触时间、转印方式等的影响,其转印效率不可能达到100%,在大部分色粉经转印从感光鼓表面转移到复印介质上后,感光鼓表面仍残留有一部分色粉,如果不及时清除,将影响到后续复印品的质量。因此必须对感光鼓进行清洁,使之在进入下一复印循环前恢复到原来状态。静电复印机机中一般采用刮板、毛刷或清洁辊等装置对感光鼓表面的残留色粉进行清除。

(8)消电。消电就是消除感光鼓表面残余电荷的过程。由于充电时在感光鼓表面沉积的静电荷,并不因所吸附的色粉微粒转移而消失,在转印后仍残留在感光鼓表面,如果不及时清除,会影响后续复印效果。因此,在进行第二次复印前必须对感光鼓进行消电,使感光鼓表面电位恢复到原来状态。静电复印机中一般采用曝光装置来对感光鼓进行全面曝光,或用消电电晕装置对感光鼓进行反极性充电,以消除感光鼓上的残余电荷。

2. NP 静电复印法

NP 静电复印法是日本佳能公司发明的一种新的静电复印方法,这种方法有别于传统的卡尔逊静电复印法,它是卡尔逊静电复印法的改进和发展。NP 静电复印法基本过程主要由前消电/前曝光、一次充电(主充电)、二次充电/图像曝光、全面曝光、显影、转印、分离、定影、鼓清洁 9 个基本步骤组成。

从上述步骤可以看到,NP 法的静电复印过程比典型的卡尔逊法静电复印过程复杂,其主要原因是 NP 法采用的光电导材料虽然光敏性很好,但暗阻率太低,充电以后暗衰太快,不能像硒等其他光电导材料那样能长时间地保存电荷。因此,要在 NP 法中使用硫化镉等其他光电导材料,并能长时间地保存电荷,其感光鼓也与典型卡尔逊法的感光鼓结构不同。

卡尔逊静电复印法的感光鼓一般是两层结构,即光电导层和导电基本层。而 NP 法的感光鼓则是由透明的绝缘层、光导层和导电基本层三层构成的。

NP 法静电复印的过程除了静潜像的形成和显影过程外,其他都与卡尔逊法静电复印过程基本相同。NP 法静电潜像的形成包括前消电/前曝光、一次充电、二次充电/图像曝光和全面曝光四个基本步骤。

(1)前消电/前曝光。前消电/前曝光的过程是在第一次充电(主充电)前用负高压电晕放电来消除感光鼓表面由于前一次复印循环遗留的残余电荷,同时用荧光灯(前曝光灯)充分照射感光鼓(称为前曝光),以降低硫化镉光导层内部的电阻。前曝光的作用,一方面是使光导层的残余电荷可以充分泄入大地;另一方面则是为以后再对感光鼓进行主充电时,能够均匀地注入一定数量和极性的电荷提供条件,以防止由于静电潜像电荷分布不良造成复印浓度不均和黑实心图像中出现白色斑点的现象。NP 法采用硫化镉分散体作为光电导层,这种材料在暗处放置一段时间后电阻率会大大增加,如果在这种情况下进行复印会产生底灰,甚至使得整个画面发黑。经过前消电/前曝光这一过程后,由于负高压电晕放电的影响,会使感光鼓表面略呈负电位。

(2)一次充电。NP 静电复印法通过在一次充电电晕器上加正极性直流高压进行正电晕放电,使感光鼓表面均匀充上一层正电荷,即形成一次电位。

当一次充电电晕器加上直流高压后,电晕器开始放电,使得电晕丝周围的空气电离,正极性的离子在电场的作用下,向感光鼓表面的绝缘层运动,由于绝缘层不导电,起着阻挡层的作用,这样电晕离子因不能穿过绝缘层而沉积在绝缘层表面,使绝缘表面均匀地充上一层正电荷。由于静电感应的作用,在接地的导电基体侧感应出等量的反极性电荷(负电荷），但因硫化镉是 N 型半导体，主要载流子是负电荷（电子），同时由于经过前曝光，光导层（硫化镉）的阻值下降，使得这些感应出的负电荷比较容易地注入到光导层，并在绝缘层表面正电荷的吸引下向表面正电荷方向迁移，最终到达光导层与绝缘层界面处，使硫化镉膜层表面带有与绝缘层表面相反的等量的负电荷，与表面正电荷相平衡，形成稳定状态。这样，硫化镉光导层表面就具有了一定的表面电位，从而在绝缘层表面与导电基体间形成了一定的电位差，使感光鼓表面（绝缘层面）具有一定的表面电位。随着充电时间的增长，表面电荷越积越多，感光鼓表面电位也相应升高。

（3）二次充电/图像曝光。二次充电/图像曝光是一个过程的两个方面。这一过程是利用交流电晕器或反极性直流电晕器对感光鼓表面充电电荷进行消电的同时对感光鼓进行图像曝光的。二次充电的作用是中和绝缘层表面的正电荷；图像曝光则是为了在消电过程中使绝缘层表面形成与原稿明暗相对应的静电电荷分布。

当原稿图像被照射并通过光学系统投射到感光鼓表面时（曝光），在感光鼓表面形成两个区域：带图像的"暗区"和不带图像的"明区"。在明区，由于光照使光导层（硫化镉）的电阻率大大降低，成为导体。原先驻留在光导层与绝缘层界面的负电荷（电子），随着绝缘层表面的正电荷被二次负电晕中和的同时，通过光导层向接地的导电基体泄逸。因此，明区的表面电位迅速下降至 0 左右。在暗区，则由于光导层（硫化镉）未受光照，其电阻率仍然很高（保持绝缘状态），使得驻留在光导层与绝缘层界面的负电荷不能向导电基体方向泄逸。绝缘层表面正电荷受基体影响，即由于绝缘层下面负性电荷的吸引，使消电电晕只能中和掉一部分表面正电荷，大部分正电荷仍然保留在感光鼓暗区表面。此时，由于表面正电荷数量的减少，在绝缘层下面的负电荷多于绝缘层表面的正电荷，因此在导电基体与光导层界面处又感应出正电荷（导电基体侧），其数量与表面正电荷减少的数量相等，以达到正负电荷量的平衡。虽然在感光鼓暗区仍保留有大部分表面电荷，但由于暗区表面电位低于光导层的电位，因此仍未形成适用的静电潜像。也就是说，二次充电/图像曝光的结果，使得无论是在感光鼓的明区还是暗区，表面电位都已降为零电位，没有形成电位反差。

（4）全面曝光。经过图像曝光、二次充电（逆充电）后，在硫化镉感光鼓的表面形成了表面电位相同、电荷密度不同的潜像，这种潜像是无法用传统的静电显影方式来显影的。为了把这种电荷密度不同的潜像变成表面电位起伏的静电潜像，必须对感光鼓表面进行全面曝光。

全面曝光就是利用曝光灯对感光鼓表面进行全面、充分、均匀的光照，使感光鼓光导层的电阻率下降成为电的良导体。对于明区由于二次充电/图像曝光时就已失去全部电荷，故全面曝光对其不发生任何作用，其表面电位不变。对于暗区，由于全面曝光使得绝缘层下面的光导层变为导体，使光导层与绝缘层界面处多余的负电荷穿过光导膜层与导电基体感应上来的一部分负电荷混合，因有绝缘层表面正电荷的吸引，继续保持平衡状态。这样在感光鼓绝缘层表面和导电基体间就形成电位差，最终使得感光鼓绝缘层表面"暗区"的电位迅速升高。

因此，全面曝光的结果，使得感光鼓明区和暗区形成了明显的电位差，最终在感光鼓绝缘层表面上形成了表面电位随光学图像明暗变化的高反差静电潜像。

（5）显影。NP 静电复印法使用单组分显影剂跳动显影。单组分显影剂中没有载体，基色粉粒子由磁性材料、炭黑和树脂等组成，具有磁性和绝缘性。绝缘性有助于色粉的转印，磁性便于用显影磁辊来运载色粉。显影时，色粉与旋转的显影磁辊相摩擦而带负电，并且在显影刮刀刃口的集束磁场作用下，在显影磁辊表面形成一层薄而均匀的色粉层。当具有静电潜像的感光鼓与显影磁辊上的色粉层接近时，在感光鼓表面静电潜像和显影磁辊交流偏压的作用下，使色粉在感光鼓与显影磁辊之间的跳动显影。

（6）转印、分离、定影、清洁。NP法的转印、分离、定影和清洁等过程与卡尔逊静电复印法一样。感光鼓上的静电潜像通过显影形成可见的色粉像，经转印装置转印到复印纸上，再由分离装置分离后送到定影部件进行定影，使色粉固化在复印纸上，形成永久的复印品。感光鼓则在清洁后进入下一复印循环。

5.3 数码复印机的使用与维护

5.3.1 数码复印机的使用

1. 数码复印机的选购

目前国内外生产的复印机的种类和型号繁多，各种型号的技术规格和使用性能均不相同，正确选择复印机就变得至关重要。应依据什么标准选购适合于本单位（或个人）工作需要的机型，这是每个欲购买复印机的单位（或个人）所面临的问题。下面仅以数码复印机为例介绍其选购的选购方法。

数码复印机是通过激光扫描、数字化图像处理技术成像的，它既是一台复印设备，又可作为输入/输出设备与计算机及其他办公自动化（OA）设备联机使用，或成为网络的终端，能将扫描信息以E-mail附件的形式传送给指定使用者。另外，它还可以直接扫描到FTP服务器。由于采用了数字图像处理技术，使其可以进行复杂的图文编辑，大大提高了复印机的复印能力、复印质量，降低了使用中出现的故障率。

数码复印机的优点是不可置疑的，例如，只需对原稿进行一次扫描，便可一次复印达999次之多，从而实现了数码电子分页功能。因减少了扫描次数，所以减少了扫描器产生的磨损及噪声，同时也降低了卡纸现象的出现概率。

数码复印机还具有文稿、图片/文稿、图片、复印稿、低密度稿、浅色稿5项模式功能，而256级灰色浓度、600dpi的分辨率，则充分保证了复印品的整洁、清新。强大的图像编辑功能具体包括可自动缩放、单向缩放、自动启动、双面复印、组合复印、重叠复印、图像旋转、黑白反转、25%～400%缩放倍率等选项。此外，该类数码复印机还具有无废粉、低臭氧、自动关机节能，图像自动旋转，减少废纸的产生等特点。

作为数码时代的办公设备，数码复印机自然也有许多自己独到的技术指标。与其他多数OA设备一样，消费者在选购该类产品时应尽量多了解一些相关的信息，但是也没有必要做到面面俱到，抓住几个关键的技术指标则是重中之重。

在选购数码复印机时应该主要考虑以下几项关键技术指标。

（1）输出分辨率。数码复印机和激光打印机一样，输出分辨率是最为重要的技术指标。由于数码复印机采用的是激光静电转印技术，输出分辨率远远优于标称1200dpi喷墨技术的输出设备，选购时可以根据自己实际的应用需求来进行选购。作为日常办公选购1200dpi的分辨率的复印机，已能满足使用。

（2）扫描分辨率。扫描分辨率的意义在于保证输出原稿的清晰度，其实数码复印机主要用于文稿和图表的复印。如果用于复印照片，由于输出的是"黑白"效果，因此限购 600dpi 的扫描输入也能够满足。

（3）内部配置情况。一般来说，数码复印机都配置较大容量的内存，以便有能力实现连续复印，并且在作为网络输出设备时能够容纳尽可能多的等待队列，有的产品还会内置处理器以使产品处理数据的能力更加强大。内存容量越大越好，内置处理器的产品要比没有处理器的产品要好，不过这样价格也稍微昂贵一些。因此用户应该根据应用的需求情况来选择，尤其是工作量特别大的用户，应该选择存储器容量大，并且带有处理器的产品。

（4）预热时间和复印速度。预热时间和复印速度是两个和时间相关的技术参数。如果某一个时间段内需要复印的文件量比较大，那么在设备前排起长队等待复印的情景就可能出现。因此在选购时应该根据办公室中的实际情况，进行针对性的挑选，则这两个技术参数就显得非常重要。

（5）网络共享功能。数码复印机的打印和复印能力应该具备网络共享的功能，一般的办公室中已经具备局域网，应该尽可能选择一些具有网络共享能力的数码复印机。即使办公室目前没有网络，也应该为未来发展趋势和前景选择具有网络共享能力的数码复印机。

（6）体积大小。在同档次的技术指标和产品价格的情况下，应该尽量挑选体积小的产品，因为这样不用占据太大空间，而且外观也显得很美观。

（7）成本预算。日常办公中，耗材的消耗量一般比较大，复印机产品内部的零部件也就有一定的使用寿命，如复印机的感光鼓、载体、碳粉等。所以，在购机时一定要问清其消耗品的寿命及价格，如果选择不当，必将导致使用成本的增加。因此，在选购数码复印产品时还应该考虑产品的耗材情况，主要是考虑耗材的价格和使用量，然后预算一下使用成本。

（8）售后服务。复印机是集光学、电子、机械、化工为一体的精密设备。在使用过程中，需要做经常性的保养，这些保养须由专业的人员来处理。因此，在选购复印机时，要选择有较强专业维修能力，讲信誉的专业办公设备公司。了解好售后服务情况，选择能够提供上门服务的销售公司和产品。

2．数码复印机的安装

（1）数码复印机的安装条件。首先应当选择一个能使机器正常工作的环境。不良的使用条件将对机器的复印质量和寿命产生很大影响。为确保机器性能的正常，在初次安装及使用期间搬移复印机时，安装机器的场地一般应满足下列要求。

① 电源和接地要求。电源电压波动应在额定电压的±10%以下。应尽量使用机器原装的三芯插头，与带地线的插座配合使用。

② 环境温度。机器使用环境的温度为 5～35℃。温度过高对机器散热不利，影响机器寿命和复印质量；温度过低，一些器件的性能会受影响，预热时间也会延长。

③ 环境湿度。室内相对湿度为 20%～85%，在过湿的环境下使用会缩短机器的寿命，并影响复印的质量。

④ 通风问题。复印机使用时会释放一定量的有害气体和热量，对人体的健康不利。因此要求放置复印机的房间应通风良好，保持室内空气新鲜。

⑤ 安放条件。复印机应安放在水或其他液体不能溅到的地方，应远离易燃物或腐蚀性气体，应放置在无尘的环境中。复印机放置时应水平置于机台或桌面上，支撑物必须坚固，使之不会随机器的运转而晃动。机器背部应留 15cm 以上的空间做通风道，机器前面和左

右两边应留有足够的空间，以便对机器进行操作、更换消耗品和维修保养。

（2）数码复印机的安装步骤。复印机的包装有的是纸箱，有的是木箱，在拆箱时一定要注意不要损坏箱内的机器。有些机器是用螺钉及角铁固定在箱底的，需旋下螺钉，才能抬出机器。安装时应参考随机操作手册进行，一般需经过以下步骤。

① 去除包装，检查主机、零部件、消耗材料及备件，确保完整无缺，新机器要按操作手册说明逐一小心去掉包装物或紧固件后检查。

② 按照安放要求正确放置主机，并依次安装感光鼓，加入载体及墨粉，安装纸盒和副本盘。在安装墨粉时应先取出显影盒，再从显影盒中取出显影仓，然后将墨粉轻摇几次后装入显影仓（切记将封条和挡片拉出）。在安装纸盒时，应先取出纸盒的转动固定螺钉，然后放入纸张，调整纸盒间距。

③ 主机显示及工作状态检查。包括机器各部位有无损伤和变形；各齿轮、皮带轮和链轮等是否处于正确位置；各按键和机器状态显示是否正常。

④ 机器试运行。经过通电、预热，若机器无异常显示或声音，即可复印。试运行测试的内容应包括原样复印、连续复印、缩放复印、浓淡复印和各送纸盒送纸能力测试等。

⑤ 做好记录。试运行正常后，应装好后挡板和前门，并擦拭机器表面、清理现场，同时填写使用维修卡片，并附上一张复印品，存档备查。

⑥ 安装自选附件。例如，自动分页器、自动进稿器等，这些附件请按照相应技术材料说明正确安装。

⑦ 安装复印机驱动程序。将数据线和网线连接好后，安装复印机驱动程序，设置复印机的主机 IP 地址，实现本地打印和网络打印功能。

3. 数码复印机的使用操作

（1）预热。打开电源开关，此时复印机进入预热状态，操作面板上指示灯亮，出现预热等待信号。操作面板上相应的指示灯亮或发出声音，表示机器预热结束，接下来便可以进行复印。如果机器没有装入纸盒，纸盒没有纸或机器有卡纸等故障时，复印机将不能进入待机状态。操作面板将显示相应的符号或故障代码。

（2）检查原稿。拿到复印原稿后，应当检查原稿的纸张尺寸、质量、数量、装订方式等，做到心中有数。检查原稿的装订方式，对可以拆开的原稿应当拆开，这样复印时不会产生阴影。

（3）放置原稿。

① 原稿放置在原稿台玻璃板上。不同型号的复印机有不同放置原稿的方法。一般有两种：一种是将原稿放置在稿台的中间；另一种是靠边放置在定位线上。复印前应对复印机的放稿方式进行了解。原稿正面朝下向着玻璃板放置，轻轻盖紧原稿盖板，以防漏光而出现黑边。

② 使用原稿自动输送装置。原稿自动输送装置是用来自动输送原稿的器材，它可以连续地逐一将原稿输送盒内的原稿送入复印机，提高复印效率。使用原稿自动输送装置，首先，要将原稿对齐放置于原稿输送盒，如果原稿被夹着或钉着，则应先取下订书钉。其次，将原稿正面向上，完全推入输送盒，并根据原稿的尺寸调整侧边导板，选择自动输送模式。

（4）选择复印纸尺寸。一般复印机具有自动选择纸张模式，在这种模式下，若将原稿放置在原稿输送装置或玻璃板上，复印机会自动检测到原稿的尺寸，并选用与原稿相同的纸张。这种模式只适用于按实际尺寸复印。当复印尺寸不规则（如复印报纸、杂志），不能自动检测到纸张尺寸时，可以指定所要的尺寸。方法是：根据所需复印件的尺寸要求，将纸装入相应的纸盒里，按纸盒选择键，选中所需复印纸尺寸的那个纸盒即可。

（5）缩小与放大。通常复印机都带有复印缩放功能，复印机的复印倍率有以下方式。

① 固定的缩放倍率，缩放只有固定的几挡，很容易地将一种固定尺寸纸上的稿件经过放大或缩小后复印到另一种固定尺寸的纸上去。例如，A3→A4，即将 A3 规格的原稿复印到 A4 纸上。

② 使用无级变倍键进行无级变倍复印。使用这种方式，可对原稿进行 50%～200%、级差为 1%的无级变倍缩放。

③ 使用自动无级变倍键，实行自动无级变倍。使用这种模式，机器会根据原稿和供纸盒内纸的尺寸自动设置合适的复印倍率。

（6）调节复印浓度。根据原稿纸张、字迹的色调深浅，适当调节复印浓度。可以选择自动浓度选择方式进行调整，当采用自动方式仍不能满足复印的要求时，可以用手动的方式进行调整：原稿纸张颜色较深的，应将复印浓度调浅些；字迹线条细、不十分清晰的，应将浓度调深些。

（7）设定复印份数。用数字键输入所需要的份数，可以将一份原稿复印多份。设置完成后，按下复印键即可开始复印。

（8）开始复印。按下复印键，复印机开始复印操作，自动复印出设定数量的复印件。复印数量显示屏的数值将逐渐递增或递减计数，直至复印结束，显示复位。在连续复印过程中，需暂停复印或需插入新的文件复印时，可以按下暂停键或插入键，这时机器将在完成一张复印的全过程后停止运转。

4．复印的技巧

复印是一项技术性较强的工作，技术熟练不但可以提高工作效率，而且可以节省纸张，减少浪费，保证机器的正常运转。下面介绍一些应当掌握的复印技巧。

（1）合适的曝光量。复印过程中会遇到各种色调深浅不一的原稿，有些原稿上还夹杂着深浅不一的字迹，如铅印件上的圆珠笔、铅笔批示等，遇到这种情况应当以较浅的字迹为条件，减小曝光量即减小显影浓度，将浓度调节为变淡的一侧。如果复印品质量仍难以令人满意，则可加大曝光量，将曝光窄缝板（有的设在充电电极上，有的是单独装在感光鼓附近）抽出，把光缝调宽大些，或是调高曝光电压即可使图像变淡。

（2）遮挡方法的应用。复印工作经常遇到原稿有污迹、需要复印原稿局部、去掉原稿阴影等情况，因此需利用遮挡技巧来去掉不需要的痕迹。最简便的办法是用一张白纸遮住这些部分，然后放在稿台上复印，即可去掉。复印书籍等厚原稿时，常会在复印品上留下一条阴影，也可以用遮挡来消除。方法是在待印页之下垫一张白纸，即可消除书籍边缘阴影。如果还要去掉两页之间的阴影，可在暂不印的一页上覆盖一张白纸，并使之边缘达到待印一页字迹边缘部分，即可奏效。

（3）双面复印。数码复印机具有自动双面复印的功能。双面复印技巧的用途很多，例如，广告、磁带等的说明书、名片、表格，以及页数过多、需要减小厚度的文件。这样做不仅节省了一半纸张，而且减小了文件所占空间，又容易装订。在套印双面之前，先印单数页码一面，再将复印品装入纸盒，复印双数页码的一面。

（4）反向复印品的制作。在设计、制图工作中，有时需要按某一图案绘制出完全相同的反方向图像，如果利用复印机来做，是比较方便的。做法是：取一张复印纸和一张比图案大些的复制纸（透明薄纸），在薄纸边缘部分涂上胶水，并与复印纸黏合，待干燥后即可进行复印。复印时复制纸需朝上，印完后将其撕下，将所需反面图案的一面（复印时的背面）朝下放在稿台玻璃上，再进行复印，即可得到完全相同的反向图案。复制纸也可用绘图的硫酸纸或透明的聚酯薄膜代替。

（5）学投影片的制作。利用复印机可以将任何文字、图表复印在透明的聚酯薄膜上，用来进行教学投影。具体做法是将原稿放好，调节好显影浓度，利用手工供纸盘送入聚酯薄膜。如果薄膜容易卡住，可在其下面衬一张复印纸，把先进入机器的一端用透明胶纸粘住。已转印图像而正常被卡在机内的薄膜，可打开机门送它到达定影器入口，然后旋转定影辊排纸钮，使之通过定影器而定影排出。转印不良墨粉图像被擦损的薄膜，可取出用湿布擦净墨粉，晾干后仍可使用。此外，还可利用复印机制作名片、检索卡片等，操作方法与上述的双面复印相似，不再赘述。在掌握了复印机性能和不损坏机器的前提下，还可在其他材料（如布）上复印出文字图像。

（6）加深浓度避免污脏的方法。两面有图像的原稿，要想在复印时图像清晰，而又不致透出背面的图像使复印品污脏，最简便的方法就是在要复印的原稿背面垫一张黑色纸。没有黑纸时，可以打开复印机稿台盖板，复印一张，印出的就是均匀的黑色纸，即可用来做垫底。这一方法在制作各种图纸时经常用到，原因是图纸上的线条要浓度大，而空白部分又必须洁净。

5.3.2 数码复印机的维护

1. 使用数码复印机的注意事项

（1）选择合适的地点安装复印机，要注意防高温、防尘、防震、防阳光直射，同时要保证通风换气，环境良好，因为复印机会产生微量臭氧，而操作人员更应该每工作一段时间就到户外透透气，休息片刻。平时尽量减少搬动，要移动的话一定要水平移动，不可倾斜。为保证最佳操作，至少应在机器左右各留出 90cm 的空间，背面留出 13cm 的空间（如机器接有分页器，大约需要 23cm 的距离），操作和使用复印机应小心谨慎。

（2）使用稳定的交流电连接使用，电源的定额应为 220～240V、50Hz、15A。

（3）用时，要打开复印机预先预热 30 min 左右，使复印机内保持干燥。

（4）要保持复印机玻璃稿台清洁，无划痕，不能有涂改液、手指印之类的斑点，否则会影响复印效果。如有斑点，要使用软质的玻璃清洁物清洁玻璃。

（5）在复印机工作过程中一定要盖好稿台挡板，以减少强光对眼睛的刺激。

（6）如果需要复印书籍等需要装订的文件，请选用具有"分离扫描"性能的复印机。这样，可以消除由于装订不平整而产生的复印阴影。

（7）如果复印件的背景有阴影，可能是复印机的反光镜头上进入了灰尘。此时，需要对复印机进行专业的清洁。

（8）当复印机面板显示红灯加粉信号时，用户就应及时对复印机进行加碳粉，如果加碳粉不及时可造成复印机故障。加碳粉时应摇松碳粉并按照说明书进行操作。切不可使用代用碳粉（假粉），否则会造成飞粉、底灰大、缩短载体使用寿命等故障，而且由于它产生的废粉率高，实际的复印量还不到真碳粉的2/3。

（9）添加复印纸前先要检查一下纸张是否干爽、洁净，然后前后理顺复印纸再放到纸张大小规格一致的纸盘里。纸盘内的纸不能超过复印机所允许放置的厚度，请查阅手册来确定厚度范围。为了保持纸张干燥，可在复印机纸盒内放置一盒干燥剂，每天用完复印纸后应将复印纸包好，放于干燥的柜子内。

（10）每次使用完复印机后，一定要及时洗手，以消除手上残余粉尘对人体的伤害。

（11）下班时要关闭复印机电源开关，切断电源。不可未关闭机器开关就去拔插电源插头，这样会容易造成机器故障。

（12）如果出现以下情况，请立即关掉电源，并请维修人员。

① 机器里发出异响；② 机器外壳变得过热；③ 机器部分被损伤；④ 机器被雨淋或机器内部进水。

2. 数码复印机的日常保养

复印机是聚集了光学、机械、电路等高科技的精密产品，定期的清扫、整理、润滑、调整是确保复印机正常运行的关键。必要的保养可以提高复印机的工作质量，延长使用寿命，节约维修费用。

在复印机的运行过程中，它的光学系统、机械系统、电路系统，除了正常的磨损外，还受到来自复印机内部和外部的灰尘等杂物的侵害，造成复印品质变差和运行故障等问题。保养主要是对复印机的光学、显影、充电、转印、分离、消电电极、定影、传送等部件和色粉回收等系统进行清洁或进行局部调整。通常，光学系统中的杂物会造成复印件底灰较重，出现黑色斑点，机械系统中的杂物会造成卡纸，复印件出现污迹等问题。因此，在日常工作中，要做好以下工作。

（1）光学系统的维护保养。在对光学系统进行维护保养时，不要随意调整扫描架导板、第四反光镜角度调整螺钉、镜头原位传感器和镜头导轨；不要弯曲或损坏镜头支撑板或聚酯薄膜条；不要用手触摸反射器、曝光灯、反光镜和镜头；不要弯折曝光灯电缆或光纤电缆。光学系统的维护保养包括以下几个方面。

① 用软布蘸酒精或水清洁稿件盖板，必要时更换。

② 用软布蘸酒精或水清洁稿台曝光玻璃。

③ 清洁并润滑扫描架导杆和导轨、传动齿轮和扫描架导杆油毡圈等，保证扫描灯架在滑轨上水平、平滑地往返运动；因为如果滑轨表面有油污、粉尘或异物，将影响扫描部件的匀速移动和使扫描灯架运动时出现抖动，影响复印品质量。注意，润滑油应选用耐高温润滑油。

④ 清洁并润滑镜头驱动电机、传动齿轮和镜头导轨。

⑤ 用橡皮吹气球、毛刷、镜头纸和软布清洁反光镜、镜头、曝光灯、反射罩和防尘密封玻璃。清洁时应防止划伤光学部件表面，否则会影响复印品的质量和分辨率。如果光学部件表面有油污、手指印等污点，应用脱脂棉蘸少量清洁液清洁（清洁液配方是酒精70%，乙醚30%），但使用时应防止渗入镜头，因为清洁液能溶解胶质，使镜头开胶。对于光源周转的光学部件如稿台玻璃、曝光灯、反射罩、反光镜等，由于温度高容易黏附灰尘，应用脱脂棉蘸少量丙酮清洁。

⑥ 检查并清洁色粉浓度检测标准板和各类光电传感器（扫描架原位传感器、镜头原位

传感器、自动密度传感器 ADS、原稿幅面检测传感器 OW/OL、扫描同步传感器等），若有损坏应及时更换、必要时调整传感器位置。

⑦ 清洁光学系统机腔。必要时调整曝光灯亮度。

⑧ 对于稿台移动式复印机，清洁并润滑稿台移动导轨。

⑨ 检查光学系统冷却风扇电机，如损坏及时更换。

（2）感光鼓的维护保养。

① 用软毛刷和脱脂纱布轻轻掸扫清洁感光鼓的表面，将附着的粉尘清除。

② 如果粉尘附着较牢，可用脱脂棉蘸少量的清洁液进行研磨擦拭。

③ 检查感光鼓是否有划痕，若有划痕，则应找出感光鼓被划伤的原因，并予以排除。如果感光鼓有轻度划伤，可继续使用；若损伤严重则应及时更换。

④ 检查感光鼓是否疲劳，若疲劳则应对其进行研磨或套上保护套放置一段时间使其恢复。严重时应及时更换感光鼓。

⑤ 检查感光鼓加热器是否正常，必要时进行维修或更换。

⑥ 清洁并检查感光鼓温度检测传感器是否正常，必要时应进行更换。

⑦ 清洁并润滑感光鼓驱动齿轮或皮带，必要时应更换。

（3）电晕装置的维护保养。复印机电晕装置的故障会导致复印品质量上的缺陷，影响复印机的正常运行。因此应对电晕装置定期进行检查保养。在对电晕装置进行维护保养时，注意不要用砂纸或任何溶剂来清洁电极丝，不要用有油的手触摸电极丝，否则，油迹会使复印品产生白条。

① 用干布清洁电晕器及其电极丝，如充电、转印、分离、消电和预转印、NP 法的二次消电电晕器等。

② 检查电晕丝是否污染、氧化，严重时应更换。

③ 清洁并检查电极丝两端绝缘块，若有损伤或击穿，及时维修或更换。

④ 检查电极丝是否正确地位于绝缘块中间。

⑤ 检查电极丝张力是否适当，若松弛则调整张力不足或更换其拉力弹簧。

⑥ 检查屏蔽罩接地是否正常。

⑦ 检查电极丝与感光鼓的距离是否适当，是否平行。

⑧ 检查电晕器的电压、电流是否正常，若不正常应进行调整。

⑨ 检查各电晕器的高压发生电路输出是否正常，必要时应更换高压发生电路。

⑩ 清洁分离、转印等电晕器的防护网罩。

（4）显影装置的维护保养。显影装置是一个易被污染的装置，也是复印机中的主要污染源。因此必须定期对其进行清洁保养。在对显影装置进行维护保养时，注意不要刮伤显影辊套筒，不要弯曲显影偏压插头等。

① 检查显影载体是否疲劳，必要时应予以更换。

② 清洁并检查显影器上磁刷密封、侧密封和显影器导板，必要时应进行更换。

③ 清洁、润滑并检查供粉离合器或供粉电机及驱动齿轮，若有损坏应及时更换。

④ 清洁、润滑并检查显影辊传动齿轮、轴承和电磁离合器，若有损坏应及时更换。

⑤ 检查显影辊是否损伤，若损坏应及时更换。

⑥ 检查显影偏压是否正常，必要时应对其进行调整。

⑦ 检查显影偏压发生电路输出是否正常，必要时应进行更换。

⑧ 检查显影偏压输出导线是否正常，必要时应进行更换。
⑨ 清洁并检查图像密度、色粉浓度检测传感器及其控制电路，若有损坏应及时更换。
⑩ 检查显影辊刮板间隙是否正常，必要时应进行调整。
⑪ 清洁显影器导轨。

（5）清洁装置的维护保养。清洁装置本身是一个回收残余色粉的装置，一般污染比较严重，同时，它又是一个污染源。如不及时清洁，粉尘溢出会污染机器。因此，对清洁装置的清洁工作相当重要。在对清洁装置进行维护保养操作时，注意不要损坏清洁刮板的边缘，不要用手触摸清洁毛刷，在取出或装入清洁器时，不要损坏感光鼓；在更换清洁刮板时，应在感光鼓表面撒上润滑粉。清洁装置的清洁保养内容有以下几个方面。

① 清洁并检查清洁刮板、清洁毛刷、清洁辊，必要时应及时更换。
② 清洁密封条、回收刮板，清扫清洁器。
③ 检查刮板是否扭曲，若扭曲则需对紧固刮板的螺钉固紧力进行调整，必要时应更换。因为刮板扭曲会使刮板与感光鼓表面不能均匀地压接，造成清洁不良，在复印品上出现黑道。
④ 检查刮板是否损坏（磨损或碎裂），若损坏应及时更换。在正常情况下，清洁刮板的刃口应该柔软光滑。如果出现裂痕或毛刺，则会在复印品上造成纵向黑色条纹或黑色细线的缺陷；同时还会划伤感光鼓表面。
⑤ 检查刮板位置是否正常，清洁刮板必须与感光鼓表面保持平行，并且有一定的接触压力。如果刮板与感光鼓表面的接触压力过小，或者有间隙，都会影响清洁的效果，造成复印品大面积底灰。
⑥ 清洁和检查预清洁电极丝、预消电电极丝，如有损坏应及时更换。
⑦ 检查清洁器的螺旋推送器是否正常，如果此装置损坏，会造成色粉堆积太多，溢出清洁器污染机内其他部件和影响复印品质量。
⑧ 清洁并检查分离爪、分离片或分离带，若有损伤应及时维修或更换。
⑨ 清洁或更换色粉回收盒。
⑩ 清洁、润滑并检查清洁电磁铁，必要时应进行调整或更换。
⑪ 清洁并润滑清洁器驱动齿轮、轴承等，如有损坏应及时更换。
⑫ 清洁并检查废粉满检测传感器，如损坏应及时更换。

（6）定影装置的维护保养。静电复印机的定影装置极易污染，必须对其进行定期保养。定影器是一个加热部件，对定影器的清洁保养必须在停机待其自然冷却后进行。对定影装置进行维护保养操作时，不要用手触摸定影灯和定影辊，不要损伤定影热辊和压辊，不要损坏热辊分离爪的前缘及其张紧弹簧。定影系统的清洁保养包括以下几个方面。

① 清除定影器里的粉尘和纸屑纤维，并用酒精棉球或绒布清洁擦拭定影辊（热辊和压辊），若有损伤应及时更换，并找出损伤的原因予以排除。因为热辊和压辊上的局部磨损在复印品上会造成局部定影不良或局部定影过度，以及复印纸定影后产生皱褶等。
② 对温度控制开关和温度检测传感器进行清洁，必要时应进行更换。在安装时应调整好安装位置，温度检测传感器一般都紧贴在热辊上，如果温度检测传感器一旦脏污或失位、脱离热辊，就会使热辊温度失控造成定影不足或定影过度，从而影响复印品质量，严重时甚至会烧坏定影灯、热辊及其他部件。
③ 对定影分离爪、分离片进行清洁，如果发现分离爪已变形或磨损应及时更换，或用细砂纸、细锉打磨后继续使用。在安装时，应使其紧贴热辊，如不能紧贴热辊，可调整弹

簧的弹力。

④ 清洁或更换脏污的清洁毛毡、清洁刮板、清洁毡辊和清洁纸等,并检查硅油量是否充足,需要时在定影清洁器保养结束时添加硅油。对于脏污的毛毡如果清理不掉,或刮片不平整、有裂口,应及时更换;否则,会损伤定影辊。如果不及时进行清洁保养,污物将堆积在清洁器上,造成热辊局部磨损。

⑤ 对定影器驱动齿轮、轴承和轴套等传动部件进行清洁和润滑,如有损坏应及时更换。否则易造成轴承和齿轮的机械磨损,影响定影器的正常运转。注意,定影器因在高温下运转,其所用润滑油必须是耐高温的。

⑥ 检查硅油补充装置是否污染或阻塞。

⑦ 清洁定影装置入口及出口导板。

⑧ 检查定影灯接点处是否有杂质、毛刺或接点与灯管座接触处是否有空隙。若有则在定影灯接点与灯管座接触处易打火,从而损坏定影灯。注意,在安装时,定影灯不要与热辊的内表面接触。

⑨ 检查硅油用完检测传感器,若损坏应及时更换。

⑩ 检查定影热辊与压辊的压力是否正常,必要时应进行压力调整。

(7) 供输纸装置的维护保养。

① 清洁供纸辊、摩擦垫,如有损坏应及时更换。更换摩擦垫时,要确保摩擦垫低于垫托架前缘表面,并调整供纸辊和摩擦垫之间的间隙。

② 清洁导纸板、对位辊。

③ 清洁纸路各检测传感器,如定位传感器、出口传感器等,如有损坏应及时更换。

④ 清洁输送轮、输送皮带、导向轮。

⑤ 检查真空风扇的运转情况,若损坏应及时更换。

⑥ 清洁并润滑搓纸、定位电磁离合器(或电磁铁),若损坏则更换。

(8) 其他装置部件的维护保养。

① 清洁静电复印机机壳。

② 清洁转印导板。

③ 清洁预转印灯、消电灯和像间/像边缘消电灯,如有损坏应及时更换。

④ 清洁图像密度传感器,若损坏应及时更换。

⑤ 清洁并润滑主驱动齿轮或链条、各种齿轮、链轮、凸轮,以及各个传动电机的轴承、轴套等,若损坏应及时更换。

⑥ 检查并清洁分离片,若损坏应及时更换。

⑦ 检查并清洁分离爪及其传动机构,若损坏应及时更换。

⑧ 清洁静电消电针(刷),如有损坏应及时更换。

⑨ 清扫、擦拭机腔内输纸装置和感光鼓周边的一切易被色粉、粉尘污染的部位,并将滴漏在复印机底部的残余硅油擦拭干净。

⑩ 更换臭氧过滤器和补充必要的消耗材料。

(9) 维护保养注意事项。

① 保养时应关闭复印机主电源开关,拔下电源插头,以免金属工具碰触使静电复印机短路。

② 使用各种溶剂时应严格按要求操作,不耐腐蚀的零部件切不可使用溶剂清洁。使用

时应避免明火。

③ 一些绝缘部件用酒精等擦拭后一定要等液体完全挥发后再装到复印机上，否则会使其老化。

④ 使用润滑油时，要按说明书的要求进行，一般塑料橡胶零件不得加油，否则会使其老化。

⑤ 拆卸某一部件时，应注意拆下的顺序。零件较多时，可以记录下来，以防忘记。特别是垫圈、弹簧、轴承之类，安装时应以相反的顺序操作。

⑥ 机器内、外部所使用的螺钉容易混淆，应在拆下后分别放置，以免上错，使之损坏。

⑦ 在拆卸内驱动链条、皮带、齿轮时，应记住其走向，一般可用纸画下来后再拆，以免装错，使机件损坏。

3. 数码复印机常见故障的维修

复印机是现代常用办公设备，同时也是一种故障率较高的办公设备。下面介绍复印机常见"共性"故障的检查与维修。

复印件质量不好是复印机最常出现的故障，此种故障可占总故障率的60%以上，以下是具体故障的检修与排除。

（1）复印机复印出的复印件全黑。经过复印后，复印件上全黑没有图像，与开着稿台盖板印出的纸张一样。故障原因与排除方法如下所述。

① 曝光灯管故障。曝光灯管损坏、断线或灯脚与灯座接触不良，使之不能发光；曝光灯控制电路出现故障，导致曝光灯不亮或不做扫描运动，使感光鼓表面没有曝光，表面电位没有变化，无法形成静电潜像。首先观察曝光灯是否发光，不发光时可检查灯脚接触是否良好。灯脚接触无问题时再更换灯管；如不是灯管损坏，可测量灯脚间是否有电压，无电压时应检查控制曝光灯的电路是否有故障，有故障更换此电路板。

② 曝光灯控制电路故障。曝光灯控制电路出现故障，检查各处电压是否正常，无电压时应检查控制曝光灯的电路是否有故障，必要时更换此电路板。

③ 光学系统故障。复印机的光学系统被异物遮住，使曝光灯发出的光线无法到达感光鼓表面。清除异物。反光镜太脏或损坏，以及反光角度改变，光线偏高，无法使感光鼓曝光，清洁或更换反光镜，调整反光角度。如反射镜表面出现老化现象时，必须更换反射镜。光缝开得太小，同时曝光灯管老化，机内光学系统污染严重，调节光缝宽度的拉线断开，使光缝处于关闭状态，都会造成复印品全黑。处理时要开大光缝，增加光量，必要时更换曝光灯管。同时还要对光学系统进行全面清洁。

④ 复印机由冷的环境中移到热的室内，或由于室内湿度过高，使感光鼓、镜头及反射镜表面结雾，也会出现黑色复印品，但不十分均匀。解决的办法是清洁光路部件，将机器预热一段时间。

⑤ 充电部件故障。二次充电部件故障（仅限NP复印法），检查充电电极的绝缘端是否被放电击穿，电极与金属屏蔽罩连通（有烧焦痕迹），造成漏电。

（2）复印件全白。复印件全白故障分为感光鼓上有图像和感光鼓上无图像两种情况。

感光鼓上有图像故障原因与故障排除如下所述。

多是由于没有转印电晕造成的。常见的故障是转印电极接触不良，转印电极丝断路，高压发生器到转印电极的电路断开或与转印有关的电路有故障，使感光鼓上的墨粉图像不能转印到复印纸上。首先从电极开始检查，发现接触不良应接牢；如果电极丝断路，应换上新的电极丝；以上部位均无故障时，应更换高压发生器。

感光鼓上无图像故障原因与故障排除如下所述。

① 充电电极安装不牢、接触不良，或电极丝断开，电极绝缘块击穿，使感光鼓表面没有充电，无法形成高电位乃至静电潜像。充电电极与高压发生器电路中断，没有高压来源，或高压发生器本身发生故障，无高压输出，也会导致复印品全白。遇到这种情况，应首先检查本身是否漏电、击穿。如无问题，可继续检查电极与高压发生器的连线是否松动断路。如仍无故障，再更换高压发生器。

② 显影驱动离合器失灵，内部接触片打滑，除磨损外，还可由油污造成。严重时会使显影辊根本不转动，印出全白的复印品（这也是区别于其他故障的鉴别方法）。这时必须将离合器拆下清洁或更换成新的离合器。

③ 显影器未向感光鼓上提供墨粉，无法在感光鼓上显出可见图像。常见原因：显影器安装不妥，安装后未恢复到感光鼓的正常间隙，致使显影辊不转动，造成无法显影。

④ 感光鼓安装不到位，应重新安装。

（3）复印件图像时有时无。原因在于充电或转印电极到高压变压器的连线或高压变压器本身损坏。检查时可打开机器后盖，拆下电极插座。按下复印"开始"键后，用电极插座的金属部分碰触机器金属架，如发现放电灯火现象，证明此电极是好的。如没有放电打火，则高压变压器输出端不良，需要更换。如果两个电极插座均有放电打火现象，说明高压变压器无问题，而是插座与电极的连接不良，或是电极本身有漏电、接触不良的现象，应进行修复。

（4）复印后复印件出现底灰。复印件上有深度不等的底灰，是静电复印机中一种常见的现象，而且是一个难以解决的问题，复印件上有无底灰存在是鉴别其质量好坏的重要标志之一。故障原因及排除方法如下所述。

① 原稿台玻璃板、曝光灯及其反光罩、镜头透镜、反射镜、光路部分与感光鼓之间的透光防尘玻璃片被灰尘或机内的墨粉污染，造成反光，使透光效率下降，影响曝光量加大。这时不仅图像变浅，底灰增加，而且在减小曝光时，图像颜色虽有加深，但底灰也有所增加。解决办法是认真清洁这些部件，用干净的镜头纸擦拭，从一端向另一端进行，并吹去纸毛和浮尘。太脏时，可蘸少许酒精擦拭，切不可来回擦，以免灰尘磨损光学部件表面。需要注意的是，稿台玻璃的下面一侧也必须擦拭干净，这里往往是容易忽视的。

② 曝光不足原因包括曝光灯老化，照度下降；光蓬开得太小，曝光量小。调整曝光电压、光缝或更换曝光灯。

③ 复印纸受潮。更换复印纸。

④ 显影偏压过低或无显影偏压；调整显影偏压、检修显影偏压电路。

⑤ 显影器中载体比例小，墨粉比例过高，造成均匀的底灰，而且比较浓。原因是游离的墨粉过多，载体难以吸附。这时要重新调整载体与墨粉的匹配比。

⑥ 墨粉、载体受潮，电阻率下降，墨粉与载体的带电性变差，造成显影效果不良。更换墨粉或载体。

⑦ 载体疲劳（包括湿法显影和干法显影）使载体对墨粉（或油墨）的吸附能力下降，容易使墨粉游离，而被残余电位（明区）吸附，产生底灰。

⑧ 墨粉与载体不匹配，不为同一机型所作用。

⑨ 感光鼓疲劳。清洁毛刷倒伏、板结、脱毛或与感光鼓距离不当，收集废粉的磁辊上墨粉过多，引起粉尘脱落，也会造成复印品均匀或不均匀的底灰。需经常清洁这些多余的墨粉，毛刷不良时应将毛刷梳理后换方向使用，或更换新的毛刷并应清除吸尘箱中的墨粉。

⑩ 输入电压过低，如处于用电高峰期间，则不能保证三个电极所需的高压值。充电电压下降，静电潜像的电位就低，与明区电位（残余电位）差就小，而不易显影成像。在操作时，由于浓度上不去，而减小曝光量，虽然图像色调有所加深，但也同时出现了底灰。因此，在电压不稳定的地区，使用复印机时应加装机外稳压电源，保证电压不低于220V。

⑪ 消电灯污染或不亮，消电电极粘有墨粉等污物，消电能力下降，必须认真进行清洁处理，灯管损坏时必须更换。

（5）复印后复印件颜色淡，对比度不够。故障原因与排除方法如下所述。

① 感光鼓表面充电电位过低，造成曝光后表面电位差太小，即静电潜像的反差小。其原因包括高压发生器出现故障，输出电压不够；电极丝过粗，电极丝与感光鼓表面距离过大，电极丝污染，电极绝缘块漏电。这时必须根据故障情况解决。

② 复印机工作的环境湿度过大，是由于纸张含水率过大造成的。

③ 复印纸的理化指标没有达到要求，如纸张厚度、表面粗糙度和密度等。

④ 机电方面的原因：转印电极及有关电路出现故障，其中包括转印电极太脏，粘有墨粉、灰尘、纸屑，影响转印电压；转印电极丝距离感光鼓表面（纸张）太远，转印电流太小，不能使纸张背面带上足够的电荷，影响转印效果；转印电极丝断路，转印电极插头接触不良，造成复印品反差过小、图像淡的后果。出现上述现象时，必须根据实际情况进行检修。

⑤ 感光鼓疲劳，光敏性下降，曝光量过大或过小时，都会影响鼓表面的电位差。对NP复印机，拔下了电源插头，使感光鼓吸湿，也会产生复印品过淡的现象。这时应根据情况更换感光鼓或纠正错误操作。

⑥ 显影器中的墨粉不足，无法充分显影，浓度上不去，或是墨粉性能不良，难以被感光鼓吸附而充分显影。这时需补充或更换墨粉。

⑦ 载体缺少或疲劳失效，带电性减弱，造成显影不足。若采用液干法显影，则为显影液陈旧失效。这时必须更换载体或显影液。

⑧ 磁刷显影器内磁极的调整不当，影响磁刷的立起长度；在液干法显影中，挤料辊与感光鼓靠得太近，挤去过多的显影剂。这时需要进行适当的调整。

（6）复印件图像清晰度差分辨率低。故障原因与排除方法如下所述。

① 复印时曝光量过大所致。应调整曝光电压或光缝。

② 复印镜头、反光镜的聚焦不良所致。应调整镜头与反光镜的距离与角度。

③ 硒感光鼓工作时间过长表面污染残留墨粉过多或产生氧化膜。应清洁或更换感光鼓。

④ 墨粉颗粒太大，显影图像表面粗糙，造成分辨率下降。如出现由于图像发黑而造成不清晰的后果，应考虑可能是显影器下墨粉太多。

（7）复印件复印出的图像不均匀分两种情况：一种是有规则的不均匀；另一种是无规则的不均匀。

出现有规则的不均匀故障原因与排除方法如下所述。

① 电极丝与感光鼓不平行，造成转印电晕不均匀。

② 曝光窄缝两边不平行，造成曝光量不均匀。

③ 机内有乱反射光的干扰。

④ 显影辊与感光鼓表面不平行；液干法显影中挤料辊与感光鼓不平行；显影间隙两端不等，均会造成上述的不均匀。

出现无规则的不均匀故障原因与排除方法如下所述。

① 复印纸局部受潮。

② 曝光灯管、稿台玻璃等光学部件受污染，影响光反射和透射的均匀。

③ 充电和转印电极丝污染，造成放电的不均匀。为防止此种情况，应经常保持电极清洁使放电均匀。

④ 采用热辊定影的机器，由于加热辊表面橡胶老化脱落、有划痕，或定影清洁刮板缺损使辊上局部沾上污物，形成污迹。

⑤ 搓纸辊上受墨粉污染，搓纸造成污迹。

⑥ 显影器中墨粉漏出洒落在纸上或感光鼓上。

（8）复印件图像上有污迹。故障原因与排除方法如下所述。

① 感光鼓上的感光层划伤。

② 感光鼓污染，如油迹、指印、余落杂物等。

③ 显影辊上出现固化墨粉。

④ 采用热辊定影的机器，由于加热辊表面橡胶老化脱落、有划痕，或定影辊清洁刮板缺损使辊上局部沾上污物，形成污迹。

⑤ 搓纸辊上受墨粉污染，搓纸造成污迹。

⑥ 显影器中墨粉漏出洒落在纸上或感光鼓上。

（9）复印件图像上出现白色斑点。故障原因与排除方法如下所述。

① 显影偏压过高，应调整显影偏压。

② 感光鼓表面光层剥落、碰伤，应清洁研磨或更换感光鼓。

③ 由于转印电极丝电压偏低，造成转印效率低所致。

④ 复印低局部受潮也可能出现白斑。

（10）复印件图像表面不光洁，故障原因与排除方法如下所述。

① 墨粉质量不好，颗粒太粗。

② 显影器中载体过量外溢至复印纸上。

③ 显影浓度过高，下粉量太大。

④ 定影温度不够，墨粉未能完全均匀。应检修调整定影温控电路。

（11）复印件图像定影不好，一种是表现为定影不足，墨粉黏附不牢图像容易被擦掉，墨粉脱落。另一种是定影过度，使图像线条变粗，分辨率下降，使纸发黄、变脆，甚至烤焦。故障原因与排除方法如下所述。

① 定影灯管损坏或接触不良；加热丝断路，造成没有定影温度或定影温度过低。

② 定影灯位置改变，使辐射不均匀。

③ 定影加热辊磨损，表面出现凹坑，与纸张接触不严，使局部定影不牢。

④ 定影温度过高，或由于控制电路失灵造成机内温度过高，造成定影过度。

⑤ 各种机型的复印机所选用的墨粉定影温度、定影时间略有差异，因此，一定要根据机型选用墨粉，机型与墨粉相符。

⑥ 墨粉变质或复印纸不符合标准，也都会出现定影不牢、定影过度的现象。

（12）复印件图像错位和丢失。故障原因与排除方法如下所述。

① 输纸定时与光学系统的时序不同步，如搓纸离合器调整不当，造成进纸时间过早或过晚。在大多数机器中，进纸时间是可以调整的，一般是调整该离合器的位置。

② 对位辊离合器打滑，运转不均匀，使感光鼓与纸张的接触时间改变，需要对离合器进行清洁。

③ 如果感光鼓上的图像也少一段，而充电、显影、曝光灯、稿台钢丝均正常，则故障可能是驱动电机、传动链条松动的缘故，松动会使光学部件的扫描与感光鼓的转动不同步。需要反复调整。

（13）复印件背景上不均匀灰谐或有脏迹。故障原因与排除方法如下所述。

① 清洁刮板的压力不够或刮板的释放机构动作不够灵活。应调整刮板及刮板释放机构。

② 清洁毛刷转动不正常。清洁装置被严重污染，应清洁检修清洁装置。

③ 清洁刮板前端的刀口面不够平直。应更换刮板。

④ 曝光灯、反射罩、反光镜、防尘玻璃或消电灯滤光片被污染。

⑤ 曝光灯调节器输出电压不准。应重新调整。

⑥ 显影剂已年久失效，应更换。

（14）复印件图像密度不均匀，一边深，一边浅。故障原因与排除方法如下所述。

① 充电电极丝或转印电极丝的高度前后不一致，应注意在高度调整后必须调整充电或转印电流。

② 曝光灯上有脏物污染，出现色斑、色环或灯丝变形。应给予清洁或更换。

③ 曝光灯位置，显影装置位置不准确。

④ 复印机放置不在水平位置。

（15）复印件上沿复印件输出方向出现明显的纵向黑色线条。故障原因与排除方法如下所述。

① 刮板压力过大，长时间摩擦造成感光鼓表面普遍损伤，出现前进方向划痕。严重时需更换感光鼓。

② 毛刷太硬或含有杂物，将感光鼓划伤，形成纵向黑线。

③ 显影载体或墨粉中有杂质，当这些杂质停留在感光鼓与毛刷或刮板之间时，就会将感光层划伤。

④ 感光鼓的安装不合适，与其他部件接触，划伤感光鼓。此时若操作机器，故障现象则较为严重。

⑤ 刮板的刀口积粉过多，清洁效果不良，或刀口有缺陷，刮板局部未与感光鼓表面完全接触。复印品上都会出现黑色纵向条或黑线。这时必须对刮板进行清洁，并检查刮板有无缺损。

⑥ 复印品较大面积呈黑带状是由于刮板与感光鼓接触不良，墨粉不干净之故。必须进行调整。

⑦ 复印机内的卡纸没有完全清除，有纸张或纸屑进入清洁器，影响刮板或毛刷的正常工作，造成清洁不良，而出现黑色带状污染。

⑧ 如果纸张一端（机器分离侧）出现黑色污迹，则一般是由于分离带上粘有墨粉造成的。这也可能是由于感光鼓一端清洁不良或显影器密封损坏所致。这时需要进行清洁，更换损坏的零件。

⑨ 磁辊单一成分显影方式中，磁辊上粘有条状墨粉凝结物，显影时会在感光鼓表面显现出来。这时需对显影辊进行认真的清洁。

⑩ 显影辊上墨粉分页不均匀，呈条状分布。这时要检查刮刀下是否有杂物或纸屑，并认真清洁。

⑪ 转印后尚未定影的复印品与定影器入口摩擦，从而出现黑色污染及图像损伤。这多是由于被卡纸未清除干净造成的。这时需认真清洁定影器入口，凝固的墨粉污迹可用酒精擦掉。

⑫ 热辊定影时，加热辊表面清洁不良，粘有过多墨粉，产生黑条，定影时会印在复印品上。

（16）复印件上沿复印件输出方向出现不规则的波浪形黑线或黑条。故障原因与排除方法如下所述。

① 清洁装置脏污，在清扫清洁刮板和毛刷后，应撒上润滑粉。

② 由于硒鼓上黏附有小颗粒异物或载体造成清洁刮板刃口损坏。

③ 更换刮板或新硒鼓时，没有先撒上润滑粉造成清洁刮板刃口损坏。

（17）复印件上沿复印件输出方向出现白色线条（纵向白线条）。故障原因与排除方法如下所述。

① 色粉黏附在电极丝上造成充电电极丝局部污染和转印电极丝局部污染。

② 充电电晕装置上有线状悬挂物影响感光鼓表面。

③ 显影装置密封垫局部污染或粘有异物。

（18）复印件上某一边缘，有不同程度的粉迹。故障原因与排除方法如下所述。

① 感光鼓上清洁不良将残余色粉转印到复印件上。

② 清洁刮板上的衬套和孔没有正确吻合，致使刮板不能灵活移动，当加压刮板时刮板不能正确地靠在硒鼓上。

（19）复印件沿输出方向出现前端黑色横向条。故障原因与排除方法如下所述。

① 扫描架起始位置不正确，通过调整扫描起始位置传感器的位置来解决。调整后要求扫描复原位时没有跳动现象。

② 纸屑、粉末和灰尘等黏附或加在转印/分离电极丝上。

③ 转印/分离电极丝严重损坏。

（20）复印件图像模糊或图像拉毛。故障原因与排除方法如下所述。

感光鼓表面被污染，或者感光鼓衰老、过度磨损所造成。应清洁感光鼓，严重时更换新感光鼓。

（21）复印件出现空白。故障原因与排除方法如下所述。

复印纸受潮或皱折。应从纸盒里取走潮湿的纸或取走皱折的纸。

（22）复印件歪斜。故障原因与排除方法如下所述。

① 检查原稿在稿台玻璃上的位置是否正确。

② 检查纸盒是否安装正确。

（23）复印件出现有黑框，故障原因与排除方法如下所述。

① 如果原稿比复印纸小，用一张比复印纸大或与复印纸相同的纸盖住原稿。

② 复印时未放下原稿盖，则应把原稿盖放下盖好。

（24）因清洁效果不好，造成底灰大。故障原因与排除方法如下所述。

① 毛刷弧结和严重脱毛。应梳松或调换毛刷。

② 消电电极失效。应检修消电电极。

③ 消电灯被污染或损坏。应清扫或调换消电灯。

（25）成像模糊。故障原因与排除方法如下所述。

① 由于光学系统紧固不好，在机器的运输或长时间使用中，造成光学部件——镜头、反射镜等的位置改变，其反光、透光线路发生偏移，造成聚焦不良，原稿反射光的焦点不能正好落在感光鼓表面。可以通过观察原稿与复印品的图像尺寸有无改变来发现聚焦问题。一般来说，图像模糊是聚焦不好的缘故，多为第一反射镜位置不当；而倍率与原稿不符，多由于镜头位置改变。光路部分的故障必须在排除了其他干扰因素、确定了光路故障以后才能进行调整。由于光学系统是出厂时调定的，无特殊情况不宜随意调节。

② 硒鼓感光长时间使用后表面产生氧化膜及其他污染，造成图像清晰度下降。这时应更换新的感光鼓，或用硒鼓再生剂进行处理。

③ 图像模糊而发黑，这可能是显影器下墨粉太多的缘故。单一成分显影时，则为显影辊与刮刀间隙过大。这时应调整载体与墨粉比例或显影间隙。

④ 感光鼓表面清洁不良，残留粉过多，或显影磁刷与感光鼓表面太近，使复印品上的图像由于摩擦而模糊。处置办法是调整清洁器或显影磁极，使之位置合适。

⑤ 显影器中的墨粉粒太大，使分辨力下降，图像表面粗糙。这时应更换更细的墨粉，并配以适当的载体。

⑥ 镜头和反光镜污染。应清洁镜头和反光镜。

⑦ 扫描移动钢丝松弛。应张紧钢丝绳。

任务6 速印机的使用与维护

6.1 速印机概述

6.1.1 速印机的概念与分类

速印机又称一体化速印机、速印一体机、高速数码印刷机。它是一种集制版、印刷为一体的油印设备，是通过数字扫描、热敏制版成像的方式进行工作，从而实现高清晰的印刷质量，印刷速度在每分钟100张以上的印刷设备。

现在的数码速印机，不仅可以通过油墨准确、清晰、快速地印刷各种文件资料和图纸，还可实现对原稿缩放印刷、拼接印刷、自动分纸控制等多种功能，绝大多数的机型还可以支持计算机打印直接输出的功能。

一体化速印机按工作原理的不同分为模拟、数码一体化速印机。按制版方式可以分为热敏制版和数码制版两种。按品牌分为理想、理光、得宝、基士得耶、Duplo、佳文、荣大、富士施乐、颐华、欧曼等。

6.1.2 速印机的发展与现状

早期速印机是在手工印制的基础上发展起来的电动印制机械。蜡纸由人工手刻或针式打印机打印，然后安装到机器上进行电力驱动印制。这种印制方式速度较快，但是存在很多缺点。首先蜡纸的制作麻烦，手工刻制不能保证质量；其次在蜡纸的安装过程中需要技巧，安装不好会严重影响印制质量和蜡纸的使用寿命；三是印制速度和印制质量都不能满足要求。所以，早期的手工刻制、电力驱动的速印机只是昙花一现，很快退出了市场，现在已经很难看到它们的踪迹。

随着电子技术和计算机技术的发展，1984年，日本理想科学株式会社发明了世界上第一台数字一体化速印机。它可将原稿通过扫描制版后高速印刷，大大扩展了复印机的功能。由于一体化速印机具有印制使用方便、速度快、印制质量好等优点，很快完全占据了市场。

1999年8月，日本理想科学株式会社与航天计算机集团共同投资成立了珠海理想科学工业有限公司，将先进的数字一体化速印机引入中国市场。理想一体机在短短十年的销售历史中，销量迅速抢占了中国50%的市场，使中国的数字一体化速印机参与国际竞争。

2001年3月1日，KS500C正式在中国扩大销售，它是目前世界首创的最低价格一体机，替代了原先大量使用的普通油印机。而与日本市场同时推广的RN218一体机，内置了计算机接口，只要加上网络卡，即可使一体机接入局域网实现远程通信印刷。另外，RP370一体机为A3幅面的高速网络一体机，它符合了最新的中国国家办公标准。除适用于网络环境外，并可自动提供三种规格的用纸，由计算机实现远程监控，采用超大规模中文触摸屏，具有人性化的操作界面。适用于对印刷幅面和品质有高要求的单位。

6.1.3 速印机的技术与质量指标

1. 速印机的特点

一体化速印机除了复印平均成本比较低廉以外，还有以下4个特点。

（1）印刷速度快且可调。一体化速印机的最高复印速度可达130p/min，且可以自动调节，有的机型可以提供多达5级变速（60、80、100、120、130 P/min）选择。由于速印机在印刷第一张文件的时间包括了制版（数字化刻制蜡纸）的过程和印刷文件的过程，因此需要的时间较长一些，大约要20s。

（2）原稿范围宽，缩放比例大。一体化速印机可以复印的原稿尺寸范围比较大，一般机型可复印的原稿尺寸范围又从A3纸大小（297mm×420mm）到名片大小（50mm×90mm）；用于复印的纸张尺寸范围从最大290mm×395mm到最小90mm×140mm；最大的印刷面积可达251mm×357mm，相当于最大纸张面积的80%。一体化速印机还提供多级缩放比例，如4级缩放比例提供了94%、87%、82%、71% 4个缩放比例供用户选择使用。

（3）图文自动辨别制版。文字及图片自动辨别制版模式可将一张原稿上的文字和图片自动分开，用不同的扫描模式进行最佳处理，得到最佳印刷效果。图片制版模式采用600dpi解像度，能重现照片图像的层次及色泽度。

（4）与计算机连接使用。一体化速印机不仅像传统的一体机一样，可以对原稿进行扫描、制版印刷，而且还可以对计算机输出直接进行制版印刷。有些型号的机器内置了计算机打印接口，就像一台超高速、大幅面、高精度打印机一样，可以快速、大量印制计算机文档资料。有些机型还可以接入到网络环境中去，实现网络的共享印刷（局域网）和远程印刷（远程通信）。

2. 速印机主要技术指标

（1）制版方式。目前几乎所有的一体化速印机都采用数码热敏头制版。热敏头制版可以分为两类：热熔解型和热交联型。

① 热熔解型：通过用半导体激光二极管熔去图文部分，露出下面的亲油层，除去版上的残留物，就可准备上机印刷。这是一种非化学处理过程，较为环保，可在明室中工作。这种制版方式具有简单、速度快的优点，但是在反应图像时效果较差。

② 热交联型：通过红外线的热量使感光层中的部分高分子发生热交联反应，形成潜像；再加热，使图文部分的分子化合物进一步发生交联反应，其目的在于使图文部分在碱性显影液中不被溶解。

（2）最高印刷速度。最高印刷速度指一体化速印机每分钟最多能够印刷的张数，它的单位是 p/min（以 A4 纸为标准）。速印机最大的优势就在于其印刷速度非常快，目前绝大多数速印机都可以达到 100p/min 以上。和复印机一样，在工作时一体化速印机也需要预热，首张复印需要较长的时间，因此复印速度一般应该从第二张开始计算。速印机的印刷速度是可以调节的，在实际使用中可以选择较低的印刷速度，以保证印刷质量。

（3）首页印刷时间。首页印刷时间指的是一体化速印机在完成预热和制版之后，已处于待机的状态下，用户已做好一切准备工作，从按下按钮向一体化速印机发出指令到输出第一张印刷品所花费的时间。目前主流产品的首页印刷时间都可以控制在 30s 之内。

（4）分辨率。分辨率指的是一体化速印机印制的清晰度，它直接关系到印刷的质量，也是用 dpi 来标识的。一体化速印机的分辨率用水平分辨率和垂直分辨率的乘积来表示，一般来说 300~400dpi 就已经足够了。

（5）印刷颜色。印刷颜色是指一体化速印机可以印制出的产品颜色，一体化速印机由于使用油墨进行印制，所以油墨的颜色决定了印制的颜色，现在的一体化速印机印制基本都使用黑色油墨，所以颜色基本上也都是黑色的。如果需要印制彩色，则需要选购彩色滚筒，且彩色滚筒不能加入黑色油墨。

（6）用纸尺寸。目前一体化速印机的印刷用纸尺寸是指一体化速印机能够接收的用来进行印刷的纸张的最大尺寸。

（7）最大印刷面积。最大印刷面积指的是一体化速印机能够在纸上印制出来的最大面积。

（8）放大/缩小比率。一体化速印机可以对原稿进行放大或者缩小印刷。一体化速印机的缩小和放大比率是固定的，一般没有无级放大/缩小功能。用户需要对原稿进行放大或缩小，只能在几个固定的比率中进行选择。

（9）供纸器容量。供纸器容量指的是一体化速印机存储印刷纸张的供纸器最大可以存放的纸张数量。由于一体化速印机的印刷速度快，印刷量大，其用纸量远远大于复印机，因此它的供纸器容量要求比较大，一般至少应在千张以上。

6.2 速印机的组成结构与工作原理

6.2.1 速印机的组成结构

从工作原理上来看，速印机一般由以下几部分构成：原稿扫描部分、印刷部分、进纸部分、出纸部分、控制电路和控制面板等，如图 6-1 所示。

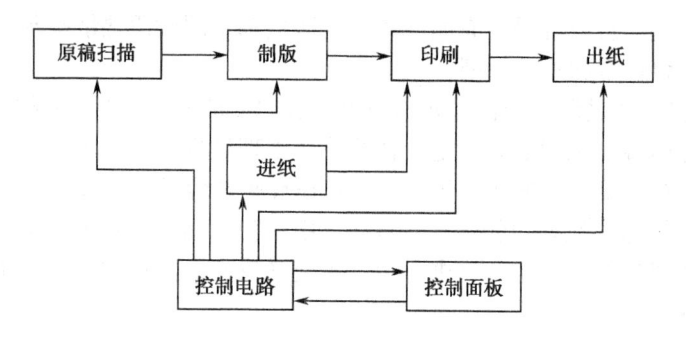

图 6-1　速印机的基本组成

（1）原稿扫描部分：将需要印刷的原稿的图像经光电扫描后，得到数字化的图像信号。

（2）制版部分：将扫描得到的数字化的图像信号经电热敏头在版纸上产生与原稿一致的图像，并自动将版纸装在印刷滚筒上。

（3）进纸部分：通过一个进纸搓动轮，自动将印刷用纸送入印刷部分。

（4）印刷部分：将滚筒版纸上的图像转印到进纸部分送进来的纸张上。

（5）出纸部分：将印刷好的印刷件送出到出纸台上。

（6）控制电路：接收控制面板输入的各种操作命令和其他各功能部件的反馈信息，控制整个系统自动协调地工作。

（7）控制面板：接收使用者输入的各种操作命令，显示使用者输入的命令和机器的工作状态信息。

下面以理想 RISO CV-1860 数字式一体化速印机为例，对一体化速印机各个组成部件的位置、功能进行介绍。各部件的具体位置如图 6-2 和图 6-3 所示。

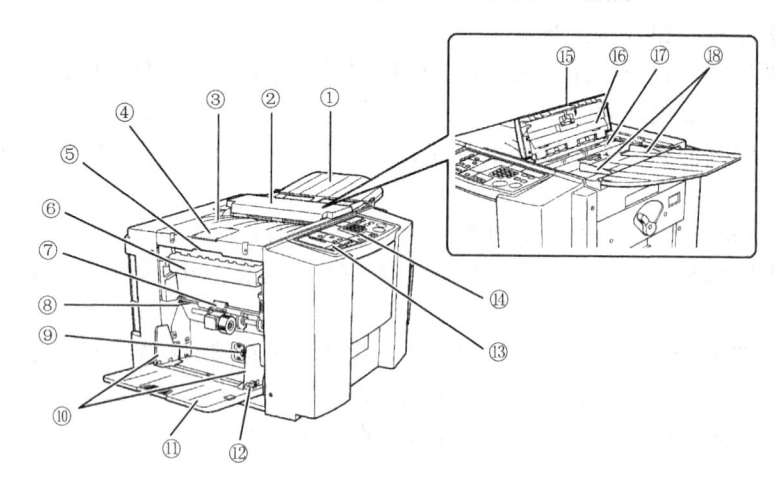

图 6-2　一体化速印机外观

（1）外观如图 6-2 所示，其各部件的名称及其功能介绍如下所述。

① 原稿纸盒：正面朝下放置原稿。

② 自动进稿机组：自动从原稿纸盒向扫描台供给原稿。

③ 卸版单元（接收原稿）：扫描的原稿被排出。

④ 原稿挡板：挡住自动进稿机组扫描的原稿。
⑤ 卸版单元释放杆：版纸卡纸或发生其他情况时用此杆打开卸版单元。
⑥ 废版盒：存放废版纸。
⑦ 废版盒释放杆：废版盒装满废版纸时，拉出废版盒时推下此杆。
⑧ 进纸压力调节杆：根据使用的纸张，调节进纸压力。
⑨ 搓纸压力调节杆：根据使用的纸张，调节搓纸压力。
⑩ 进纸台导板：存放并引导纸张。可以滑动，以贴齐纸张侧面。
⑪ 进纸台：把印刷纸张放在此盒中。
⑫ 进纸台导板锁定杆：锁住进纸台导板。
⑬ 副控制面板。
⑭ 主控制面板。
⑮ 原稿释放杆：如果卡纸或需要重新放置原稿时用此杆打开自动进稿机组。
⑯ 白辊。
⑰ 扫描台玻璃。
⑱ 原稿导板：存放并引导原稿纸盒上的原稿。

（2）内部结构如图6-3所示，其各部件的名称及其功能介绍如下所述。

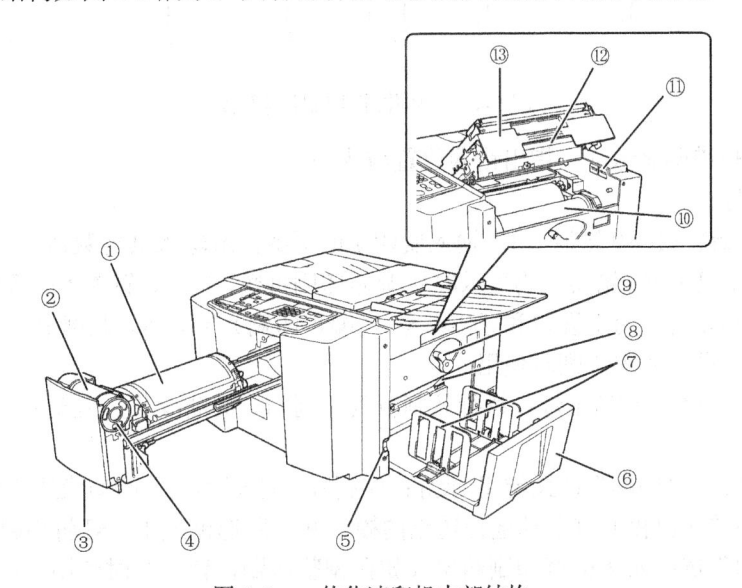

图6-3　一体化速印机内部结构

① 印刷滚筒油。
② 墨筒支架。
③ 印刷滚筒杆：握住此杆拉出印刷滚筒。
④ 油墨筒。
⑤ 电源开关：打开或关闭机器电源。
⑥ 出纸台：印刷件排出到此盒中。
⑦ 出纸台导板：印刷前根据纸张宽度进行滑动调整，对齐已印刷纸张。
⑧ 出纸导翼：根据纸张尺寸及相关特征进行调整，以对齐印刷纸。
⑨ 版纸卷锁定杆：将版纸卷锁定。

⑩ 版纸卷。
⑪ 计数器：计算页数（总印刷计数器）与制作的版纸数（版纸计数器）。
⑫ 制版机组把手：松开把手以打开制版机组。
⑬ 制版机组盖：打开盖已将版纸安装到正确位置。

（3）控制面板一（图6-4）

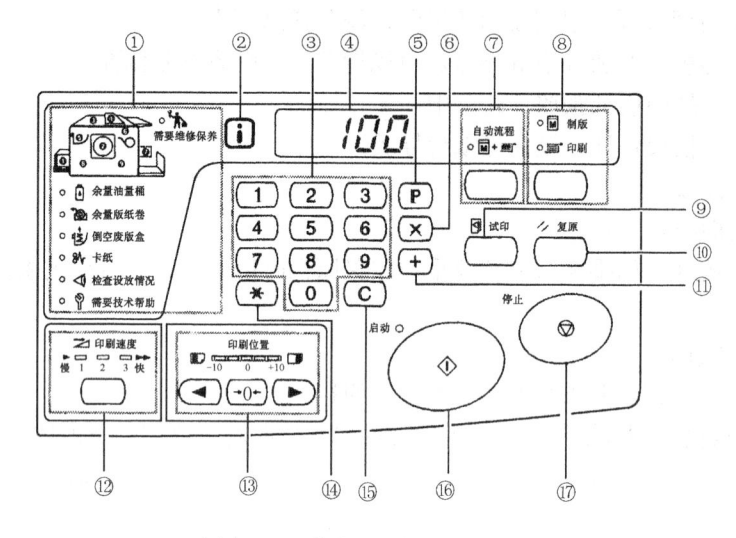

图6-4 一体化速印机控制面板一

① 检查和错误显示屏：指出错误位置与状态。
② 指示灯。
③ 印刷量键（0~9键）：用于输入要印刷的页数，或输入其他数值。
④ 印刷量显示屏（错误号码显示屏）：显示印刷页数、各种设置输入的数值及错误号码。
⑤ P键/指示灯：用于设定和呼出编程。（编程印刷）启动后，此键上方的指示灯亮起。
⑥ X键：设定编程印刷时使用。
⑦ "自动流程"键/指示灯：执行从制版到印刷的无间断操作。启动后，此键上方的指示灯亮起。
⑧ "制版"/"印刷"切换键/指示灯：在制版和印刷模式之间切换速印机操作。通常，根据操作（如装入原稿）将自动选择适当的模式并且所选模式指示灯将亮起。
⑨ "试印"键：希望检查印刷结果（如在调整印刷位置后）时使用。利用此键可以印刷试印本，而不会影响印刷量显示屏上的数值。
⑩ "复原"键：将所有设置恢复成初始设置。
⑪ +键：设定编程印刷或更改初始设定时使用。
⑫ "印刷速度"调整键/指示灯：选择三级印刷速度之一，这些键上方的指示灯显示当前速度。
⑬ "印刷位置"调整键/指示灯：制版后沿垂直方向调整印刷位置（在10mm范围内）。这些键上方的指示灯显示距中心的偏移量。如需清除偏移量，按下→0←键。
⑭ *键：如果发生错误用来进行编程印刷或显示错误编号。
⑮ C键：取消输入的数值，或将计数器复位成零。
⑯ "启动"键/指示灯：开始制版或印刷流程或执行特定的操作。此键只有工作时才

亮起。

⑰"停止"键：停止正在进行的操作。

(4) 控制面板二（图6-5）

① 缩放尺寸选择键：从各种标准缩放尺寸中进行选择，按▲/▼切换各个选项。对应的指示灯会亮起，指出当前选项。要恢复100%，请按1∶1。

② "扫描对比度"调整键/指示灯：选择一种原稿扫描对比度。这些键上方的指示灯显示当前扫描对比度。

③ "自动"指示灯：选择自动扫描对比度调整时亮起。

④ "强调铅笔"模式键/指示灯：原稿以铅笔书写时选择此项。每次按此键时，会交替打开和关闭此项功能。启动后，此键上方的指示灯亮起。

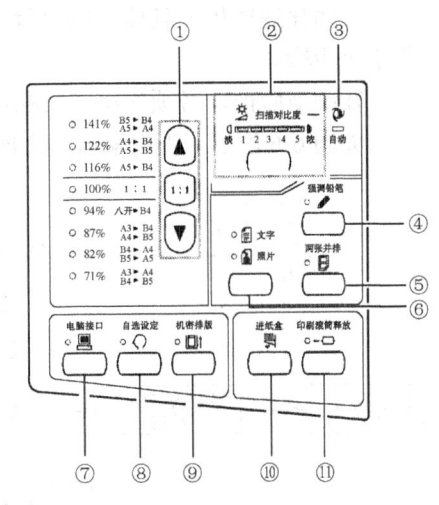

图6-5 一体化速印机控制面板二

⑤ "两张并排"键/指示灯：可供在一张纸上并排印刷。每次按此键时，会交替打开和关闭此项功能。启动后，此键上方的指示灯亮起。

⑥ 图像处理选择键/指示灯：每次按此键时，会更改图像处理模式。选定文字/图像模式时上方对应指示灯会亮起。如同时选择文字和图像模式，则两个指示灯同时亮起。

⑦ "电脑接口"键/指示灯：使用接口连接计算机时（需要接口选购件）选择联机或脱机模式。每次按下按键时，将会在联机或脱机模式间切换。选择联机模式时键上的指示灯亮起。

⑧ "自选设定"键/指示灯：更改初始设定时使用。启动后，此键上方的指示灯亮起。

⑨ "机密排版"键/指示灯：防止复印保密文件。每次按此键时，会交替打开和关闭此项功能。启动后，此键上方的指示灯亮起。

⑩ "进纸盒"下降键：如果更换纸张或者拆下装满的废版盒，按此键降低进纸盒。

⑪ "印刷滚筒释放"键/指示灯：按此键并且指示灯亮起时，可以手动拉出印刷滚筒。如果指示灯未亮起，请按键将让指示灯亮起。然后就可以拉出印刷滚筒。

6.2.2 速印机的工作原理

一体化速印机从外观上看起来和复印机十分相似，在功能上，一体化速印机与复印机也有许多相似之处，在速印机工作时，尤其在制版时，也是将原稿放在玻璃稿台上；复印机和一体化速印机都能把原稿进行复制（印制），但一体化速印机的工作原理和复印机有着本质上的差别。复印机主要通过光学和半导体感光成像的原理来进行复印，在复印结束之后，通过放电等手段可以消除感光板上的图像，可以反复使用。而一体化速印机的印刷则是首先需要通过光学扫描，然后通过热敏制版的原理，把需要印刷的内容印制在印版上，而目前使用的印版基本上都是蜡纸，一体化速印机使用的蜡纸从本质来讲和老式人工刻制的蜡纸没有区别。只不过一体化速印机刻制蜡纸的方法是用热熔解和热交联等加热的方式来去除蜡质，这一点和老式传真机的工作原理有些相似。蜡纸制作完成后自动将它平铺到印制滚筒上，油墨通过滚筒上的小孔渗透到蜡质上，再通过蜡纸上去掉的蜡质部分和纸张接触完成印刷。印刷完成后，这张印版（蜡纸）也就报废了。

一体化速印机的具体印刷过程可以分为卸版、扫描、制版、挂版、进纸、印刷、出纸共 7 个步骤。

在制新版前，必须先将滚裹在滚筒上已印刷过的纸版卸下。

如图 6-6 所示，当原稿被输入时，原稿经曝光灯 A 照射后，通过反射镜 B 反射，最后经镜头 C 成像于电荷耦合器 CCD 的输入端，CCD 输出电信号，但这是模拟信号，该信号经过 A/D 变换成数字信号，再经调制送到热敏打印头电路中去，控制热敏打印头输出，使之在蜡纸版上打出与图文相应的矩阵状或蜂巢状孔，至此，完成制版工艺。进纸轮输送印纸，分离片和上、下层分离轮组成中央分离机构，从而防止送纸过程中发生送多张印纸或卡纸故障，进纸机构的作用是有效地将单张印纸送入印刷滚筒的下方。一体化速印机印刷过程类似于电动油墨印刷，但其挂版工作是挂板机构自动完成的。印刷时，被热敏头穿孔的纸板前沿输送到印刷鼓单元纸夹部位，并被夹住，随着鼓旋转，挂在鼓的表面。印刷纸被供纸机构送到鼓的下方，经对位后和鼓上纸板紧密接触，鼓内油墨辊紧紧压在纸板内表面（中间相隔有聚四氟乙烯、不锈钢丝网等介质），并将油墨透过纸板上的图像孔，印刷在纸上，完成其印刷过程。最后利用分离爪及风扇吹风，把印刷后的纸张从滚筒上分离并送到接纸台上，完成印刷全过程。

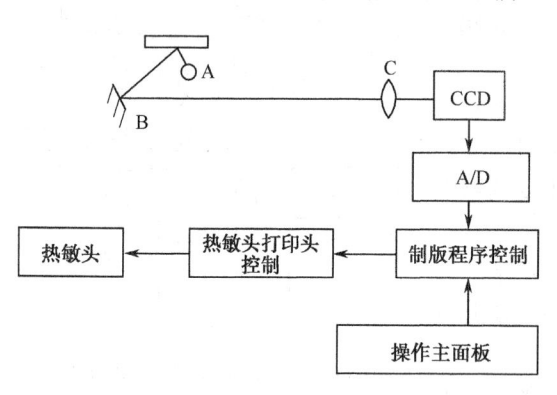

图 6-6　制版过程示意图

6.3　速印机的使用与维护

6.3.1　速印机的使用

1. 速印机的选购

选择一台合适的一体化速印机应注意以下几个方面。

首先是有效印刷幅面。标准一体机有效印刷面积为 8 开纸，一体机最大印刷面积可达 A3 幅面。其次是选择单张原件印刷方式及书刊印刷方式。再次根据具体要求考虑是否购买一台可与计算机连接直接印刷计算机中图像的一体机。

此外应关注以下几个具体参数。

（1）分辨率。它的单位是 dpi，即每英寸所打印的点数（或线数），用来表示印刷分辨率。这是衡量速印机印刷精度的主要参数之一。该值越大表明速印机的印刷精度越高。

（2）缩放比例。缩放比例指速印机能对原稿进行扩大或者缩小的比例。例如，25%说明速印机能复印出原稿 1/4 大小的复印品，400%则说明能将复印品扩大到原稿的 4 倍。复印比例相差数值越大说明速印机可扩缩的范围越大，性能相对也越好。

（3）印刷速度。单位为 p/min，即每分钟打印的页数，速印机的印刷速度可以自动调节，有的型号可以提供多达 5 级变速（60、80、100、120、130p/min）的选择。

（4）首页印刷时间。由于速印机在印刷第一张文件的时候，包括了制版（数字化刻制蜡纸）的过程和印刷文件的过程，所以需要的时间要比印刷其他的纸张所需的时间多些，大约需要20s。

（5）载纸量。载纸量是指速印机所能一次性装下的最大的纸张数量，单位为"张"。目前市场上性能最好、价格最优、销量最大的一体机主要有理光和基士得耶两种品牌，此外还有理想、得宝等其他品牌。

2. 使用前的准备

（1）纸张的选择

① 极薄的纸张（不足 $35g/m^2$）。

② 极厚或极重的纸张（超过 $128g/m^2$）。

③ 起皱、卷曲、折叠或破损的纸张。

④ 经化学处理的纸张（如热敏纸或复写纸）。

⑤ 正面或背面涂层的纸张。

⑥ 部分区域有黏性或有孔的纸张（如信封和标签纸）。

（2）印制的准备

① 设定原稿纸盒。

a. 打开进纸台；b. 装入纸张；c. 选择进纸压力和搓纸压力。

② 设置出纸台。

a. 根据印刷纸长度拉出出纸台；b. 设置出纸台导板；c. 调整出纸导翼。

（3）放置原稿

① 将电源开关旋至ON。

② 检查显示屏上显示，检查显示屏是否为亮起或闪烁。

③ 将原稿正面朝下放置。调整原稿导板到原稿的宽度，放置多份原稿时，首先扫描底部稿件（最多可以放置10张原稿）。

（4）进行必要的设定

① 可以选择图像处理模式，各指示灯依次亮起为文字→照片→图文。

② 可选择强调铅笔书写模式。此模式下能提高铅笔书写稿件的清晰度。

③ 放大或缩小原稿。按此键能把原稿放大或缩小，调整相应比例会有指示灯亮起，要恢复100%，按1∶1键。

④ 扫描对比度的调整。根据原稿文字和图像的浓度，可以调整扫描对比度，手动调整提供了5种级别。选择"自动"时，会预先扫描原稿浓度，然后自动设定最佳扫描对比度。

⑤ 并排印制原稿（两张并排印刷）。此功能只能用于B4或A4的纸张尺寸。

3. 开始印刷

① 试印：当设定完成后，可以进行试印以检查印刷质量。

② 调整印刷位置：调整印刷位置的纸张不能大于B4，大于B4的纸张无法调整位置。

③ 更改印刷速度：理想 RISO CV-1860 提供了3级印刷速度，表6-1是各指示灯位置下的印刷速度。

④ 按启动键开始印刷。

表 6-1　各指示灯位置下的印刷速度

挡　　位	1	2	3
印刷速度 p/min	约 60	约 90	约 130

6.3.2　速印机的维护

1. 更换和处置耗材

速印机具有使用方便、印制速度快的特点，广泛被机关、企事业单位所采用，由于印制速度快，所以耗材的消耗也较快。为此，更换和处置耗材在使用中也经常会碰到，下面依然以理想 RISO CV-1860 一体化速印机为例，学习怎样更换耗材。

（1）更换油墨筒（图 6-7）。油墨筒将空时，更换油墨指示灯亮起，此时应该及时更换。由于印刷滚筒的出油面可能粘有油墨，注意不要弄脏手和衣物，建议带上橡胶或塑料手套，如果手被弄脏，应立即用清洁剂浸泡。

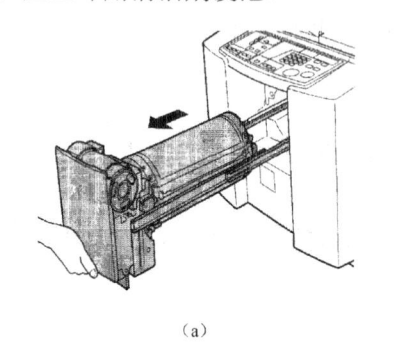

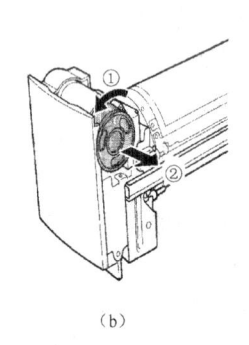

(a)　　　　　　(b)

图 6-7　更换油墨筒

① 打开速印机电源。

② 按滚筒释放键，确保指示灯已打开（如果释放指示灯关闭时强行拉出滚筒，可能会损坏印刷滚筒）。

③ 拉出印刷滚筒。

④ 逆时针旋转油墨筒，然后从支架中拉出。

⑤ 从新油墨筒上取下盖子，注意不要碰撞出油面，切勿取下出油面的标签。将油墨筒的箭头对准支架上的标识，并推入油墨筒到推不动为止。

⑥ 顺时针旋转锁定。

⑦ 把印刷滚筒放回初始位置。

（2）更换版纸卷（图 6-8）。整个版纸消耗殆尽时更换版纸卷的指示灯亮起，此时应及时更换版纸卷。

① 打开速印机电源。

② 打开制版机组盖。翻转原稿纸盒，握住制版机组盖把手，抬起并打开制版机组盖。

③ 顺时针旋转版纸锁定杆松开版纸卷。

④ 取下用尽的版纸卷，并安装新的版纸卷，注意从版纸卷上取下透明薄膜，纸心上的标识位于左侧，此时不能取下包装纸。

⑤ 逆时针旋转版纸卷锁定杆将版纸卷锁定，锁定后再取下包装纸。

⑥ 将版纸卷的版纸头插入版纸导翼下的入口，直到插不进为止，如果版纸松动，向内旋转右侧凸缘进行收紧，然后关闭制版机组盖。

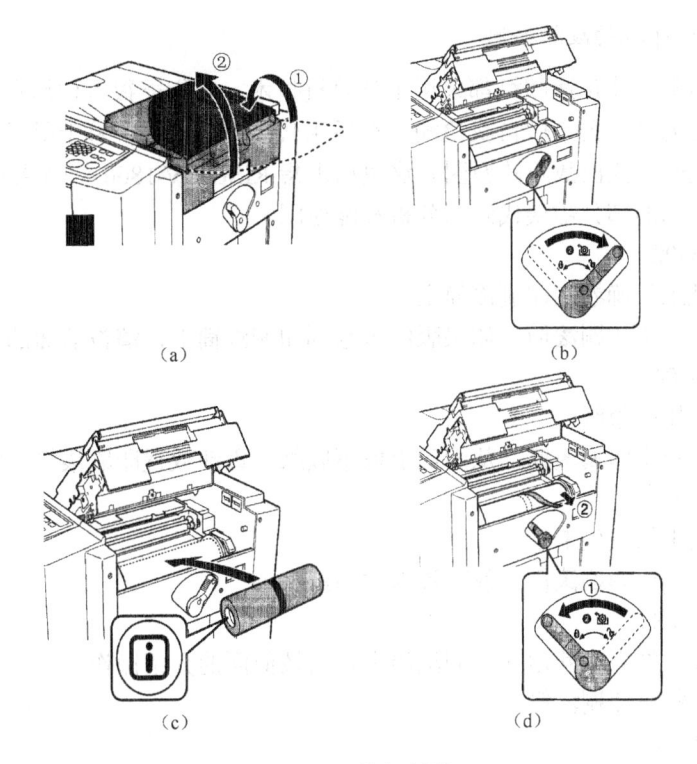

图 6-8　更换版纸卷

（3）拆卸和安装印刷滚筒（图 6-9）。如果出现卡纸或要印制彩色稿件时，则需要拆卸和更换印刷滚筒来完成。在拆下印刷滚筒后，必须水平放置，一是造成油墨弄脏地面，二是保护滚筒。

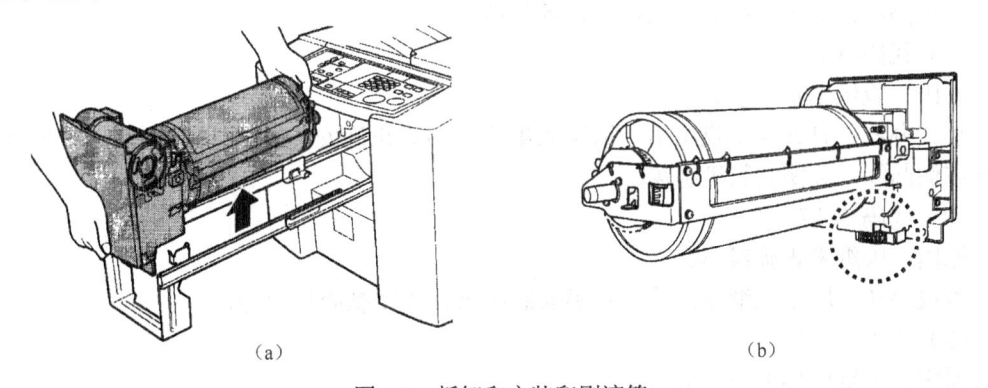

图 6-9　拆卸和安装印刷滚筒

① 打开速印机电源。
② 按印刷滚筒释放键，确保指示灯亮起。
③ 拉出印刷滚筒。
④ 用双手抬起印刷滚筒，从导板上将其取下。注意，在此过程中切勿碰触到印刷滚筒上的接头，否则可能会因静电或其他因素导致滚筒出故障。

⑤ 将印刷滚筒的突起部分对准导板上的轴孔，然后相对于导板水平放置印刷滚筒。

⑥ 把印制滚筒放回初始位置。

2. 一体化速印机的故障检测

现在的大多数一体化速印机都采用了计算机技术，它们能很方便地和计算机相连，并且可以通过自身的处理器来做自我检测，然后用代码的形式在屏幕上显示，使用者可很方便地通过对照代码，找出故障的原因。这里用理想 RISO CV-1860 一体化速印机作为示例，通过在屏幕上显示的部分错误代码来分析故障原因。

（1）代码 A-02。

原因：版纸未正确卷到印刷滚筒上。

解决办法：拉出印刷滚筒，如果版纸未卷到印刷滚筒上，清按前面的介绍操作。

（2）代码 A-04。

原因：无法排除版纸。

解决办法：拉出印刷滚筒，从滚筒上取下版纸，重新放置印刷滚筒，然后按启动键。

（3）代码 A-08。

原因：印刷滚筒发生卡纸。

解决办法：拉出印刷滚筒，取下被卡住的纸张。

（4）代码 A-08。

原因：有多余的版纸残留在印刷滚筒上，清按前面的介绍操作。

解决办法：拉出印刷滚筒。

（5）代码 A-10。

原因：自动进稿机组中原稿被卡住。

解决办法：取出自动进稿机组中的原稿。

（6）代码 A-05。

原因：版纸卡在卸版部位。

解决办法：拆下废版盒并取出卡住的版纸。

（7）代码 A-01。

原因：版纸未正确安装。

解决办法：打开制版机组盖，取下版纸卷，然后正确安装版纸，如果版纸松动，向内转动右侧凸缘，关闭制版机组盖。

（8）代码 A-17。

原因：版纸未正确裁剪。

解决办法：取下版纸卷，然后正确安装版纸，关闭制版机组盖。

（9）代码 A-07。

原因：进纸台部位发生卡纸。

解决办法：降下进纸台，取出被卡纸张，重新放置纸张。

（10）代码 C-04。

原因：进纸台缺纸。

解决办法：将纸张放置在进纸台上。

（11）代码 D-01。

原因：未安装或未正确插入印刷滚筒。

解决办法：正确安装印刷滚筒。

（12）代码 D-02。

原因：安装的印刷滚筒不适合本机。

解决办法：安装适当的印刷滚筒。

（13）代码：D-03。

原因：未安装或未正确安装油墨筒。

解决办法：正确安装油墨筒。

（14）代码 D-04。

原因：

① 安装的油墨筒不适合本机；

② 油墨筒出墨面上的标签脱落或表面有污渍。

解决办法：

① 安装适当的油墨滚筒；

② 油墨筒标签上包含印刷所需信息，本机无法读取这些信息则不能正常操作，应确保标签完好且无污渍。

（15）代码 F-01。

原因：版纸未卷到印刷滚筒上。

解决办法：将版纸卷到滚筒上。

（16）代码 D-07。

原因：未安装或未正确安装废版盒，印版单元未正确关闭。

解决办法：正确安装废版盒。

（17）代码 D-23。

原因：自动进稿机组打开或未正确关闭。

解决办法：检查自动进稿机并将其正确关闭。

（18）代码 A-34。

原因：版纸卷未正确安装。

解决办法：打开制版机组盖，取下版纸卷，然后正确安装版纸。如果版纸松动，请向内转动右侧凸缘，然后关上制版机组盖。

（19）代码 D-05。

原因：未安装或未正确安装版纸卷。

解决办法：正确安装版纸卷，然后关上制版机组盖。如果再次卷上的版纸发生褶皱或破损，请沿直线剪去版纸边缘，然后再次安装版纸。

（20）代码 D-08。

原因：制版机组盖尚未正确关闭。

解决办法：正确关闭制版机组盖。

（21）代码 D-17。

原因：安装的版纸卷不适合本机。

解决办法：安装符合本机要求的版纸卷。

（22）代码 B-22。

原因：未接通分页机（选购件）电源。

解决办法：接通分页机电源。

（23）代码 B-23。

原因：分页机（选购件）缺胶带。

解决办法：将新胶带装入分页机。

（24）代码 B-24。

原因：胶带卡在分页机（选购件）中。

解决办法：检查分页机，取出卡住的胶带。

（25）代码 B-31。

原因：本机未正确连接到网络。

解决办法：检查本机的网线是否已正确连接到集线器；检查服务器和网络的通信状态。

（26）代码 B-33。

原因：本机未设置 IP 地址。

解决办法：将本机设定 IP 地址。

（27）代码 B-33。

原因：试图印刷的页数少于最低印数。

解决办法：选择大于最低印刷数的页数。

3. 理想 RISO CV-1860 一体化速印机的技术参数

制版/印刷方法：高速数字制版/全自动模板印刷；

原稿类型：纸张；

原稿尺寸：最大 310mm×435mm；最小 90mm×140mm；

原稿纸张质量：50～107g/m^2；

原稿纸张容量：10 张（64g/m^2）或 1mm 纸堆；

印刷纸张尺寸：最大 297mm×420mm；最小 100mm×148mm；

进纸容量：1000 张（64g/m^2）；

出纸容量：800 张（64g/m^2）；

印刷纸张质量：35～128g/m^2；

图像处理模式：文字、照片、图文、强调铅笔；

制版时间：约 37s（对于 A4/纵向/100%缩放比率）；

印刷区域：最大 251mm×357mm；

印刷缩放比率：100%缩放比率；

标准缩放比率（放大）：141%，122%，116%；

标准缩放比率（缩小）：94%，87%，82%，71%；

印刷速度：60p/min，130p/min（3 级速度调节）；

印刷位置调整：垂直-4～10mm；水平+10mm（对于纵向中央位置的 B4 纸张）；

油墨供给：全自动（每筒 800ml）；

版纸供给/回收：全自动（约每卷 200 张）；

废版盒容量：30 张；

用户界面：LED 面板；

选购附件：彩色滚筒；

分页机；

网卡 RISORINC-NET；

打印机控制卡 RISORINC3N-C；

电源：220VAC，50Hz，1.0A；

尺寸：使用时 1270mm(W)×645mm(D)×510mm(H)；

　　　存储时 655mm(W)×645mm(D)×500mm(H)；

质量：约 62kg。

技能训练

训练任务 3.1　数码复印机控制面板的使用

1. 任务要求

学习数码复印机组成结构、控制面板的使用方法。

2. 训练情景

训练器材：数码复印机、复印纸、复印原稿、维护和维修工具。

训练场景：办公设备实训室。

3. 计划内容

（1）利用实训室资源，通过老师的指导，对数码复印机进行认真解剖观察，初步认识数码复印机的组成结构和控制面板，必要时画出其组成结构和控制面板的草图。了解产品的功能、特点和使用注意事项；加深对数码复印机工作原理、性能指标的掌握。具备初步使用数码复印机的能力。

（2）通过反复动手操作训练，初步掌握数码复印机控制面板和复印功能的实际正确使用方法。并做必要的记录。一般操作步骤大致规划如下所述。

① 预热。按下电源开关，开始预热，面板上应有指示灯显示，并出现等待信号。当预热时间达到时，机器即可开始复印，这时会出现可以复印信号或音频信号。

② 检查原稿。对纸张尺寸、颜色、字迹色调、装订方式、张数、有无图片和是否清晰等大致检查。

③ 检查机器显示。查看复印信号显示，纸盒位置显示、大小复印显示，复印数量显示、复印浓度调节显示、纸张尺寸显示等，一切显示正常才可进行复印。

④ 放置原稿。根据稿台玻璃刻度板的指示及当前使用纸盒的尺寸和横竖方向放好原稿。

⑤ 设定复印份数。按下数字键设定复印份数。设定有误时可按清除键 C 清除，然后重新设定。

⑥ 设定复印倍率。

方法一：使用放大键或缩小键。

方法二：使用自动无级变倍键进行自动无级变倍复印。

方法三：使用无级变倍键进行无级变倍复印。

⑦ 选择复印尺寸。根据原稿尺寸、放大或缩小倍率选择纸盒。

⑧ 调节复印浓度。根据原稿纸张、字迹的色调深浅，适当调节。

（3）认真阅读数码复印机使用说明书，全面了解数码复印机各系统的安装使用、日常维护、典型故障分析与处理方法及注意事项。

4. 注意事项

（1）实训中要爱护设备，遵守安全操作规程，不要随意乱按数码复印机控制面板上的功能键。要在老师的指导下彻底清楚控制面板上功能键的含义；全面熟练地学会主要复印功能的操作使用方法。

（2）预热。复印机预热一般需要几分钟的时间，请注意面板上的指示灯。音频信号是指复印机会有声音提示，预热已经完毕；复印信号是指在显示面板有显示可以开始复印的信号。

（3）检查原稿。有一些原稿复印出来的效果不好，或者复印不了。

① 已装订或带回形针的原稿，复印出来后装订部分和回形针部分是黑色的阴影，一定要将装订物和回形针去掉再复印。

② 已打孔或破损的原稿，复印出来后，打孔和破损部分是阴影，可以用稍大的白纸补上即可。

③ 卷曲、折叠或褶皱的原稿，复印出来后，是波浪形的字。此时，若能将纸张抚平，则可以复印，但效果仍然受到影响。

④ 粘贴在一起的原稿，最好能将之拆开。

⑤ 带有任何涂层的原稿，如热敏传真纸、美术纸、铝箔纸、复写纸或导电纸，复印后，是一片黑色。不能复印。

⑥ 有打孔线的原稿，打孔线将被复印出来。

⑦ 带有索引、标记或其他突起部分的原稿；黏性原稿，如半透明的纸张；透明的原稿，如 OHP 投影片或半透明的纸张；薄的，极易变形的原稿；厚原稿，如明信片等；复印机很难检测到原稿。

⑧ 装订的原稿，如书本，注意书的边，避免复印出来边侧变为黑色。

⑨ 铅笔写的原稿，复印出来很脏。

（4）检查机器显示。在老师的指导下读懂复印机的参数含义。

（5）放置原稿。

① 原稿通常应靠左后角对齐，但由于原稿方向不同，某些复印功能可能会产生不同结果。

② 若原稿有修正液和墨水，要等它完全干燥后再放置原稿，否则会在曝光玻璃上留下污迹，并且复印到复印件上。

③ 放入原稿时，应提起曝光玻璃盖 30° 以上，否则可能无法正确检测原稿尺寸。

④ 复制过程中，切勿强行提起曝光玻璃盖，否则可能损坏设备。

⑤ 将原稿正面朝下放在曝光玻璃上。

⑥ 不要让原稿厚度超过 ADF 或 ARDF 侧挡板上的限制标记。

⑦ 不要用手盖住传感器或将任何异物放在传感器上，否则可能导致尺寸检测不正确或出现卡纸错误信息。

⑧ 不要将任何物体放在盖板上，否则也可能导致故障。

⑨ 如果原稿卷曲，请将其拉平，然后放入 ADF 或 ARDF。

⑩ 要防止同时送入多张纸，请先将原稿展开成扇形，墩齐后再放入，这样做可使纸张之间的间隙增大。

（6）设定复印份数。使用数字键输入份数，最大复印数量可以设置为99（视不同的机器而定）。按"开始"键。复印开始。

（7）复印过程中的一些参数调节注意事项。

① 复印件正面朝下，传送出来要切换页面或选择功能，请按下滚动键。

② 要在运行多重复印作业时停止本机，请按"清除/停止"键。

③ 要使本机在复印后回到初始状态，请按"清除模式"键。

④ 要清除输入的数值，请按"清除/停止"键。

⑤ 复印到OHP投影片、厚纸、半透明纸、信封，以及无法放入纸盘中的复印纸上时，使用手送台。

⑥ 纸张长度超过432mm时，可能会变皱，不能送入。

⑦ 调整复印图像浓度，使之与原稿相符。如果需要较深或较浅的复印件，请相应地调整图像浓度。按下"变浅"或"变深"键调整浓度。

⑧ 如需缩放，按"缩放"键调整，还可以先用"缩小"或"放大"选择与所需比例接近的预设比例，再用U或T键调整比例。

⑨ 要以10%为单位更改比例，可按住U或T键，然后按下"确定"键，出现"接受"信息。

⑩ 使用数字键输入比例，按下"确定"键，出现"接受"信息。

⑪ 放置原稿，然后按"开始"键，自动缩小/放大。可以根据所选纸张和原稿尺寸来选择合适的复印比例。

⑫ 注意选择复印的类型。文字：原稿只含文字，不含图片。照片：此类型用来复制精致的照片和图片。

⑬ 参考基准点。"缩小/放大"基准点根据原稿的扫描方式而异。在曝光玻璃上放置原稿时，左上角是基准点；在ADF或ARDF中放入原稿时，左下角是基准点。

⑭ 注意双面复印的操作方法。在套印双面之前，先印单数页码一面，再将复印品装入纸盒，复印双数页码的一面。

⑮ 分页。可将原稿扫描到内存中，然后将复印件自动分页。

（8）学会正确的数码复印机安全使用和维护方法。

5. 佳能（CANON）复印机iR 2016 / 2016J复印机简明操作流程

请在教师指导下完成复印机控制面板的操作训练，不要擅自调整设备。

（1）准备阶段

| 100% | 自动 | 01 |
| A | 文本 | |

如果本机处于"睡眠"模式，按ON/OFF键。

液晶屏上出现信息时，请按下面的说明操作：

| 输入部门识别码 |

(2）放置原稿

将原稿放到稿台玻璃上；

如果要选择纸张尺寸，反复按"纸张选择"键选择尺寸；

如果要设置复印模式，请按"附加功能"键选择复印设置。

（3）指定复印份数

使用数字键输入复印份数（1～99）；

如果输入错误，按 C 键清除；

输入份数将会显示在右边：

```
100%      自动
A         文本         08
```

（4）开始复印

按下"启动"键；

液晶屏上出现信息时，按◀–或+▶选择尺寸，然后再次按"启动"键；

复印结束后，取出原稿。

（5）取消复印

如果需要取消复印，按"停止"键；

如果在扫描过程中按下"停止"键出现以下内容：

```
        已按"停止"键
```

则按 OK 键。

如果在复印过程中按下"停止"键出现以下内容：

```
   确实要取消复印吗？
   <是         否>
```

则按◀–选择<是>。

6. 总结考核

（1）独立归纳整理并写出对数码复印机的组成结构和控制面板实际认识的实训总结。

（2）独立归纳整理并写出对数码复印机产品的工作原理、性能指标、功能特点、使用注意的实训总结。

（3）独立归纳整理并写出对数码复印机控制面板和复印功能的实际正确使用的实训总结。

（4）对任务要求、训练设备、训练内容、操作步骤和训练结果进行系统分析和总结，归纳在技能训练中的收获和体会。撰写并提交一份技能训练总结报告。

训练任务 3.2　数码复印机的复制操作

1. 任务要求

深入学习数码复印机的复印功能和熟练掌握文稿复制操作的方法。同时进一步熟悉和巩固对数码复印机组成结构、控制面板的认识和操作方法。

2. 训练情景

训练器材：数码复印机、复印纸、复印原稿、维护和维修工具。

训练场景：办公设备实训室。

3. 计划内容

（1）利用实训室资源，通过老师对各种复印文稿的复制操作指导，深入理解数码复印机的复印功能和反复训练各种文稿复制操作的方法，具备熟练使用数码复印机进行各种文稿复制操作的能力。并做必要的记录。

（2）通过反复动手操作训练，同时进一步熟练掌握和巩固数码复印机组成结构、控制面板和复印功能的实际正确使用方法。并做必要的记录。复印操作步骤大致规划详见训练任务 3.1 "数码复印机控制面板的使用"3 中的计划内容（2）。

（3）认真阅读数码复印机使用说明书，全面了解数码复印机各系统的安装使用、日常维护、典型故障分析与处理方法及注意事项。

4. 注意事项

（1）实训中要爱护设备，遵守安全操作规程，不要随意乱按数码复印机控制面板上的功能键。要在老师的指导下彻底弄懂控制面板上功能键的含义；全面熟练地学会主要复印功能的操作使用方法。

复印操作过程中的具体注意事项详见训练任务 3.1 "数码复印机控制面板的使用"4 中的注意事项（2）～（7）。

（2）学会正确的数码复印机安全使用和维护方法。

5. 总结考核

（1）独立归纳整理并写出对深入学习数码复印机复印功能和熟练掌握文稿复制操作方法的实训总结。

（2）独立归纳整理并写出对进一步熟悉和巩固数码复印机组成结构、控制面板的认识和操作方法的实训总结。

（3）对任务要求、训练设备、训练内容、操作步骤和训练结果进行系统分析和总结，归纳在技能训练中的收获和体会。撰写并提交一份技能训练总结报告。

（4）数码复印机的文稿复制标准操作考核参考。

① 预热。按下电源开关，开始预热，面板上应有指示灯显示，并出现等待信号。当预热时间达到时，机器即可开始复印，这时会出现可以复印信号或音频信号。

② 检查原稿。对纸张尺寸、颜色、字迹色调、装订方式、张数、有无图片和是否清晰等大致检查。

③ 检查机器显示。查看复印信号显示，纸盒位置显示、大小复印显示，复印数量显示、复印浓度调节显示等、纸张尺寸显示等，一切显示正常才可进行复印。

④ 放置原稿。根据稿台玻璃刻度板的指示及当前使用纸盒的尺寸和横竖方向放好原稿。

⑤ 设定复印份数。按下数字键设定复印份数。设定有误时可按清除键 C 清除，然后重新设定。

⑥ 设定复印倍率。方法一：使用放大键或缩小键。方法二：使用自动无级变倍键进行

自动无级变倍复印。方法三：使用无级变倍键进行无级变倍复印。

⑦ 选择复印尺寸。根据原稿尺寸、放大或缩小倍率选择纸盒。
⑧ 调节复印浓度。根据原稿纸张、字迹的色调深浅，适当调节。

训练任务 3.3　数码复印机光学系统的维护

1．任务要求

学习数码复印机光学系统的维护方法。

2．训练情景

训练器材：数码复印机、复印纸、复印原稿、维护和维修工具。
训练场景：办公设备实训室。

3．计划内容

（1）利用实训室资源，通过老师对数码复印机光学系统的解剖和维护操作指导，深入理解并反复训练对数码复印机光学系统的认识、使用和维护操作的方法，同时检验对光学系统的维护效果。并做必要的记录。

（2）通过反复动手操作训练，熟练掌握和巩固数码复印机组成结构、控制面板、复印功能和进行文稿复制操作的方法，进一步提高熟练使用和维护数码复印机的能力。并做必要的记录。

（3）认真阅读数码复印机使用说明书，全面了解数码复印机各系统的安装使用、日常维护、典型故障分析与处理方法及注意事项。

4．注意事项

（1）实训中要爱护设备，遵守安全操作规程，要注意保护数码复印机光学系统。
（2）学会正确的数码复印机安全使用和维护方法。

5．总结考核

（1）独立归纳整理并写出对数码复印机光学系统的认识、使用、维护操作方法、效果的实训总结。

（2）独立归纳整理并写出对进一步熟练掌握和巩固复印机组成结构、控制面板、复印功能和进行文稿复制操作的方法，进一步提高熟练使用和维护数码复印机的能力。

（3）对任务要求、训练设备、训练内容、操作步骤和训练结果进行系统分析和总结，归纳在技能训练中的收获和体会。撰写并提交一份技能训练总结报告。

训练任务 3.4　数码复印机显影系统的维护

1．任务要求

学习数码复印机显影系统的维护方法。

2. 训练情景

训练器材：数码复印机、复印纸、复印原稿、维护和维修工具。

训练场景：办公设备实训室。

3. 计划内容

（1）利用实训室资源，通过老师对数码复印机显影系统的解剖和维护操作指导，深入理解并反复训练对数码复印机显影系统的认识、使用和维护操作的方法，同时检验对显影系统的维护效果。并做必要的记录。

（2）通过反复动手操作训练，熟练掌握和巩固数码复印机组成结构、控制面板、复印功能和进行文稿复制操作的方法，进一步提高熟练使用和维护数码复印机的能力。并做必要的记录。

（3）认真阅读数码复印机使用说明书，全面了解数码复印机各系统的安装使用、日常维护、典型故障分析与处理方法及注意事项。

4. 注意事项

（1）实训中要爱护设备，遵守安全操作规程，要注意保护数码复印机显影系统。

（2）学会正确的数码复印机安全使用和维护方法。

5. 总结考核

（1）独立归纳整理并写出对数码复印机显影系统的认识、使用、维护操作方法、效果的实训总结。

（2）独立归纳整理并写出对进一步熟练掌握和巩固复印机组成结构、控制面板、复印功能和进行文稿复制操作的方法，进一步提高熟练使用和维护数码复印机的能力。

（3）对任务要求、训练设备、训练内容、操作步骤和训练结果进行系统分析和总结，归纳在技能训练中的收获和体会。撰写并提交一份技能训练总结报告。

训练任务 3.5　数码复印机成像系统的维护

1. 任务要求

学习数码复印机成像系统的维护方法。

2. 训练情景

训练器材：数码复印机、复印纸、复印原稿、维护和维修工具。

训练场景：办公设备实训室。

3. 计划内容

（1）利用实训室资源，通过老师对数码复印机成像系统的解剖和维护操作指导，深入理解并反复训练对数码复印机成像系统的认识、使用和维护操作的方法，同时检验对成像系统的维护效果。并做必要的记录。

（2）通过反复动手操作训练，熟练掌握和巩固数码复印机组成结构、控制面板、复印功能和进行文稿复制操作的方法，进一步提高熟练使用和维护数码复印机的能力。并做必要的记录。

（3）认真阅读数码复印机使用说明书，全面了解数码复印机各系统的安装使用、日常维护、典型故障分析与处理方法及注意事项。

4. 注意事项

（1）实训中要爱护设备，遵守安全操作规程，要注意保护数码复印机成像系统。

（2）学会正确的数码复印机安全使用和维护方法。

5. 总结考核

（1）独立归纳整理并写出对数码复印机成像系统的认识、使用、维护操作方法、效果的实训总结。

（2）独立归纳整理并写出对进一步熟练掌握和巩固复印机组成结构、控制面板、复印功能和进行文稿复制操作的方法，进一步提高熟练使用和维护数码复印机的能力。

（3）对任务要求、训练设备、训练内容、操作步骤和训练结果进行系统分析和总结，归纳在技能训练中的收获和体会。撰写并提交一份技能训练总结报告。

训练任务 3.6　数码复印机供、输纸系统的维护

1. 任务要求

学习数码复印机供、输纸系统的维护方法。

2. 训练情景

训练器材：数码复印机、复印纸、复印原稿、维护和维修工具。

训练场景：办公设备实训室。

3. 计划内容

（1）利用实训室资源，通过老师对数码复印机供纸、输纸系统的解剖和维护操作指导，深入理解并反复训练对数码复印机供、输纸系统的认识、使用和维护操作的方法，同时检验对供、输纸系统的维护效果。并做必要的记录。

（2）通过反复动手操作训练，熟练掌握和巩固数码复印机组成结构、控制面板、复印功能和进行文稿复制操作的方法，进一步提高熟练使用和维护数码复印机的能力。并做必要的记录。

（3）认真阅读数码复印机使用说明书，全面了解数码复印机各系统的安装使用、日常维护、典型故障分析与处理方法及注意事项。

4. 注意事项

（1）实训中要爱护设备，遵守安全操作规程，要注意保护数码复印机供、输纸系统。

（2）学会正确的数码复印机安全使用和维护方法。

5. 总结考核

（1）独立归纳整理并写出对数码复印机供、输纸系统的认识、使用、维护操作方法、效果的实训总结。

（2）独立归纳整理并写出对进一步熟练掌握和巩固复印机组成结构、控制面板、复印功能和进行文稿复制操作的方法，进一步提高熟练使用和维护数码复印机的能力。

（3）对任务要求、训练设备、训练内容、操作步骤和训练结果进行系统分析和总结，归纳在技能训练中的收获和体会。撰写并提交一份技能训练总结报告。

训练任务 3.7　数码复印机定影系统的维护

1. 任务要求

学习数码复印机定影系统的维护方法。

2. 训练情景

训练器材：数码复印机、复印纸、复印原稿、维护和维修工具。
训练场景：办公设备实训室。

3. 计划内容

（1）利用实训室资源，通过老师对数码复印机定影系统的解剖和维护操作指导，深入理解并反复训练对数码复印机定影系统的认识、使用和维护操作的方法，同时检验对定影系统的维护效果。并做必要的记录。

（2）通过反复动手操作训练，熟练掌握和巩固数码复印机组成结构、控制面板、复印功能和进行文稿复制操作的方法，进一步提高熟练使用和维护数码复印机的能力。并做必要的记录。

（3）认真阅读数码复印机的使用说明书，全面了解数码复印机各系统的安装使用、日常维护、典型故障分析与处理方法及注意事项。

4. 注意事项

（1）实训中要爱护设备，遵守安全操作规程，要注意保护数码复印机定影系统。
（2）学会正确的掌握数码复印机安全使用和维护方法。

5. 总结考核

（1）独立归纳整理并写出对数码复印机定影系统的认识、使用、维护操作方法、效果的实训总结。

（2）独立归纳整理并写出对进一步熟练掌握和巩固复印机组成结构、控制面板、复印功能和进行文稿复制操作的方法，进一步提高熟练使用和维护数码复印机的能力。

（3）对任务要求、训练设备、训练内容、操作步骤和训练结果进行系统分析和总结，归纳在技能训练中的收获和体会。撰写并提交一份技能训练总结报告。

训练任务 3.8　数码复印机驱动系统的维护

1. 任务要求

学习数码复印机驱动系统的维护方法。

2. 训练情景

训练器材：数码复印机、复印纸、复印原稿、维护和维修工具。

训练场景：办公设备实训室。

3. 计划内容

（1）利用实训室资源，通过老师对数码复印机驱动系统的解剖和维护操作指导，深入理解并反复训练对数码复印机驱动系统的认识、使用和维护操作的方法，同时检验对驱动系统的维护效果。并做必要的记录。

（2）通过反复动手操作训练，熟练掌握和巩固数码复印机组成结构、控制面板、复印功能和进行文稿复制操作的方法，进一步提高熟练使用和维护数码复印机的能力。并做必要的记录。

（3）认真阅读数码复印机使用说明书，全面了解数码复印机各系统的安装使用、日常维护、典型故障分析与处理方法及注意事项。

4. 注意事项

（1）实训中要爱护设备，遵守安全操作规程，要注意保护数码复印机驱动系统。

（2）学会正确的数码复印机安全使用和维护方法。

5. 总结考核

（1）独立归纳整理并写出对数码复印机驱动系统的认识、使用、维护操作方法、效果的实训总结。

（2）独立归纳整理并写出对进一步熟练掌握和巩固复印机组成结构、控制面板、复印功能和进行文稿复制操作的方法，进一步提高熟练使用和维护数码复印机的能力。

（3）对任务要求、训练设备、训练内容、操作步骤和训练结果进行系统分析和总结，归纳在技能训练中的收获和体会。撰写并提交一份技能训练总结报告。

训练任务 3.9　数码复印机电气控制系统的维护

1. 任务要求

学习数码复印机电气控制系统的维护方法。

2. 训练情景

训练器材：数码复印机、复印纸、复印原稿、维护和维修工具。

训练场景：办公设备实训室。

3. 计划内容

（1）利用实训室资源，通过老师对数码复印机电气控制系统的解剖和维护操作指导，深入理解并反复训练对数码复印机电气控制系统的认识、使用和维护操作的方法，同时检验对电气控制系统的维护效果。并做必要的记录。

（2）通过反复动手操作训练，熟练掌握和巩固数码复印机组成结构、控制面板、复印功能和进行文稿复制操作的方法，进一步提高熟练使用和维护数码复印机的能力。并做必要的记录。

(3) 认真阅读数码复印机使用说明书,全面了解数码复印机各系统的安装使用、日常维护、典型故障分析与处理方法及注意事项。

4. 注意事项

(1) 实训中要爱护设备,遵守安全操作规程,要注意保护数码复印机电气控制系统。

(2) 学会正确的数码复印机安全使用和维护方法。

5. 总结考核

(1) 独立归纳整理并写出对数码复印机电气控制系统的认识、使用、维护操作方法、效果的实训总结。

(2) 独立归纳整理并写出对进一步熟练掌握和巩固复印机组成结构、控制面板、复印功能和进行文稿复制操作的方法,进一步提高熟练使用和维护数码复印机的能力。

(3) 对任务要求、训练设备、训练内容、操作步骤和训练结果进行系统分析和总结,归纳在技能训练中的收获和体会。撰写并提交一份技能训练总结报告。

(4) 数码复印机的日常维护标准操作考核参考。

换墨盒,清洁和检查复印机的某些部件。

① 换墨盒。先取下墨盒,再装上新墨盒。注意顺序。

② 清洁设备。按照要求内容一一清洁。

③ 检查设备。按照要求内容一一检查,并得出结论。

④ 润滑设备。按照要求内容一一润滑。

⑤ 职业素养。考核是否具备安全意识。如在操作中是否有未关闭电源的现象;操作是否有无序的现象;零件摆放是否有摆放散乱无章的现象;是否有野蛮操作的现象,是否有不按说明书操作的现象等。

⑥ 专业素养。考核是否按要求添加合适润滑油;考核是否按要求使用清洁液;考核是否按要求顺序拆卸和安装;考核是否经过拆卸和安装后,设备能正常运行等。

思考练习

1. 简述复印机的基本概念和分类。
2. 简述复印机的发展历史和市场的主流现状。
3. 复印机的主要性能与指标有哪些?
4. 简述数码复印机的工作原理。
5. 简述数码复印机的工作过程。
6. 选购数码复印机时应考虑哪些指标?
7. 数码复印机的安装条件有哪些?
8. 使用数码复印机需要注意哪些事项?
9. 定影装置的日常保养措施是什么?
10. 简述复印品无图像的原因。
11. 简述速印机的基本概念和速印机的分类。
12. 简述速印机的发展历史。

13. 速印机的主要性能与指标有哪些？
14. 简述数码速印机的工作原理。
15. 简述数码速印机的工作过程。
16. 选购数码速印机时应考虑哪些指标？
17. 数码速印机的安装条件有哪些？
18. 使用数码速印机需要注意哪些事项？

重点小结

项目 3 的学习任务是复印机、速印机的使用与维护。必备知识要求是理解和熟悉办公信息复制设备的基本概念；掌握办公信息复制设备的使用与维护方法。复印机是项目 3 的典型教学背景案例，是学习任务中的核心任务。技能训练要求是具备办公信息复制设备中复印机职业技能标准的条件，学会数码复印机控制面板的使用；学会数码复印机的复制操作；学会数码复印机光学系统的维护；学会数码复印机显影系统的维护；学会数码复印机成像系统的维护；学会数码复印机供、输纸系统的维护；学会数码复印机定影系统的维护；学会数码复印机驱动系统的维护；学会数码复印机电气控制系统的维护。

复印纸的幅面规格只采用国标 A 系列和 B 系列，常用的复印纸有 A3、A4、A5、A6 和 B4、B5、B6、B7 这 8 种幅面规格。A0~A8 和 B0~B8 纸张的幅面尺寸见表 6-2 所示。

表 6-2 A0~A8 和 B0~B8 纸张的幅尺寸

规 格	幅 宽	长 度	规 格	幅 宽	长 度
A0	841	1189	B0	1000	1414
A1	594	841	B1	707	1000
A2	420	594	B2	500	707
A3	297	420	B3	353	500
A4	210	297	B4	250	353
A5	148	210	B5	176	250
A6	105	148	B6	125	176
A7	74	105	B7	88	125
A8	52	74	B8	62	88

【布置实施第 4 学习训练阶段任务】　系统维护

按照划分的任务小组（团队），配合课程并行安排，大约在 6 周内完成。组织学生到一些对现代办公设备和现代办公自动化系统应用有代表性的机关、事业、商业（办公设备销售与系统集成）、企业、维修服务部，行业单位和部门的办公、销售、生产、维修等场所，进行现代办公设备和现代办公自动化系统软、硬件系统的维护和维修技能训练。第 4 学习训练阶段工作任务完成后，各小组汇报、答辩、总结和考核。

项目 4

办公信息储存设备

项目引入

信息储存的主要任务是把采集、获取、传递、筛选和加工处理过程中的产生原始数据、中间数据和最终结果，按其内容和特征，提供安全、有效、可靠的记录载体（设备），快速地保存记录方式，大容量的保存记录空间，并把这些数据载体加以系统组织成信息库，以备将来检索和使用。

信息储存的主要设备是图文（书刊）存储设备、声像存储设备、计算机存储设备等。书刊是传统的信息记录载体。声像要通过录音、录像、拍摄等方式保存在存储卡（电子）、磁带、磁盘、光盘等载体（设备）上，这是一种多媒体存储设备。声像信息，特别是影像信息是一种特殊的多媒体信息，它们的信息数据量大，又多表示动态过程，有亮度、对比度、色度等属性。声像合一，高密度、大容量、动态性、随机性、综合性、加工和处理复杂，非计算机不可，由此孕育了多媒体信息计算机采集——存储技术的迅速发展。

信息储存设备的主要功能是利用纸张存储技术（传统印刷技术），声、光、电、磁等物理存储技术，对图文、电子、声音、图像、影视等多媒体数据资料，进行实时性、大容量、高效率、长寿命、有价值、可检索、可识别、可共享、能读/写、可编辑的信息储存服务。

项目 4 中的办公信息储存设备主要内容是影像信息采集——存储（记录）设备，包括数码相机、光盘刻录机等。主要学习影像信息采集——存储设备的发展与现状、组成与结构、原理与特点、功能与使用、维护与管理的方法和技能。限于篇幅和过于专业化，有关数码摄像机、录像机的使用与维护等内容，请读者参阅其他相关文献资料。

项目 4 有两个子任务，分别为数码相机、光盘刻录机的使用与维护。典型教学背景案例为数码相机。

任务目标

1. 熟悉办公信息储存设备的基本概念；
2. 掌握办公影像储存设备的使用与维护方法；
3. 具备办公影像储存设备中数码相机职业技能标准的条件。

数码相机是项目 4 的典型教学背景案例。典型技能训练任务有以下几个方面。

（1）数码相机的使用操作；

（2）办公摄影的拍摄方法；

（3）数码相机的维护保养。

> 必备知识

任务7 ★数码相机的使用与维护

7.1 照相机概述

7.1.1 照相机的概念与分类

照相机是利用光—化学或光—电子技术的原理，或以化学材料感光的形式在胶片介质上记录物体影像信息；或以光—电转换的形式在图像传感器上记录物体影像信息并保存于存储卡上的多媒体影像采集—储存（记录）设备。由此产生了传统照相机和现代数码相机。

1. 照相机的基本概念

传统照相机是一种非常独特的装置，它可以在很短的时间内接纳物体的反射光并将物体的影像永久地记录（储存）在胶片介质上。传统照相机主要由暗盒、镜头、胶片、取景器、对焦控制装置、快门、光圈、胶片输送等组成，从照相机基本结构可以了解其基本概念。

（1）不透光的盒子。这基本上就回答了什么是照相机的问题。这只盒子不会让不必要的光线进入，其上面的圆孔只允许需要的光线进入。

（2）镜头。镜头的光学玻璃聚集来自前面的光束，并在胶片上对焦，形成清晰可辨的影像。简单的镜头是由一片曲面玻璃或塑料制成的。更复杂些的镜头是由称为透镜单元的两片或更多片光学玻璃组成的，并将所有透镜单元组装在一起，成为一个整体。

（3）胶片。在传统的照相机中，胶片是一种感光材料，经某些特定的化学药品处理后，它会把拍摄到的影像记录下来。

（4）取景器。取景器能够把将要记录在胶片上的影像近似地显示出来，它会指导摄影者瞄准和构图。有些照相机的取景器就是简单的观察窗口，而单镜头反光照相机的取景器则是由反光镜和棱镜组成的，摄影者可以通过镜头直接观看影像。

（5）对焦控制装置。对于严肃的作品，人们肯定期望照相机能够对焦光线并在胶片上记录下最清晰的可能影像。有些照相机，转动镜头筒或调节对焦钮即可达到这一目的，而对于自动对焦照相机，这一工作是由计算机芯片控制微型电机移动透镜来完成的。

（6）快门。快门是一个控制进入照相机光线时间长短的机械或电子装置。有些照相机，转动一个旋钮或者按动一个按钮就可以设置快门速度；而另外一些照相机的快门速度是自动设定的。

（7）光圈。这个装置根据镜头孔径大小的变化，控制到达胶片的光量。"虹膜"类型的光圈是由一系列相互重叠的薄金属叶片组成的，叶片的离合能够改变中心圆形孔径的大小。可大可小的孔径可以增加或减少通过镜头到达胶片的光量。有些照相机可以借助转动镜头筒上的圆环改变光圈孔径的大小，而有些照相机则是利用微处理器芯片控制微电机自动地改变光圈的孔径。

（8）胶片输送。这是一个移动照相机内胶片的机械装置，它可以使胶片轴上的胶片一幅一幅地顺序曝光。扳动某些照相机上的卷片杆就可以输送胶片，而另外一些照相机则可以自动地输送胶片。机背取景照相机使用单张的散页片胶片拍摄每幅画面。

2. 照相机的种类

虽然所有照相机都包括上面介绍过的基本部件，但是这些部件依结构安排方式的不同，就产生了不同类型的照相机。

（1）方盒式照相机。目前，最简单的照相机就是美国柯达公司和日本富士公司生产的一次性使用的塑料照相机，这就相当于是早期的"布朗尼"（Brownie）方盒式照相机，如图 7-1 所示，它没有控制曝光和对焦的装置。当然，对于人们所期望得到的高质量的摄影作品，它确实是不适用的。高质量的作品所需要的照相机，应该能够对拍摄提供全面、仔细地设计和控制。

（2）35mm 自动照相机（图 7-2）。这种照相机是为了争夺业余摄影爱好者的市场而设计的，因为其操作简单而称为"傻瓜相机"。它们使用计算机芯片尽可能自动地完成一切任务；自动从胶片暗盒的标记上"读取"胶片的感光速度，自动计算曝光量，自动对焦影像，拍摄后自动将胶片卷到下一张。但是，在享用所有这些显赫功能的同时，却不得不忍受下列三种主要的限制：这种照相机不允许更换镜头，尽管它们都可能以装有变焦镜头为其自身的特点；这种照相机通过一玻璃取景窗进行对焦，它往往并不能够显示出与记录在胶片上完全一样的影像；这种照相机只能提供很少或根本不提供人为控制对焦或曝光的功能，它们只留下了很少一点创造性地控制影像的余地。

图 7-1　方盒式照相机（布朗尼-Ⅰ型）　　图 7-2　35mm 自动照相机（柯尼卡全自动 35mm 照相机）

（3）35mm 直视取景器照相机（图 7-3）。与前面介绍的 35mm 自动照相机相似，直视取景照相机也是通过取景窗进行对焦，它往往并不能够显示出与记录在胶片上完全一样的影像（这就是它与单镜头的反光照相机的区别，后者取景器中的影像与记录在胶片上的影像完全一样）。但是，与上述 35mm 自动照相机不同的是直视取景照相机可以更换镜头，并为人为创造性的控制对焦和曝光提供了最大的限度。尽管这种照相机现在已经基本上被单镜头反光照相机所取代，但是出于某种原因仍然被一些专业人员所喜爱。

（4）35mm 单镜头反光照相机（图 7-4）。这是当今专业摄影师广为使用的设备，直接通过镜头观察和对焦影像是其重要的特征。有些单镜头反光照相机是全手动的，即必须由拍摄者转动调节盘和刻度盘来对焦影像和设置曝光量；而另外的几乎是全自动的。这种类型的单镜头反光自动照相机解决了前面介绍的简单 35mm 照相机所涉及的问题：可以更换镜头，允许为每项工作选择适当的镜头；可以观看到与胶片上所记录的完全相同的影像，允许精确调整影像；通常还具有自动控制补偿的选择，允许为每幅画面都确定创造性的外观特征。

图7-3　35mm直视取景器照相机（莱卡M3） 　　图7-4　35mm单镜头反光照相机（肯高KF-1N）

（5）2¼英寸单镜头反光照相机（图7-5）。它类似于35mm单镜头反光照相机，但这种较大的单镜头反光照相机通常采用120卷片，并产生2¼英寸宽的底片。

（6）双镜头反光照相机（图7-6）。这种照相机具有两个镜头，上面的镜头用于取景和对焦，下面的镜头用于拍摄。所用的胶片通常为120卷片，并产生相应的底片。

图7-5　2¼英寸单镜头反光照相机　　　图7-6　双镜头反光照相机
　　　（德国潘太康120单反相机）　　　（海鸥4A和罗莱弗莱克斯"Rolleiflex"照相机）

（7）一步成像照相机（图7-7）。这种由拍立得公司生产的照相机，彻底变革了落后几十年的摄影爱好者市场。这项非凡的技术，会产生基于胶片的黑白或彩色"瞬时"照片。遗憾的是，基本的一步成像照相机对于真正的专业人员并不能提供令人满意的成像控制功能。对于专业人员来说，一步成像照相机最常见的用途就是在摄影室内拍摄布光效果的"实验"照片。

（8）机背取景照相机（图7-8）。通常用于照相馆（或摄影室）摄影，或者大而复杂的工业和建筑外景拍摄。机背取景照相机，大都使用4in×5in、5in×7in或8in×10in的散页片胶片，并被设计为安装在三脚架上使用。

图7-7　一步成像照相机（拍立得690相机） 　　图7-8　机背取景照相机（仙娜专业大画幅相机）

7.1.2　照相机的发展与现状

1839年法国画家达盖尔（Daguerre）发明了银版摄影法。同时，出现了世界上第一台真正的照相机。这是一台装有新月形透镜的伸缩木箱照相机。

1840年，美国光学设计师亚力山大·沃柯特（Alexander Swolcott）制造了一台使用凹面镜成像的照相机Wolcott。这台照相机比当时采用单片透镜的照相机有更大的通光量，在明亮的灯光下，曝光时间为90s，而与之相比的同时代照相机通常要曝光20min。

1841年，33岁的维也纳大学数学教授匹兹伐（JoiefMax petz-val）用计算方法设计出了著名的匹兹伐镜头。同年，仪器制造商彼得·沃可伦德（Peter Von Volgtlder）制作出了这只镜头并生产世界上第一台全金属机身的照相机。这架照相机装有1∶34的匹兹伐镜头。

由于当时放大非常困难，而且常常得到模糊不清的照片，所以摄影师们都使用很大画幅的照相机，典型尺寸是11in×14in。1858年，英国人汤普森（Thurston Thompson）制造了一台12ft长的相机，拍摄的照片有3ft见方。而真正最大的照相机是1900年在美国出现的芝加哥和沃顿铁道公司为了给他们新生产的豪华列车照一张完美的照片定制的名为Mamtnoth的照相机。

1844年，马坦斯（Marters）在巴黎发明了世界上第一台转机。这台照相机依靠镜头的转动，可以拍摄150视角的全景照片。这个原理到今天还被运用。

1888年，美国柯达（Kodak）公司的乔治·伊斯曼（George Eastman）发明了将卤化银乳剂均匀涂布在明胶基片上的新型感光材料——胶卷。同年，柯达公司推出了世界上第一台胶卷的照相机——柯达1号。柯达公司以25美元的价格出售装好胶卷的相机。使用者拍完100张胶片，把照相机寄回柯达公司，在那里胶卷被取出来并加工为照片。

在20世纪初期，出现了一种新的新闻形式，那就是用高速单反相机所拍摄的运动照片。这类新闻照相机体积较小，有大口径镜头，反射取景对焦装置，典型的如美国产的Graflex，它拥有纵走焦平面帘幕快门及f4.5口径的镜头，与今天的单反十分相似。只不过它用的是4in×5in玻璃干板。1912年法国人拉兹格（Lartigue）用Graflex在德国赛马场上拍出了一幅著名的照片。照片上车轮与观众分别向两侧倾斜。这是由于摄影者在追随汽车拍摄时，快门上下运动所造成的变形。

1913年，德国莱兹公司的巴纳克（Barnaclc）为测试电影胶的感光度面试制了一台小型照相机——莱卡U型。这是世界上第一台使用35mm胶片的照相机，为摄影史拉开了新的一页。

1920年，出现了Ermanox照相机，这种照相机尺寸较小，使用2in×3in的玻璃干板。它的镜头口径为1∶2，这在当时是绝无仅有的。它的出现，使不用特殊照明的室内照成为可能。

1925年，莱卡Ⅰ型正式上市，采用铝合金机身，五片Elmar 50mm F 1∶3.5镜头，旁轴取景器，焦平面快门，上弦卷片联动。这是摄影史上重要的一步。

1929年，德国罗莱公司生产了Rolleiflex 120双镜头反光照相机，受到广大摄影者的欢迎，并在一段时期内独领风骚。

1931年，德国的康泰克斯照相机已装有运用三角测距原理的双像重合测距器，提高了调焦准确度，并首先采用了铝合金压铸的机身和金属幕帘快门。

1935年，德国出现了埃克萨克图单镜头反光照相机，使调焦和更换镜头更加方便。为了使照相机曝光准确，1938年柯达照相机开始装用硒光电池曝光表。1947年，德国开始生产康泰克斯S型屋脊五棱镜单镜头反光照相机，使取景器的像左右不再颠倒，并将俯视改为平视调焦和取景，使摄影更为方便。

1956年，德国首先制成自动控制曝光量的电眼照相机；1960年以后，照相机开始采用电子技术，出现了多种自动曝光形式和电子程序快门；1975年以后，照相机的操作开始实现自动化。

1981年索尼公司发明了世界第一架不用感光胶片的电子静物照相机——静态视频"马维卡"照相机。这是当今数码相机的雏形。

1988年富士与东芝公司在科隆博览会上，展出了共同开发的，使用快闪存卡的Pujixs（富士克斯）数字静物相机Digital Still Camera（DSC）代号为DS-1P。

1991年柯达（Kodak）公司试制成功世界第一台数码相机Digital Camera（DC）。

1995年，以生产传统照相机和拥有强大胶片生产能力的柯达（Kodak）公司向市场发布了其研制成熟的民用消费型数码相机DC40。

1996年奥林巴斯和佳能公司也推出了自己的数码相机。随后富士、柯尼卡、美能达、尼康、理光、康泰克斯、索尼、东芝、JVC、三洋等近20家公司先后参与了数码相机的研发与生产，推出了各自的数码相机。

1997年11月柯达公司发表了DC210变焦数码相机，使用了109万的正方像素CCD图像传感器。

1997年奥林巴斯首先推出"超百万"像素的CA-MEDIAC-1400L型单反数字照相机。

1999年先后有20多种超过200万像素的轻便数字照相机被推向市场，它们各有特色，代表了时代的进步。

2000年开发总像素的热点是300万像素级（3MP）的产品，最先是2002年2月卡西欧、索尼W300数码相机公司推出的QV－3000EX数码相机（总像素数334万）。到2000年11月底共有12个公司推出了20多种3MP数字照相机。

此后，数码相机的外观造型和外部部件配置设计向35mm相机靠拢，采用小型化、轻量化新机种的设计，有防水防尘专用数字照相机的设计开发，并且采用同样的机身，设计出不同型号的数码相机。

到今天为止，数码相机发展已经形成庞大的体系，由于数字设备天生的可移植性，数码相机的分类很多，划分标准并不统一，不过一般可以将数码相机分为单反数码相机、卡片数码相机、长焦数码相机三个较为通俗的类别。

（1）单反数码相机（图7-9）。单反数码相机就是指单镜头反光数码相机，即Digital数码、Single单独、Lens镜头、Reflex反光的英文缩写DSLR。单反数码相机的一个很大的特点就是可以交换不同规格的镜头，以提升或改变拍摄效果，这是单反数码相机天生的优点，是普通数码相机不能比拟的。

（2）卡片数码相机（图7-10）。卡片数码相机在业界内没有明确的概念，小巧的外形、相对较轻的机身及超薄时尚的设计是衡量此类数码相机的主要标准，卡片数码相机可以不算累赘地被随身携带。卡片相机的优点：时尚的外观、大屏幕液晶屏、小巧纤薄的机身，操作便捷。缺点：手动功能相对薄弱、超大的液晶显示屏耗电量较大、镜头性能较差。

图7-9　单反数码相机　　　　　　　　图7-10　卡片数码相机

（3）长焦数码相机（图 7-11）。长焦数码相机指的是具有较大光学变焦倍数的机型，而光学变焦倍数越大，能拍摄的景物就越远。一些镜头越长的数码相机，内部的镜片和感光器移动空间更大，所以变焦倍数也更大。长焦数码相机的主要特点其实和望远镜的原理差不多，通过镜头内部镜片的移动而改变焦距。当人们拍摄远处的景物或者是被拍摄者不希望被打扰时，长焦的好处就发挥出来了。

如果按图像传感器来分，可分为 CCD 数码相机和 CMOS 数码相机。

图 7-11　长焦数码相机

① CCD 数码相机。CCD 数码相机是指数码相机使用 CCD 图像传感器来记录图像，属中高档相机。CCD 本身不能分辨各种颜色的光，要用不同颜色的滤色片配合使用，因此 CCD 数码相机有以下两种工作方式。

a. 利用透镜和分光镜将光图像信号分成 R、G、B 三种颜色，并分别作用在三片 CCD 上，这三种颜色的光经 CCD 转换为仿真电信号，然后经 A/D 转换器转换为数字信号，再经 DSP 数字信号处理器处理后存储到存储器中。

b. 在每个像素点的位置上有三个分别加上 R、G、B 三种颜色滤色片的 CCD，经过透镜后的光图像信号被分别作用在不同的传感器上，并将它们转换为仿真电信号，然后经 A/D 转换器转换为数字信号，再经 DSP 数字信号处理器处理后存储到内存中。

② CMOS 数码相机。CMOS 数码相机是指数码相机使用 CMOS 图像传感器来记录图像。其工作方式与 CCD 数码相机相似，目前属低档相机。

CCD 图像传感器与 CMOS 图像传感器比较：

CMOS 图像传感器易与 A/D 电路、数字信号处理器 DSP 电路等集成在一起。CCD 图像传感器只能单一的锁存到成千上万的采样点上的光线的状态，CMOS 则可以完成其他的许多功能，如 A/D 转换、负载信号处理、白平衡处理及相机控制（白平衡调整就是通过图像调整，使在各种光线条件下拍的照片色彩与人眼看到的景物色彩一样）。另外，CMOS 图像传感器还有耗电小的优点，其耗电量约为 CCD 图像传感器的 1/10。但目前 CMOS 图像传感器在解析力和色彩上还不如 CCD 图像传感器，准确捕捉动态图像的能力还不强。

7.1.3　照相机的技术与质量指标

数码相机是精密光学机械仪器中的一种比较复杂的摄影仪器。一般光学仪器是用眼睛直接通过仪器来观察物体影像，而数码相机是间接的。它是将观察物体记录在感光材料上，然后人再观察和判断其上所形成的影像。决定数码相机优劣的因素很多，其中最主要的有以下几个方面

（1）图像传感器。图像传感器是数码相机的核心，分为 CCD 和 CMOS 两种。CCD 比 CMOS 更灵敏，CMOS 芯片的成本较低，而且比 CCD 芯片吸收的能量少，电池的使用时间更长。一般来说，CCD 的尺寸越大，像素越高，成像质量就越高。但是在过小尺寸的传感器上集成过高的像素只会导致图像噪声的增加，与其高像素的"桂冠"不甚相称。目前佳能在 CMOS 芯片的开发上具有一定的优势，新一代的 CMOS 芯片具有低耗电、低噪声的优点，能力也不容小视。

（2）CCD 的尺寸。CCD 的尺寸其实是指感光器件的面积大小，这里也包括 CMOS。

感光器件的面积越大，即 CCD/CMOS 面积越大，捕获的光子越多，感光性能越好，信噪比越低。所以 CCD/CMOS 尺寸越大，感光面积越大，成像效果越好。

（3）最大像素。最大像素英文名称为 Maximum Pixels，最大像素是经过插值运算后获得的。插值运算通过设在数码相机内部的 DSP 芯片，在需要放大图像时用最临近法插值、线性插值等运算方法，在图像内添加图像放大后所需要增加的像素。插值运算后获得的图像质量不能够与真正感光成像的图像相比。最大像素，也直接指 CCD/CMOS 感光器件的像素，一些商家为了增大销售额，只标榜数码相机的最大像素，在数码相机设置图片分辨率的时候，的确也有拍摄最高像素的分辨率图片，但是，用户要清楚，这是通过数码相机内部运算而得出的值，在打印图片的时候，其画质的减损会十分明显。所以在购买数码相机的时候，看有效像素才是最重要的。

（4）有效像素。有效像素英文名称为 Effective Pixels。与最大像素不同，有效像素是指真正参与感光成像的像素值。最高像素的数值是感光器件的非真实像素，这个数据通常包含了感光器件的非成像部分，而有效像素是在镜头变焦倍率下所换算出来的值。数码图片的储存方式一般以像素（Pixel）为单位，每个像素是数码图片里面积最小的单位。像素越大，图片的面积越大。要增加一个图片的面积大小，如果没有更多的光进入感光器件，唯一的办法就是把像素的面积增大，这样一来，可能会影响图片的锐力度和清晰度。所以，在像素面积不变的情况下，数码相机能获得最大的图片像素，即有效像素。

（5）最高分辨率。数码相机能够拍摄最大图片的面积，就是这台数码相机的最高分辨率。从技术上说，数码相机能产生在每寸图像内点数最多的图片，通常以 dpi 为单位，英文为 Dot Per Inch。在相同尺寸的照片（位图）下，分辨率越大，图片的面积越大，文件（容量）也越大。

（6）变焦能力。变焦分为光学变焦和数码变焦，光学变焦是实际的变焦，不会影响照片的成像质量；而数码变焦则是电子变焦，是以损失照片清晰度为代价的局部放大，可变焦范围越大，相机相对就具有了广角和望远功能。

（7）光学变焦。光学变焦英文名称为 Optical Zoom，数码相机依靠光学镜头结构来实现变焦。数码相机的光学变焦方式与传统 35mm 相机差不多，就是通过镜片移动来放大与缩小需要拍摄的景物，光学变焦倍数越大，能拍摄的景物就越远。

（8）数字变焦。数字变焦也称数码变焦，英文名称为 Digital Zoom，数字变焦是通过数码相机内的处理器，把图片内的每个像素面积增大，从而达到放大目的。这种手法如同用图像处理软件把图片的面积改大，不过程序在数码相机内进行，将 CCD 影像感应器上的像素用插值算法将画面放大。

（9）显示屏尺寸。数码相机与传统相机最大的一个区别就是它拥有一个可以及时浏览图片的屏幕，称为数码相机的显示屏，一般为液晶结构（Liquid Crystal Display，LCD）。数码相机显示屏尺寸即数码相机显示屏的大小，一般用英寸（in）来表示，如 1.8in、2.5in 等，目前最大的显示屏为 3.0in。数码相机显示屏越大，可以令相机更加美观，使得数码相机的耗电量也越大。所以在选择数码相机时，显示屏的大小也是一个不可忽略的重要指标。

（10）镜头。设计优良的高档镜头由多组镜片构成，材质选用价格昂贵的萤石或玻璃来做镜片，好的镜头会包含非球面镜片和 ED 镜片，非球面镜片用来抑制图像的畸变，ED 镜片则用来减少色散和色偏。世界知名的镜头有佳能的 UA 镜头和萤石镜头，富士的富士龙镜头，尼康的尼克尔镜头，柯尼卡美能达的 GT 镜头，宾得的镜头，德国的卡尔蔡司镜头、施耐德镜头、莱卡镜头等。

（11）对焦速度。对焦速度快慢是抓拍和抢拍是否成功的关键，尤其是在光线不理想的情况下，对焦速度显得更加重要。除了传统的对焦方式外，激光、红外线等对焦方式的出现也使数码相机在黑暗环境下的对焦能力大大增强。

（12）光圈。光圈值是用 F 来表示的，光圈值越大，光圈越小；光圈值越小，光圈越大。大光圈可以获得更多的光通量，有效地突出主体，虚化背景，小光圈可以获得更好的景深和星形光效果，光圈的可选择余地越大越好。

（13）开机速度和连拍能力。这两项指标对于抓拍是非常重要的，开机速度快可以立刻进入拍摄状态，连拍能力强大可以在选择照片时更加从容。

（14）白平衡模式。白平衡模式越丰富，就越能在各种环境下准确地再现色彩，提供手动调整白平衡功能的相机是首选，可以适应各种不同色稳的光线环境。

（15）曝光补偿。有曝光补偿的数码相机能使相片的明暗度得以改变，曝光补偿的范围越大、补偿级别越细致，相机的使用范围就越大，使用价值也就越高。

（16）ISO。数值越低感光度越低，显像品质较细腻；反之，数值越高感光度越高，适合在光线不佳或物体快速移动的情况下拍摄，数码相机和传统胶片相机的一大区别就是 ISO 是可以调节的，同等级别的照相机做对比时，ISO 可调节范围越大，代表照相机的适用性越好。

（17）微距能力。微距拍摄距离越近，就能更清楚地看清微小的文字或图案，有效保证特写图片的质量。

（18）LCD（Liquid Crystal Display）显示屏。材料、像素、尺寸是关键。一般的 LCD 显示屏是 TFT 显示屏，好一点的是 OLED 显示屏，它改善了传统 LCD 的大部分缺点，每个像素都可自行发光，不管在什么角度什么光线下都可比传统 LCD 显示更清晰的画面。与性能相近的数码相机做对比，带有高像素和大尺寸 LCD 显示屏的性价比更高。

（19）存储卡。数码相机经常使用的存储卡主要有 Secure Digital（简称 SD 卡）、Memory Stick（简称记忆棒）、Compact Flash（简称 CF 卡）、Smart Media Card（简称 SM 卡）、Multi Memory Card（简称 MMC 卡）、XD Picture Card（简称 XD 卡）和 MicroDriver（微型硬盘）。

（20）电源。数码相机的电源一般是 AA 电池或者锂电池，AA 电池容量大待机时间长，但是充电时间较长；锂电池容量稍小，不过充电时间极短，使用方便，高端相机一般采用锂电池。

（21）防抖功能。防抖主要是光学防抖和电子防抖。就光学防抖功能来说，无论是镜头光学防抖，还是 CCD 光学防抖，都是通过改变光线来实现的，对成像品质都没有伤害。而电子防抖则不同，目前的电子防抖基本上都是高感光度防抖，即通过增加 ISO 感光度来提升快门速度，进而在一定程度上抵消图像模糊。而 ISO 感光度一旦升高，将不可避免地带来图片噪点增加的问题，所以成像品质肯定会下降。

（22）HDR（High Dynamic Range）高动态范围技术。HDR 是用来实现比普通数字图像技术更大曝光动态范围的技术，目的在于正确地表示真实世界从太阳光直射到最暗的阴影这样大的范围亮度。HDR 是在包围式曝光基础上由合成软件生成的，需要前期在同一场景下，以两步测得的曝光时间为基础进行包围曝光，EV 值曝光范围为±2，拍摄多张后合成，保持高光和阴影区的细节。数码相机采用 JPG 格式拍摄，动态范围值最大是 2.4，采用 RAW 格式能达到 4.8，而采用了 HDR 技术后，该值理论上高达 76.8。

7.2 常用数码相机的组成结构与工作原理

7.2.1 常用数码相机的组成结构

数码相机与传统的胶片照相机相比，最大的区别是在它们各自的内部结构和原理上。它们的共同点是均由光学镜头、取景器、对焦系统、快门、光圈、内置电子闪光灯等组成的，有的数码相机既有取景器还有液晶显示器（LCD）。但数码相机还有其特殊的结构，如CCD 或 CMOS、仿真信号处理器、A/D 模数转换器、DSP 数字信号处理器、图像处理器、图像存储器和输出控制单元等。

数码相机主要部件的主要功能如下所述。

（1）镜头主要功能：把光线会聚到 CCD 或 CMOS 图像传感器上，起到调整焦距的作用。对于定焦数码相机，镜头、物体和对焦平面间的理想距离被精确计算，从而固定了镜头和光圈的位置。对于 Zoom 数码相机，有一个机械装置，可以带动镜头组前后运动，一直让镜头保持在对焦平面中央，能够捕捉到距离镜头的远近的物体。

（2）CCD（CMOS）图像传感器主要功能：把镜头传来的图像信号转变为仿真电信号。

（3）A/D 转换器主要功能：数码相机利用 A/D 转换器将 CCD 产生的仿真电信号转换为数字信号，并传输到图像处理单元。

（4）数字信号处理器主要功能：数字信号处理器主要功能是通过一系列复杂的数学运算法，如加、减、乘、除、积分等，对数字图像信号进行优化处理（包括白平衡、彩色平衡、伽玛校正与边缘校正等）。

（5）图像压缩主要功能：数码相机的图像处理包括了图像数据压缩，图像数据压缩的目的是节省存储空间，利用 JPEG 编码器把得到的图像转换为静止压缩的图像（JPEG 格式）。

（6）总体控制电路主要功能：主控程序芯片（MCU）能协调和控制测光、运算、曝光、闪光控制及拍摄逻辑控制。当电源开启时，MCU 则开始检查各功能是否正常，若正常，则照相机处于准备状态。

（7）AE/AF 功能：在中高级的数码相机中，一般都含有 AE 功能和 AF 功能。AE 功能当数码相机对准被摄物体时，CCD 根据镜头传来的图像亮度的强弱，转变为 CCD 数字电压信号，DSP 再根据 CCD 数字电压信号进行运算处理，再把运算结果传输给 MCU 迅速找到合适的快门速度和镜头光圈的大小最佳值，由 MCU 控制 AE 机构进行自动曝光。AF 功能直接利用 CCD 输出的数字电压信号作为对焦信号，经过 MCU 的运算比较进行驱动镜头 AF 机构前后运动。

7.2.2 常用数码相机的工作原理

数码相机在使用过程中，半按快门对准被摄的景物（快门 ON 状态，与胶片相机相反），从镜头传来的光图像经过光电转换器（CCD 或 CMOS），感应将光信号转换成为一一对应的仿真信号，再经 A/D 模数转换器转换，把仿真电信号变成数字信号，最后经过图像处理器 DSP（Digital Signal Processor）和主控程序芯片（MCU）按照指定的文件格式，把图像以二进制数码的形式显示在 LCD 上，如按下快门，则把图像存入存储器中。

数码相机是利用CCD（Charge Coupled Device，光电耦合组件）的图像感应功能，将物体所反射的光转换为数码信号，压缩后储存于内建的内存芯片（RAM）或是可携式的PC卡上。传统相机是用卤化银经过化学作用，成为纯银离子，曝光较少的部分较透明，即为显影；下一步，底片定影，以避免继续产生化学反应，并冲成黑白相反的负片。负片经过反向处理，将强光穿过底片照射在感光层的相纸上，于是一张照片就出来了。

数码相机的工作步骤大致如图7-12所示。

（1）开机准备。当打开照相机的电源时，其内部的主控程序就开始检测各部件是否正常。如某一部件有异常，内部的蜂

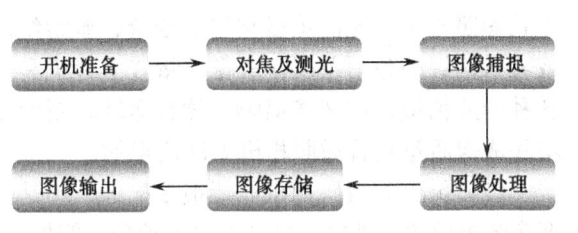

图7-12　数码相机成像流程图

鸣器就会发出警报或在LCD上提示错误信息并停止工作。如一切正常，就进入准备状态。

（2）对焦及测光。数码相机一般都有自动对焦和测光功能。当打开数码相机电源时，照相机内部的主控程序芯片（MCU）立即进行测光运算、曝光控制和闪光控制及拍摄逻辑控制。当对准物体并把快门按下一半时，MCU开始工作，图像信号经过镜头测光（TTL测光方式）传到CCD或CMOS上并直接以CCD或CMOS输出的电压信号作为对焦信号，经过MCU的运算、比较再进行计算、确定对焦的距离和快门速度及光圈的大小，驱动镜头组的AF和AE装置进行对焦。对焦是清晰成像的前提，数码相机一般都有自动对焦功能。数码相机的自动对焦功能与传统的胶片相机类似，也有主动式和被动式两种形式。主动式就是相机主动发射红外线（或超声波），根据目标的反射进行对焦。被动式就是照相机不发射任何射线而根据目标的成像进行对焦。

（3）图像捕捉。在对焦及测光完成后再按下快门，摄像器件（CCD或CMOS）就把从被摄景物上反射的光进行捕捉并以红、绿、蓝三种像素（颜色）存储。

（4）图像处理。就是把捕捉的图像进行A/D转换、图像处理、白平衡处理、色彩校正等，再到存储区合成在一起形成一幅完整的数字图像，在图像出来后再经过DSP单元进行压缩转换为JPEG格式（静止图像压缩方式），以便节省空间。

（5）图像存储。在图像处理单元压缩的图像送到存储器中进行保存。

（6）图像的输出。存储在数码相机存储器的图像通过输出端口可以输出送到计算机，可在计算机里通过图像处理程序（软件）进行图形编辑、处理、打印或网上传输等。

7.3　常用数码相机的使用与维护

7.3.1　常用数码相机的使用

1. 数码相机的选购

选购数码相机本身就是一个取舍的过程，一款十全十美的数码相机是不存在的，适合自己的才是最好的。

普通消费者选购数码相机需要关注的9个方面即"选机购机九要素"，"九要素"从重要到次要依次是用途、价位、镜头、感光元件、快门和光圈、像素、经济性、外观及功能、

品牌。

（1）用途。从成像器件的档次、手动控制功能强弱、可否更换镜头等角度来看，数码相机可以分为家用型、准专业型及专业型等类型，但不管什么类型的产品其基本工作原理并没有什么不同，关键是要明白买来干什么用。家用型照相机主要是卡片型居多，也有不少长焦照相机，能满足日常生活拍摄、旅游纪念等摄影要求；准专业型照相机通常是中端或者入门级的数码单反，成像质量较卡片机和长焦机提升很大；专业型数码相机主要用于各种专业拍摄，如艺术摄影、体育运动、新闻摄影等，这类照相机价格高昂，但是光学结构和成像质量是普通照相机无法比拟的。

（2）价位。数码相机需要很多配件，不是一台裸机就能使用的，所以，购买的时候需要多考虑周边配件的价格是否也能承受。例如，电池、存储卡、摄影包、清洁工具、防潮箱等。不同的照相机需要的周边配件是不一样的，价格差别也很大，很多配件是不能通用的。

（3）镜头。镜头是决定成像质量的最关键因素。平时遇到关于长焦、广角、微距等概念，都是镜头所涵盖的部分，当然最重要的参数还是镜头自身的品质。从焦距上来分，有定焦镜头和变焦镜头，定焦镜头无法将景物或物品拉近和拉远，但是价格相对便宜，变焦镜头具备光学变焦能力，可以将景物拉近拉远，很方便实用，但是价格相对较高。现在一般的家用相机都具备了至少 3 倍的光学变焦能力和 5~10cm 的微距，有的可以达到 4~7 倍。28mm 以下的广角和 3cm 以下的微距能力一般是高端镜头才具有的特性。选择镜头最重要的还是选品质。从镜头本身的品质而言，施耐德、卡尔蔡司、莱卡镜头一直是专业镜头的代名词，而佳能、尼康、富士、理光、柯达等拥有镜头生产能力的品牌，相对来说镜头质量也会更专业一些。

（4）感光元件。数码相机的感光元件起到了代替传统光学相机胶卷的作用，也是决定成像质量的最关键因素。感光元件分为 CCD、CMOS 两种。由于普通 CMOS 元件的感光性较差，成像质量也差，目前只有摄像头和部分低端入门照相机采用。大部分家用照相机都采用 CCD 元件。评价 CCD 的一个重要依据是尺寸大小，CCD 尺寸越大，感光面积越大，成像品质自然也就越好。现在专业照相机大都采取 1/1.8 以上的 CCD，而家用照相机则普遍采用 1/2.5 的 CCD，也有的采取 1/2.7。从理论上讲，在 CCD 尺寸相同的情况下，像素越低，成像越好。在实际测试中，也支持了这个观点。因此，单凭像素高低并不能代表画面的优劣。

（5）快门和光圈。在照相机拍摄过程中，快门和光圈的合理使用，能够让用户拍摄到效果更为理想的照片。家用数码相机的快门、光圈参数参差不齐，再加上全自动相机"傻瓜"式的单一拍摄方式，令家用照相机的手动功能一直很薄弱。虽然不能要求家用数码相机可以与准专业或专业照相机有同样的手动功能，但起码可以选择指标更为优秀的产品。快门方面，尽量选择 1/2000~1s 的产品，配合多样的场景模式，不仅能拍摄运动照，也同样可以拍摄长时间曝光的夜景；而光圈方面，F2.8~F5.6 指标的产品应该属于基本选择范围，大光圈配合长焦镜头可以获得更理想的景深，使用这样的搭配可以拍摄出更有立体感的艺术作品。

（6）像素。像素并不是越高越好，假如要用一张照片当 17in 显示屏的桌面墙纸，200 万像素的照片就可以达到非常清晰美丽的效果；300 万像素对于冲洗 6in 的照片来说，已经相当奢侈；400 万像素就可以轻松输出 A4 大小的照片。所以说，像素的概念只是可以冲洗（放大）的幅度和可以加工的容量而已，对于一般家庭需求，并没有多少实际意义。有一些数码相机厂家在尺寸很小的 CCD 上，放进去了极高的像素，听起来像素很高，实际上成像品质还不如一般的 200 万甚至 100 万像素的相机。

（7）经济性。主要是指耗电情况、存储卡类型、三包服务等。现在市场上数码相机一般采用锂电池、AA 电池两种供电方式，也有兼备两种供电方式的。一般数码相机的锂电池都可以拍摄 200 张照片以上，理光相机更是达到了 700~800 张。

存储卡分为 XD 卡、记忆棒、SD 卡、MMC 卡、CF（Compact Flash）卡、SM（Smart Media）卡等，不同型号的照相机需要配备不同类型的存储卡。例如，索尼照相机一般需要配备记忆棒，奥林巴斯一般需要配备 XD 卡，佳能一般配备 CF 卡，多数照相机配备 SD 卡等。其中 XD 卡和记忆棒是比较昂贵的两种存储卡，而 SD 卡则以高速、廉价等特点，正在成为如今的主流存储介质。售后服务当然是大陆行货最保险，其他如港货、原产地直发等都是提供店铺维修服务。

（8）品牌。把品牌放在比较靠后的位置，是因为品牌对于选购相机并没有什么决定性。任何一个品牌都可能有自己的顶尖产品，也都会有败笔，选购相机还是要看什么最适合自己。从品牌上讲，目前国内市场上主要是中、日、美、韩四分天下，国产（联想、明基、拍得丽、爱国者等）、日系（佳能、尼康、宾得、索尼、奥林巴斯、理光等）、美国产（柯达）、韩国产（三星）。有时候也会根据品牌知名度和市场占有率，分为一线（佳能、尼康、索尼）、二线（奥林巴斯、富士、宾得、松下、卡西欧、理光、柯达、三星等）和三线品牌。品牌的背后，是市场保有量和口碑的真实反映。当然，品牌也意味着价格的差距。选一款相机，只看品牌是盲目的，最适合的才是最好的。

（9）外观及功能。外观及功能纯属个人喜好，有人喜欢厚实的，有人喜欢轻薄的。对于 LCD 屏幕，有人喜欢大屏，有人就无所谓。其实认为 LCD 屏幕的大小确实不太重要，而且屏幕上看到的效果跟实际拍摄到的效果也根本是两回事。尼康相机一般都是 1.5 的屏幕，照样掩盖不住其出色的性能。而一些大屏相机看起来很美，成像品质却难以让人满意。功能方面，一般是指有无手动操控、可选模式的多少、动态影像格式，以及是否限时、录音及 MP3 等其他功能。这里面，应该认真对待的是要不要手动功能，手动功能的操作需要一定的技巧和知识，合理使用肯定能拍出比没有手动的相机更好的片子。不过，现在的家用照相机都提供了丰富的可选模式，也不必强求手动。运用得好，傻瓜照相机照样能照出很漂亮的图片来。

2. 数码相机的使用操作

（1）自动功能的使用。普通用户使用带有自动功能的照相机一般按照以下步骤即可。

① 使用前检查。使用前检查电池是否装好、是否已经装有存储卡，如图 7-13 所示。

② 开启电源。开启电源，转动照相机后背上的模式转盘（或者菜单选择键），如图 7-14 所示，将照相机的"拍摄模式"（Mode）设置为自动（Auto）。

图 7-13　存储卡和电池仓位　　　　图 7-14　机背控制面板

③ 半按快门（图 7-15）。取景对焦构图。首先，将拍摄对象居中，然后将快门按钮按下一半。其次，重新定位照相机（仍按住快门按钮），使拍摄对象不在中央。最后，完全按下快门按钮以拍摄照片。

（2）手动功能的使用。这里采用宾得 K20D 中端单反数码相机为例，介绍数码相机的手动功能和相关设置。

① 拍摄模式的选择。宾得 K20D 的拍摄模式选择安排在机顶的模式转盘（图 7-16）上面，通过旋转这个转盘，就可以方便快捷地切换拍摄模式。

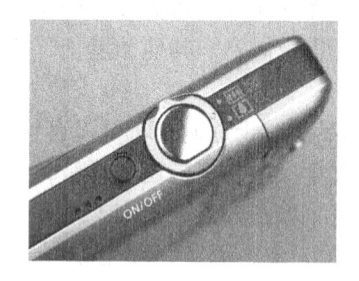

图 7-15　快门键　　　　　　　　图 7-16　模式转盘

转盘上面除了常见的 P、Av、Tv、M 四个模式之外，绿色方格是全自动模式，在这个模式下，照相机会自动选择最佳的拍摄设置，所有参数均交给照相机调节（闪光灯的设置除外，因为 K20D 的闪光灯是不会自动弹起的，需要使用时由用户按下闪光灯弹出按钮）。

Sv 模式为 ISO 优先模式，用户设置 ISO 值，光圈快门由照相机决定。TAv 为光圈快门优先模式，此模式下和 M 挡有点像，不过默认情况下 M 挡的 ISO 是手动设置的，TAv 下的 ISO 是自动的。B 模式为长时间曝光用的，快门使用 B 门动作，一般需要配合快门线来操作。X 模式为使用外接闪光灯的模式，此模式下快门被固定在 1/180s。USER 模式，这个模式主要是可以给用户自定义一个模式，这个模式会记下用户设置的 ISO、白平衡、画质等全部设置，让用户随时都可以一键切换来用。

② 光圈快门的操作。光圈快门的操作是通过快门按钮前后两个转盘来独立调整光圈和快门值，如图 7-17 所示。

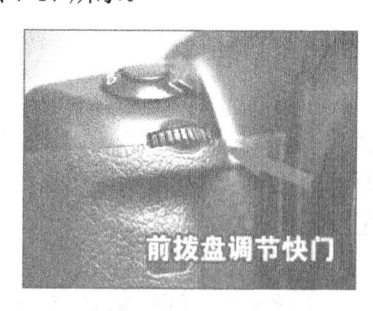

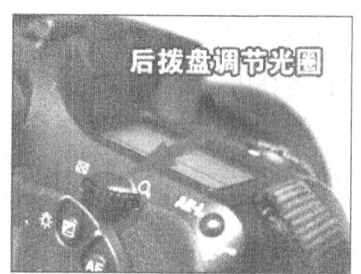

图 7-17　光圈和快门速度调节

③ 对焦点的选择。对焦点模式选择位于方向键的外圈，共有 3 个模式可供选择，如图 7-18 所示，从左到右分别是自动选择对焦点模式、手动选择对焦点和中心对焦模式，而只有在选择中间的手动选择对焦点模式下，才可以使用方向键对画面上的 11 个对焦点选择其中 1 个来对焦。

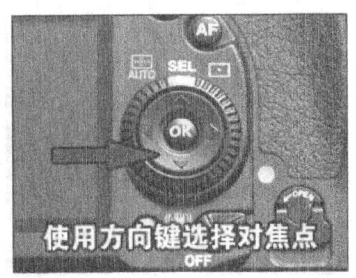

图 7-18 对焦方式选择

④ 拍摄参数的基本设置。在拍摄状态下按下 Fn 键，如图 7-19 所示，就会激活方向键上的快捷键功能，分别可以对驱动模式、白平衡、ISO 和闪光灯进行调整，而中间的 OK 键则会变成对拍摄的色彩风格进行设置。

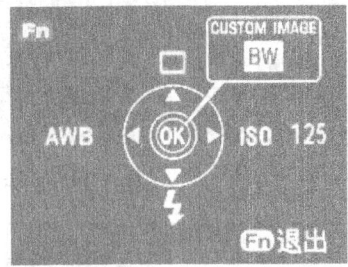

图 7-19 拍摄时 Fn 键设置

⑤ 回放操作。Fn 键在不同的状态下有着不同的作用，在回放模式下按下 Fn 键（图 7-20）可以对照片进行各种处理，除了可以设置直接连接打印机、图像连续播放等功能之外，K20D 还支持对两张照片进行对比观看。而对图像的后期处理上除了一般的黑白处理外，还可以对图像加以柔焦效果，或者手绘效果。

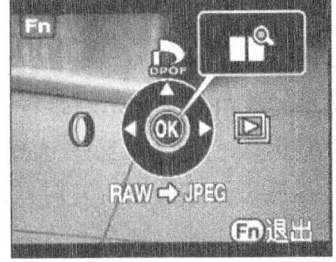

图 7-20 回放时按 Fn 键进行设置

⑥ 常用的自定义设置。常用的自定义设置如图 7-21 至图 7-24 所示。

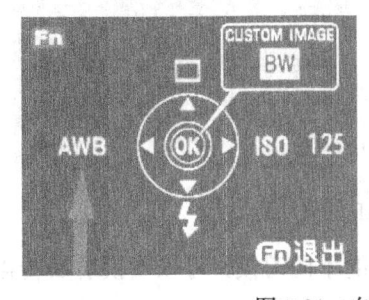

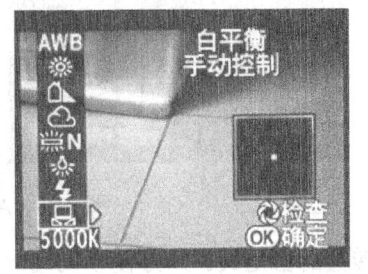

图 7-21 自定义白平衡

图 7-22 曝光包围

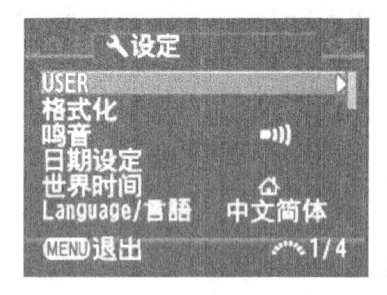

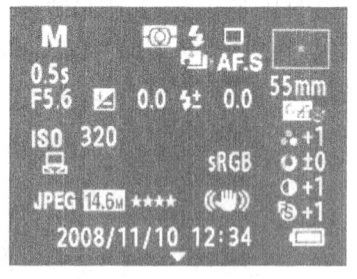

图 7-23 USER 模式的自定义

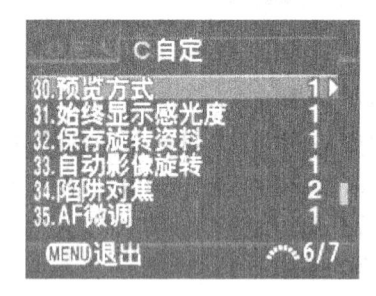

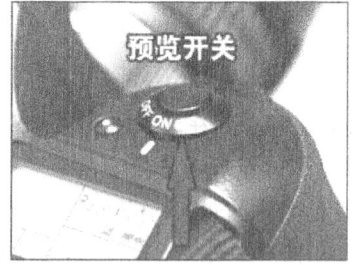

图 7-24 实时取景开关的自定义

⑦ AF 按钮功能。AF 按钮是可以更改功能的，除了可以用来启用对焦之外，也可以用来取消对焦，使半按快门的时候不会进行自动对焦。如图 7-25 所示。另外还有第三个功能就是选择中心对焦点，因为 K20D 选择了某个对焦点使用的时候，选用的对焦点不会长期点亮显示，容易忘记，所以，有时候定义一个快速选择中心对焦点的按键还是很有必要的。

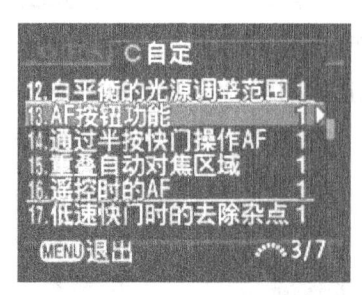

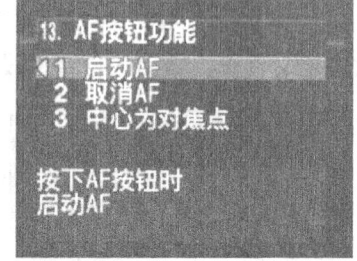

图 7-25 AF 按钮功能

⑧ 电子转盘的自定义。为方便不同用户的不同习惯，可以调换前后转盘的功能，也可以设置让其变为调整 ISO 或曝光补偿，如图 7-26 所示。

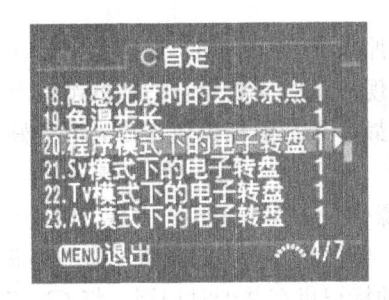

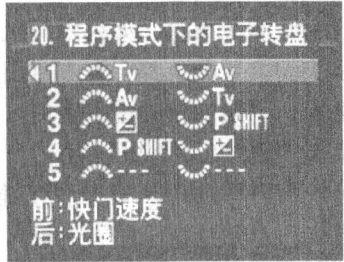

图7-26　自定义电子转盘

在手动模式下，需要灵活掌握设置光圈、设置ISO感光值、设置快门、设置对焦点、手动对焦、光圈快门优先等技巧。具有摄影基础的用户一般可利用手动功能在各种环境或者拍摄需要时而自由调整各项参数来达到最好的拍摄效果。例如，在光线不足的情况下拍摄，自动模式会把ISO值设为较高，ISO值高了噪点也就明显了，因此会影响画面质量。这时，如果采用手动模式则可以在三脚架的辅助下人为地把ISO值减小来提高画面质量，以及调节光圈的大小营造不同的景深，从而拍摄到更好的作品。

7.3.2　常用数码相机的维护

数码相机厂商都非常希望用户能在一种理想环境下使用数码相机，不要太热，也不要太冷，更不能掉落在坚硬表面上。但遗憾的是，这些时候往往无法拍摄出精美照片。在大多数使用数码相机的时候，用户往往都忽略了说明书上注明的"数码相机是一种精巧、易损坏的光学装置"。几乎没有人会阅读说明书后面的使用说明，警告用户不要在雨天、烟雾、结冻的天气里或爆炸空气中使用照相机。

首先，需要一个结实、好用的摄影包来装照相机、数码存储卡、电池套件，再奢侈一些还需要辅助镜头或小型便携式三脚架。摄影包的领先厂商（如Tamrac、Lowepro和DOMKE）使用高质量的原材料，有更好的防震保护和极佳的背带和金属硬件。这些装置都已减小了尺寸，更适合放置数码相机。如果想购买新款摄影包，最好找稍大一点的。如果买的摄影包在每次取东西的时候，都要把里面的东西全部拿出来，那肯定不受欢迎，因为这样的话会错过许多很好的拍摄机会，而且也不方便。要买摄影包的时候最好把照相机和附件带上，看一看哪种摄影包最适合。如何背挎包也非常讲究。调整好摄影包上的带子，不要使照相机离身体太远，否则它会从身上弹起，碰到别人或撞到其他物体。最理想的办法是，摄影包挂得稍高一些，这样可以防止它受碰撞，而且还可以防小偷。同时要注意，背照相机时镜头朝里（向着身体）也可起到保护作用。

保持照相机干净。镜头上的污迹会严重降低图像质量，出现斑点或减弱图像对比度。而手指碰到镜头，这是不可避免的，灰尘和沙砾也会落到光学装置上。这就是为什么需要对照相机进行清洗的原因。清洗工具非常简单：镜头纸或是带有纤维布的精细工具、镜头刷和清洗套装。千万别用硬纸、纸巾或餐巾纸来清洗镜头。这些产品都包含刮擦性的木质纸浆，会严重损害照相机镜头上的易碎涂层。清洗纸不使用时，把微纤维清洗布放在原容器里，以保持干净。微纤维布非常耐洗，可定期与衣服一起洗。尽量不要使用棉花、T恤衫或其他纤维，因为粗砾可能会渗进去。如果用刷子清洗镜头上的尘土和碎片，不要将刷子上的毛与手或手指接触，皮肤上的油脂会吸附到毛刷上，然后粘在镜头上。

冷热天气也会影响照相机。如果照相机原来在空调房间，而后马上放在一个较热、潮湿的环境下，镜头和取景器上都会有雾点出现。这时需要用合适的薄纸或布来清洗。如果带着照相机从寒冷、干燥的室外进入室内，最好先把照相机放在事先准备好的塑料袋中，使照相机和环境温度适配后才取出使用。

装存储卡是使用数码相机的一项经常性操作。在向数码相机中装卡时要注意以下两点：首先，必须在照相机关机状态下进行；其次，要注意方向，对某些类型的存储卡，只能指定方位装入数码相机。每个种存储卡都有相应的标记供在装卡时识别。将 CF 卡装入数码相机时，应将向上的箭头对准照相机的卡仓；将 SM 卡装入数码相机时，应将缺角一端指向照相机卡仓的指定位置；将 PCMCIA 微型硬盘卡装入相机时，应先将卡的薄边插入照相机卡仓。将存储卡装入数码相机时，要确认它们完全插到位，插的时候用力要均匀，一定要推装到位。

取卡时应注意，不同的存储卡从照相机中取出的方式也不一样。如 SM 卡，通常是在仓盖开启后，直接用手将卡压住就会自动弹出，而 PCMCIA3 卡和 CF 卡，则要在仓盖打开后按下照相机释放键后才能取出。

数码相机向存储卡写入或读取信息时不能取出存储卡，否则会损坏存储卡上的信息，甚至损坏存储卡。不同的照相机写卡时有不同的指示方式，如柯达和佳能的单反数码相机的 Card Busy 指示灯会闪亮，而美能达有些型号的数码相机，相背上的彩色液晶显示屏会显示 Wait 字样。此外，取出存储卡时还须注意防止存储卡落在地上。因为存储卡从高处落到地上时，有可能会损坏卡上记录的数据，甚至造成存储卡破损。

勿摄强光。数码相机采用 CCD 或 CMOS 固体成像器件，具有质量轻，耗电省、寿命长等优点；另一个特点是对于强光和测温的耐力也是有限的，为了保证拍摄质量和成像器件不受灼伤，不要用数码相机直接拍摄太阳或强光灯。如果因特殊需要无法避开时，也尽量缩短拍照时间。数码相机长时间受强光照射或受高热，也会导致机身变形。因此，使用或保存数码相机时，注意不要将数码相机放在强光下长时间曝晒及放在暖气或电热设备附近。

防烟避尘。如果说潮湿是数码相机的头号"敌人"，那么灰尘就是它的第二对头。污染物落到照相机的镜头上会弄脏镜头，影响拍摄的清晰度，严重的还会影响照相机的高速开关与旋钮。因此在灰尘较多的环境里，尽量不要使用数码相机，即使必须使用，拍照完毕后也要立刻盖上镜头盖，并把照相机放进能够防尘的摄影包里。

忌湿防潮。潮湿是数码相机的大忌，遇到雨雪、雾气天气时，注意把照相机收好，尽量避免冒雨拍照，更不要让雨水淋到照相机上。当然，数码相机还应该远离强磁场与电场。

镜头的保养。镜头性能的好坏直接影响到数码相机的成像质量。清洁相机是日常保养的主要手段，特别是镜头和液晶显示屏或取景器。可以用清洁软布轻轻擦拭，用完之后要把清洁布放在专用的塑料盒中，避免粘上灰尘等。没有清洁布时可以到照相机商店买清洁纸。

LCD 的保养。彩色液晶显示屏是数码相机重要的特色，不但价格很贵，而且容易受到损坏，因此在使用过程中需要特别注意保护。要避免和坚硬物品接触，以免划伤；如果沾上了油渍或灰尘，需要用清洁的眼镜布或镜头纸进行擦拭，不可使用有机溶剂清洗。同时，液晶显示屏的表现会随着温度变化而变化，在低温的时候，如果亮度有所下降，这属于正常现象。

正确使用充电电池。数码相机 LCD 显示屏耗电较大，使用可充电的、镍镉或镍氢电池比较合适。使用充电电池还要注意。电池完全充电后不宜马上使用，这是因为电池完全充电后其闭路电压会超过额定电压值，这时如果马上使用可能会烧坏数码相机内的有关电路元件，所以电池完全充电后应放置一段时间，待电池通过自放电恢复到额定电压之后再使用。电池还有残余电量时，尽量不要重复充电，以确保电池寿命。为避免电量流失，电池两端金属接触点和照相机电池盖上金属部分的清洁必不可少，可用干净的干布擦拭，绝对不要使用清洁剂，以免短路。存放已充满电的电池时，一定不要放在皮包、衣袋、手提袋或其他装有金属物品的容器中，以防止短路。

7.4 办公摄影常识

办公摄影主要包括会议摄影、文案摄影、新闻摄影、专题摄影。

1. 会议摄影

会议摄影涉及的场所主要有签到台、贵宾厅和主会场，拍摄不同场所需要注意以下细节。

拍摄空镜头。一般全景拍摄会场、贵宾厅、签到台的布置。特别的细节拍摄（会场装饰物），如准备发奖用的奖杯特写等。

拍摄签到台。全景拍摄来宾的签到过程，特写拍摄礼仪小姐为重要领导佩带胸花。特别需要注意领导和贵宾的到来，签字和主办方迎接、握手的场面。

拍摄贵宾厅。中景拍摄领导或贵宾交谈的场面，包括寒暄和互赠名片，一般结合背景的陈设，交代会议场所。

拍摄茶休。茶休主要就是拍摄宾客随意交谈的场面，一般使用中景多。

拍摄领导和贵宾发言。会议开始，主持人开场白用特写镜头，台子一般高不宜正面拍摄，否则台上只露一个脑袋，不好看。正确的拍摄角度为 45°，麦克风不能和嘴连接或挡住讲话领导的脸，还要注意不能在领导头部出现背景分割线条。基本场景都用特写镜头，也可以拍摄讲话时全景。需要注意对讲话的领导表情的抓拍。全景拍摄参加会议的人。只有职业摄影师才能拍摄难度较高的画面，如幻灯打出的字迹，调酒师动作的动感画面，飞驰的摩托表演等。

拍摄合影。合影和会议记录的拍摄有所不同，要求很高。对人数和室内外光线环境的要求苛刻，有无站立的架子也很重要。后期制作也很麻烦，不是简单的放大，需要做计算机精细明暗调整，加字，扫描，修整照片缺陷（如闭眼），最重要的一点是保证照片的质量。

拍摄宴会。主要是演出拍摄、游行拍摄、领导和贵宾敬酒、演员和观众互动的镜头，注意画面的生动性。

要根据主办方要求或会议活动程序的变化临时安排调整拍摄方案。

拍摄前的准备。首先，要向布置拍照任务的公司询问清楚他们的想法和要求，以便打下腹稿。此外，拍摄前一天要把需要的照相器材准备好，逐一查点装进摄影包，把电池充足电，并带足备用电池和胶卷。最好能提前一天到达拍摄现场，实地考察会场的大小、灯光情况、主宾位置、自己的机位等。服装也要准备，国际会议务必穿西服系领带，国内大中型会议基本上也应如此。应向主办单位领取一份胸卡，出入方便。

会前拍摄。会议当天应当提前到场，把各种器材布置妥当。正式拍摄从签到处开始，重要来宾签到的镜头也应该拍摄下来。重要来宾签到时，工作人员会给他们佩戴胸花，因此很容易识别谁是贵宾。主要来宾在会议开始前要先在贵宾室休息，要拍下主宾之间握手、交谈的镜头；如果需要使用闪光灯时，机顶闪灯面向人物，机旁的闪灯照向屋顶或墙壁，用反射闪光消除人物身后的阴影。

会议拍摄。大会正式开始，要拍下主持人主持大会的镜头，全体代表鼓掌的镜头，主席台全景，会场全景。然后是大会发言，每个发言人都要拍。对于全景，一般多设一台闪光灯实行多重闪光，把另一只闪光灯用三脚架安装摆放在距离摄影点大约10m的地方，照向会场深处，这样拍出的照片就不会是仅靠照相机的前几排人明亮而稍后一点就灰蒙蒙一片，接近会场的实际情况。这只多重闪光灯用同步器连接，或使用闪光灯自身的遥控闪光同步功能。设分会场的要逐个去拍。研讨会上往往使用投影仪在银幕上放映资料，若用闪光灯拍摄，则银幕上一片雪白，不符合现场演讲气氛。这时可关闭闪光灯，用现场光拍摄，或把闪光灯头向观众偏转，避开银幕，曝光采用慢速闪光同步。

拍全体合影。全体合影，拍完大会最后一个发言人，不等发言结束，就赶快来到合影现场，做好各项准备工作（包括架好三脚架，调整镜头焦距，取景等）。根据景深前小后大的原理，镜头焦点要对准靠近照相机的所有横排总数的二三排。

拍摄宴会。先在贵宾室拍下主宾交谈的镜头。主宾进入宴会厅就座后，要搞清楚主桌的位置，对主桌的贵宾重点拍摄，如他们相互交谈的情景。宴会开始后，要拍下主宾发表讲话的镜头和大厅的全景，以及主宾举杯的镜头。

各种会议要拍集体合影，各学校学生毕业更要拍集体合影。因此，有必要了解并掌握拍摄集体合影的技术技巧。

一张好的集体合影应该达到以下5点要求。

集体群像在画面上要布局合理、充实；前后排无遮挡现象；最前一排与最后一排的人都清晰；没有前排头大、后排头小的透视变形；没有闭眼睛的情况。

2. 文案拍摄

翻拍是复制平面档案、文件的一种方法，其原理与普通照相基本相同，但拍摄对象不同，是近距离，要求清晰度较高。各种档案原件的拍摄方法如下所述。

钢印。原件载体上的铅印，是以立体的凸凹来体现的。拍摄时可采用侧光照明的方法，用纸板等物品挡住照相机一侧的全部或部分灯光，将两侧均等的照明度变为一侧的侧光照明，并适当增加曝光量，就可获得满意效果。

印章与落款重叠。印章与落款的重叠，多是红色印记压在蓝色或黑色文字上。正常拍摄时印记与文字影像反差小，有时难以分辨。这时可采用镜头前加滤色镜的方法进行。利用滤色镜改变它们的反差，突出其中一项。但应注意，滤色镜深浅要合适，只能减弱而不是滤除其中一项，否则将丢失原件中的一些信息。

正面字迹消退而背面字迹尚存的文件。使用有底灯的摄影机。在原件背面衬上与底色相同色彩的纸，提高反差。先拍原件正面，再拍背面，加拍说明。在原件下放置平面镜，利用镜面的反射加大反差。

黑白不太分明的原件。翻拍黑白不太分明的原件时，可以在阳光下用前侧光，曝光量要略不足，显影时间要延长，用反差大的低感光度胶卷拍摄。

照片的翻拍。光面照片的翻拍，照片应平坦，不卷曲，光源45°角进入防止反光。绸纹绒面和珠面照片，表面都有纹路或颗粒，为避免拍照时影像粗糙，采用的方法有，用乳白灯泡照明；用松节油和蓖麻油1:1配成油液，均匀地涂在照片上后，再翻拍，事后可用酒精或汽油擦掉。变色照片的翻拍，使用全色胶片，也可用色盲片或分色片；加滤色镜。

原件污迹的翻拍。一般加用滤色镜。

中国画的翻拍。中国画一般都是在无反光的宣纸上，而且画幅尺寸较大。拍摄时应注意，如果在面对窗户的平整墙上，先衬一张白纸，然后把画平直地钉在纸上；用室内散射顺光拍，但光线必须要均匀；若光线亮度不够，要用万次闪光灯辅助拍摄；为了丰富照片层次，采用全色片；曝光充足。

缩微品制作。档案部门常用缩微摄影技术。档案缩微摄影的目的：一是利于长久保存；二是充分发挥档案的作用，积极推广档案缩微品的利用。

档案缩微拍摄的准备工作。制订拍摄方案：缩微的目的是保存档案资料，或是出版发行；档案数量、质量、尺寸等状况如何；缩微拍摄的现有设备情况、加工能力；检索方法的确定，决定采用如手工、半自动、自动、计算机辅助检索等手段；工作人员的技术素质状况。

缩微档案文件的挑选。在一定的经济条件和人员不足的情况下，为了保证缩微品的质量，同时降低成本，必须对档案进行挑选。适合缩微的档案主要是多卷档案，特别是大批成套档案；按合理顺序整理过的或有顺序的档案；纸张平整，尺寸一致或接近一致，档案的纸张、墨迹的深浅和颜色一致；储存条件好的档案。

标板的制作。用于缩微技术的标板，按其形式、内容和作用的不同，可分为图形符号标板、表格标板、技术标板三类。拍摄缩微品时，通常需要制作多种说明标板、检索符号标板等。标板的大小可根据微缩率的不同加以选择，一般情况下，应将标板做得较大，在拍摄后充满缩微品的一个画幅。标板的材料大致有两种：一种是一次性使用的标板，如错误更正标板，一般使用纸张；另一种是长期使用的标板，如开始、结束标板等，一般用薄铁、铝合金等。

原件准备。档案原件的准备，首先必须基本达到全宗号、案卷号、目录号三号齐全；文件份数、文件页数准确；备考表一份。对那些保存时间长、保存条件差、纸质材料低劣、字迹材料不稳定而造成字迹模糊、纸张变质、文件破损、信息丢失的文件进行必要的技术加工，主要包括展平、修补、托裱及修复后的说明工作。缩微部门对送拍的原件要进行认真审核，然后进行编排。

档案缩微设备的准备。在制作缩微品之前，必须对所使用的设备认真的准备和检查。包括对电源、水源、光源、摄影机、冲洗药液浓度等的检查，还需要测试综合解像力，以确保制作过程顺利进行。在选购缩微设备时，应注意其可行性、实用性、经济效益。总之，在选择缩微设备时应注意其实用性、经济性和配套性。

缩微档案的拍摄。将已处理并编排好的档案原件，用缩微摄影机以一定的微缩率进行拍摄。具体拍摄操作：打开摄影机电源，灯光照明，测试照度，选择微缩率，放好原件，进行拍摄。对需要分幅拍摄的原件、图表等，视其具体情况采取不同的分幅方法，但均应留有足够的重叠区。对幅面较少的档案文件，可以合幅拍摄，但需注意顺序。

3. 新闻摄影

新闻摄影是以摄影画面形象为主要表现的形式。其基本任务是报道各种新的事实，属于新闻工作的范畴。那种认为新闻摄影报道既是新闻报道，又是艺术创作的观点是不对的。

新闻摄影必须服从新闻工作的一般原则。在一般原则指导下，必须充分照顾其形象表现的特点，才能扬其长、避其短，充分地发挥其形象报道的威力。那种忽视新闻摄影形象特点的做法也要予以克服。新闻照片是由摄影画面形象和具备新闻诸要素的文字说明结合而成的，对两者的要求应力求一致。例如，要求报道的内容应是真人真事，要求表现这一内容的画面形象也应是真情实景。而决不能在文字说明上要求服从新闻的真实原则，而在形象表现上却允许似是而非。

新闻照片的画面形象，应是新闻现场情景有选择的摄影纪实。这种画面形象必须是摄影记者在现场观察的基础上，经过最有代表性的情节和瞬间的选择、摄取得来的，而不是什么"创作"的产物。新闻照片的画面形象必须服从新闻的真实原则。

衡量新闻照片的画面形象，应坚持新闻的标准，主要是情景真实、观点鲜明、富有现场气氛；而不能把艺术照片的衡量标准强加到新闻照片头上，求全责备。人们常常以"艺术性"来衡量新闻照片的形象表现力，从习惯上说来，也未尝不可。但是，当使用这种说法时，要注意把两种不同性质的照片区别开来。

4. 专题摄影

专题摄影，是指采用一定数量的照片，围绕一个统一的主题，经过编辑、设计而展示主题的一种摄影形式。专题摄影的结构与拍摄举例如下所述。

美国《生活》摄影编辑提供这样的思路，记者送来的专题摄影，通常要求有八个方面。

故事的开头——全景；

中景：一群人；

近景：一个人或某个局部的特写；

肖像；

故事中最有典型意义的东西；

人与人之间的关系；

故事发生的过程；

好的结尾。

美国《国家地理》杂志以地域经济报道著称，它的版面编辑则希望在一年专题摄影中能看到以下内容：

人们的食、衣、住、行；

地方的政治、宗教领袖是谁；

生存环境地貌；

这些人用什么来赚取生活费用，赚钱用来干什么。

一个专题稿有好的开头与结尾，中间由有逻辑的图片穿起来，这种结构是最基本的。虽说是八个方面的内容，但并不是只能拍八张照片，可以是五六张，也可以是上百张。

拍摄的所有人物和故事应该归纳在一条主线之间，专题摄影要寻找照片与照片之间的逻辑联系，逻辑关系的紧密程度是结构的关键。有些摄影者都知道一个专题远景、中景、近景的搭配，却忽视细节、忽视逻辑。例如，一个稿子会出现两张照片构图不同却讲同一件事，同一个细节。还有的出现异样的画面讲不同的事情的问题。

拍摄专题摄影给摄影者带来许多创造与想象的空间。几乎所有的摄影手段都可以运用到专题摄影中，摄影者视觉创造的能力可以得到最大限度的发挥。

最主要的是要形成个人风格。几年前，摄影界有人提出一个视觉趣味点向多个视觉趣味点发展。多个趣味点不仅是趣味点的统一，也可以是强烈反差。摄影者的问题在于视觉不够大胆。专题摄影应是一个非常个人化的劳动，无样板可言。这里为摄影者提供两种思维。一种是"破坏性思维"；另一种是"反差思维"。

"破坏性思维"是指在结构与拍摄上都不跟着事先脑子中的固定模式走——无论是自己的模式还是他人的模式——不能事先决定结构拍摄风格，把被拍主体放进去，而让被摄主体决定专题的结构和摄影。

"反差思维",就是要在一个专题稿中表现旧与新,传统与现在,苦与乐,成功与失败。而在摄影手段运用上,注意光线、色彩、虚实的反差。

"神韵"最主要的构成莫过于专题摄影的气氛了。气氛烘托主题、强化主题。任何一组气氛强烈的专题人们总是过目不忘。

以萨尔加多著名的《淘金者》为例,1986 年,巴西赛拉·佩拉达金矿,在一个不到足球场大的场地,5000 人密密麻麻拥挤在脏泥浆中淘金。全部照片的影调呈灰黑色,每个画面雕塑感极强,无论是场面还是特写,无论是表现冲突还是无言苦衷,萨尔加多营造出的气氛是压抑、紧张、巨大的没有尽头的悲苦气氛。在拍摄中,萨尔加多花了大量时间去了解认识拍摄对象的劳动生活及内心。拍摄开始了,他置身于这些被为"泥猪"的人之中,近得能听到"泥猪"们的呻吟与喘息。看到这些著名的影像,似乎能看到萨尔加多在脏泥浆中手握照相机的情形。气氛中,有事先可以预知的气氛,也有要到了现场后突然才能感到的气氛。这需要摄影者用心去体会,用照相机去营造这些气氛。摄影者在拍摄专题时独到的对气氛的把握,方可创造出符合主题的强烈的、真正气氛的作品。

7.5 常用图像处理软件

7.5.1 图片浏览工具 ACDSee

ACDSee(图 7-27)是目前使用最为广泛的一种看图工具软件,共分为两个版本:普通版和专业版。普通版面向一般用户,能够满足一般的相片、图像查看和编辑要求;而专业版则是面向摄影师的,在功能上各方面都有很大增强。

图 7-27 ACDSee 15

大多数计算机爱好者都使用 ACDSee 来浏览图片,它的特点是支持性强,它能打开包括 ICO、PNG、XBM 在内的二十余种图像格式，并且能够高品质地快速显示，甚至近年来在互联网上十分流行的动画图像文件都可以利用 ACDSee 来欣赏。

ACDSee 可快速的开启，除了浏览影像还新增了 QuickTime 及 Adobe 等多数图像文件格式，可以将图片随意放大缩小、调整视窗大小与图片大小配合，全屏幕的影像浏览，并且支持 GIF 动态影像。不但可以将图像文件转成 BMP、JPG 和 PCX 格式，而且只需按一个命令便可将图像文件设置成桌面背景；图片可以以播放幻灯片的方式浏览，还可以轻松查看 GIF 的动画。而且 ACDSee 提供了方便的电子相册，有十多种排序方式、树状显示资料夹、快速的缩图检视、拖曳、播放 WAV 音效文件、文件总管可以整批的变更其名称、编辑过程的附带描述说明等功能。

ACDSee 本身也提供了许多影像编辑的功能，包括数种影像格式的转换、可以借由文件描述来搜寻图像文件、简单的影像编辑、复制至剪贴簿、旋转或修剪影像、设定桌面，并且可以从数码相机输入影像。另外 ACDSee 有多种影像排列打印的选择，还可以在网络上分享图片，透过互联网来快速且有弹性地传送拥有的数码影像。

ACDSee 功能十分丰富，可用来管理文件、更改文件的日期、全屏幕查看图形、固定比例浏览图片、用图像增强器美化图像、制作屏幕保护程序、制作桌面墙纸、制作 HTML 相册、制作文件清单、制作缩印图片、解压图形文件、扫描图片顺序命名、为文件批量更名、为图片文件重设关联、转换图片格式、转换 ICO 文件为图片文件、转换图形文件的位置、转换 EXE 和 DLL 文件中的 ICO 资源、播放幻灯片、播放动画文件、播放声音文件、快速查找图像文件、查看压缩包中的文件等。

7.5.2 图片处理软件 Photoshop

Adobe 公司的 Photoshop 1.0.7 版本于 1990 年 2 月正式发行。John Knoll 也参与了一些插件的开发。第一个版本只有一个 800KB 的软盘（Mac）。

Photoshop 在 2.0 版本增加的 CYMK 功能是把印刷中的分色任务交给用户，一个新的行业桌面印刷（Desktop Publishing，DTP）由此产生。2.0 其他重要新功能包括支持 Adobe 的矢量编辑软件 Illustrator 文件，Duotones 及 Pen tool（笔工具）。最低内存需求从 2MB 增加到 4MB，这对提高软件稳定性有非常大的影响。从这个版本开始在 Adobe 内部使用代号，2.0 的代号是 Fast Eddy，在 1991 年 6 月正式发行。

下一个版本 Adobe 决定开发支持 Windows 版本，代号为 Brimstone，而 Mac 版本为 Merlin。正式版本编号为 2.5，这和普通软件发行序号常规不同，因为小数点后的数字通常留给修改升级。这个版本增加了 Palettes 和 16-bit 文件支持。2.5 版本主要特性通常公认为支持 Windows。

3.0 版本的重要新功能是 Layer，Mac 版本在 1994 年 9 月发行，而 Windows 版本在 1994 年 11 月发行。尽管当时有另外一个软件 Live Picture 也支持 Layer 的概念，而且业界当时也有传言 Photoshop 工程师抄袭了 Live Picture 的概念。实际上 Thomas 很早就开始研究 Layer 的概念了。

4.0 版本主要改进是用户界面。Adobe 在此时决定把 Photoshop 的用户界面和其他 Adobe 产品统一化，此外程序使用流程也有所改变。

版本 5.0 引入了 History（历史）的概念，这和一般的 Undo 操作有所不同。色彩管理也是 5.0 的一个新功能，这是 Photoshop 历史上的一个重大改进。5.0 版本在 1998 年 5 月正式发行。一年之后 Adobe 又一次发行了 X.5 版本，这次是 5.5 版本，主要增加了支持 Web 功能和包含 Image Ready 2.0。

在 2000 年 9 月发行的 6.0 版本主要改进了与其他 Adobe 工具交换的流畅性，但真正的重大改进还要等到 7.0 版本。版本增加了 Healing Brush 等图片修改工具，还有一些基本的数码相机功能如 EXIF 数据、文件浏览器等。

在其后的发展历程中 Photoshop 8.0 的官方版本号是 CS（图 7-28），9.0 的版本号则变成了 CS2、10.0 的版本号则变成 CS3，以此类推，最新 Logo 的版本是 Adobe Photoshop CS6。

CS 是 Adobe Creative Suite 一套软件中后面两个单词的缩写，代表"创作集合"，是一个统一的设计环境，它将 Adobe Photoshop CS2、Illustrator CS2、InDesign CS2、GoLive CS2 和 Acrobat 7.0 Professional 软件与 Version Cue CS2、Adobe Bridge 和 Adobe Stock Photos 相结合。

图 7-28　Adobe Photoshop CS6

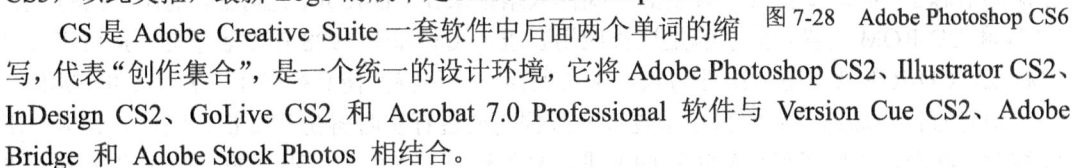

Photoshop 的应用领域很广泛，在图像、图形、文字、视频、出版各方面都有涉及，包括平面设计、修复照片、广告摄影、影像创意、艺术文字、网页制作、建筑效果图后期修饰、绘画、绘制或处理三维贴图、婚纱照片设计、视觉创意、图标制作、界面设计等。

任务 8　光盘刻录机的使用与维护

8.1　光盘刻录机概述

8.1.1　光盘刻录机的概念与分类

光盘刻录机是利用电—光技术的原理，以电—光转换的形式在化学存储介质（盘）上记录数字信息的多媒体存储（录制）设备。

CD-R 是 CD-Recordable 的英文简写，指的是一种允许对 CD（Compact Pisk）进行一次性刻写的特殊存储技术。CD-RW 的全称是 CD-ReWritable，代表一种"重复写入"技术。CD-RW 结构原理与 CD-ROM 基本相同，只是在盘片中增加了可改写的染色层。

光盘刻录机包含 CD-R 和 CD-RW，是在 CD-ROM 基础上发展起来的两种 CD 存储技术。这两种技术借以实现的存储介质分别称为 CD-R 盘片和 CD-RW 盘片，而实现这两种技术的设备，就是 CD-R 驱动器和 CD-RW 驱动器。

光盘刻录机有多种分类方法：

按接口方式有 IDE 接口、SCSI 接口、USB 接口和并口；

按连接方式有内置式和外置式等；

按使用功能可分为追记型光盘刻录机（CD-R）和可擦写型光盘刻录机（CD-RW）。

8.1.2　光盘刻录机的发展与现状

光盘刻录的发展，可以追溯到 1982 年荷兰飞利浦公司的 CD 激光唱盘。由于 CD 激光唱盘所采用的数字记录原理与计算机完全相同，因此，CD 激光存储技术很快被计算机工业所采纳。

1985 年飞利浦和索尼公司发布记录计算机数据的 CD-ROM 标准，以后 CD-ROM 便以其存储密度高、成本低、保存寿命长、工作稳定可靠、轻便易携带等一系列其他存储介质无可比拟的优点，得到了广泛应用。由于 CD-ROM 不仅适于数据存储，而且还能够同时存储声音等多媒体信息，从而使传统的信息存储、传输、管理和使用方式发生了根本性的变化。CD-ROM 的出现加速了多媒体时代的来临，对人们传统的学习、生活和工作方式产生了巨大的影响。

随着 CD-ROM 的逐步普及和深入应用，人们已不满足于仅读取 CD-ROM 光盘上预先存储的信息了，而是要将自己大量的多媒体数据记录在 CD-ROM 光盘上，制作自己的 CD、VCD 和 CD-ROM 光盘。为了满足这种应用要求，飞利浦于 1988 年发表了 CD-R 可记录光盘标准。CD-R 的特点是一次性写入，永久保存。这种特性使其得到了非常广泛的应用。

信息时代的加速到来使得越来越多的数据需要进行实时备份和交换，因此，许多应用领域对 CD 光盘提出了可重复擦写的要求，显然这是 CD-R 力所不及的。1995 年 4 月，飞利浦制作出了与 CD-ROM 和 CD-R 兼容的相变型可擦写光盘驱动器 CD-E（CD Erasable）。

1996 年 10 月，飞利浦、理光、索尼、惠普和三菱 5 家公司又联合制定了新的可擦写 CD 标准，并将 CD-E 更名为 CD-RW。

1996 年年底，飞利浦和理光同时向全世界推出了 CD-RW 可擦写刻录机和 CD-RW 光盘片。

1997 年，倍速光盘刻录机诞生，1998 年 4 倍速机种诞生，1999 年年底，8 倍速机种诞生，2000 年底 12 倍速机种诞生，到普通 CD 光驱时代结束时，最快的 CD 光驱已达到 56 倍速。

目前，主流 DVD 光盘刻录机是 DVD-R/RW 和 DVD+R/RW，它们与 CD-R/RW 一样是在预刻沟槽中进行光盘刻录。不同的是，这个沟槽通过定制频率信号的调制而成为"抖动"形，称为抖动沟槽。它的作用就是更加精确地控制电机转速，以帮助光盘刻录机准确掌握光盘刻录的时机，这与 CD-R/RW 光盘刻录机的工作原理是不一样的。另外，虽然 DVD-R/RW 和 DVD+R/RW 的物理格式是一样的，但由于 DVD+R/RW 光盘刻录机使用高频抖动技术，所用的光线反射率也有很大差别，因此这两种光盘刻录机并不兼容。

8.1.3 光盘刻录机的技术与质量指标

（1）光盘刻录机的速度。光盘刻录机的速度包含读取速度和写入速度，而后者才是刻录机的重要技术指标。市场上常见的有 8×、10×、12×、16×、24×的读取速度和 2×、4×、5×、6×、8×的写入速度。在实际的读取和写入时，由于光盘的质量或刻录的稳定度，读取的速度会降为 6 倍速、4 倍速甚至倍速，刻录的速度也会降至倍速。当然，高速就意味着更少的刻录时间。

（2）接口方式。光盘刻录机按接口方式分，内置的有 SCSI 接口和 IDE 接口，外置的有 SCSI、并口、PC 卡接口，目前最新的有 USB 接口、IEEE 1394 接口等。SCSI 接口（无论外置还是内置）在 CPU 资源占用和数据传输的稳定性方面要好于其他接口，系统和软件对刻录过程的影响也低很多，因而它的稳定性和刻录质量最好。但 SCSI 接口的刻录机价格较高，还必须另外购置 SCSI 卡，加大了成本的投入，现在市场上已不多见。IDE 接口的刻录机价格较低，兼容性较好，可以方便地使用主板的 IDE 设备接口，而且普遍支持 DMA/66/100，数据传输速度也不错，是目前的主流产品。不过对系统和软件的依赖性较强，刻录质量要稍逊于 SCSI 接口的产品。而其他接口的刻录机并不常见。

（3）资料缓冲区的大小。缓存的大小是衡量光盘刻录机性能的重要技术指标之一，刻录时数据必须先写入缓存，刻录软件再从缓存区调用要刻录的数据，在刻录的同时后续的数据再写入缓存中，以保持要写入数据良好的组织和连续传输。如果后续数据没有及时写入缓冲区，传输的中断则将导致刻录失败。因而缓冲的容量越大，刻录的成功率就越高。市场上的光盘刻录机的缓存容量一般在 512KB～2MB，最大的有 8M 缓存，建议选择缓存容量较大的产品，尤其对于 IDE 接口的刻录机，缓存容量很重要。增加高速缓存既有利于刻录机的稳定工作，同时也有利于降低 CPU 的占用率。

（4）兼容性。兼容性分为硬件兼容性和软件兼容性，前者是指支持的 CD-R 的种类，CD-R 分金盘、绿盘和蓝盘；后者是指刻录软件，光盘刻录机是要有相应的驱动程序才工作的，要尽量选择型号较普遍的、产量大的机器，这样支持的刻录软件才多。

（5）使用寿命和刻录方式。刻录机的寿命用平均无故障运行时间来衡量，一般的刻录机寿命都在 12 万～15 万小时，这是指光盘刻录机使用寿命，如果不间断地刻录，大概寿命在 3 万小时。

（6）刻录机的支持格式。一般的刻录机都支持 Audio CD、Photo CD、CD-I/MPEG、CD-ROM/XA、CD-EXTRA、I-TRAX CD 与 CD-RW CD 等格式。而最新的 CD-RW 刻录机将支持 CD-UDF 格式，在支持 CD-UDF 格式的软件环境下，CD-RW 刻录机具有和软驱一样的独立盘符，用户无须使用专门的刻录软件，就可像使用软驱、硬盘一样直接对 CD-RW 刻录机进行读/写操作了，这样就大大简化了光盘刻录机的操作，给用户带来了极大的方便。

（7）刻录方式。除整盘刻写、轨道刻写和多段刻写三种刻录方式外，刻录机还应支持增量包刻写（Incremental Packet Writing）刻录方式。增量包刻写刻录方式是为了减少追加刻录过程中盘片空间的浪费而由飞利浦公司开发出的。其最大优点是允许用户在一条轨道中多次追加刻写数据，增量包刻写刻录方式与软硬盘的数据记录方式类似，适用于经常仅需备份少量数据的应用。而且它有一种机制，当数据传输速度低于刻录速度时，不会出现"缓冲存储器欠载运行错误"而报废光盘，即它可以等待任意长时间，让缓冲存储器灌足数据。

8.2 常用光盘刻录机的组成结构与工作原理

8.2.1 常用光盘刻录机的组成结构

光驱的内部结构从理论上来讲，无论是以前的 CD 光驱、DVD 光驱还是如今主流的 DVD 刻录机，大致都是相同的。主要结构都是由激光头组件、驱动机械部分、电路及电路板（电源电路、前置信号处理电路、对焦/循迹/径向/主轴伺服电路、光电转换及控制电路、数字信号处理电路等）、IDE 解码器及输出接口、控制面板及外壳等部分组成的。其中激光头组件、驱动机械部分是在维修光驱时需要重点了解的部分，因为许多光驱故障都来自这两个部位。

（1）光驱的驱动机械部分。主要由三个小电机为中心组成：碟片加载机构由控制进、出盒仓（加载）的电机组成，主要完成光盘进盒（加载）和出盒（卸载）；激光头进给机构由进给电机驱动，完成激光头沿光盘的半径方向由内向外或由外向内平滑移动，以快速读取光盘数据；主轴旋转机构主要由主轴电机驱动完成光盘旋转，一般采用 DD 控制方式，即光盘的转轴就是主轴电机的转轴。

（2）光驱的激光头组件。各种光驱是最重要也是最脆弱的部件，主要种类有单光束激光头、三（多）光束激光头、全息激光头等几类。它实际是一个整体，普通单光束激光头主要由半导体激光器、半透棱镜/准直透镜、光敏检测器和促动器等零部件构成。

8.2.2 常用光盘刻录机的工作原理

（1）CD-ROM 的工作原理。CD-ROM 光盘由三个部分组成：塑料基盘、中间反射层和上层封面，在压制盘片时储存在 CD-ROM 盘片上面的资料被压在塑料基盘上的凹坑中，凹坑以同心圆的形式由圆心向外发散。当光盘被读取时，经过对焦的激光束投射到中间反射层，利用从无凹坑到有凹坑之间激光反射时产生的瞬间变动，捕捉到不同的反射信号，从而实现 CD-ROM 光盘的读取。

（2）CD-R 的工作原理。CD-ROM 光盘由三部分组成，而 CD-R 光盘由四部分组成，即多了一层染色层，也就是记录层。当资料写入时，光盘刻录机投射出来的高能量激光将记录层熔化（永久性破坏），形成与 CD-ROM 光盘相类似的凹坑，这样，形成记录凹坑的地方与记录层中没有被破坏的地方利用与 CD-ROM 光盘相同的原理进行读取。

（3）CD-RW 的工作原理。CD-RW 光盘是一种相变式光盘（Phase-Change），与 CD-R 光盘不同的是，CD-RW 光盘没有染色层，取而代之的是一层由银、铟、锑、碲（Ag-In-Sb-Te）所组成的结晶层，其表面处于非结晶、无固定形状的状态。当写入时，借由激光将其结构变为固定结晶状态。所以在读取 CD-RW 盘片时，非结晶状态的部分是不会反射激光的，只有以前被变成结晶状态的部分才会反射激光。光盘刻录机中的可调功率激光发射器在对 CD-ROM、CD-R 和 CD-RW 三种不同介质进行操作时，使用了不同频率、不同功率的激光，从而实现了盘片的读、写、擦写这三个过程。

（4）双层刻录的工作原理。DVD-5 的规格单面单层，所以标准的资料记录量为 4.7GB。目前市场中以这种规格的 DVD 光盘居多，因为这个规格的生产成熟度最高。DVD-9 的规格：单面双层，也就是将资料层增加到两层，中间夹入一个半透明反射层，如此一来读取第二层资料的时候，不需要将 DVD 盘片翻面，直接切换激光读取头的对焦位置就可以了。理论上来说，资料记录量可以提升到 9.4GB，但是由于双层的构造会干扰信号的稳定度，所以实际上的最高资料记录量只能够达到 8.5GB。DVD 影碟根据容量，分为多种规格。根据容量不同，DVD 影碟可以分为单层单面、单层双面、双层单面和双层双面四种，DVD 光头通过调整焦距来读取这两层多面数据。

D5 光碟，是 DVD-5 的简写，即单层单面光盘，最大容量为 4.7GB。光碟只有一层，且只有一面写有数据。D5 光碟可以满足一部 100min 的影片以杜比数码环绕的伴音制式和两种文字的字幕播放。

D9 光碟，是 DVD-9 的简写，即双层单面数据光盘，最大容量为 8.5GB。以 D9 光碟形式发行的影片一般是 AC3 和 DTS 伴音制式的影片，或者是超过 120min 的长片。

D10 碟片，是 DVD-10 碟片的简写，即单层双面的光盘，最大容量为 9.7GB，两面都是数据面，影片名称印刷在盘心上。一般以 D10 形式发行的大多是两部影片合在一张碟上。

D18 影碟，是 DVD-18 碟片的简写，即双面双层光碟，最大容量为 17GB，两面都是数据面。这样的光碟一般是一张片子里有很多部电影。或者除电影外，还有以 DVD-Audio 格式存放的影片音乐。

8.3 常用光盘刻录机的使用与维护

8.3.1 常用光盘刻录机的使用

选购刻录机时首先要看刻录速度。现在所标识的速度一般有 2 倍速、4 倍速、6 倍速、8 倍速和 12 倍速或更高倍速，目前市场主流的 DVD 双层刻录光驱是 22 倍速。刻录倍速指的是刻录所需的时间，一般而言，一张光盘可刻录大约 72min 的音乐，而 2 倍速的刻录机刻录时间就是以 72 去除以 2，也就是说刻录一张光盘的时间约 36min，4 倍速、6 倍速等刻录速度的换算方法以此类推。

（1）读/写速度。这是标志光盘刻录机性能的主要技术指标之一，包括数据的读取传输率和数据的写入速度，理论上速度越快性能就越好，随着技术的进步，目前光盘刻录机的写入速度可以达到 52×，但实际由于盘片、刻录软件及兼容性的限制，高速的写入速度很可能会引起"飞盘"现象，导致刻录失败。所以，用户在选购刻录机时无须刻意追求高写入速度。基于价格、扩展性和稳定性等多方面的考虑，目前 32×～48× 的 CD-RW 产品应该是首选，当然对于一般家庭用户选择价格更便宜的 24× 或 16× 的产品，也是可以的。

衡量刻录机读/写速度还有一个重要指标是平均读取时间，或称为平均查找时间（Average Seek Time）。它是指 CD-R 从光头定位到开始读盘的时间，一般来说此值越小刻录机的读/写速度越快。现在高速刻录机平均查找时间一般在 100ms 左右。在考虑刻录机读写速度时不仅要注意 CD-R 盘片的刻录速度，还应注意 CD-RW 盘片的格式化及擦写速度。

（2）接口方式。光盘刻录机常用接口可选 IDE 接口或 USB 等。

（3）缓存容量。缓存的大小可选择 2～8MB 的产品。

（4）刻录保护技术。随着刻录速度越来越快，单纯采用增大缓存的方法是不能完全解决刻坏盘的问题的，于是厂商又通过采用防欠载技术来确保刻录的安全性和稳定性。现在刻录保护技术主要有三洋公司的 BURN-Proof 技术；理光公司的 Just Link 刻录技术；飞利浦公司的 Seamless Link 技术，索尼公司的 Power-Burn、OAK 公司的 Exact-Link、雅马哈公司的 Safe Burn 等。这几种技术基本接近，性能略有区别，从本质上讲没有太大的区别。

（5）兼容性。刻录机的兼容性有几个概念，一是对刻录格式的兼容，支持的格式越多越好，主流刻录机一般都支持 CD-ROM、CD-R/RW、CD Audio、CD-ROM XA、CD-I、CD-Extra、Mixed Mode、Photo CD、Video CD、CD Text 等多种数据格式。二是盘片兼容性，反映了刻录机对各种盘片的读/写操控能力。市面上常见的刻录盘片有金盘、绿盘和蓝盘等，且品牌众多，性能、质量也是千差万别，为提高盘片的兼容性，刻录机最好具备智能检测盘片品质的功能，它能精确确定刻录数据时的最佳激光刻录功率与脉冲激光束参数。三是刻录机本身的软硬件兼容性，并不是所有的刻录机都能兼容所有的刻录软件，一般名牌大厂生产的刻录机，支持的刻录软件会多一些，软件兼容性就较好，因此在选择刻录机软硬件产品的时候，应尽量选择名牌产品，以保持良好的兼容性。另外有些杂牌的外置产品还可能存在硬件兼容性方面的问题，在某些计算机上出现安装困难的情况，大家选购时也要注意。

（6）Firmware（固件）更新。选购刻录机还应注意 Firmware 的更新问题。在光盘刻录机的主电路板上的 Flash ROM 芯片内固化的程序名称为 Firmware，其版本新旧可能会影响到与硬件产品的兼容性或刻录软件匹配性，导致整机性能不稳定或者某些功能无法使用，因而选择能方便更新的 Firmware 版本的产品，有利于提高刻录机的整体性能和使用效率，对于康宝的 DVD 刻录机而言，Firmware 的升级还将有利于对 DVD 盘片区码限制的破解。和主板 BIOS 的更新相同，刻录机 Firmware 更新的先决条件是产品须使用 Flash ROM，才可以非常方便地升级固件版本，如果使用的是 EEPROM 或 Mask ROM，就必须拆开刻录机的外壳，利用专门的写入设备更新，非常不便。

（7）超刻的支持。超长时间刻录（Over Burning）是指在一张可刻录光盘上，写入比标准的容量更多的数据。大多数刻录机都能非常安全地多刻 2min 的音乐或者 20MB 的数据。这里的"超刻"指是否还能存放超过标准的更多数据，如超过 80min 甚至 90min 等。在某些极端的情况下，一些刻录机与特殊刻录盘配合，甚至能完整地刻下 99min 的数据。

例如，Plextor 公司最近发布的一款高档 CD-R/RW 刻录机 PLExWRITER Premium 系列产品，竟然能够在一张光盘上最多记录 980MB 的数据。这是因为采用了 GigaRec 功能。它可以利用减慢刻录线速度的方法从而达到刻录相当于 CD-R 1.4 倍的信息量。这样就能够在 Type80（700MB）刻录盘上记录接近 1GB 的数据。

（8）加密盘复制。目前采用的光盘加密技术主要有 Safe Disc、Laser Lock 和 Secu ROM 等，基本原理都是在光盘扇区中加入一些虚假的或隐藏的数据。复制时普通刻录机通常会报错，复制出来的备份光盘和原版便不是一模一样的，从而达到加密的目的。如今刻录机大多会引入某些特殊的机制，在一些软件（如 Clone CD）的配合下，复制出和原来一模一样的光盘。

以 Safe Disc 防复制技术为例，这是目前最常用在商业数据光盘上的防复制机制。它在光盘上具有内嵌式的数字签名认证，以及用来保护光盘数据的多层加密。它的数字签名是在光盘制造过程中用激光内嵌的，这基本上是无法使用刻录机或是压片机来复制的，不过目前新款支持 RAW 读取与写入功能的刻录机，则能够完整备份这种加密光盘。而最新的 Safe Disc 2.51 以上版本采用的"弱扇区技术"（Weak Sector Technology）是相当难破解的，这些受损扇区会让许多刻录机在读取时发生同步问题，导致刻出无法使用的光盘，目前只有少数最新的 52×刻录机称可以破解这种光盘保护技术。

当然由于种种原因，刻录机厂商通常都不会在规格书中直接宣称自己的产品能支持加密盘复制。要想判断一部刻录机是否能成功复制加密盘，唯一的办法便是自己测试，或者多看看相关的评测报告。

（9）读/写盘方式。目前光盘驱动设备采用的读盘方式有四种：CLV（恒定线速度）、CAV（恒定角速度）、P-CAV（局部恒定角速度）和 Zone-CLV（区域恒定线速度）。

（10）避振设计。光存储产品的避振设计，是很多消费者在选购时容易忽略的因素。目前市场上能见到的光存储产品的避振设计原理各异，效果差别明显，主要有以下几类。

钢索悬挂式减振机构 WSS（Wire Suspension System），利用钢索连接被动吸振器与机心，得到极低的变异量与稳定的避振效果，但设计工艺复杂，成本较高。此外还有悬浮承载减振机构 FDS（Floating Damper Suspension）和双悬浮式悬挂减振机构 DFS（Double

Floating Suspension），都存在小机心上振动大，伺服系统难设计等缺陷。目前最先进的当属集振器减振机构 VAS（Vibration Absorber System），它利用传导共振的原理，将机心上的振动，导引到内部独立的集振器，并配以适当的避振器，在高低速下皆有极佳的避振效果。

（11）防尘及散热。和计算机中任何一个配件一样，刻录机的防尘和散热设计也应该注意，它对光存储设备的稳定性、可靠性的作用是重要的。灰尘的侵入会严重影响光头等重要部件的灵敏度和使用寿命，而且有可能造成漏电、短路等故障；过高的温度会影响电子元件的工作效率，缩短这些元件的使用寿命。不过防尘和散热似乎是一对矛盾体，为了防尘，密封似乎是最好的办法，但是密封最直接的负作用就是不利于散热。而与之对应，散热的最好办法似乎就是增加通风口，并设置风扇，但是通风口与风扇都对防尘不利。为解决防尘与散热这对难以解决的矛盾，目前一些高速刻录机采用设置内膜防尘技术和硅胶散热等方式来解决。

（12）附件及售后服务。在附件方面，标准配置是说明书、软件光盘、音频线、几张空白盘片等，有的刻录机甚至还非常贴心地提供了一根紧急出盘针。在配套软件方面，目前的"标配"主要有 Adaptec Easy CD Creator、Direct CD、Nero Burning Rom 等，这方面的问题应该不大，只是注意应尽快把它们升级到最新版本。

刻录机的使用寿命通常用平均故障间隔时间来衡量，一般都号称在 10 万小时以上，但实际上，刻录机的故障率比较高，寿命也并不太长，因此刻录机的售后服务是很重要的问题。另外，由于刻录机可能存在与刻录软件及某些硬件的兼容问题，最好能与商家商量好一个包换的时间。一些刻录机产品虽然价格特别便宜，但由于售后服务态度不佳，或者根本没有完善的售后服务，一旦出现故障就会很被动，大家购买时应小心，最好选择名牌大厂的产品。

8.3.2 常用光盘刻录机的维护

（1）使用中注意的问题。在刻录中，要保证数据流的连续性，以避免出现缓存器欠载运行导致刻录失败。

刻录前运行磁盘碎片整理程序，重新整理磁盘文件，以提高访问速度避免不必要的延误而中断数据的传输。

在刻录时要关闭或断开无关的设备，如扫描仪、打印机等。还要断开与网络的连接。以防止主机响应调制解调器通信或网络上的其他用户访问计算机而干扰中断刻录过程。

要关闭驻留内存无关应用程序，特别是杀毒软件。刻录中不要触及任何键或运行其他应用程序。

在计算机配置不是很高时，尽可能降低刻录速度。

（2）光盘刻录机的维护。光盘刻录机是一件精密的仪器，在使用过程中应该注意对其进行维护与保养。工作环境要注意防尘、防振；维护好光盘刻录机里的组件；使用质量良好的刻录光盘；不要长时间连续刻录。

8.4 常用刻录软件 Nero

刻录软件 Nero（图 8-1）是一个德国公司出品的光碟烧录程序，支持中文长文件名烧录，也支持 ATAPI（IDE）的光碟烧录机，可烧录多种类型的光碟片。使用 Nero 可以轻松快速的方式制作专属的 CD 和 DVD。不论所要烧录的是资料 CD、音乐 CD、Video CD、Super Video CD、DDCD 还是 DVD，所有的程序都是一样的。使用鼠标将档案从档案浏览器拖曳至编辑窗口中，开启"烧录"对话框，然后激活烧录作业。

Nero 软件的具体操作过程如下所述。

1. 打开 Nero 软件

一般 Nero OEM 装的都带有一个引导软件，那就是 nero smart start。利用 nero smart start，可以很方便地启动 nero 所带有的多种功能，且操作起来直观方便。

首先打开 nero smart start（图 8-2），将看到很多选项，这里只集中讲一下几种比较实用的功能，其他功能请自己探索。在"数据"那一栏里，有制作数据光盘这一项，就是将硬盘上的各种数据刻到光盘上的一个过程。在"音频"里面，有一个制作音频光盘，就是刻录 CD 的过程。在"复制和备份"里面，复制光盘和将映像刻录到光盘上的作用比较大些。

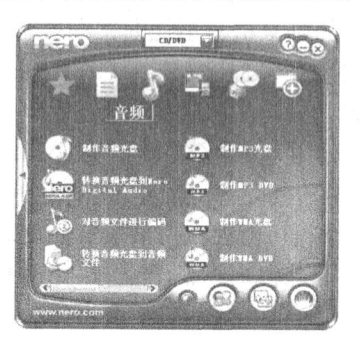

图 8-1　nero 软件　　　　　　　　图 8-2　nero smart start

2. 制作数据光盘

如图 8-3 所示，选择制作数据选项之后，出现了 Nero Express 的制作数据光盘的界面（图 8-4），此时需要单击"添加"按钮将需要刻录的数据添加到左边的编辑栏中。同时，要注意下面的光盘容量显示标，所添加的总内容大小千万不要超过光盘容量，如果购买的是 650MB 的光盘，那么刻录时添加到 630MB 左右就不要再加了，因为光盘边缘容易被磨花，使用时间长了会导致边缘数据无法读取的情况。用 700MB 的光盘最多刻 690MB 也就差不多了。添加内容完成后单击"下一步"按钮，在这里，可以选择刻录机和刻录速度，当然，还能编辑光盘卷标。完成后单击"刻录"按钮，就可以开始刻录了，刻录完成之后一张数据光盘也就制作完成了。

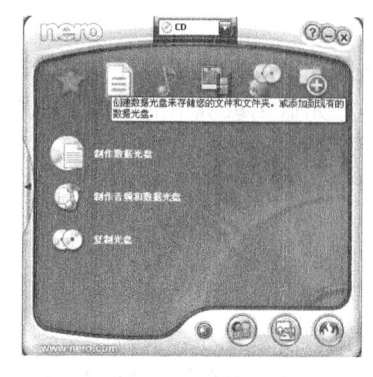

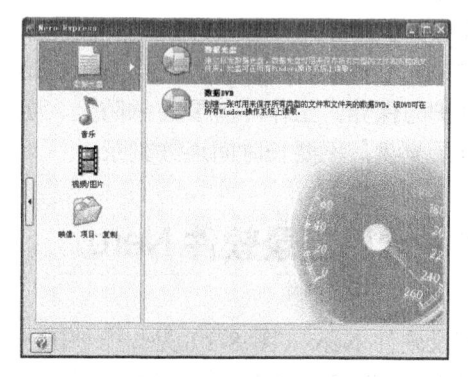

图 8-3　数据选项卡　　　　　　　　图 8-4　制作数据光盘界面

3. 制作音频光盘

选取制作音频光盘之后，同样是出现 Nero Express 的制作音频光盘界面（图 8-5）。当然，这里有点不一样，因为，下面的计量标变成了分钟，而不再是传统的文件大小。因为 Nero 直接支持了 WMA 和 MP3 格式转换为 CD 音频，在安装插件后甚至可以将 RM 格式转换成 CD。所以，直接添加音频文件到列表里面就可以了，同样要注意音频的长度，700MB 光盘能容纳 80min 的 CD 音频，一般放入 78min 的音频就差不多了。单击"下一步"按钮后同样是确定刻录机和刻录速度。再单击"刻录"按钮便可开始刻录。

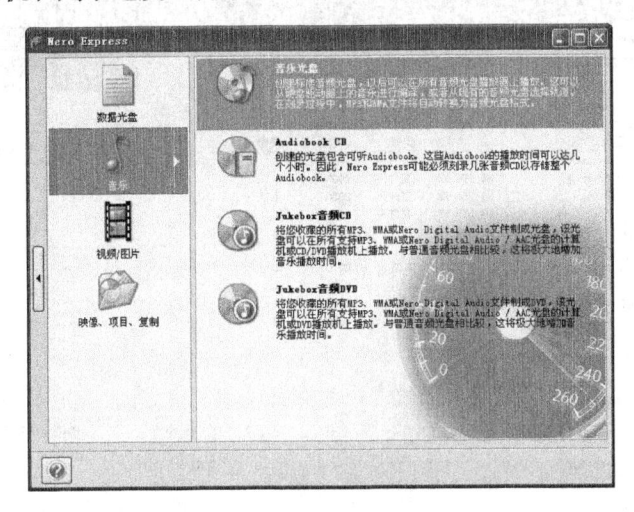

图 8-5　制作音频光盘界面

4. 复制光盘

这个相对简单点，只需要选择来源光驱和目标光驱就可以。当计算机有且只有一个刻录机的时候是不用选择的，当计算机有一个光驱，又有一个刻录机的时候可以选择光驱为来源，刻录机为目标，这样便可以开启数据直灌，能够非常有效的节约时间。复制光盘界面如图 8-6 所示。

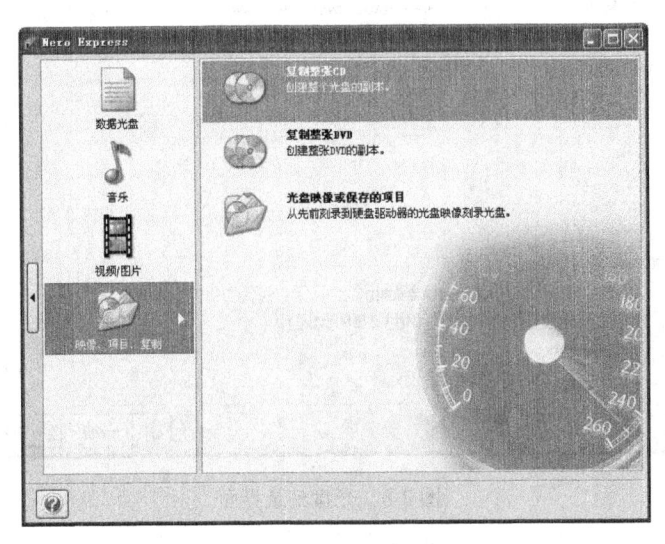

图 8-6　复制光盘界面

5. 将映像刻录到光盘上

这个功能非常实用，它能够将从网上下载的各种光盘映像文件直接刻录成光盘。当然，Nero 支持的格式稍微少了点，但是它支持 iso，而网上 .iso 格式的光盘映像很多，所以不用担心来源问题。如图 8-7 所示，单击"添加"按钮之后直接跳出选择要刻录的映像。选择后进入刻录机和速度决定页面，完成设定后单击"添加"和"刻录"按钮就可以了，如图 8-8 所示。

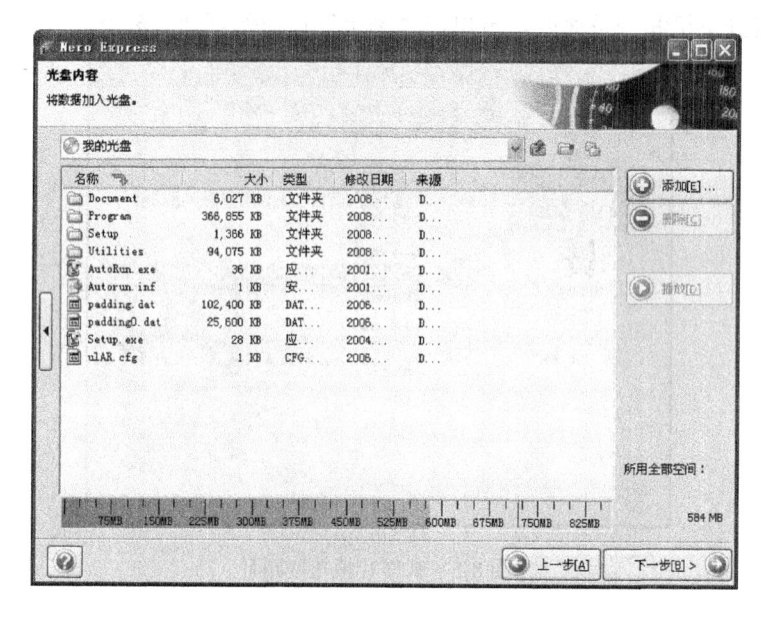

图 8-7　数据添加界面

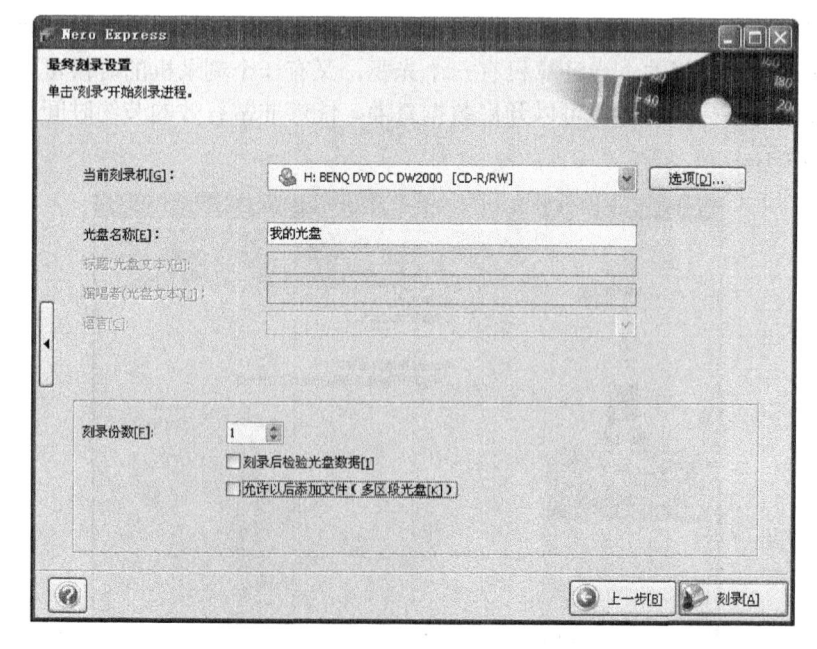

图 8-8　光盘刻录界面

技能训练

训练任务 4.1 数码相机的使用操作

1. 任务要求

学习使用数码相机的自动功能和手动功能；了解数码相机的结构、特点；正确掌握数码相机的基本使用方法；掌握获取数码图像的基本工作流程。

2. 训练情景

训练器材：数码相机、三脚架、闪光灯、反光板、充电电池、数据传输线、计算机。
训练场景：教室、校园、计算机房。

3. 计划内容

认识各种数码相机上的功能按钮，熟悉常见的标志 I/O、MENU、DISP、ISO、AF、MF 等的功能；掌握自动功能下的拍摄操作；掌握手动功能的设置方法和拍摄操作。

（1）熟悉设备，阅读数码相机的使用说明书，了解数码相机的开关、按钮、插孔等的位置和功能，尤其是电源开关、快门、变焦按钮、取景器、电池盒等主要部件的功能。

（2）检查并确保存储卡正确插入数码相机，打开电池仓，装入数码相机用的电池（注意正、负极要正确连接）。

（3）打开电源开关，设置拍摄模式。

（4）通过液晶显示屏调整数码相机的相应按钮，选择设定照片模式（画质模式、感光度、色彩）、拍摄菜单（自拍、白平衡、测光、锐度等）、拍摄模式、拍摄功能（微距或特写、闪光灯）等。

（5）利用取景器或 LCD，通过移动变焦按钮进行取景构图。通过移动变焦按钮观察景物的变化情况：移向标注 T 端增长镜头焦距，可实现远距拍摄；移向标注 W 端缩短镜头焦距，可实现广角功能进行近距拍摄。

（6）调整焦距，按下快门按钮进行拍摄。可以半按快门进行自动测光完成对焦。对焦完成后，观测焦点指示位置，对焦无误后将快门完全按下完成拍摄。

（7）利用数码相机拍摄需要的素材，如人像、校园风景或其他照片，观看拍摄结果。拍摄完成之后，将相机 LCD 置于回放模式，通过 LCD 观看拍摄效果，进行相应操作（如删除、图像旋转、图像保护等）。

（8）把照片传输到多媒体计算机，利用数据传输线将数码相机和计算机连接，打开数码相机的电源，启动照片下载软件（或者直接复制），将照片下载并输入到计算机。

（9）使用完毕后，关闭电源，将镜头缩回。将照相机放回照相机包里，最好在照相机包里放上防潮剂。如长时间不再准备拍摄，应将电池取出。

4. 注意事项

（1）阅读说明书，了解各部件的基本功能，不可擅自拆卸照相机。

（2）掌握正确的使用方法。拨动各部件时用力要均匀适中，操作变焦镜头时不宜猛推猛拉。

（3）存储卡和电池。正确装、取卡，不要在开机状态下装、取卡。不要在开机状态下打开电池盒盖、插槽盖。勿使用非指定的电池，按照电池正负极标志安装电池。充电电池完全充电后不宜马上使用，应先放置一段时间。电池宜定期更换，外出拍摄带备用电池。

（4）防潮、防振、防磁、防高温。不宜用数码相机直接拍摄太阳或者非常强烈的灯光，不要将照相机放在强光下长时间暴晒，千万不要放在暖气或电热设备附近，不要把照相机放在强磁性物体或强电磁感应的设备附近，如电视机、音响、大功率变压器、电磁灶等，千万不要让照相机进水或异物。

（5）避免温差过大。照相机在雨天使用后、在寒冷的冬天使用后进入室内，不要将照相机马上放入摄影包中，否则水汽会进入到镜头和照相机里，应先通风干燥。

（6）如遇一般故障，参照数码相机的使用说明书进行排障，如果无法排除，请关闭照相机，取出电池，并与实验设备保管教师联系。

5. 总结考核

（1）根据说明书，在总结报告中画出数码相机外部各个按钮、旋钮的示意草图，标出它们的名称、作用，并注明正确的操作方法。比较并记录不同数码相机之间的共同点。

（2）浏览拍摄成果，并保存几张不同类型的照片，用于后期完善任务。同时在总结报告中提交两张数码照片。

（3）对任务要求，训练器材，训练内容，操作步骤，训练结果进行分析和总结，归纳在技能训练中的收获和体会。撰写并提交一份技能训练总结报告。

训练任务4.2 办公摄影的拍摄方法

1. 任务要求

掌握会议摄影、文案摄影、新闻摄影、专题摄影的拍摄方法；学习如何在不同场合、不同光照下快速进行构图和光圈、快门组合。

2. 训练场景

训练器材：数码相机、三脚架、闪光灯、反光板、充电电池、数据传输线、计算机。

训练场景：教室、校园、虚拟会场、计算机房。

3. 计划内容

（1）布置一个虚拟会场；事先拍摄一些场景的空镜头，例如，接待台、休息厅、主会场等，确定拍摄需要的光圈、快门系数。

（2）拍摄一组接待台主人迎接贵宾的照片；拍摄一组主人和贵宾在休息室聊天的照片。

（3）拍摄会议现场，拍摄主持人主持大会、全体代表鼓掌、主席台全景、会场全景、每位发言人发言。

（4）拍摄一组全体与会人员的合影。

（5）翻拍一张书籍封面的照片，尝试不同角度，不同光圈、快门系数的组合，比较效果并认真记录。

（6）制作一个校园专题摄影，题材主要描述同学们日常的学习生活。

（7）拍摄几张校园内的文体活动照片，并制作成新闻稿。

4. 注意事项

（1）会议摄影多在室内进行，注意在光线不良的情况下，使用三脚架和闪光灯的配合；拍摄主体和闪光灯之间的角度；屏幕拍摄时的技巧；摄影师的站位、走位等。

（2）三脚架使用时一定注意调整好水平位置，调整完成后要记住锁定脚架。

（3）云台使用时不可暴力旋转，一定要先松开锁扣或旋钮，再做调整。

（4）室外摄影时，一定注意避免照相机直接暴露在灰尘较多的环境或雨雾天气中。

（5）携带照相机时注意保护好照相机镜头，遮光罩不可随意拆卸，没有拍照时要将镜头盖扣好。

5. 总结考核

（1）在总结报告中，整理虚拟会场的拍摄成果；整理翻拍书籍封面时每张照片的角度、光圈、快门系数的记录资料；整理专题摄影和新闻摄影的拍摄成果。标出照片的名称、操作条件、操作方法。比较并记录不同照片之间的拍摄异同点。

（2）浏览拍摄成果并保存几张不同类型的照片，用于后期完善任务。同时在总结报告中提交全面的数码照片拍摄成果。

（3）对任务要求、训练器材、训练内容、操作步骤和训练结果进行分析和总结，归纳在技能训练中的收获和体会。撰写并提交一份技能训练总结报告。

训练任务 4.3 数码相机的维护保养

1. 任务要求

进一步提高数码相机的使用操作技巧、照片的基本编辑管理技巧，以及进一步掌握数码相机的维护保养方法。

2. 训练场景

训练器材：数码相机、闪光灯、电池、气吹、毛刷、吹风机、计算机和图形图像编辑管理软件。

训练场景：教室、校园、计算机房。

3. 计划内容

（1）保持光学系统的洁净。使用 UV 镜保护相机镜头；不要用手或坚硬物触碰镜头、液晶显示屏、取景器表面，如遇灰尘，可用吹气球或镜头纸洁净光学表面。

（2）闪光灯养护。新购或长久未使用的闪光灯，应事先让闪光灯静置充电几分钟，然后反复数次充电、放电，使闪光灯内的电容恢复正常功能。

（3）电池的保养。对于锂电池的充电时间，最好在 6h 左右，而普通的镍氢电池则需 14h 左右。电池的清洁，要保证电池两极性及与电池仓中接触的两个连接片的清洁，防止有短路的情况发生。

（4）存储卡的保养。长时间不使用时最好放回原来的盒套内保存，尤其是对于 SD 卡、SONY 记忆棒等就更加应该注意，因为它们本身较薄、体积小，容易被屈折。

（5）将所用设备，一一检查，清理干净，调整包内海绵垫的位置，把设备放入照相机包。

（6）使用照相机和保养照相机最忌讳的5点就是：潮湿、灰尘、高温、振动和辐射。

（7）利用ACDsee和Photoshop等软件，对前期拍摄的照片，管理并修饰。

4. 注意事项

（1）拍摄时避免镜头直对阳光以免损害CCD板。

（2）严寒的冬天，从室外进入室内机器容易结露，同人戴的眼镜一样。正确的方法应该是放置在密封的塑料袋中，待机器与室内温度一致时再取出。

（3）拍摄完毕保存时一定要取出存储卡和卸下电池。

（4）尽量避免在雨天雪天拍摄，如要拍摄要更加妥善防护。

（5）避免在低温下长时间拍摄，防止机器提前老化。

（6）保存时应该尽量放置在干燥地方避免机器受潮。

（7）镍铬电池充电时，一定要先使用完再充电，以防止产生记忆效应，锂电器不在此列。充满电后的电池都很热，应该等它降到常温后再装入相机比较妥当。

（8）一定要定期清洗磁头，一般拍摄30～50h后清洗一次，请使用专用清洗带，清洗时不要超过10s。

（9）如果长时间不使用数码相机，还要把电池从电池仓中取出，以免时间较长后电池中的溶液漏出腐蚀照相机。

（10）如果需要使用吹风机吹气时，模式应设置为冷风。

（11）认真清点设备，确认无误后交还给保管教师。

5. 总结考核

（1）在总结报告中，整理教室、校园的拍摄成果，标出照片的名称、操作条件，操作技巧。对前期拍摄的照片进行进一步管理并修饰，进一步整理和总结ACDsee和Photoshop等软件的使用和基本编辑管理技巧。将自己所拍摄的全部照片做出比较，看看自己拍摄技术的进步。

（2）浏览、保存、提交全面的数码照片拍摄成果。

（3）对任务要求、训练器材、训练内容、操作步骤和训练结果进行分析和总结，归纳在技能训练中的收获和体会。撰写并提交一份技能训练总结报告。

思考练习

一、简答题

1. 什么是照相机？照相机怎样分类？
2. 什么是数码相机？数码相机市场的现状如何？
3. 照相机的主要性能与指标有哪些？
4. 数码相机光圈大小对成像效果有何影响？
5. 光盘刻录机所用的CD光盘和DVD光盘都有哪些格式？其特点是什么？
6. 光盘刻录的原理是什么？
7. 光盘刻录机维护包括哪些要点？

二、填空题

1. 数码相机采用了（　　）作为记录图像的光敏介质，利用光学影像与光敏元件之间的光电转换形式接收模拟图像信号，而图像数字化处理过程是将模拟图像信号再做转换，存储为（　　），并经过图像数据的读取而呈现可视图像。

2. 数码相机将图像信息以（　　）方式保留在照相机内置的记录媒介中，可以方便地在照相机上实现图像的浏览、查询、删除及重拍。

3. 如果数码相机较长时间不用时，应卸出（　　）和（　　），将照相机和存储卡置于远离磁场及化学气体等污染源的干燥器中保存。

4. 数码相机拍照时，应先半按（　　）进行对焦，然后按下（　　）拍摄。

5. 单反数码相机在拍摄时可以更换（　　）以到达不同的拍摄效果。

6. 数码相机镜头变焦时，标记为 17mm 的刻度可以用于拍摄（　　）距离的物体，标记为 200mm 的刻度用于拍摄（　　）距离的物体。

重点小结

项目 4 的学习任务是数码相机、光盘刻录机的使用与维护。必备知识要求熟悉办公信息储存设备的基本概念；掌握办公影像储存设备的使用与维护方法。数码相机是项目 4 的典型教学背景案例，是学习任务中的核心任务。技能训练要求是具备办公影像储存设备中数码相机职业技能标准的条件，学会数码相机的使用操作；学会办公摄影的拍摄方法；学会图形图像的编辑技巧；学会数码相机的维护保养。

数码相机是由镜头、CCD、A/D（模/数转换器）、MPU（微处理器）、内置存储器、LCD（液晶显示器）、PC 卡（可移动存储器）和接口（计算机接口、电视机接口）等部分组成的。通常它们都安装在数码相机的内部，当然也有一些数码相机的液晶显示器与照相机机身分离。

镜头的功能是捕捉影像。有定焦镜和变焦镜之分，数码相机的镜头大多采用 8mm 摄像机（V8）的焦距格式。

各种镜头的焦距不同使得拍摄的视角不同，而视角不同产生的拍摄效果也不相同：

＜20mm=超广角；

24～35mm=广角；

50 mm=标准（相当于人眼的视角）；

80～300mm=远摄；

＞300mm=超远摄。

数码相机与传统照相机相比存在以下 5 大区别：

制作工艺不同、拍摄效果不同、拍摄速度不同、存储介质不同、输入输出方式不同。其中最大区别在于记录影像的方式。

传统照相机：镜头→底片；

数码相机：镜头→感光芯片→数码处理电路→记忆卡。

项目 5

其他辅助办公设备

项目引入

辅助办公设备的主要任务是为办公活动提供如办公会议中所需的音频/视频、采访录音和文本翻译、办公环境调节控制及资料安全保密等辅助作用的软硬件条件。

辅助办公中的主要设备是音频/视频设备、录音与翻译设备、环境调节控制设备等。

辅助办公设备的主要功能是利用电子技术，计算机技术、控制技术，机电技术完成对办公活动及办公环境的辅助服务。

项目 5 中其他辅助办公设备主要内容包括功放机、录音笔、空调机、碎纸机等。主要学习其他辅助办公设备的发展与现状、组成与结构、原理与特点、功能与使用、维护与管理的方法和技能。

项目 5 有 4 个子任务，分别为功放机、录音笔、空调机、碎纸机的使用与维护。典型教学背景案例为音响设备。

任务目标

1. 熟悉其他辅助办公设备的基本概念；
2. 掌握其他辅助办公设备的使用与维护方法；
3. 具备其他辅助办公设备中音响设备职业技能标准的条件。

音响设备是项目 5 的典型教学背景案例。

必备知识

任务 9 ★ 音响设备的使用与维护

9.1 音响设备概述

9.1.1 音响设备的概念与分类

1. 音响设备的概念

在 1997 年之前，还没有人对音响这个词做出比较全面、规范的解释，后来我国录音师协会对音响的含义定义为音响是指经过加工修饰的、达到一定电声指标的、满足特定环境需要的声响，是现代科学技术和艺术相结合的产物。

音响设备是一套用于加工修饰、播放声音，以便能够满足应用环境需要的设备。一套简单的音响设备一般包括功放机、周边设备（均衡器、效果器、VCD/DVD）、扬声器（音箱、扬声器）、调音台、麦克风，以及显示设备等，如图9-1所示。

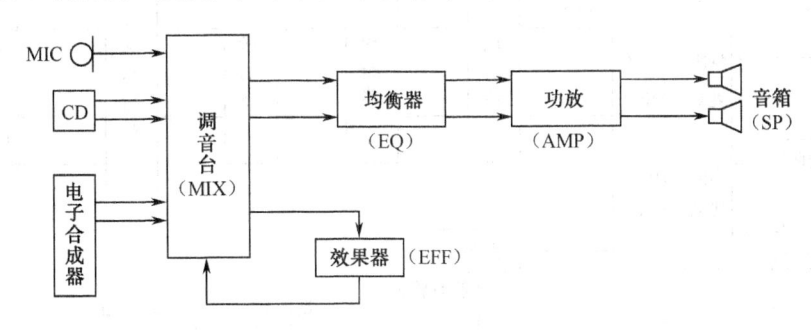

图 9-1　最简单的音响系统设备

（1）音源。音源的种类非常多，一般可以分为三种类型：一是话筒，通过话筒将人的声音和乐器的声音转变成电信号送入调音台，幅度一般比较低，只有几个毫伏到几十个毫伏，需要使用屏蔽效果好的专用信号线传输；二是CD机、影碟机、卡座等，它们向调音台提供幅度为1V左右的线路电平信号；三是电子乐器声音，直接输出1V左右的线路电平信号。

（2）调音台。调音台是音响系统的核心设备，是一种有若干路相同输入单元，能够同时接收多路信号的集成放大、处理、混合及分配于一身的音频处理设备。

（3）均衡器。改善音响系统自身的频率响应，以便适应厅堂的建声特点，使得音响系统能够稳定工作，取得较好的音响效果。

（4）功率放大器。功率放大器也称功放机，它把来自前级的线路信号进行功率放大，将音频信号送入并驱动扬声器。

（5）音箱。音箱是音响系统的最后一个设备，是一个将电信号转变成扬声器振膜的振动，从而使得人耳能够听到响亮的声音的发声设备。

2. 音响设备的分类

从使用的场合与环境，一般可以将音响设备分为以下三大类。

（1）专业音响设备。专业级别的音响设备一般用于大中型的舞台演出场所、重要的会议扩声场所、教育教学扩声系统、广播电视演播场所、音乐电视制作的后期制作场所等。专业级别的音响设备比较复杂，图9-2所示为一个典型舞台音响系统的组成。

（2）民用音响设备。民用级别的音响设备一般用于家庭影音播放环境、个人便携式移动环境、教育，以及小型扩声娱乐环境等。

家庭影院是经过简化的音频视频回放系统，可以在家中体验到只有影院中才能够体验到的视觉和听觉效果，一般包括大屏幕彩电、A/V节目源（DVD）、A/V功放和一组音箱，如图9-3所示。市场上的家庭影院套装品牌繁多，样式不断翻新。国外品牌以高档产品为主，如JBL、尊宝、天朗、天龙等，突出特点是价格昂贵，动辄数万元，甚至几十万元。国内品牌则以中低档为主，如惠威、杜希、奇声、丽声等，价格大都定位在1万元左右。

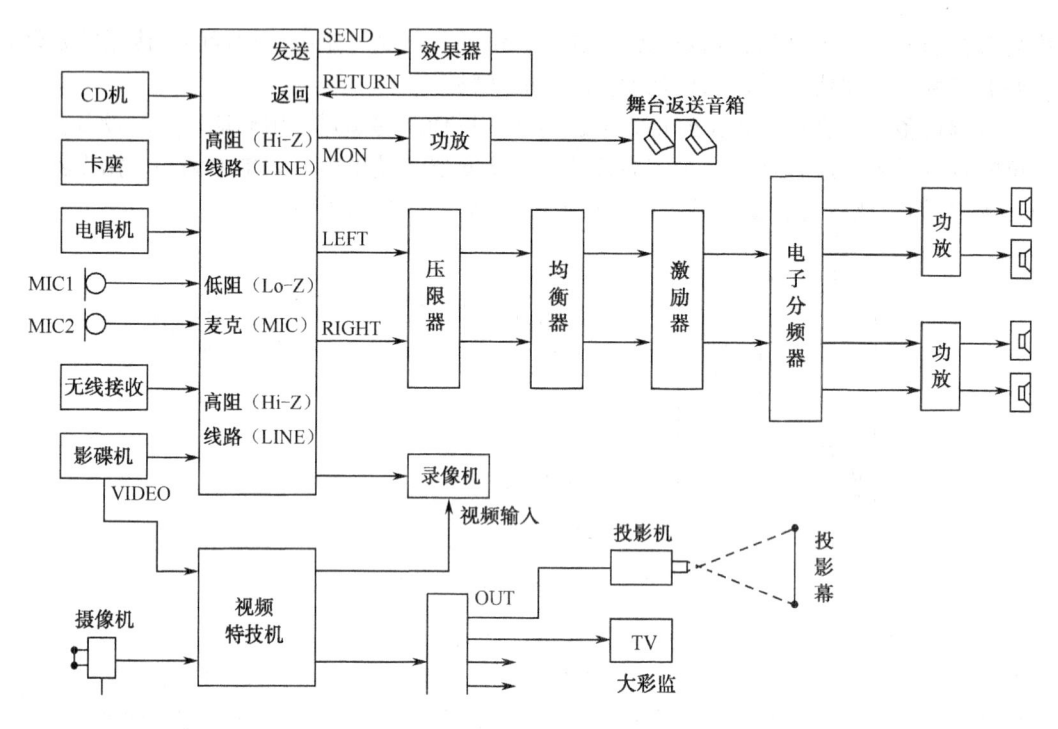

图 9-2 典型舞台音响系统

相对家庭影院来说，迷你组合音响近两年受到了消费者的欢迎。迷你组合音响的特点就是小型化，由将各种播放设备和功放集成为一体的主机加上两个音箱构成，主要目的是携带和移动方便，占用空间小，如图 9-4 所示。

图 9-3　家庭影院套件　　　　　　　　图 9-4　迷你音响

目前，市场上的迷你音响品牌繁多，款式新潮。以先锋、JVC 为代表的国外数码厂商致力于迷你音响的开发与推广，型号繁多，产品比较丰富，外观设计时尚超前，近乎专业音质，价格适中，市场占有率比较高。以奇声为代表的国产品牌和国际品牌尚有一定差距，但是质量发展速度也很快，同时依靠良好的本土化服务和价格优势，在市场上也占有一席之地。

（3）特殊音响设备。特殊的音响设备一般用于公共交通设施、汽车音响、公共广播系统、监视监控系统、防盗报警系统等。

随着汽车工业的迅猛发展，汽车音响推陈出新，成为汽车业的极其重要的组成部分，越来越受到人们的关注。以索尼（Sony）、先锋（Pioneer）和波士顿（Boston）汽车音响占据着大部分市场份额。

9.1.2 音响设备的发展与现状

在很长一段时间内，人类一直生活在没有音响设备的时代，直到 1906 年美国人德福雷斯特发明了真空三极管，才开始有了音响设备，才开始享受音响给我们带来的听觉感受。

从音响技术方面而言，可以将音响设备的发展大概分为以下几个阶段。

（1）电子管阶段。1906 年，美国人德福雷斯特发明了真空三极管。1927 年贝尔实验室发明了负反馈技术，使音响技术的发展进入了一个崭新的时代，比较具有代表性的如威廉逊放大器，成功地运用了负反馈技术，使放大器的失真度大大降低。20 世纪 50 年代，电子管放大器的发展达到了一个高潮时期，各种电子管放大器层出不穷。由于电子管放大器音色甜美、圆润，至今仍为音乐发烧友的挚爱。

（2）晶体管阶段。20 世纪 60 年代，晶体管的出现使广大音乐爱好者进入了一个更为广阔的音响时代，晶体管放大器具有细腻动人的音色、较低的失真、较宽的频响及动态范围。

（3）集成电路阶段。20 世纪 70 年代初期，集成电路以其质优价廉、体积小、功能多等特点，逐步被音响界所认识，人们开始将集成电路技术运用到音响设备之中。时至今日，厚膜音响集成电路、运算放大集成电路都被广泛用于各种音响电路之中。

（4）场效应管阶段。20 世纪 70 年代中期，日本生产出第一只场效应功率管。由于场效应功率管同时具有电子管纯厚、甜美的音色，以及动态范围达 90dB、THD＜0.01％（100kHz 时）的特点，很快在音响界流行。目前，许多功率放大器中都采用了场效应管作为末级输出。

（5）数字化时代。1972 年，荷兰飞利浦公司推出了激光视盘机 LD（Laser Disc），这是一件轰动一时的大事件，甚至可以作为数字时代的元年，第一次在民用消费电子领域出现了数字的概念。

9.1.3 音响设备的技术与质量指标

为了衡量高保真音响系统重现原始声音和原始声场，国际电工委员会（International Electrotechnical Commission）和我国都制定了相应的标准，下面将重点介绍其中 3 个主要的性能指标。

（1）频率范围。频率范围又称为频率特性或者频率响应，是指各种放声设备能够重放声音信号的频率范围，以及在此范围内允许的振幅范围偏差（容差）。可见，频率范围越宽，振幅容差越小，频率特性越好。我国的国家标准规定，频率范围应宽于 40Hz～12.5kHz，振幅容差应低于 5dB。

规定有效频率范围是为了保证语言和音乐信号通过该设备时不会产生可让人觉察的频率失真和相位失真。只有音响设备的频率范围足够宽，通频带内振幅响应平坦程度在容差范围内，重放的音乐才会使人感到低音丰满深沉、中低音雄浑有力、中高音明亮悦耳、高音色彩丰富，整个音乐层次清楚。

（2）谐波失真。由于各个音响设备中的放大器存在着一定的非线性，导致音频信号通过放大器时产生新的各次谐波成分，由此造成的失真称为谐波失真。谐波失真使声音失去原有的音色，严重的时候使声音变得刺耳难听。

该项指标可用新增谐波成分总和的有效值与原有信号有效值的百分比来表示，因而又称为总谐波失真。谐波失真越小,保真度就越高。

(3)信噪比。信噪比是指有用信号电压与噪声电压之比,通常使用分贝值表示。信噪比越大,表明混在信号里的噪声越小,音质越好。一般家用 Hi-Fi 功放的信噪比在 60dB 以上。

9.2 功放机的组成结构与工作原理

9.2.1 功放机的组成结构

功放机又称为扩音机,主要作用是把来自音源或者前级放大器产生的微弱信号进行放大,产生足够的不失真功率,以便推动音箱放声。功率放大器具有输出功率大、效率高、非线性失真小等特点,一套良好的音响设备系统中功放机的作用是功不可没的,如图 9-5 所示。

传统意义上的功放指的是高保真立体声功放,主要由前置放大器和功率放大器组成。其内部具体模块框图如图 9-6 所示。

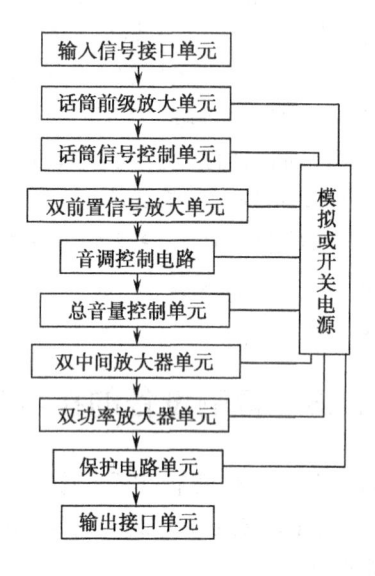

图 9-5　功放机　　　　图 9-6　功放内部电路模块

前置放大器是连接音频信号源的前端输入放大器,前面连接各种信号源的输出,后面连接功率放大器,是各路信号的必经之地,具有连接、放大、校正及缓冲等作用。前置放大器的功能主要体现在以下几个方面。

(1)接口功能。将各种信号源(如 CD、收音调谐器、录音座等)的信号进行切换选择输入到放大器。

(2)放大功能。将选中的信号进行放大,使各信号电平基本一致,防止后级输入信号失真。

(3)均衡、补偿功能。对选中信号的频率失真、带宽等进行修正,使信号的频率特性平坦、带宽合适。

(4)阻抗匹配功能。通常信号源内阻比较大,可通过前置放大器,实现和后级功率放大器的最佳匹配,抑制各种噪声。

前置放大器一般由信号输入端子、切换电路、均衡放大器及输出电路组成。

9.2.2 功放机的工作原理

1. 功率放大电路的功能、原理与分类

功放机主电路为功率放大电路，其功能就是将前置放大器送来的音频信号进行电压和电流放大，使负载音箱发出高保真的声音，而且需要满足一定的功率输出。功率放大电路主要完成把高内阻小信号转换成低内阻大信号的任务。所以，功率放大器是一个低失真的能量转换器。

按照工作原理，功率放大电路的电路结构可分为 OTL、OCL、BTL 电路。

（1）OTL 电路。无输出变压器互补对称放大电路。

（2）OCL 电路。无输出电容互补对称放大电路。

（3）BTL 电路。桥式推挽对称输出电路。

此外，按照功率放大电路放大器件构成可分为电子管、晶体管、场效应管及集成电路。按照功率放大电路的用途可分为 Hi-Fi 功放、卡拉 OK 功放及 AV 功放。

2. 功率放大电路的主要技术指标

一般按照以下参数去衡量功率放大电路的相关特性。

（1）输出功率。输出功率是指功率放大器负载上所能够获得的功率，包括额定功率（RMS）、最大输出功率、峰值功率和峰—峰值音乐功率等。

常用的概念是额定输出功率是指在额定的电源电压和指定的负载条件下满足谐波失真要求（通常小于 1%）时，放大器可以连续输出单频正弦信号（一般为 1kHz）的最大有效值功率，是衡量功放输出能力的主要指标。

（2）频率响应。频率响应（有效工作频率范围）用来反映放大器对不同频率信号的放大能力，通常用频带来表示，一般要求功放的频率响应为 20Hz～20kHz。

（3）信噪比。功率放大器的额定输出功率 P_s 与噪声功率 P_n 的比值称为信噪比，使用 dB 表示为

$$S/N = 10 \cdot \lg(P_s/P_n) \tag{9-1}$$

家用高保真功率放大器的信噪比应大于 80dB。

（4）非线性失真。由于放大元件的非线性和电路中元器件的电抗特性将引起放大器出现非线性失真，非线性失真包括谐波失真、互调失真、相位失真和瞬态互调失真。常用的失真度是指谐波失真度。

3. 功率放大电路的性能要求

在音响系统中，一般对功率放大电路的性能有以下要求。

（1）输出功率。在相同条件下，额定输出功率应尽量大一些，家用功放主声道 RMS（Root Mean Square，均方根：一组数的平均数的平方根，这里指音箱的额定输出功率，是一个计算电压和电流从而得到平均功率的方法。）功率一般不小于 100W。

（2）失真度。高保真功放的总谐波失真度一般为 0.3%以下。

（3）效率。由于功放耗能比较大，在保证性能的前提下，效率越高越好。甲类放大器效率一般低于 50%，甲乙类放大器可达 70%左右。

(4) 散热。功放管发热比较大，必须具有良好的散热才能保证电路稳定工作。

(5) 保护。为了防止损坏昂贵器件，应该具有完善的保护措施，功放一般设有过流、过压、过热，以及直流中点电压保护电路。

9.3 功放机的使用与维护

9.3.1 功放机的使用

1. 功放机的选购思路

选购功放应与其他设备如音箱、影碟机、CD 唱机等配套，要考虑性价比和外观等因素，甚至还要考虑房间的大小与构造。

（1）要分析技术指标。要特别注意输出功率、谐波失真和频率响应这三项技术指标。

（2）要注重品牌，要求实用。名牌的功放，由于厂家的素质所在，制造出来的功放不但声音好，而且经久耐用，为达到效果多花钱注重品牌是值得考虑的。

（3）要与音箱系统搭配。一方面要考虑听音室内安置几路音箱系统，最简单的功放仅有 1~2 路功率输出，配置最简单的双声道立体声系统即可；比较复杂的功放要配置 4~6 路功率输出。另一方面功放的最大输出功率与音箱的最大承受功率必须配好，以防不慎烧毁音箱。

（4）亲自试听。有时说明书上标注的指标和电路都比较好，但试听效果未必好。原因是许多指标都是在正弦波条件下的测试结果，而实际上各类声音如音乐等特性非常复杂。

（5）数字功放机挑战传统模拟功放机。"数字功率放大器"具有很宽的电源电压适应范围和极高的功率转换效率，导致的结果就是更小的体积、更低的质量、更大的功率输出，且声音质量完全达到专业音频扩声的需求。更为重要的一点是在能源消耗方面大大节省了，真可以看做绿色环保功放的前瞻性产品，这些特点都是传统功率放大器不可比拟的优势，也是实实在在带给用户的好处。传统的模拟功放机如今已经面临这种新一代的高效功率放大器严峻的挑战，目前率先进入国内的此类产品是欧洲业内的著名品牌——产于意大利的 Powersoft。

Powersoft 在高效音频功率放大器应用领域是领先业界潮流的公司。其专利产品的注册商标为 DIGAM。全新的 Powersoft 技术已改变了业界关注的专业音频放大器的发展道路，在应用要求高功率和长期可靠性方面目前没有任何放大器能与之相比。因为，它具有令人惊奇的大幅降低热输出，减少质量和体积，同时还具有高功率输出性能。

DIGAM 产品的核心技术就是 PWM（脉宽调制）技术，它的工作原理是类似于高频取样器的 PWM 变换器，将音频信号的各种不同的幅度变换为脉冲序列，其平均值等于音频输出。DIGAM 使用很高的取样频率，以覆盖整个音频带宽而获得高性能，利用高频固态功率开关来放大 PWM 数字信号，然后由输出功率滤波器解调，Powersoft S.R.L 拥有一系列有开关技术和输出解调滤波器的专利。专利设计特点是保证产品参数具有很高的性能，如失真、频响、转换速率、功率带宽和阻尼系数等。

2. 功放机的匹配使用

功率放大器与音箱的匹配是选型时应重要考虑的问题，直接关系着音乐重放的效果和器材的寿命。功率放大器与音箱的匹配主要有阻抗匹配、阻尼匹配和功率匹配。

（1）阻抗匹配。对功率放大器来说，阻抗匹配是第一位的。它要求作为负载的音箱（扬声器）阻抗不应小于放大器的额定负载阻抗。例如，功率放大器原设计接 8Ω 负载，应与 8Ω 或 8Ω 以上阻抗的音箱连接。当配接 16Ω 音箱时，使用中除了输出功率减小 1/2 以外，尚未带来其他明显影响；而当配接 4Ω 负载时，输出功率将增加近 1 倍，如果音量又开得较大，则有可能使大功率晶体管损坏。

现在有些放大器对音箱阻抗允许有可变范围，如 4~16Ω；在这种情况下，阻抗每变小 1 倍，功率就升高 1.6 倍。如标定 8Ω 阻抗下，额定功率为 100W 的放大器，如果改接 4Ω 阻抗的音箱，放大器的输出功率则为 160W。一般情况下，对阻抗有可变范围的放大器，取其阻抗范围的中值比较合适。

（2）功率匹配。功率匹配一般指功率放大器的额定功率与扬声器的额定功率相适应。从目前的趋势来看，功率放大器的额定功率有较大幅度增长，而扬声器系统的额定功率由于电声器件的结构所限增长较慢。

一般来说，放大器的额定功率应大于音箱额定功率的 1/4 比较合适，即 125W 的放大器推动 100W 的音箱。既可以推动音箱全力工作，又可以保证器材的安全。一般扬声器都有一定的抗过载能力，其允许值为额定功率的 1.5 倍左右。故按上述方法进行功率匹配仍是比较安全的。

（3）阻尼匹配。阻尼系数是指音箱阻抗与放大器输出阻抗之比。实践表明，当阻尼系数较小时，扬声器低频特性、输出声压频率特性、高次谐波失真特性均会变差。阻尼系数过大，对实际性能影响并不显著。因此，比较一致的看法是阻尼系数应在 10~100。

9.3.2 功放机的维护

科学地保养音响器材是延长其寿命的关键。下面介绍一些日常维护的基本常识。

音响器材正常的工作温度应该为 18~45℃。温度太低会降低某些机器（如电子管机）的灵敏度；太高则容易烧坏元器件或使元器件提早老化。夏天要特别注意降温和保持空气流通。

音响器材切忌阳光直射，也要避免靠近热源，如取暖器。

音响器材用完后，各功能键要复位。如果功能键长期不复位，其牵拉钮簧长时期处于受力状态，就容易造成功能失常。

开关音响电源之前，把功放的音量电位器旋至最小，这是对功放和音箱的一项最有效的保护手段。这时候功放的功率放大输出几乎为零，至少在误操作时也不至于对音箱造成危害。

开机时由前开至后，即先开 CD 机，再开前级和后级，开机时把功放的音量电位器旋至最小。关机时先关功放，让功放的放大功能彻底关闭，这时候再关掉前端设备时，不管产生再大的冲击电流也不会殃及功放和音箱了。同样关机时要把功放的音量电位器旋至最小，关掉功放后再关前级与 CD 机。

机器要常用。常用反而能延长机器寿命，如一些带电机的部件（录音座、激光唱机、激光视盘机等）。如果长期不转动，部分机件还会变形。

要定期通电。在长期不使用的情况下尤其在潮湿、高温季节，最好每天通电半小时。这样可利用机内元器件工作时产生的热量来驱除潮气，避免内部线圈、扬声器音圈、变压器等受潮霉断。

每隔一段时间要用干净潮湿的软棉布擦拭机器表面；不用时，应用防尘罩或盖布把机器盖上，防止灰尘入内。

从电子学的原理来说，任何电子设备在带电工作状态下都不应该连接或断开其他设备，带电插拔有源设备是十分危险的，甚至麦克风这样的无源设备也不提倡带电插拔。需要提醒的是千万不要开着功放去接音箱线，因为音箱的接线柱距离一般都很近，音箱线又是两条紧紧地并行线，接线时往往会因不小心将喇叭线短路，其后果将是迅速烧毁功放。尽管有的功放设有保护线路，但有的 Hi-Fi 级纯功放为了提高音质，减少不必要的音染，往往会省掉这部分保护措施。

任务 10　录音笔的使用与维护

10.1　录音笔概述

10.1.1　录音笔的概念与分类

录音笔（Recoding Pen）是一种从录音机发展过来的，用于录制、存储及播放声音的电子设备。录音笔以轻便易携、功能丰富、音质清晰逼真等特点，成为专业与非专业人士首选的录音工具，目前市场上所见的大多数是数码录音笔（Digital Recoding pen）。

数码录音笔又称数码录音棒或者数码录音机，如图 10-1 所示。它实际上是一种采用数码录音技术的录制设备，通过对声音进行采集、压缩之后存储到本地闪存（Flash Memory），无需使用额外的录音磁带和话筒。为了便于操作和提升录音质量，数码录音笔的造型并非以单纯的笔型为主。

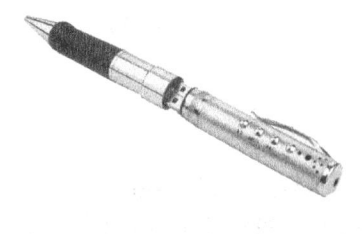

图 10-1　数码录音笔

目前，数码录音笔是消费类电子产品中的一个热点了，与传统的磁带录音机相比，数码录音笔一般具有以下优点。

（1）质量轻、体积小。数码录音笔的主体是存储器，由于使用了闪存，再加上超大规模集成电路的内核系统，因此整个产品的质量、体积又轻又小。

（2）连续录音时间长。传统录音机使用的磁带每一盒录音时间的长度一般是 40～60min，最长的也不过 90min。而目前即使存储容量最小的数码录音笔连续录音时间的长度都在 5～8h，高端的产品达几十个小时的连续录音，也是很常见的。

（3）与计算机连接方便，即插即用。除了有标准的音频接口之外，数码录音笔基本都提供了 USB 接口，使其能够非常方便地与计算机连接，并且即插即用，非常的方便。

（4）非机械结构，使用寿命长。传统的录音设备采用的是机械结构，久而久之会发生磨损的情况，因此寿命有限。例如，磁带录音机，一盒录音磁带经过反复地录、擦几十次基本上会报废，录音磁头和传动装置使用的时间长了也会发生磨损，从而影响录音质量。数码录音笔采用的是电子结构，因此可以做到没有任何机械磨损，使用寿命也较长。

（5）安全可靠，可进行保密设计。有些用户使用录音可能有保密的要求，如果使用传统的磁带录音机，要想实现加密是比较困难的，除非把录音磁带锁进瑞士银行的保险柜中。数码录音笔由于采用的是数字录音技术，可以非常容易地使用各种数字加密算法对录制的源文件进行加密，达到保密的要求。

录音笔的使用范围非常广泛，尤其在多媒体教学、新闻采访、商务谈判及办案取证等领域。

按照使用者对数码录音笔进行分类，一般可以分为普通的录音笔和专业的录音笔，前者适合用于对录音质量要求不高的场合，后者一般适合记者、教师、刑侦办案人员及商务谈判人士。

10.1.2 录音笔的发展与现状

人们从传统的录音机上得到启发，结合电子技术与信息技术发明了现在的数码录音笔，可以说录音笔是传统录音机发展过程中的一个非常成功的产物。

在 21 世纪初，数码录音笔才出现在各类数码消费电子产品之中，随着技术的不断发展，数码电子产品都朝着多功能化的方向发展，功能整合是大多数数码电子产品发展的一个主要趋势，一般具有以下几种基本功能。

（1）录音功能。录音是数码录音笔最基本的功能，采用数码技术可以有效地保证声音的音质，提高声音的清晰度和逼真度。

（2）FM 调频功能。绝大部分数码产品厂商在自己的数码录音笔中添加了支持 FM 收音机功能。

（3）MP3 播放功能。支持 MP3 播放功能使得用户可以选择自己喜欢的音乐和歌曲。

（4）激光笔功能。有的数码录音笔具有一些激光笔的简单功能，能够让使用者在教学、演示时最大限度的发挥肢体语言的优势，让教学、演讲更生动完美。

（5）数码相机功能。有的数码录音笔可以拍摄静态、动态的图片，作为录音笔的一项新式的附加功能成为数码录音笔新的发展方向。

（6）编辑功能。由于声音信息是以文件的形式存储在数码录音笔之中的，因此对文件的编辑功能显得非常的重要。

一些专业的数码产品厂商，例如，索尼（Sony）、三星（Samsung）、爱国者（Aigo）、纽曼（Newman）及京华数码（JWD）等，都将视频录制功能加入到自己的数码录音笔产品之中，彻底改变了以往录音笔只闻其声不见其人的单一信息采集局面。通过集成高清晰的微型摄像头，可以让录制工作做到更快捷到位，学习更生动有效，对使用者来说无异于如虎添翼。

10.1.3 录音笔的技术与质量指标

目前，市场上录音笔品牌繁多，不同数码产品厂商推出的数码录音笔在质量和性能上都有所不同，一般从以下几个指标来衡量一款录音笔的质量和性能。

（1）录音时间。因为录音笔是一款录音设备，所以，录音时间的长短自然就是衡量数码录音笔性能的一个最重要的技术指标。不同录音笔产品的闪存容量和压缩算法都不相同，录音时间的长短会有很大的差异。

目前内存为 1GB 的数码录音笔的录音时间一般在 20～272h，电池连续工作时间一般在 2~26h，可以满足大多数人的需要。如果使用高压缩率来获得较长的录音时间，往往会影响录音的质量。

（2）信噪比。专业录音笔会标示录音信噪比参数，专业的录音笔会在录音时进行降噪，而非专业的仅仅是在录音文件播放时候对文件进行降噪处理，两者是截然不同的。

（3）录音格式。通常数码录音笔的音质效果要比传统磁带录音机要好一些。录音笔通常标明有 HQ、SP 或者 LP 等录音模式。SP 表示 Short Play，即短时间模式，这种方式压缩率不高，音质比较好，录音时间短。LP 表示 Long Play，即长时间模式，压缩率高，音质会有一定的降低。

（4）存储容量。数码录音笔一般采用内置闪存存储录制的信息，目前数码录音笔普遍内置了 16MB 以上闪存，有些高级数码录音笔提供外置存储卡（如 CF、SM 卡），存储容量达到了 2GB 或者更大。

（5）接口类型。目前，几乎所有的数码录音笔都支持 USB（Universal Serial Bus）接口，USB 支持即插即用。

USB 1.1 标准是已经过时的 USB 规范，传输速率达到 12Mb/s，不过由于 USB 总线极易被干扰，所以实际速度通常不足 1Mb/s。

USB 2.0 标准是由 USB 1.1 标准演变而来的，传输速率达到 60Mb/s，可以满足大多数外接设备的速率要求。因为 USB 总线易被干扰，所以，实际的传输速率通常在 20~30Mb/s 之间。

目前，USB 3.0 标准已经推出，传输速率高达 5Gb/s，不过实际产品出现还要过一段时间。

（6）电池容量。一般来说，大部分数码录音笔都用 7 号 AAA 型电池，有的小型产品则采用了纽扣电池，还有的产品内置了充电电池。采用普通电池的好处是可以更换，而使用充电电池则比较便宜。应选择那些电池使用时间在 20h 以上的数码录音笔，当然时间越长越好。

10.2 录音笔的组成结构与工作原理

10.2.1 录音笔的组成结构

数码录音笔的组成包括硬件和软件两部分。硬件就是拿着一支数码录音笔拆开，所能看到的电子元件，而软件运行在硬件的基础之上，实现各类可操作的系统功能。数码录音笔的硬件一般包括以下几个基本部分。

（1）MCU。MCU（Main Control Unit）是数码录音笔中最重要的一个器件，其他的器件都是受其控制和操作的。

（2）存储设备。在数码录音笔中一般只有 Flash (闪存)，一些大容量的数码录音笔可以通过外置的存储卡来提高存储容量。

（3）电源。数码录音笔支持多种电源，有使用 7 号 AAA 型电池的，有使用纽扣电池的，有使用内置了充电电池的。

（4）液晶显示屏幕 LCD。LCD 是最近在数码录音笔中添加的功能，尺寸一般比较小，可以显示当前录音笔的一些工作参数和相关状态。

（5）输入/输出设备。输入设备即数码录音笔接收外部可辨别声音的设备，如内置麦克风、外接麦克风、与电话听筒之间的连线等。麦克风又分为指向性麦克风、单向麦克风、广角麦克风。

数码录音笔通过对模拟信号的采样、编码将模拟信号转换为数字信号，并进行一定的压缩后进行存储输出到所需的设备即输出设备，如内置扬声器、耳机、外接有源音箱等。

（6）A/D 转换接口与 D/A 转换模块。A/D 转换接口负责将接收的模拟信号转换为数字信号，以便对数字信号进行压缩处理，存储到本地 Flash (闪存)中。

D/A 转换模块负责将本地的数字信号转换为模拟信号，以便输出设备能够重新播放录制的声音信息。

10.2.2 录音笔的工作原理

与传统的磁带录音机直接记录声音信息相比，数码录音笔通过对模拟信号进行采样和编码，将模拟信号通过 A/D 转换器转换为数字信号，对数字信号采用一定的算法压缩后存储到本地的存储设备之上。

由于数码录音笔以数字文件的形式存储声音和图像等信息，即使文件经过多次复制，录制的声音和图像信息也不会受到任何损失。

10.3 录音笔的使用与维护

10.3.1 录音笔的使用

数码录音笔使用比较简单，不需要太多专业知识，但是在使用过程当中应该注意以下几点。

（1）使用模式。数码录音笔通常有标准模式和长时间模式两种录音模式选择，应该根据实际情况选择合适的录音模式。如果比较重视音质，应该选择标准录音模式；如果比较重视录音时间，应该选择长时间模式。

（2）是否需要使用麦克风。很多录音笔可以选择使用内置式或者外置式麦克风录音，外置式麦克风可以夹在衣领上。麦克风的灵敏度有高低两挡，在安静的环境下可以采用高灵敏度录音，在嘈杂的环境下采用低灵敏度录音，可以提高信噪比。

（3）录音文件的管理。以前数码录音笔的文件管理系统一直是让使用者不太满意的地方。现在，数码厂商为此做了大量的研究，性能有了大大地提高。

10.3.2 录音笔的选购

市场上录音笔的产品众多，功能从简单到复杂，性能从低端到高端，可谓应有尽有，价格也是从一百多元到几千元不等，消费者在购买录音笔时首先应该考虑自身的实用性，只选对的不选贵的。另外，数码录音笔选购应注意以下几个方面。

（1）录音时间。录音时间的长短自然是数码录音笔最重要的技术指标，目前数码录音笔的录音时间在都在 6~10h，可以满足大多数人的需要。

（2）电池使用时间。一般来说，大部分数码录音笔都用 7 号 AAA 型电池，有的小型产品则采用了纽扣电池，有的产品内置了充电电池。采用普通电池的好处是可以更换，使用充电电池则比较便宜，工作时间越长越好。

（3）音质。通常情况下，数码录音笔的音质效果比传统的磁带录音机要好一些，不同数码厂商的产品之间肯定存在一定的差异，在购买数码录音笔时最好现场录制一段声音，然后仔细听一下音质是否有噪声。

（4）存储方式。数码录音笔一般采用内置闪存存储录制的信息，目前数码录音笔普遍内置了 16MB 以上闪存，有些高级数码录音笔提供外置存储卡（如 CF、SM 卡），具备相当长的录音时间，同时方便资料传送，如用读卡器可将录音数据快速存入计算机。

（5）功能。声控录音和电话录音功能是数码录音笔中比较重要的功能。声控录音功能可以在没有声音信号时停止录音，有声音信号时恢复工作，延长了录音时间。电话录音功能则为新闻记者的电话采访提供了方便。

此外，还有分段录音及录音标记功能，对录音数据的管理效率比较高，MP3、复读、移动存储等附加功能也会带来很大的方便。

除以上几点外，还有价格、外观、品牌等因素需要考虑，可根据个人喜好和经济实力进行选择。

10.3.3 录音笔的维护

录音笔在日常使用中要注意不要摔坏、进水。

以下列出录音笔部分常见故障维修方法，供使用和维护时参考。

（1）死机（不开机）

检查方法：① 检查电源电路供应是否正常。② 供电电压正常则继续检查晶振是否虚焊，再检查晶振是否起振。假如晶振正常起振则检查斑马条是否压好（检查晶振是否起振的方法就是对比好机器测量晶振两脚的电压）。③ 电压不正常，则检查电源 IC 是否虚焊，检查分压电阻阻值是否正确或检查电池输入端是否有电压输入。

（2）不录音和录音有杂音

检查方法：① 本机不录音时，首先检查 IC 供电的电压是否正常。检查本机 MIC 头是否损坏或虚焊，检查 IC 的外围元件。主要检查外围电阻，电容的元件有没有虚焊、短路等。和主板与副板的接插件有没有接触不良。主板与副板的连接线是否虚焊。② 插录音话筒不录音时，首先确定本机可以录音，然后检查话筒是否坏掉，或插头、插座是否接触不良。③ 录音杂音，检查 IC 的外围元件是否有焊接不良现象。

（3）不放音

检查方法：① 耳机不放音，检查耳机插座是否虚焊或坏掉。检查主板与副板的接插件是否连接正常。② 扬声器不放音，首先确定耳机可以放音，然后检查音频 IC 的供电，IC 的外围元件。

（4）不能连接 USB

检查方法：首先检查电源 IC 的供电是否为正常的电压，如正常则检查 IC 是否虚焊，外围元件是否焊接好。检查晶振 Y1 是否正常起振。检查接插件是否连接正常。检查电阻焊接是否良好。

任务 11　环境控制设备的使用与维护

11.1　环境控制设备概述

11.1.1　环境控制设备的概念与分类

1. 办公环境及控制设备

随着科技的不断发展和时代的向前推移，在进入 21 世纪的今天，人们对于生存环境的要求越来越高。一般情况下，除居住环境以外，办公空间是人们工作最长的环境场所，因此，人们对办公环境也会有更高的要求。舒适、环保的工作环境，对发挥工作人员潜能和创造力，提高工作效率等方面都有积极的作用。另外，办公场所使用的办公设备越来越多，各类电子、机械器件，特别是一些高端设备，如计算机、服务器、复印机等，对环境条件的参数范围都有一定技术规定，超过和达不到这个规定，都可能会影响机器工作性能和使用寿命。因此，构建好一个良好的办公环境，显得十分重要。

总的来说，办公工作环境是由许多方面的因素和条件构成的，如工作区的空间、采光、温度、通风、噪声、装修、装饰；工作区的办公桌椅、柜架、各种办公设备、饮水设备、办公用品和耗材；工作所需的文件、资料、档案、书籍；工作中人们的关系、氛围等。

在这些因素和条件中，在构建良好的人文环境的同时，往往需要使用一定的环境控制设备，以保证良好的物理环境。下面列举了一些办公室常见的需要保障的环境因素及控制设备。

（1）温度及湿度控制。空气调节即控制办公室中空气的温度、流通、湿度与清洁 4 个基本因素。办公室的温度太高，工作人员会有不舒适与头昏之感。湿度会影响人们的舒适与效率。特别潮湿的空气会引起呼吸器官的不舒适，并引起人们的沉闷、疲倦之感。

说到调节温度及湿度，一般用的就是空调。一般建议温度范围为 20～26℃，湿度范围为 40%～55%。同时，空调还通常能起到空气净化及增加负离子浓度的效果。部分办公场所还需要配置专用的空调，对室内送风方式等方面做条件限制，以全面满足房间温湿度、室内风速、防尘、消声等各项要求。

（2）电源控制。假如所处的地区经常停电或电压不稳定，就该考虑使用电源调整器或不间断电源等方法，来预防供电品质不佳而引起的各类问题。

电源调整器有三种：隔离器、电压调节器及滤波器。隔离器包括暂态反应压制器、涌浪电流保护器及隔离元件。当电源线上产生脉冲电压或涌浪电流时，隔离器将电压的变化限制在额定值的±25%之内；稳压器可以把电源维持在适当的电压上；滤波器可滤除 50Hz 以外的任何杂波。

如果电源调整器仍无法满足电源不稳定变化时，应选用一种备用电源。常用的备用电源有小型便携式不间断电源系统（UPS）。

不间断电源系统是平常外线供电正常时，用蓄电池把电力储存起来，停电时把储存的电力输送出来供应电路的电源系统。不间断电源系统是一种昂贵但相当可靠的供电系统，由电动机、发电机和电池等部件构成。平时使用外线电力带动电动机，电动机带动发电机发电来给电池充电。外线电力中断时，改由电池的电力来驱动发电机，再将发电机发出的电力提供给计算机系统。

(3) 采光。充足的光线是办公室环境的重要因素之一。办公室的光线应使工作人员易看且不易疲劳。只有光线充足、舒适，才能够使工作人员减少疲劳、错误，做更多的工作，保持充沛的精力。办公室光线的来源包括自然光、日光灯及白炽灯。自然光有益于心理的健康，但因早晚光线不一，因此，需有人造光以弥补光线不足。日光灯能提供大量的照明，最适宜办公室布置。办公室光线系统的基本设计共有 5 种：直接光、半直接光、间接光、半间接光、直接间接光。其中，采用间接光或直接间接光较好。适当地提高办公室的光线的经费是一种健全的投资。根据许多的研究显示，如果能提供适当的光线，则办公室的效率能提高 10%～15%。

(4) 噪声控制。由于集中办公的需要，现代办公室多采用开放式格局，即多数员工在一间没有严密隔墙的大房间工作，用各种帘、幕、花木等充当屏障，没有任何视觉和听觉上的私密性。这在一定程度上造成了办公室里的噪声源很多，如计算机主机、网络交换机、空调、打印机、复印机、传真机、不时响起的电话铃声及人员交谈和走动声等，虽然声音不大，但是却在上班时间与工作人员形影相伴。近年来，越来越多的心理学研究人员意识到了这个问题，并在噪声环境与心理健康方面进行了大量的研究。长期在声音环境中工作，个体知觉会感到控制感减弱，注意力难以集中，有时会引起头痛、恶心、易怒、焦虑、情绪烦躁甚至神经衰弱等症状，这些反应有时甚至会引起心理疾病。因此，有必要采用一些隔音、减音设备，来预防与减少办公室噪声的产生。

(5) 防火系统。办公防火系统包括无源和有源设计，以及防火行动执行计划。通常会安装烟雾探测器，在燃烧产生明火之前能够提前发现火警，在火势增大之前可以截断电源，使用灭火器手动灭火。在部分办公场所是不能使用自动喷水灭火装置的，因为，一些电子设备部件遇水后通常会发生故障，特别是电源未截断的情况下使用水灭火情况会变得更糟。

2. 空调机的概念及分类

空调机即房间空气调节器（Room Air Conditioner），是一种用于向房间（或封闭空间、区域）提供处理空气的机组。它的功能是对该房间内空气的温度、湿度、洁净度和空气流速等参数进行调节，以满足人体舒适或工艺过程的要求。

今天，人们的生活已经离不开空调了，各种新型空调还在不断涌现，如图 11-1 所示。空调从诞生发展到今天，从简单的空调扇到传统的制冷空调，再到今天节能化、智能化的超空调时代，已经走过了百余年的历程。

图 11-1 空调机

近年来，为了满足各阶层消费者的各种需要，国内空调市场上还出现了多种新型空调。

（1）智能空调，采用人性智能设计，无须人手操作即可自动开关。智能空调还可根据光线强弱、人员多少、内外温差自动调节运行状态，以达到最佳室温。这种顺应趋势发展的空调自然成为新的主流。

（2）隐形空调，专为中国家庭设计。由于中国家庭的房间面积较小，房间的举架较矮，往往因为安装空调占用空间较大而影响了居室的美观。生产专门为中国家庭设计的不占空间甚至能隐形的空调成为发展新趋势。

（3）双面出风空调，可以上下双面出风的变频空调改变了原有空调单一的送风方式。不直吹人体，不得"空调病"。为可以呼吸的具有双向换新风功能的柜式空调重新定义了健康的概念，将生活质量进一步提高。

（4）一拖多空调。如今一户多室的住房结构已经成为主要的户型，一套普通的空调不能满足多室要求，购买多套空调既增加了经济负担又影响了房间的美观。一拖多空调的应运而生满足了新结构的新需求，尤其是变频一拖多空调已经成为消费者的首选产品。

未来一些新型空调产品开始预留网络接口，实现网络开放。通过选配的网络控制器可实现千里之外的网络遥控。将来空调也会成为人们在工作和生活中必不可少的人性化智能家电。

根据使用场所和制冷量，空调可分为家用空调和商用空调。一般家用空调制冷量在1250～9000W，多在家庭使用，商用空调器功率较大，多在公共场合使用，如机房、商场等。

根据制冷制热效果，分为只能制冷的单冷式空调器，以及既能制冷、又能制热的冷热式空调。

根据系统组合状态，还包括窗机和柜机两种机型。

11.1.2 空调机的发展与现状

1902年，美国人威利斯·开利设计了第一个空调系统，1906年他以"空气处理装置"为名申请了美国专利。其逐渐被用来调节生产过程中的温度与湿度，并进入化工业、制药业、食品及军火业等各行业。1922年开利工程公司研制成功在空调史上具有里程碑地位的产品——离心式空调机，简称离心机。离心机最大的特点是效率高，这为大空间调节空气打开了大门。从此，人成为空调服务的对象。20世纪60年代，新型的燃气空调在日本出现了。20世纪70年代后期，世界各国对太阳能利用的研究蓬勃发展，太阳能空调技术也随之出现。20世纪80年代初期，变频空调技术在日本开始运用。变频空调是在普通空调的基础上选用了变频专用压缩机，增加了变频控制系统的空调。各项技术的发展，使得空调越来越广泛地应用到工业、生活的各个方面。

11.1.3 空调机的技术与质量指标

1. 空调机的主要技术指标

（1）制冷（热）量。空调机在进行制冷（热）运转时，单位时间内从密闭空间除去的热量。法定计量单位为W（瓦）。

（2）电源额定消耗功率。空调机在额定工况下进行制冷（热）运转时消耗的功率，单位为W。

（3）制冷性能系数。为了衡量制冷压缩机在制冷或制热方面的热力经济性，常采用性能系数 COP 这个指标。

开启式制冷压缩机的制冷性能系数 COP 是指在某一工况下，制冷压缩机的制冷量与同一工况下制冷压缩机轴功率 P_e 的比值。

封闭式制冷压缩机的制冷性能系数 COP 是指在某一工况下，制冷压缩机的制冷量与同一工况下制冷压缩机电机的输入功率 P_{in} 的比值。

（4）制热性能系数。开启式制冷压缩机在热泵循环中工作时，其制热性能系数 COPh 是指在某一工况下，压缩机的制热量与同一工况下压缩机轴功率 P_e 的比值。

封闭式制冷压缩机在热泵循环中工作时，其制热性能系数 COPh 是指在某一工况下，压缩机的制热量与同一工况下压缩机电机的输入功率 P_{in} 的比值。其单位均为 W/W 或 kW/kW。

（5）能效比。空调、采暖设备的能效比（Energy Efficiency Ratio）。

在额定（名义）工况下，空调、采暖设备提供的冷量或热量与设备本身所消耗的能量之比。

（6）噪声。空调器运转时产生的杂音，主要由内部的蒸发机和外部的冷凝机产生。

2. 空调机的主要性能参数

（1）名义制冷量——在名义工况下的制冷量，W；
（2）名义制热量——冷热型空调在名义工况下的制热量，W；
（3）室内送风量——室内循环风量，m^3/h；
（4）输入功率，W；
（5）额定电流——名义工况下的总电流，A；
（6）风机功率——电动机配用功率，W；
（7）噪声——在名义工况下机组噪声，dB；
（8）制冷剂种类及充注量——如 R22，kg；
（9）使用电源——单相 220V，50Hz 或三相 380V，50Hz；
（10）外形尺寸——长×宽×高，mm。

注：制冷量——单位时间所吸收的热量。

基础空调机铭牌上的制冷量称为名义制冷量，单位为瓦（W），还可以使用的单位为千卡/小时（kcal/h），两者的关系为

$$1kW=860kcal/h$$

或

$$1\,000kcal/h=1.16kW$$

国家标准规定名义制冷量的测试条件为室内干球温度为 27℃，湿球温度为 19.5℃；室外干球温度为 35℃，湿球温度为 24℃。标准还规定，允许空调的实际制冷量可比名义值低 8%。

11.2 空调机的组成结构与工作原理

11.2.1 空调机的组成结构

空调机主要由制冷循环系统、空气循环系统、电气控制系统和壳体结构四部分组成。

（1）制冷循环系统。由压缩机、冷凝器、毛细管、蒸发器和干燥器、消音器、过滤器等组成。采用热泵型循环系统的还有电磁换向阀、单向阀；封闭循环系统内填充制冷剂R22。

（2）空气循环系统。室内机由贯流风机、离心风机、出风栅、滤尘网和出风口等组成，室外机有轴流风机等。

（3）电气控制系统。分体式空调器的电气控制电路采用计算机程序控制，主要控制功能有温度自动调节控制、室内机显示控制、压缩机延时启动控制、风速自动切换控制、定时开停控制、冷风防止控制、高负荷防止控制、自动除霜控制、过电流保护控制、电磁换向阀控制、室外风量自动调节控制。

（4）壳体结构。窗式空调机的外箱壳体结构由箱体、底盘与面板组成，箱体一般用0.8～1mm厚冷轧薄钢板弯制而成，在箱体两侧开有散热百叶窗，进风冷却冷凝器。箱体表面经喷漆处理，制造箱体的薄钢板也经过防锈处理，窗式空调机的底盘用于安装整个空调机系统。

11.2.2 压缩机的形式

家用、商用中央空调常用的压缩机形式有活塞式、旋转式（也称转子式）、涡旋式三种。

压缩机的输入功率：1马力（HP）=735W，常见的功率单位是英制单位为马力（HP），经常用1匹、1.5匹等来区分压缩机功率大小。

（1）活塞式压缩机：使用历史最长的压缩机，工作效率较低、抗液击性能差、振动噪声大，目前已逐渐退出市场。

（2）旋转式压缩机：工作效率较高、抗液击性能较好，振动噪声小；是3匹及以下功率最常用的压缩机。

（3）涡旋式压缩机：工作功率高、抗液击性能好、振动噪声小；是4匹及以上功率最常用的压缩机。

11.2.3 空调机的工作原理

为了绿色、环保，国家对制冷剂规定禁止使用氟利昂，而采用新的环保制冷剂R134、R600等替代物。

气雾推进剂、阻燃剂及发泡剂等，是全球公认的新型氟利昂替代物，已在西方国家得到广泛使用。

我国从1996年开始逐步削减R12的生产，《中国逐步淘汰消耗臭氧层物质国家方案》明确规定，国内所有汽车生产厂家从2002年1月1日起，停止在汽车空调上使用氟利昂，一律改用氟利昂替代物R134a。家用冰箱、冷柜推荐使用R134a为制冷剂。在商用空调领域R134a也已获得了广泛应用。R134a还可与其他产品混配成新的环保制冷剂，如家用空调领域广泛应用的R407c等。

下面以新型环保制冷剂R600为例，介绍空调机的工作原理。

压缩机将气态的环保制冷剂R600压缩为高温高压的液态环保制冷剂R600，然后送到冷凝器（室外机）散热后成为常温高压的液态环保制冷剂R600，所以室外机吹出来的是热风。然后到毛细管，进入蒸发器（室内机），由于环保制冷剂R600从毛细管到达蒸发器后空间突然增大，压力减小，液态的环保制冷剂 R600 就会汽化，变成气态低温的环保制冷剂 R600，从而吸收大量的热量，蒸发器就会变冷，室内机的风扇将室内的空气从蒸发器中吹过，所以室内机吹出来的就是冷风；空气中的水蒸气遇到冷的蒸发器后就会变成水滴，顺着水管流出去，这就是空调会出水的原因。然后气态的环保制冷剂 R600 回到压缩机继续压缩，继续循环。制热的时候有一个称为四通阀的部件，将冷凝器和蒸发器的管道调换了过来，所以制热的时候室外吹的是冷风，室内机吹的是热风；与制冷相反。其实就是用的物理中液化（由气体变为液体）时要排出热量和汽化（由液体变为气体）时要吸收热量的原理。

还有一种是电辅热泵型空调器，即在热泵型空调器的基础上，增加电热元件，用少量的电加热来补充热泵制热时能量不足的缺点，既可有效地降低用单纯电加热的功率消耗，又能达到使用单纯热泵的温度范围。

11.3 空调机的使用与维护

11.3.1 空调机的使用

1. 空调机的选购

选购空调时应综合考虑以下因素：品牌，经销商，产品的技术水平，空调性能指标，功率大小，有关认证及价格。

（1）购买前准备。在购买空调之前，首先要清楚使用房子的面积、楼层、朝向。因为这些因素都决定了房间空调制冷量的大小。空调制冷量一般可按照如下公式来计算：制冷量=房间面积×150W/m^2；1P=2500W。如果房间在顶楼或者面向朝阳，选择空调时制冷量要适当大一些。一般的购买原则是买大不买小。如果功率太小，制热效果差，制冷的速度也会影响很大。

（2）选择商家。空调产品的销售渠道很多，大体分为网络渠道、传统经销商渠道、商超渠道和连锁大卖场渠道。工厂生产出来的空调只是一个半成品，还需经过专业的安装调试才能正常使用，选择一个好的商家会使消费者利益得到双重保证。一般来说，网络、家电经营部、商超等渠道的价格相对比较低，但是这些渠道或是太小或是不够专业，一般在购买后的售后问题解决起来比较麻烦。建议买空调尽量到专业的家电连锁店去购买，空调出了问题可以得到及时有效的解决。

（3）选择品牌。市场上的空调品牌大大小小共有几十个。其中国产品牌主要有格力、美的、海尔、海信、志高、奥克斯、科龙、春兰、格兰仕、TCL、新科、双鹿等；合资品牌主要有三菱电机、松下、三菱重工、三洋、三星、LG、东芝、大金、伊莱克斯、日立、惠而浦等。品牌是企业技术、质量和信誉的象征，在选择品牌之前，要尽量从身边的人群了解每个品牌的口碑如何。

（4）选择性能。首先要看能效比，能效比越高，技术性能越好使用越省电。其次看噪声情况，购买时要了解室内机和室外机的噪声大小。再次看产品功能，看空调是否具有夜间模式、智能化霜、安全保护、开机软启动等重要的功能。

其中，制冷（热）量、能效比和噪声大小是衡量空调优劣的三个最为关键的指标。

（5）制冷（热）量。空调机运转时单位时间内从密闭空间产生的热量，法定计量单位 W（瓦）。

国家标准规定空调实际制冷量不应小于额定制冷量的 95%。输入功率是指空调机在额定工况下进行制冷（热）运转时消耗的功率，单位为 W。

空调制冷量该怎么计算？

空调"匹"数，原指输入功率，包括压缩机、风扇电机及电控部分，因不同的品牌其具体的系统及电控设计差异，其输出的制冷量不同，故其制冷量以输入功率计算。

一般来说，1 匹的制冷量大致为 2000 大卡，换算成国际单位应乘以 1.162，故 1 匹的制冷量应为 2000×1.162=2324W，这里的 W（瓦）表示制冷量，则 1.5 匹的应为 2000×1.5×1.162=3486W，依次类推。根据此情况，则大致能判定空调的匹数和制冷量，一般情况下，2200～2600W 都可称为 1 匹，4500～5100W 可称为 2 匹，3200～3600W 可称为 1.5 匹。

制冷量确定后，即可根据实际情况估算所要消耗的制冷量，选择合适的空调机。家用电器要消耗制冷量的较大部分，电视、电灯、冰箱等每瓦功率要消耗制冷量 1W，门窗的方向也要消耗一定的制冷量，如果房间是位于楼顶及西向可考虑适当增加制冷量。

（6）能效比。能效比又称为性能系数，是指空调机制冷运转时，制冷量与制冷功率之比，单位为 W。

国家标准规定，2500W 空调的能效比标准值为 2.65；2500～4500W 空调能效比标准值为 2.70。

（7）噪声值。空调机运转时产生的杂音，主要由内部的蒸发机和外部的冷凝机产生。

国家规定，制冷量在 2000W 以下的空调室内机噪声不应大于 45dB，室外机不大于 55dB；2500～4500W 的分体空调室内机噪声不大于 48dB，室外机不大于 58dB。

（8）比较价格。现在空调产品每年都在推陈出新，购买者应该根据自己的实际情况进行购买，例如，带银离子杀菌功能可能不是空调的必须功能，而这种附加功能会给空调带来附加价格。在购买时要对产品做好对比之后再决定购买，千万不可盲目选择。

2. 空调机的安装

（1）室内机的安装。室内机安装主要考虑冷空气的流通均匀，制冷量的最少损耗，人对温度感觉的舒适度，以及防止光、电、磁对电路的干扰。其安装主要原则有，安装的基础应牢固结实；内机的位置易于排水，方便和外机连接；避免太阳直射在机组上，远离热源；空调出风口不宜对着人吹或对着床吹；确保与墙壁、天花板、装潢和其他阻碍物之间的距离，室内机安装位置最基本的要求为左右两侧不小于 12cm，上侧不小于 15cm，下侧不小于 200cm（使用分体壁挂机）。防止空调制热时温度过高，以及电路故障时有可能产生的火花。远离易燃物品，尤其是窗帘、衣服等可以移动的物品。

（2）室外机的安装。室外机的安装主要考虑外机的牢固安全，尽量将噪声减到最低，外机周围保持一定空间，以保证通风散热。其主要安装原则有外机周围不能有可燃性气体泄漏和爆炸物；地面或墙体要能承受机体的质量自振动；安装的部位要便于操作、调整与维修；尽量避开自然条件恶劣（如油烟重、风沙大、阳光直射或有高温热源）的地方；建筑物内部的过道、楼梯、出口等公用地方不应安装空调器的室外机；空调器的室外机组不应占用公共人行道，沿道路两侧建筑物安装的空调机其安装架底（安装架不影响公共通道时可按水平安装面）距地面的距离应大于 2.5m；外机运转时发生的噪声及冷（热）风、冷凝水不能影响他人的工作、学习和生活；建筑物预留有空调器安装面时，必须采用足够强度的钢筋混凝土结构件，其承重能力不应低于实际所承载的质量（至少200kg），并应充分考虑空调器安装后的通风、噪声及市容等要求。

3. 空调机的使用

各种办公或家用空调机的电器控制板的布置形式及采用的方法不尽相同，功能的设置有多有少，但是操作方法基本相同。用户应当熟悉空调机的各种功能及使用，以便正确把握空调机开机和停机方法。无论是手动开关还是遥控器操作，空调机的开机操作基本如下。

（1）根据空调要求和使用要求，选择空调的运行方式，如制冷、制热、除湿或通风等。只要按空调器上的运行方式选择键选择即可。

（2）设定温度，调节温度调节器的温度值。一般制冷运行时，温度值设定范围在20～30℃。制热运行时，温度值设定范围在14～27℃，所设定的温度值是指空调机的回风温度或房间温度。

（3）在完成以上操作后，开启空调机，空调机就能按选定的运行方式正常运转。

（4）开机运行后，根据需要可以通过调节风量开关来调节空调机的制冷（热）量。一般空调机的制冷（热）量的调节均通过改变风量来达到调节目的（变频式空调机是调节压缩机转速）。窗式空调机一般设置有强冷和弱冷或强热和弱热旋钮，将旋钮定于强冷（热）或弱冷（热），实际调节风量为高风量或低风量。

（5）以制冷工况为例，空调机开机运行后，可能会出现以下两种情况：一是空调机压缩机开停频繁，而室内温度降不下来；二是室内温度已太低，而空调机压缩机不停止运转。这可能是温度调节器的温度设定值不正确（太高或太低）。应适当调节温度设定值，使室内温度达到要求值，从而避免空调机压缩机的频繁开停或室温偏差过大。

（6）空调机无论因何种原因而停机（如忽然断电、人为停机等），由于一般空调机均设有停机的时间延迟器（延迟时间约3min），这时这类空调机停机后虽可马上开机，但需过3min后才能运转。但对无时间延迟器的空调机，停机后不能立即开机，务必过约3min之后，才能重新开启空调器，否则可能造成启动电流过大，烧毁熔丝，甚至烧毁压缩机电机的后果。

（7）空调机不应频繁开关。不要因为房间温度已达要求值或高于要求值而经常地启动和关闭空调器，应当让空调机通过温度控制机来控制启动和关闭。空调机不使用时应关断电源，拔掉电源插头。

11.3.2 空调机的维护

空调机的维护、清洗是空调保养的主要关键，有利于提高制冷效果、缩短降温时间、空调节能、延长空调机的使用寿命等，是合理使用空调，加强规范管理的重要组成部分。

一般空调保养维护的措施有以下几个方面

（1）清除通风口的杂物，保证通风正常。观察室外机架有无松动现象，清洁室外通风网罩内有无异物。同时，应保持通风口的畅通无阻。

（2）室内外换热器表面定期清洗，提高换热器的效率。清理室内换热器时，应小心拿下面板，用柔软的抹布擦洗，使用小毛刷轻轻刷洗内机的换热器，达到清除灰尘和可繁殖病菌有害积聚物的目的。但是注意由于散热片是很薄的铝质材料，受力后容易变形，因此要小心刷洗。

（3）清洗过滤网上的积灰。在清洗过滤网的时候，首先切断电源，再打开进风栅；取出过滤网，用水或吸尘器清洗过滤网，水温不要超过40℃，用热的湿布或中性洗涤剂清洗，然后用干布擦净，同时不能用杀虫剂或其他化学洗涤剂清洗过滤网。

（4）清洗排水部分的污垢和积聚物。排水部分容易沉积污垢，必须定期进行彻底消毒，保证排水通畅、防止细菌繁殖。

（5）检查其他零部件状况，包括供电线路、插头插板、开关；检查易耗损件，如导风转板、杀菌除湿、光触媒等部件状况，确保空调状况良好无异常。

有的单位可能使用空调数量比较多，或者空调性能等要求比较高。可以考虑与空调服务公司签订长期的服务合同，每年定期对空调进行相应的保养维护、定期检修。

任务 12　碎纸机的使用与维护

12.1　碎纸机概述

12.1.1　碎纸机的概念与分类

在信息化时代，信息的传播是非常快的，人们了解信息的速度也是非常快的，但同时也出现了一个新问题，不该传播的信息也容易被传播了，而这些信息或涉及本公司的知识产权、商业秘密，或因为某种原因需要保密。因此，用户必须要处理这些废弃资料，碎纸机则就是用来完成办公室中的销毁保密文件与资料的辅助办公设备。

在碎纸机出现之前，带有涉密信息的纸张要么进行烧毁，要么需要专门部门进行回收。而碎纸机的出现，增加了人们处理涉密纸张的方便性。更具有方便、快捷、无污染、经过环节少、更具有保密性等特点。因此，它是目前适合各种类型办公室用来销毁纸质机密文件的专用设备。

碎纸机也称文件粉碎机，是一种特殊的机电设备，如图12-1所示。一般由切纸部件和箱体两大部分组成。切纸部件包括旋转电机和锋利的刀具，电动机带动刀具快速转动，可以将文件快速粉碎成条状或米粒状，甚至更小。箱体主要包括容纳纸屑的窗口和机壳。

图12-1　碎纸机

12.1.2　碎纸机的发展与现状

1971年，德国商人赫曼·史威林先生在德国南部的工业小镇Salem开始了碎纸机研发与生产，1976年，发明并生产销售出第一台打包机，1981年，生产并销售出第一台碎纸、打包联合设备。从此以后，碎纸机就和人类有了紧密联系，融入了人们的生活。

（1）第一代碎纸机。第一代的传动机构大多是皮带传动，噪声低，但长时间工作，皮带出现变形拉升，甚至断裂现象，皮带表面齿易磨损，出现机器运转打滑。

（2）第二代碎纸机。塑胶齿轮传动，因塑胶齿轮在注塑、缩水等工艺上较难精确掌握，导致齿轮本身的精确度不高，在高速运行下，噪声大；因塑胶件较脆，韧性差，易出现断齿现象。

（3）第三代碎纸机，金属链轮，静音运行，低能损耗，高效切割，切割系统各部件的完美协调实现令人信服的功能。

（4）第四代碎纸机。碎纸机传动机构为金属齿轮传动，金属齿轮克服了上述缺陷，但金属齿轮间很难避免撞击和摩擦声音，由于金属结构的安装精度、齿轮啮合处润滑条件、长期运行润滑效果等技术和维护上的不可控性，高速运转会出现很大的工作噪声。

（5）第五代碎纸机。全钢密合机芯，采用合金钢材料，金属刀具的淬火处理，完全采用数控机床加工技术，工艺上保证传动部分安装精度，使磨损降低到最低限度，确保产品质量的稳定性，降低了噪声。采用超强全钢全金属齿轮，特制钢材辊刀，优质高强力电机。

（6）第六代碎纸机（现代）。目前高科技多媒体系列粉碎机，技术含量高，可大量碎光盘、磁带、录像带等；带有保护膜的嵌钮面板，保证了前进、后退、停止、满纸停机等功能。在注重生活品质的现今，我们对于产品的环保功能、性能安全方面有了更高的要求，因此，储纸箱分区、电机过热保护功能、超负载自动停机功能、储纸箱未关自动断电等功能也被越来越多地运用在其上。

12.1.3 碎纸机的技术与质量指标

碎纸机的技术主要具有六大特性，分别是碎纸方式、碎纸能力、碎纸效果、碎纸速度、碎纸宽度、碎纸箱容积及其他一些特性。

（1）碎纸方式。碎纸机是由一组旋转的刀刃、纸梳和驱动电机组成的。纸张从相互咬合的刀刃中间送入，被分割成很多的细小纸片，以达到保密的目的。碎纸方式是指当纸张经过碎纸机处理后被碎纸刀切碎后的形状。根据碎纸刀的组成方式，现有的碎纸方式有碎状、段状、沫状、条状、粒状、丝状等。市面上有些碎纸机可选择两种或两种以上的碎纸方式。不同的碎纸方式适用于不同的场合，如果是一般性的办公场合则选择粒状、丝状、段状、条状的就可以了。但如果是用到一些对保密要求比较高的场合就一定要用沫状的。当前采用四把刀组成的碎纸方式是最先进的工作方式，碎纸的纸粒工整利落，能达到保密的目的。碎纸方式对比如图12-2所示。

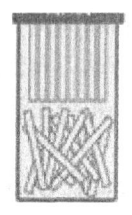

(a) 粒状效果　　　　　　　　　　(b) 条状效果

图12-2　碎纸方式对比

（2）碎纸能力。碎纸能力是指碎纸机一次能处理的纸张厚度及纸张最大数目。一般碎纸效果越好则其碎纸能力就相对差些，如某品牌碎纸机上标称碎纸能力为A4，70g，7~9张，就是说明该碎纸机一次能处理切碎厚度为70g的A4幅面的纸7~9张。普通办公室选用A4，70g，3~4张的就可以满足日常工作需要，如果是大型办公室则要根据需要选择合适幅面和较快速度的碎纸机。现有大型碎纸机一般都能达到60~70张每次。

（3）碎纸效果。碎纸效果是指纸张经过碎纸机处理后所形成的废纸的大小，一般是以毫米（mm）为单位的。粒、沫状效果最佳，碎状次之，条、段状相对效果更差些。例如，2mm×2mm保密效果可将A4纸张切成1500多小块。不同的场合可根据实际需要选择不同碎纸效果的碎纸机。例如，家庭和小型办公室不牵涉到保密的场合可选用4mm×50mm、4mm×30mm等规格的就可以了。而要求保密的场合根据毁灭资料最低标准，计算机印字文件必须碎至3.8mm以下的纸条。对于高度机密的文件，应采用可纵横切割的碎纸机，最好选用达到3mm×3mm及其以下规格碎纸效果的碎纸机。碎纸效果对比如图12-3所示。

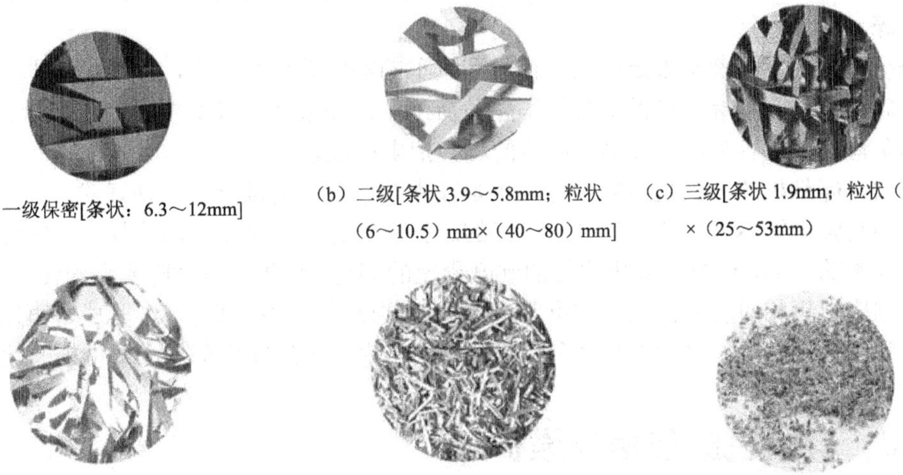

(a) 一级保密[条状: 6.3~12mm]
(b) 二级[条状 3.9~5.8mm；粒状（6~10.5）mm×（40~80）mm]
(c) 三级[条状 1.9mm；粒状（3.9~6）×（25~53mm）]
(d) 四级保密（粒状: [1.9~2]mm×15mm]
(e) 五级保密[粒状: 0.78mm×11mm]
(f) 六级保密[粒状: 1mm×5mm]

图12-3 碎纸效果对比

（4）碎纸速度。碎纸速度也就是碎纸机的处理能力，一般用每分钟能处理废纸的总长度来度量，如3m/min，表示每分钟可处理的纸张在没有切碎之前的总长度。当然也有用cm表示的，实际上是一样的。

（5）碎纸宽度。碎纸宽度就是碎纸机所要切碎的纸张在没有进入碎纸机之前的最大宽度，也就是指碎纸机所能允许的纸张的宽度。通常要切碎的纸张要与切口垂直输入，否则整行文字有可能完整保留，资料尽露；另外如果入纸口太细，纸张便会折在一起，降低每次所碎张数，且容易引起纸塞，降低工作效率。所以选择碎纸机时一定要注意碎纸宽度的选择。但普通办公室一般只要能进入A4纸（大约190mm）就可以，所以220mm宽度就足够用了。

（6）碎纸箱容积。碎纸箱容积是指盛放切碎后废纸的箱体体积。碎纸机生成的碎片存放于下列容器中的一种：低端的碎纸机一般放置于废纸篓的上方，这样切割完的碎片就简单地放置在废纸篓里；稍微贵一些的产品则自带废纸篓（碎纸箱）。大多数办公用碎纸机一般都是封闭的带轮子的柜子，能够方便地在办公室里移动，这种碎纸机就牵涉了碎纸箱容积的选择。普通办公室和家用碎纸机出于实际需要和占地大小考虑可选择较小容量的碎纸箱，大小以4~10L为宜；中型办公室以10~30L为最佳，大型办公室可选用50L以上的碎纸箱。最后，还有一些碎纸机带有一个能挂上塑料袋的架子。这样只要准备能挂在架子上的塑料袋就行了。

（7）其他特性。其他特性指的是碎纸机除了本身应具有的功能外，与一般的碎纸机相比的不同之处，如采用超级组合刀具，可碎信用卡；还有精密电子感应进/退纸功能等。有些产品还具有超量/超温/过载/满纸/废纸箱开门断电装置，机头提起断电保护系统，全自动待机/停机/过载退纸等。

12.2 碎纸机的组成结构与工作原理

碎纸机有两大主要部件：切纸刀和电机，二者之间通过皮带和齿轮使之紧密地连接在一起，电机带动皮带、齿轮，把能量传送给切纸刀，而切纸刀通过转动，用锋利的金属角把纸切碎。

每个型号的电机都有限定的功率，就和汽车的额定载重量一样，碎纸机的设计者会标出一个碎纸张数的指标，以保证机器不超负荷工作，如果使用者不按限定的指标操作，机器超越负荷的工作容易产生故障，严重的还会把电机烧毁。

其次，碎纸机的刀具是核心部分，也是技术含量最高的部分。一副好的刀具通常是选择国外的高强度钨钢来制造，这是一个好的选择，但也是一个昂贵的选择，一些廉价的机器因为成本的原因，就只能采用廉价的硬度稍差的钢材，后果就是故障率高和使用寿命短；因为高强度钨钢相对较硬，加工难度和成本会比硬度差的钢材高许多，其成本再次拉大距离，高强度钨钢制造出来的刀具锋利程度和使用寿命会远远超出降低成本带来的效益。

12.3 碎纸机的使用与维护

12.3.1 碎纸机的使用

1. 碎纸机的选购

购买碎纸机需要考虑的主要方面有耐用程度、处理对象的材质、处理的纸张量、保密等级、产品外观、附加功能等。

（1）耐用程度。一台碎纸机要保持令人满意的使用寿命，除了构件质量过关外，刀具的选择尤为重要。高质量的刀具才能达到坚固耐用的效果，大大减低了磨损速度，使得刀具不至于很快就钝化。而且目前碎信用卡、碎光盘的功能逐渐被消费者关注，对刀具的要求就会越来越高，因此选择高质量的钢刀是碎纸机必不可少的。

（2）处理对象的材质。绝大多数碎纸机是设计成处理纸张的，通常是纸片或者纸条。如果打算粉碎计算机的打印件，那么最好选择入口比较宽大的型号，这样纸张能够直接进入机器进行处理。还有一些碎纸机采用了进纸斗，这样就能够处理揉成一团的张纸了。还有一些碎纸机能够处理更多的东西，信用卡、录像带都能够被这些机器所粉碎。

（3）处理的纸张量。碎纸机能够处理的纸张量是另外一个需要考虑的因素。这方面的关键因素是单位纸张量，也就是一次能够吞进处理的纸张量，另外还有处理速度。因为碎纸机并不是设计成总在最大容量下运行的状态，所以，选购时最好考虑那种容量比需要的大25%左右的型号，这样可以避免机器的损坏。

（4）保密等级。当然，公司的保密等级越高，需要配备的碎纸机的要求也就越严格。对于保密要求一般的公司，中档的碎纸机是合适又经济的选择。

（5）产品外观。在确定所需碎纸机的功能以后，就要对它的外观进行选择，选择一款适合自己办公环境的碎纸机不仅可以协助办公还可以装饰环境，目前碎纸机的外观有高雅型、稳重型、时尚性多种多样，而且不少厂家都有最新的外观陆续上市，相信总有一款适合你的办公环境。

（6）附加功能。附加功能是随着科技的发展、技术的不断进步，为了不断满足工作的便利性、改善工作环境而开发出的更加人性化的功能。例如，语音提示功能，桌面碎纸机的开信封、削铅笔功能等。2003年又新开发了负离子功能，杀菌防尘、净化空气的环保理念使绿色碎纸机成为了新宠，也体现出厂家开始站在绿色办公的角度，为消费者开发更多的新型产品。

（7）品牌和服务。售后服务是选购任何产品时消费者最为关心的问题，而信得过的品牌可以提供放心的产品、优质的售后服务，因此在选购碎纸机时消费者也应该认准品牌，选择有研发生产能力、有售后服务保证的厂家生产的产品，最好是厂家在当地有维修部门提供完善的维修服务。

2. 碎纸机的使用

基本的经济型办公用碎纸机设计寿命是7~10年。后续的保养措施包括给切割装置上油以减少磨损，清除积在刀刃里的灰尘，以及更换装满碎纸的袋子等。其主要可按以下要求进行使用与保养。

（1）机器内刀具精密、锐利，使用时注意，请勿将衣角、领带、头发等卷入进纸口以免造成意外损伤。

（2）碎纸桶纸满后，请及时清除，以免影响机器正常工作。

（3）请勿放入碎布料、塑料、硬金属等。

（4）为了延长机器寿命，每次碎纸量应低于机器规定的最大碎纸量为宜，没说明光盘、磁盘、信用卡能碎的机器，请勿擅自放入机器碎切。

（5）清洁机器外壳，请先切断电源，用软布蘸上清洁剂或软性肥皂水轻擦，切勿让溶液进入机器内部，不可使用漂白粉、汽油或稀液刷洗。

（6）请勿让锋利物碰到外壳，以免影响机器外观。

12.3.2 碎纸机的维护

在碎纸机的使用过程中，会由于操作不当或者机器本身原因产生一些问题，部分常见问题可以经过简单判断与分析，以此作为现场解决或者报服务商维修的依据，以下是碎纸机的一些常见的故障问题。

（1）碎纸机不进纸。

检查传感器是否工作正常。或检查电路板是否工作正常。或检查电机是否工作正常。

（2）碎纸机卡纸。

有倒退功能的话，先试试倒退键，看看是否可自行退出。实在不行就切断电，然后将碎纸卡住的那部分提出来倒一个头，倒几下，然后再开。切记要断电操作。倘若还不行的话，可以尝试倒过来时用螺丝刀去掉一些碎纸。

（3）碎纸机不通电。

请检查电源是否接好。或检查是否把开关打开。或检查保险管是否被击穿。或检查电路板是否有被击穿。或检查垃圾筒是否被放好。

(4) 碎纸机有异响。

请检查刀具是否有损坏。或请检查是否碎纸沫太多,以免影响刀具正常工作。或检查皮带是否有松动(在一些老机型中有皮带)。或带电检查整机是否有摆动。

(5) 不停机。

检查传感器是否脱落、松动、断裂和覆盖灰尘。或检查电路板是否有烧坏,从而不支持传感器。

技能训练

训练任务 会议设备的使用与维护

1. 任务要求

扩声系统是声源和听众在同一个时空里的声音增强的电子系统。演示系统是一种多媒体信息在屏幕上的视觉展示的电子系统。

了解认识教学、会议和家用扩声及演示系统的组成结构、工作原理、功能特点。通过会议扩声及演示系统的安装和调试训练,学习各种音响及演示设备在现场使用时的科学配置和合理布置、安全使用、日常维护方法。掌握常用典型音响功放及演示播放设备的正确使用和故障分析的一般方法,并学习掌握一定的安装与调试技巧。同时掌握使用多媒体播放工具软件的基本操作方法。

2. 训练情景

训练器材:主要有话筒、调音台、功放机、音箱、多媒体计算机、投影仪、腰挂小蜜蜂扩音器、多媒体播放工具软件等。

会议扩声系统及演示系统训练器材准备建议如下所述。

为简化教学过程,集中训练对会议扩音系统、演示系统原理的了解和使用,扩音系统可使用如下设备:话筒两只(音源部分,现场主讲人和主持人各使用一只)、6路调音台一台(控制部分)、功放机1台(功率放大部分)、音箱两只(声音输出部分,左右声道各一只)、线材及部分接插件等。演示系统可使用如下设备:多媒计算机、投影仪、腰挂小蜜蜂扩音器和多媒体播放工具软件等。

训练场景:办公设备实训室、多媒体教室、学校小型会场或会议室。

(1) 媒体播放器

微软公司开发的媒体播放软件 Windows Media Player 12 是 Microsoft Windows 7 的一个组件,通常简称 WMP,其播放器界面如图 12-4 所示。可用其播放 Windows Media (以前称为 NetShow)、ASF、MPEG-1、MPEG-2、WAV、AVI、MIDI、VOD、AU、MP3 和 QuickTime 等格式媒体文件。此外,WMP 还可通过插件增强扩展功能。它具有前所未有的播放更多音乐和视频的能力,包括 Flip Video 和 iTunes 库中不受保护的歌曲。利用 Windows Media Player 12,用户可以整理数字媒体集,将数字媒体文件同步到便携设备上,并可在网上购买数字媒体内容等。

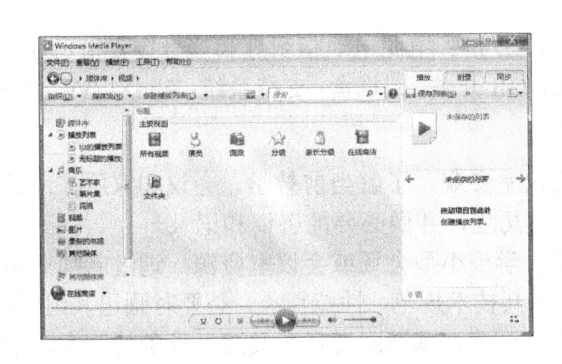

① 媒体信息
② 播放控件区域
③ "切换到媒体库"按钮

图 12-4 播放器界面

（2）小蜜蜂扩音器

金业 GOLDYIP SP-261 扩音器是一种腰挂小蜜蜂扩音器，如图 12-5 所示。可插 U 盘，音量大，可用于教学、会议、导游、卖场促销等场合扩音。主要特点有大功率音量扩音、FM 收音机功能、SD/MMC 卡播放、USB/MP3 播放、3.5 音频输入、连续工作 8h 等。

（3）无线演示器/激光笔

无线演示器/激光笔如图 12-6 所示。

图 12-5 腰挂小蜜蜂扩音器   图 12-6 无线演示器/激光笔

罗技（Logitech）R800 专业无线演示器/激光笔，光亮度很高，发绿光。R800 具有上下翻页功能、播放退出功能、黑屏功能、电源开关、定时提醒功能、有 LCD 屏显示提醒时间等。罗技 R800 与 PPT 文档对应，可遥控 PPT 翻页。其主要的特色是有个小的屏幕可以帮演讲者计时，并在设定的时间给出振动提醒。此外它还内置了绿光激光、WiFi 讯号强弱显示器和 30m 的互动操控距离。外形沉稳，握感合适。性能上，不但具备振动报时等功能，还能让演讲者自由走动，为精彩的演讲提供更多便利。即插即用的无线接收器，无需安装软件。将接收器插入 USB 端口即可使用。演示结束后可以将接收器收纳到演示器中。

罗技 R800 专业无线演示器是针对高端用户需求设计的一款基于 Microsoft Office PowerPoint 类软件的演示器。演讲人员在操作的时候可以完全丢弃鼠标和键盘独立使用。R800 采用了类似笔状的设计，可以很牢固的握在手中，操作也很简单。演示器采用 2.4GB 无线传输技术，并使用可收纳的 USB 射频接收器来接收信号，定时器可以显示时间，以便让演讲者做到心中有数。当距离结束时间还有 5min、2min 及到达结束时间时，都会发出振动提醒。而当演讲者为了与听众互动需要在演讲厅内走动时，LCD 屏上的最长操控射程可达 100ft（30m）的接收指示器会显示提醒演讲者的走动距离。此外，即使是在光线明亮的平板显示器上，明亮的绿色激光指针也可以在演讲厅内将听众的注意力集中在某一特定的信息上。

罗技 R800 专业无线演示器规格参数如下：绿色激光光标功能激光笔；2.4GHz 无线技

术；30m 有效距离；带有定时器的 LCD 屏；电源电池指示灯和信号接收指示灯；内置幻灯片按钮；收纳式即插即用接收器；On/Off 开关；便携盒；支持系统：WinXP/Vista/Win7/Win8。

3. 计划内容

（1）通过到学校小型会场或会议室参观，了解当前教学、会议和家用扩声及演示系统市场的现状，音响及演示设备的发展历程，并做必要的咨询和记录。

（2）利用实训室、多媒体教室、学校小型会场或会议室资源，通过老师的指导，对扩声及演示系统进行拆卸后观察，认识其技术规范、性能特点，必要时画出其组成结构草图，了解产品商标或标签，做好商品信息记录。掌握同类音响及演示设备的厂商、型号、区别方法、性能指标、选购及安装使用注意。观察和了解各种音响及演示设备的匹配特性。

（3）以功放机及多媒体计算机为核心，通过反复动手训练，熟练掌握会场扩声及演示系统设备的安装和接口、线缆的实际正确连接操作，画出草图，并做必要的记录。

（4）认识音响及演示设备上的功能按钮，熟悉常见的功能，掌握操作步骤。

（5）认真阅读各种扩声及演示系统设备使用说明书，了解基本概念、安装、使用方法及注意事项。对安装好的扩声及演示系统进行使用调试操作。

（6）熟练掌握计算机多媒体播放工具软件的基本操作方法。

4. 会议扩声及演示系统技能训练操作流程建议

选择一个带有控制设备间的小型会场或会议室，打开所选购器材的包装并仔细阅读其说明书和安全注意事项，把功率放大器安放在控制间设备机柜中，把调音台安放在控制间机柜附近的工作台上，把一只话筒安放在讲台上主讲人位置（中间位置），把另一只话筒安放在主持人位置（讲台边），把两只音箱分别放在讲台两边，面向观众席位的位置上（远离话筒尽量靠前安放）。多媒体计算机演示系统的设备要按计算机系统设备的要求进行安装。

（1）焊接两对连接接口插头，连接好音箱至功放机的声音输出电缆（把音箱的输入端连接至功放机的功率输出端，注意相位不能搞错）。

（2）焊接两对卡农插头，用带有屏蔽功能的音频电缆连接好话筒至调音台的信号输入端（如果是电容式话筒的话应采用平衡式接法，将两只话筒的输出端分别连接至 6 路调音台的话筒信号输入端的其中 2 路）。

（3）焊接两对卡农至莲花插头，带有屏蔽功能的音频信号连接电缆，连接好调音台至功放机的信号，把调音台的输出端连接至功放机的信号输入端。

（4）关闭调音台及功放机的所有音量旋钮。

（5）连接好调音台和功放机的交流电源。

（6）打开调音台电源开关并打开话筒的幻象电源开关。

（7）打开功放机的电源开关。

（8）慢慢旋动功放机总音量旋钮，将旋钮旋至 80% 处，静听音箱声音情况（应确定无声，一般有微弱的电流声）。

（9）慢慢推动调音台总音量推子（旋钮）至 80% 处（此时继续处于无声状态）。

（10）在两路话筒面前派站一人并发出讲话声音。

（11）慢慢推动调音台两路话筒的其中一路音量控制推子（旋钮），此时应该听到音箱里发出扩大了的声音，继续推大音量至出现啸叫音时马上降低推子音量，完成本次的实验。

5. 注意事项

（1）先阅读说明书，了解各种设备的基本功能，不可随意拆散各种扩声及演示系统设备。

（2）扩声及演示系统设备安装连接完成后，要进行硬件系统检查后，再开机测试。

（3）以功放机及多媒体计算机为核心，要正确、合理、优化地配置扩声及演示系统设备。

（4）掌握正确的扩声及演示系统设备安全使用方法。要防潮、防振、防磁、防高温。要按正确的开关机要求开机和关机。

（5）掌握正确维护扩声及演示系统设备的方法，如遇一般故障，请先立即关闭各种扩声及演示系统设备的电源，排除故障后再开机。

（6）设备之间连接应注意各种信号线的极性和相位，安装音箱连接线时注意做好左右声道的标记，同一导线极性，保持相位的一致。设备的电源控制应集中在一块控制板上，这样可以便于使用，以及故障即时查找、排除。各条线路的走线也应该穿管防护，信号线与电源线分别走线。

（7）话筒信号线的连接应注意接地良好，指定屏蔽线为接地线。

（8）使用时应注意各种设备的通电顺序，依次为话筒、调音台、功放机，关机时也应该注意反顺序执行。使用时系统出现啸叫（声音正反馈）的时候应及时减小音量，以控制调音台上的主音量控制旋钮（推子）调节为主。多媒体计算机演示系统设备的开关机程序要遵循计算机系统设备的开关机要求进行。

（9）话筒和音箱设备的安放应保持一定距离，以不产生啸叫（声音正反馈）为好，话筒应远离音箱为好。

（10）在设备选用的时候应根据使用场合，合理配置系统。

6．总结考核

（1）查资料或上网阅读产品说明书，从技术规范上归纳总结扩声及演示系统设备识别、选购及安装使用方法。

（2）独立归纳整理并写出对扩声及演示系统设备安装技术、技巧、注意事项的实训总结。

（3）独立归纳整理并写出对扩声及演示系统设备概念、调试技巧、使用技巧及注意事项的实训总结。

（4）独立归纳整理并写出对计算机多媒体播放工具软件的安装、使用与卸载方法的实训总结。

（5）对任务要求、训练设备、训练内容、操作步骤和训练结果进行系统分析和总结，归纳在技能训练中的收获和体会。撰写并提交一份技能训练总结报告。

思考练习

1．音响设备一般包含哪几项设备？
2．简述音响设备的主要技术指标。
3．简述功放机在实际使用过程当中应该注意的事项。
4．简述功放机的主要功能模块。
5．简述大多数数码电子产品一般具有的基本功能。
6．一般从哪几个指标来衡量一款录音笔的质量和性能？

7. 数码录音笔的硬件一般包括哪几个基本部分？
8. 简述录音笔的工作原理。
9. 简述录音笔使用过程当中应该注意事项。
10. 简述数码录音笔选购应注意哪些方面？
11. 列举一些办公室常见的需要保障的环境因素及控制设备。
12. 简述国内空调市场上出现了哪些新型空调？
13. 简述空调器主要由哪几部分组成？
14. 简述空调的主要技术参数有哪些？
15. 简述选购空调时应综合考虑哪些因素？
16. 简述一般空调保养维护的措施有哪些？
17. 简述碎纸机的发展与现状。
18. 简述碎纸机的技术主要有哪几大特性？
19. 简述碎纸机组成机构。
20. 购买碎纸机需要考虑哪些因素？
21. 简述碎纸机的保养要求。
22. 简述碎纸机常见问题及解决方法。

重点小结

项目5的学习任务是音响设备、录音笔、空调机、碎纸机的使用与维护。必备知识要求是熟悉辅助办公设备的基本概念；掌握辅助办公设备的使用与维护方法。音响设备是项目5的典型教学背景案例，是学习任务中的核心任务。技能训练要求是具备辅助办公设备中办公音响设备职业技能标准的条件，学会办公音响设备的使用操作；学会办公会场音响系统的安装方法；学会办公会场音响系统的调试技巧；学会办公会场音响系统的维护保养。

（1）音响设备是一套用于加工修饰、播放声音，以便能够满足应用环境需要的设备。一套简单的音响设备一般包括功放机、周边设备（均衡器、效果器、VCD/DVD）、扬声器（音箱、喇叭）、调音台、麦克风及显示设备等。

（2）录音笔又称数码录音棒或者数码录音机，实际上是一种采用数码录音技术来记录和存储声音信息的设备，它通过对声音进行采集、压缩之后存储到本地闪存，无须使用额外的录音磁带和话筒。为了便于操作和提升录音质量，数码录音笔的造型并非以单纯的笔型为主。

（3）办公工作环境是由许多方面的因素和条件构成的，如工作区的空间、采光、温度、通风、噪声、装修、装饰；工作区的办公桌椅、柜架、各种办公设备、饮水设备、办公用品和耗材；工作所需的文件、资料、档案、书籍；工作中人们的关系、氛围等。空调机即房间空气调节器，是一种用于向房间（或封闭空间、区域）提供处理空气的机组。它的功能是对该房间（或封闭空间、区域）内空气的温度、湿度、洁净度和空气流速等参数进行调节，以满足人体舒适或工艺过程的要求。

（4）碎纸机也称文件粉碎机，是一种特殊的机电设备。一般由切纸部件和箱体两大部分组成。切纸部件包括旋转电机和锋利的刀具，电动机带动刀具快速转动，可以将文件快速粉碎成条状或米粒状，甚至更小。箱体主要包括容纳纸屑的窗口和机壳。碎纸机的出现，增加了人们处理涉密纸张的方便性。因此，它是目前适合各种类型办公室用来销毁纸质机密文件的专用设备。

参考文献

[1] 童建中. 计算机组装与维护. 成都：西南交通大学出版社，2009.
[2] 方勇. 办公自动化技术. 成都：电子科技大学出版社，1997.
[3] 薛华成. 管理信息系统（第4版）. 北京：清华大学出版社，2003.
[4] 潘永泉. 企业信息管理. 北京：中央广播电视大学出版社，2001.
[5] 方刚. 计算机机房管理. 北京：清华大学出版社，2001.
[6] 美国纽约摄影学院. 美国纽约摄影学院摄影教材. 北京：中国摄影出版社，2008.
[7] 雷依里. DSLR 数码单反摄影圣经. 北京：中国青年出版社，2010.
[8] 刘士杰. 传真机原理与维修. 北京：电子工业出版社，2002.
[9] 谢希仁. 计算机网络（第5版）. 北京：电子工业出版社，2009.
[10] 刘士杰. 办公自动化设备的使用与维护（第2版）. 北京：人民邮电出版社，2009.
[11] 窦振中. 常用信息技术设备教程. 北京：高等教育出版社，2002.
[12] 杨浩. 现代办公设备使用与维护. 广州：华南理工大学出版社，2005.
[13] 彭克发. 现代化办公设备的原理、使用、维修技术. 北京：机械工业出版社，2004.
[14] 陈国先. 办公自动化设备的使用与维护（第2版）. 西安：西安电子科技大学出版社，2005.
[15] 唐秋宇. 办公自动化设备的使用与维护实训教程. 北京：中国铁道出版社，2009.
[16] 韩雪涛. 现代办公设备的使用与维护. 北京：中国水利水电出版社，2005.
[17] 蔡翠平. 办公自动化. 北京：北京交通大学出版社，2002.
[18] 理光 Aficio 2018 数码复印机操作说明书.
[19] 理想 RISO CV-1860 数字式一体化速印机操作说明书.
[20] 刘方. 应用面向对象技术开发办公自动化系统计算机知识与技术. 学术交流，2009，6.
[21] 雍珣. 基于 Web 的办公自动化系统的设计与实现. 山西广播电视大学学报，2009，5.
[22] 冯辉萍. 谈谈企业办公自动化系统的安全与保密. 科技信息，2009，1.
[23] 温新. 浅谈高校办公自动化系统的建设. 中国轻工教育，2009v2.
[24] 徐政治. 论高校团学办公自动化系统. 现代商贸工业，2009，10.
[25] 崔玉兰. 办公自动化系统中的数据加密传输. 湖北经济学院学报：人文社会科学版，2009，4.
[26] 王启智. 办公自动化与宽带化. 办公自动化：综合月刊，2009，5.
[27] 何蓓. 办公自动化系统安全控制策略研究. 华南金融电脑，2009，3.
[28] 于文奇. 办公自动化系统管理设计. 计算机编程技巧与维护，2009，8.
[29] 韩小强. 网络办公自动化系统构架设计综述. 中小企业管理与科技，2009，12.
[30] 彭妙颜，周锡韬. 数字声频设备与系统工程. 北京：国防工业出版社．2006.
[31] 王以真. 实用扩声技术. 北京：国防工业出版社，2004.
[32] 张明珍译. 网络信息检索原理与技术. 成都：电子科技大学出版社，2001.
[33] 王晓波. 大规模古籍电子化关键技术及实现. 书同文公司，2000.
[34] 常怀生. 环境心理学与室内设计. 北京：中国建筑工业出版社，2000.
[35] 李铄. 办公自动化及技术. 北京：高等教育出版社，2003.
[36] 常志文. 现代办公设备的应用. 北京：科学出版社，2008.

反侵权盗版声明

电子工业出版社依法对本作品享有专有出版权。任何未经权利人书面许可，复制、销售或通过信息网络传播本作品的行为；歪曲、篡改、剽窃本作品的行为，均违反《中华人民共和国著作权法》，其行为人应承担相应的民事责任和行政责任，构成犯罪的，将被依法追究刑事责任。

为了维护市场秩序，保护权利人的合法权益，我社将依法查处和打击侵权盗版的单位和个人。欢迎社会各界人士积极举报侵权盗版行为，本社将奖励举报有功人员，并保证举报人的信息不被泄露。

举报电话：（010）88254396；（010）88258888
传　　真：（010）88254397
E-mail：　dbqq@phei.com.cn
通信地址：北京市万寿路173信箱
　　　　　电子工业出版社总编办公室
邮　　编：100036